当代历史学的理论思考

李振宏　主编

河南大学出版社
HENAN UNIVERSITY PRESS

·郑州·

图书在版编目(CIP)数据

当代历史学的理论思考 / 李振宏主编. -- 郑州：河南大学出版社，2024.8. -- ISBN 978-7-5649-6038-4

Ⅰ．K207-53

中国国家版本馆 CIP 数据核字第 2024TD4863 号

当代历史学的理论思考
DANGDAI LISHIXUE DE LILUN SIKAO

责任编辑　纪庆芳
责任校对　时　娇
封面设计　马　龙

出　　版	河南大学出版社
	地址：郑州市郑东新区商务外环中华大厦 2401 号　邮编：450046
	电话：0371-22860116（人文社科分公司）　网址：hupress.henu.edu.cn
	0371-86059701（营销部）
排　　版	郑州市今日文教印制有限公司
印　　刷	郑州市今日文教印制有限公司
版　　次	2024 年 9 月第 1 版　　印　次　2024 年 9 月第 1 次印刷
开　　本	787 mm × 1092 mm　1/16　　印　张　25
字　　数	421 千字　　定　价　85.00 元

版权所有·侵权必究

（本书如有印装质量问题，请与河南大学出版社营销部联系调换。）

目 录

历史研究的新实证主义诉求	赵轶峰	3
历史认知·历史实然·历史诠释	周积明	35
从历史思辨、历史认识到历史再现		
——当代西方历史哲学的转向与趋向	王晴佳	63
再论历史学的实践性	彭卫	91
关于建设中国历史哲学的初步构想	李振宏	113
国族重构与中国现代历史学	赵轶峰	150
文化史研究应触及民族的精神	彭卫	177
再论社会史的概念问题	赵世瑜	185
沟通中国史和世界史		
——走出国别史的模式	王晴佳	206
酋邦理论与中国古代国家起源及形成问题研究	沈长云	223
关于中国早期国家的几个问题	沈长云	235
唐宋史研究应当翻过这一页		
——从多视角看"宋代近世说（唐宋变革论）"	李华瑞	251
历史哲学与中国社会的历史人类学	赵世瑜	295
以史学为业，求内在超越	陈春声	323
中世纪与欧洲文明元规则	侯建新	343
"封建主义"概念辨析	侯建新	372

赵轶峰

Zhao Yifeng

内蒙古开鲁人，1953年生。东北师范大学学士、硕士，加拿大埃尔伯塔大学博士，东北师范大学亚洲文明研究院教授、博士生导师、《古代文明》杂志执行主编。曾兼任首都师范大学特聘教授、中国社会科学院历史研究所兼职研究员、河南大学特聘教授等。研究领域为明清史、史学理论及史学史、比较文明史。著有《在亚洲思考历史学》、《明清帝制农商社会研究》(初编、续编)、《克林顿总统弹劾案与美国政治文化》、《明代国家宗教管理制度与政策研究》、《明代的变迁》、《学史丛录》、《评史丛录》，主持翻译《全球文明史》，主编《中国古代史》《李洵全集》《中华文明史》及论文集多种，发表学术论文100余篇。

历史研究的新实证主义诉求

赵轶峰

20世纪80年代以来，伴随中国的快速社会变化、全球化发展，以及学术自身的推演，历史研究的社会环境、文化语境、资源条件和问题指向与先前时期相比，都发生了一些重要的变化。其中最明显的，是包括历史研究在内的人文、社会科学研究的国际化。

现代自然科学因为其先进与落后尺度的可明确衡量性，从来是国际性的，虽有人为对某些前沿成果的信息垄断，并不影响研究者对相关资讯共享的愿望。人文、社会科学则因价值立场和语言表述的文化特质与复杂性，更易于被国家、民族，乃至社会制度、意识形态区隔成为不同学术共同体单元。即使如此，中国新史学在20世纪初兴起的时候，颇得力于西方理论、方法乃至西方中国历史研究的促动。没有这种促动，中国现代历史学难以在那个时代迅速发展起来。但是20世纪50年代以后的大约30年间，中国史学研究与域外史学之间逐渐形成"竹幕"，虽未完全断绝沟通，但沟通交流中有很强的选择性，历时长久，遂使中国史学家了解域外史学研究的语言能力、资讯条件以及直接合作比20世纪前半期反而弱化。到80年代初期，中国与域外的中国史研究已经畛域分明，不仅分由不同的学术共同体进行，而且话语体系也已撕裂。80年代以后，中国社会趋于开放，历史研究的国际性随之增强。历30余年之后，纯学术层面的中外历史学交流已经很少有制度上的限制，观念层面的壁垒也渐模糊。总体而言，21世纪以来的中国史学研究，已经是一个高度国际化的学术领域。这对于中国史研究的从业者究竟意味着什么，人见人殊。在这种情况下，需要重新思考国际化历史研究的共同语境,即中国史研究乃至整个历史研究工作理念与相互评价的共同尺度问题。缺乏共同的尺度,无论借鉴还是争鸣,都缺少深度理解的基础,借鉴易流于模仿,争鸣则易于不知所以然地陷入僵局。

共同尺度诉求并不抵消差异的合理性,只是要寻求不同历史研究共同体和个人思考历史问题时的观念基础。这种基础不可能在意识形态层面,不可能在文化价值层面,也不大可能在具体工作方法层面,而应该在历史学作为一种普遍学术的基本信念层面。只有多样化和差异而缺乏共同尺度意识,历史学作为一门普遍学术的根基就不坚实,二者同样重要。

思考这一问题的起点可以是这样的:历史认识为什么是可能的?我们依据什么来判断一种历史认识比另一种历史认识更可靠或者更值得进入公共知识领域?本文的相关回答很明确:因为历史是真实发生的事情并可能留下痕迹,我们依据真实历史遗留的痕迹,包括文本的和非文本的遗迹,来认识历史,与历史痕迹最吻合的历史认识最可靠并更值得进入公共知识领域。毋庸讳言,在实证主义与后现代主义之间,这是一种偏向实证主义更多些的回答,但并非旧实证主义的老调重弹,而是一种新实证主义历史学的诉求。

一、历史认识为什么是可能的

在提出这个问题的时候,我们实际上已经跨过了另外两个更基础性的问题:什么是历史?历史认识是可能的吗?这两个问题都经无数历史哲学家、历史学家反复争论而又分歧不断,这里不拟回溯争鸣的具体说法,而是直接提出本文采取的基本看法作为讨论的切入点。①

广义的历史是过去发生的事情。但历史学家研究的不是广义历史,而是广义历史中的一部分,可称为狭义历史,即人类文明兴起以来发生于人类社会的事情。宇宙起源是过去发生的事情,那要由自然科学家来研究;人类起源是过去发生的事情,那是人类学、考古学研究的对象;人类文明兴起以后太阳黑子有变化,那也不是历史学家要直接研究的东西。文明兴起以来

---

① 本文所说"历史学家"指职业历史研究者,并非特指公认史学大家。

发生于人类社会的事情都可以是历史研究的对象，但究竟研究什么，取决于历史学家自己界定的意义和研究的条件，历史学家依据自己的价值观念选择某一领域、层面、时间范围的往事进行研究。

历史认识是可能的，这正如一个教师昨天上了一堂课这件事情是可以被判定的确发生了一样——这件事情会成为教师所在学校发给他工资的依据的一部分，没有什么特别深奥之处。所以历史知识是人类文明历程中最早的知识之一。数千年来，各个文明中出现了无数追求历史知识的人，没有他们的工作，今天的人类对于自己的了解就全无根系。只是晚近时代的一些哲学家利用个别历史学家声称要追求完全准确的历史真实的表述，把历史认识的可能性变换成为历史学家可否实现对一切历史细节完全认识而又不带主观性的问题，进而推论出历史学家客观认识历史的不可能性，再进一步推论出历史学家所能呈现的不过是他自己建构的故事。

其实，声称历史认识不可能的人都不可能是历史学家。因为历史既然不可能被认识，他自己所叙述和解释的就不是历史，只是他的心灵，而没有历史本身，我们凭什么要对他的心灵感兴趣？主张历史不可能被认识却又要自称是历史学家的人其实是在借用历史的名义做自我表现。这种表现也可能有意义，但毕竟不在于认识历史。

说历史认识是可能的，只意味着历史学家可以通过自己的工作实现对往事的认知，并不意味着历史学家总是能够完整、准确、生动、透彻地认识过去发生的所有事情。历史学家不可能完全真切地认识历史的全部内容，只能凭借历史的痕迹和专业性的方法尽量了解他认为有意义的往事；历史学家也不可能纤毫毕具地呈现历史，因为他只能运用语言来描述和解析他能够了解的往事，即把多维、复杂的往事围绕他选择的意义呈现为更简单的故事——其中自然要融入他自己的观念，无论他是否刻意要那样做。

历史学家认识历史的有限性经常被夸大并作为主张历史不可知性的理由。这样做的人，在起点处误解了历史和历史学家工作的性质。流行的相关看法之一是，历史学家只能间接地通过文本认识历史，而文本无不渗透着原始书写者的主观意图，因而历史学家不可能真切认识历史，只能提供他所理解和描述的东西，进而历史学家的认识与哲学家、诗人关于过去的陈说在根本性质上是同样的。信服此类说法的人们于是就以为既然如此，与其去追求不可能达到的真实，不如去追求叙述的深刻或者美妙，历史因此就成了纯粹的思想或者艺术。

历史学家真的只能间接了解历史吗？只有在完全割断历史与现实之间的纽带后才是这样。只要我们不把历史想象为一幅幅单独的画面，而是活生生的历程，就只能承认历史是延伸到现实中的。历史延伸的形态就是通常所说的 impacts（影响）、consequences（后果）。现实包含往事的后果，这使得历史学家可以通过观察现实而了解历史，甚至可以感受历史，即使它不是历史的一切细节和全部内容。这就如同，一个人没有在黎明时分直接观察太阳升起的过程，但他沐浴着太阳的光芒，就可以肯定地知道太阳曾经冲破黑暗，从地平线升起。一个人登上万里长城，虽然没有得见长城修建的过程，却可以直接感受到修建的规模、技术，乃至意图。设若除非亲历就不能肯定地了解往事，那么所有刑侦专家所做的事情就只能是捏造，人们也就没有尺度去查验他们的判断有何价值。如果日常生活中人们有可能凭借一些证据来确定一些事情，比如某两人之间存在婚姻关系，某人毕业于某学校，某人曾经给另一人写过信，某书的版权归属于某人，等等，逻辑上说，人们就有可能确定以往发生的一些事实。晚近的事实与早先的事实并没有本质的不同，只不过证实早先的事实比证实晚近的事实更复杂、困难一些而已。如果放弃真切了解往事即历史的可能性，现实中的人们，也就无须去签订被称为"合同""协议""条约"之类的东西，学位证、毕业证、结婚证之类也就没有任何意义，诚信和背信弃义的现象也就一起归于不存在。最易于理解的历史后果其实就是每个人自己。任何人无法亲历其父母亲相好时的情景，但可以查证自己的真实父母。在要查证这类问题时，纠缠子女无法完整准确地了解父母亲相好时的细节是毫无意义的。其实，即使亲历的历史，在被用语言复述的时候，也会被简化、填充或者扭曲，这是人类语言的性质决定的。历史并不是用语言方式展开的，而语言却是迄今为止历史学家呈现历史的首要方法，因而历史学家难以完整无误地再现历史。人类语言相对于历史的这种局限并不是历史的属性，而是语言的属性。

用"文本"来指称历史学家工作的依据很容易误导对历史学家工作性质的理解。诚然，迄今为止大多数历史学家的大多数工作是依据狭义文本即历史文献的，但逻辑上乃至事实上都不存在任何障碍阻止历史学家依据狭义文本以外的其他信息研究历史,也不存在什么东西肯定地阻止历史学家采用语言之外的手段呈现历史。人类其实正在愈来愈多地采用语言文本以外的方法记录和呈现历史,比如音像手段等。因而,依据狭义文本来研究历史不过是一种以往的习惯,而不是历史研究的本质。即使在古代,也早有历史学家通过采访故老、踏查遗迹的方式了解历史,所有严肃的历史学家都会把历史的延伸后果纳入其对历史文本的解读中。所以,历史学家其实是凭借包括广义文本和历史痕迹在内的综合历史信息来认识历史的。历史学家是一些掌握了对历史信息进行综合考察的专门能力即马克·布洛克(Marc Bloch)所谓"历史学家的技艺"的人。[1]

历史学家用作依据的文献在形成之初就融入记述者的主观性,所以历史学家并没有可靠的依据来呈现历史的原貌。这类推理的前提部分就错了,因为那是不一定的。有的记载可以混杂较多的记录者主观性而读者无可奈何,有的记载则不为记载者留出主观随意性的空间。比如,明朝出现在清朝之前这个事实,没有哪个记述历史的人把它颠倒过来,却被认为与不颠倒具有同样的可靠性。在这里,事实表述显然没有被语言的建构性所干扰,所以历史学家的叙述并不总是因为语言的建构性而不能描述历史真实。这是因为,历史事实依赖历史学家的文本为人所知的程度,远不似那些否定历史可知并可被准确叙述的人所说的那样绝对。历史中有一些刚性的内容,有一些大板块事实,有一些为多重证据所支持的内容,是可以准确判定,也可以准确表述的。这种推理中的误解还涉及,历史学家的职责根本就不是原原本本、纤毫毕具地呈现往事。历史学家所做的,不过是将他认为重要的往事用他选择的方式概述出来并通过这种概述告诉人们他的相关看法。人们期待于历史学家的,也根本不是纤毫毕具的完整真实,而是事情的基本原委和历史学家自己的透视,因而评论者无须刻薄地要求历史学家的每句话都没有主观性,而只须要求其主观性不遮掩或者歪曲基本的原委。

"有一百个历史学家就有一百种历史""人人都是他自己的历史学家",这些貌似深刻的流行说法也经不住推敲。的确,如果一百个历史学家写出

---

[1] 参看马克·布洛克:《历史学家的技艺》,黄艳红译,中国人民大学出版社,2011。该书在1949年出版时书名为 *Apologie pour l'histoire ou Métier d'historien*,直译为《为历史辩护——历史学家的技艺》。中文译本省略主标题,淡化了该书的基本目标。

同样的历史，他们在抄袭，应该解除其中九十九位的学术职位。真正的问题是，这一百种历史在学术意义上是等价的吗？主张这种流行说法的人从来不提这个近在咫尺的问题。如果回答是肯定的，等于说历史书写是没有任何规定性的事情，这在实践意义上等于提示取消历史学作为一门学问的资格；如果回答是否定的，那就需要界定历史评价的公认尺度，而那可能不是提倡流行说法者的意图所在。他们最感兴趣的，是让人们相信历史评价的尺度全在评价者自己的心里。

可取的（valid）历史书写必然独具特色，但书写的合理差异并不能被用来否定书写内容符合事实的同一性。如果把针对同一历史对象的一百种历史书摆在一起，我们总会大致区分出其可取性的程度差别。而在做出这种区分的时候，虽然我们一定会考虑风格、文笔、视角因素，底线却一定是其符合历史事实的程度。也就是说，歪曲历史事实的书写，无论其风格如何优雅或雄浑，文笔如何流畅或奇幻，哲理如何深刻或玄微，都不会被视为可取的历史研究成果。当然，符合历史事实却风格鄙琐、沉闷而无新颖见识，或者附庸权威的书写，也不是好的历史著作。要点是，只要人们除哲学、诗歌、戏剧、"八卦"之外，还需要了解往事，他们就有历史书写符合基本事实的底线要求。

然而，连是否存在历史事实也已经被质疑了。执意把历史学做通体改造的哲学家们，用各种各样的雄辩告诉我们，历史只是历史学家想要告诉我们的那些东西，并不存在独立于历史学家言辞之外的所谓事实。把这类主张涂上哲学色彩，就是"历史是记忆""除了记忆没有历史"之类的说法。在这种语境中，历史不是客观的，而是属于知识或者传说之类的精神现象。历史学家能够和应该去研究的，也就是某一特定时代的特定人物或人群心中相信以往曾经如何——这种信念与其所相信的往事是否真实存在没有什么关系。也就是说，一旦推翻了历史客观性，历史研究就变成了知识社会学。

知识社会学自然可以有历史的精神，也自有其价值，但历史学家不能致力于把历史学改造成知识社会学，因为历史知识的建构与流传无论怎样引人入胜，都只是可能关涉特定历史经验的后续精神历程，对这种历程的了解不能取代对那些实践经验本身的了解。历史学向知识社会学的倾斜迫使我们必须强调历史不能被包含在记忆之类看似高妙的概念之中的实在性。假设：阿甲不知其父，即没有关于其父的任何记忆。我们不能因而判定阿甲无父，而是依然确知其有父。假设：阿甲或者某些历史学家为弄清其父为何人而采访了所有可能知晓真相的人，结果获得了三种有差别的说法——其父为张三说、李四说、王二说，也就是搜罗了三种"记忆"。这三种有差别的"记忆"中至多有一个符合事实，所以一百个历史学家的叙述不可能是等价的。再假设：阿甲是个现代人，调查者动用强大的科技手段做DNA检验，结果发现其父为王老五，那么前三种"记忆"都要作废，真相不在"记忆"中。因而历史不是"记忆"，在很多情况下也不依赖记忆而被认识。设若查验之后依然没有找到阿甲生父，那也排除了所有被检查的人，因而距离真相更近。所以，历史研究的可取性在很多情况下要通过接近事实的程度来评价，而不是通过非此即彼的二元思维来评价。历史事实是存在的，可以被记忆，也可以被遗忘，即使被遗忘的历史，依然是历史。真实生活中，历史学家多半不会和他遭遇的阿甲死磕，但基本工作的性质并无二致，其实就是查证更复杂的阿甲身世。

哲学家还喜欢告诉人们，历史不止一个，而是两个或者多个。其中之一是客观的往事，另一个是历史学家笔下的故事，人们所能知道的只是后者。这种类似语言游戏的说法也是流传甚广。不过，"历史"一词在汉语中并没有这种两解含义，只是一解，即过去发生的事情——编词典的人尽可以在此基础上把各种各样复杂的说明融入其中或赘系其后，但除非他要改变"历史"一词在汉语以往使用经历中已经约定俗成的内涵，否则就不可能把历史学家笔下的故事作为历史的本义。后一种含义，在汉语中主要用"史书""史籍""历史记载"之类词语表示，用单一"史"字表示时只是"史书""史学"或"史职"的缩略，对于熟悉汉语的人不会造成误解。英语及其他一些欧洲语言中的对应词语是可以两解的。History（历史），既表示过去的事情，也表示记载过去事情的文本。而其差异，其实尽可以在语境（context）中把握——除非使用者故意或不慎使之表意模糊。History的两解可能性为历史哲学家或者入侵历史学的哲学家们提供了驰骋雄辩的空间。他们前赴后继地论说，使瞠目结舌的实践历史学家终于默认，自己根本没有精准把握历史与历史记述两事关系的能力，最好把自己工作的性质问题呈交哲学家们来裁定。哲学家的处方则大体上是：承认你们是讲故事的人，承认历史学家在历史领域并不能提供比哲学家、诗人所能提供的更多的东西。于是，受其影响的一些人就把历史记述的种种特质，其类似记忆的属性、记录和书写时不能没有的选择性、语言的建构性、执笔者的伦理甚至情感倾向、叙述文本与所叙述对象必然的差异等，都当作历史固有的属性来讨论。其实，用汉语思考和讨论历史的含义时，无须刻意钻入西语特有的语言困境。

二、判断历史认识可取性的依据

历史是真实存在的，虽然历史学家的叙述会呈现出各种面貌，但历史本身并不因为其叙述的准确、完整、精彩与否而改变——改变的只是阅读那些历史叙述的人的知识和精神状态而已。历史学家工作的根本意义，毕竟还在于最大限度地接近于揭示和呈现历史事实。古人已经知道"尽信书，则不如无书"，受过历史专业训练的人除非被哲学家的纠缠弄昏了头脑，就不会认为历史学家的叙述就是历史本身。他们肯定会发现，关于同一历史话题的史家叙述常常并不相同，他们如果不愿意停止在类似"有一百个历史学家就有一百种历史"的箴言前慨叹自己的浅薄，就只能用自己的专业知识和技能独立地做出判断。

判断的目标，肯定不是在面前一百种历史叙述文本中间选择出一种最为完美的历史。因为将要做出判断的历史学家知道所有这一百种文本都只是其作者的叙述而不是历史本身，所以哲学家们用不着在这时费力去告诉他被选择的文本无论如何也不可能与原初真实的历史没有差别——如果这些哲学家还承认存在真实历史的话。他判断的尺度，只能是可取性（validity）。这个概念的英语内涵包括妥当性、确实性、有效性、正确性、合法性等，综合这些含义，名之为可取性。在目前语境中，它的中心含义是，一种文本或陈说接近所要澄清的事实之真相与本质的程度。在把被评价的文本作为整体的情况下，它主要指被评价文本接近要澄清的事实之真相与本质的相对关系；在把被评价文本分析看待的情况下，则指所有文本中各种陈说接近要澄清的事实之真相与本质的相对关系。历史学家常常不能完全肯定地判断历史真相，不能完全透彻精准地解析历史真相的本质，但是他必得有能力判断可见文本或陈说中哪些更为可取。没有或者拒绝这种能力，他就应该改行。

　　历史是过去发生的事情。人类需要记忆、了解过去发生的事情,作为当下行为的参照,也就是通过经验来提升自己行为选择的明智性和选择视域。这种能力其实是人类与地球上所有逐渐被人类统治的其他生物的主要区别。凭借历史知识建立起跨越无数代际而获取经验的能力,人类进化得以加速,尤其是知识的进步和传播获得巨大的空间,并逐渐汇聚成为一个切实关联而不仅是类属同一的共同体。如果人类在文明演进中没有对于获取历史知识的信念,今天的人类会面目全非,未来的人类也会失去方向感。历史知识对于人类发展所具有的巨大意义,皆基于这种知识以事实作为基础的特性。无论是谎言还是貌似深刻的思想,都不具有比对经验的切实了解更高的指导人类生存的意义。当下的思想家们常常鄙薄历史事实的枯燥,但是如果没有这些枯燥事实作为基础,思想家们高妙的言论早就把人类引到幻境去了。历史学不可替代,就在于它是人类所建立的所有探索知识的学科中最能了解以往经验事实的。虽然哲学比历史学深刻,艺术比历史学飘逸,但它们都不如历史学更具有探寻以往事实的能力。

　　迄今为止,历史学家探寻以往事实的主要介质是更早时代的文字记载,包括档案、史书,以及其他包含相关信息的著述——这并不等于历史学家永远只能如此,因为现代科技正在提供日益先进的手段把正在发生的事情以远比目击者或事后编纂者的文字记述更完备的方式记录下来。① 因为历史学家的目标只是最大限度地接近并呈现以往的事实,而不是纤毫毕具、事无巨细地讲述那些事实,所以他面对关于同一往事的不同文本,要做的只是梳理出最接近于事实的新文本。在这样做的时候,他必须首先判断作为资料的早先文本各自的可靠性。在这方面,欧洲兰克学派开创的客观主义史学和中国从司马光到乾嘉学派的考异、辨伪、考据、校勘方法,以及中国现代新史学的实证研究传统,已经提供了相当成熟的经验,今人如能将之落实得更为精细、严谨,这些方法在具体工作层面就依然有效。晚近批评实证主义史学传统的理论,提醒历史学家要对包括原始文本在内的所有文本进行更严谨的审视,尽量透视出其中所含记述者的局限和主观选择意图,这是有意义

----

　　① 关于这个问题,请参看许兆昌:《当记忆成为常态,历史学何去何从》,《史学月刊》2017 年第 5 期。

的。通常说来,距离本事最近形成的文本比晚出的文本更可靠,但这只是一般可能性,并非必然。这不仅因为现存最早文本未必是原始文本,更因为即使是原始文本、目击记录,也会杂入记录者的选择和价值因素。传统实证主义史学并非无视史料批判,但其批判常常——并非总是——停止在判定文本原始性的节点,具有不彻底性。后现代主义则在认定任何文本都杂有记述者的主观意图或倾向之后,便否定文本可能承载历史事实,或者判定即使其中存在历史事实也非历史学家所能辨识。在这种意义上说,后现代主义在形式上接近相对主义,却有绝对主义的性质。

　　文本未必一切尽实,但当文本是了解事实的唯一或重要信息载体的时候,历史学家必须对文本做穷尽的(exhaustive)解读,以求析出有助于了解事实的信息,做出关于真相最大可能性的判断。在这样做的时候,除了覆盖所有相关文本和前文所说的从整体上判定文本形成与衍生的序列关系和价值,还要从文本内部并综合可见的各种相关文本来分析个别事实的最大可能性,其核心方法其实是形式逻辑和常理(common sense)。历史学家运用形式逻辑的方式与自然科学家、社会科学家并无二致,归纳和演绎是最基本的路径。量化统计的核心实际上是归纳法的数据化运用,假说则是演绎过程中不可缺少的环节。正因为如此,诸多社会科学的方法、手段可以被应用到历史研究中。除此之外,历史学家特别注重时间轴线上的次第关系。时间次第在历史学中的重要性主要是基于历史事件发生的关系永远是前因影响后果,而不是相反。这为历史学家梳理往事提供一种有效的自然逻辑。常理是历史学家所处时代各种公认事理的统称,包括各门学术所达成的公认结论、公理,也包括日常生活反复昭示的高概率情形,比如子女一般对父母有超过对其他人更多的关联感、穷则思变、practice makes things perfect(熟能生巧)等等。在涉及伦理的层面,常理也可以称为良知。良知并不总是可以简单评价,但因为需以普遍价值和科学为底线,所以并不总是不可评价。逻辑与证据结合可以直接落实判断;常理则通常帮助研究者思考,但不足以直接落实事实性判断。违反逻辑的判断不能成立;违反常理的事实概率不高,但也可能是事实,需要更充分证据的检验。证据、逻辑、常理皆能吻合,判断就具有了高度可取性。三者皆不充分,不能做出判断;三者之一不充分,只能做出关于可能性的推断,即存疑。存疑推断也是一种判断,在排除若干可能性之后做出,因而意味着离事实更近。

　　历史学家发表的著作中一定会包含对其所述往事的解释。解释可以借助于理论,或者不借助理论而直接从自己的价值立场做出关于善恶得失的评价。评价都是解释。但不能因此认为历史学家除了解释就不能说话。比如一个研究明史的人依据《明史·高拱传》说:"高拱表字肃卿,家乡河南新郑。他在嘉靖二十年也就是公元1541年考中了进士。"这里面并没有什么解释。如果在这种语境中,仍有人要说这个研究明史的人的话语归根到底是建构的,他的事实是选择的,即使他所说的每句话都是事实,他也私吞了另外一些事实,我们只好敬谢不敏。要对这类没有解释性内容的陈述进行评价,唯一的方法是查考其他记载,看高拱的表字是不是肃卿,家乡是不是新郑,他是不是在嘉靖二十年考中进士,即查考是不是还存在更可靠的、与《明史》不一致的记载。查无他说,则可以视之为可取的历史事实性判断——即使后来发现新的更可靠证据表明这种判断还需要修正也是如此。历史学家的脚步,并不一定要踩踏在一个连一个全真判断柱石上,而是踩在一个个相对可靠的柱石上。这个例子表示,历史学家的叙述可以不含解释,他的性质意义上属于主观行为的分析在内容上可以是客观的。这种情况虽然在对单一事实的考订和叙述中表现最多,但将单一事实连贯起来,也可以构成相对完整的历史叙述或者历史著作,比如年谱。类似研究并不少见。当历史学家想要借助其历史事实叙述表达自己的评价时,或者当历史学家在行文中使用带有价值、立场、观念性的语汇时,解释就被融合到事实叙述之中了。然而这种解释性的成分真的不能从一个历史学家的事实叙述中剥离开吗?肯定不是。我们在日常生活中既然能够分辨言说者话语中的事实(fact)和观点(opinion),历史学家就能够在其工作中剖析事实和观点。对于观点成分的评价,尺度常是多元的;对事实成分的评价,只需查证其证据,就可以判断其真伪或真伪程度。

　　无论如何,当解释渗入历史学家的陈述时,问题的确变得复杂了。除了具体事实,历史学家还要处理更复杂的事实,包括系列事实、结构性事实。"朱元璋少年时曾经剃发为僧"是个具体事实陈述,这种具体事实陈述可以被视为客观的。"朱元璋在建立明朝时重构了国家制度"则是在一系列具体事实判断基础上归纳而成的系列事实陈述。做出这种陈述之前需要选择一种方式将多个单一事实连贯成为具有内在关联的系列,而内在关联需要主观界定,因而夹带的主观成分会增多。判断这种陈述是否可取,既要查核其所依据的具体事实,又要考量其连贯的方式。因为除非那位史学家故意,其连贯方式并非一定需要理论介入,因而评价的基准依然是其符合可见事实证据的程度,唯因其连贯多项事实证据,必须判断其连贯方式是否符合归纳的逻辑。"朱元璋建构了皇权高度集中的国家体制"则是一种结构性事实陈述。结构性事实陈述一定带有很强的主观成分,一定是事实与解释融合的,因为这种事实需要透视才能得见,透视的工具必须是比较复杂的概念乃至理论,需要陈述者自己做出明确的界定和说明。当一位历史学家说"唐代租庸调法具有国家对农民劳役征发和剥削性质"的时候,其中既包含事实性内容,也包含理论性内容,两者很难断然分开。对这种陈述的评价应分为两个层面,其一是依据证据判断作为基础的基本事实,即唐代租庸调法究竟是怎样的一种赋役制度,是否与陈述相符,如不相符,无论提供"国家对农民劳役征发""剥削性质"的理论如何高明,整个陈述不能成立;其二是对其中的理论性要素及其所依托的整个理论本身进行评价,后者通常延伸到历史学之外。

不存在评价理论的通用简单方法,但也并非凡理论皆不可评价。所有理论首先都须涉及事实,所有事实都具有历史性,如欲成立,必须符合可取性基准,即理论的事实基础必须成立。其次是逻辑,再次是常理,此外还有实践的检验。本文要讨论的是历史研究评价的底线,尤其是事实性判断的可取性问题,对于理论在史家叙述中的介入问题以及底线以上的诸多相关问题,不能深论。

三、关于实证主义的反思及对批评的批评

中国现代历史学家的工作方式,除受到各种历史观、价值观的影响之外,在具体方法论层面,得益于广义实证主义甚著。中国历史学实证主义有两个渊源,一是传统史学中的直书、征信传统,尤其是乾嘉时期疑古、考据的传统;二是欧洲兰克学派史学的影响。德国历史学家兰克(Leopold von Ranke)奠定了世界范围内客观主义历史学的基础。他主张历史著述的基

本原则在于以过去事物发生本来的样子呈现过去,坚持具体经验立场,认为历史学的科学性基于其研究的客观性原则和严谨的方式,不在于使历史学成为普遍知识的属性。他特别强调原始档案的价值,引导了历史研究引述原始文献来论证问题或叙述史事的实践。因为这种客观主义史学是在科学与理性彰明的时代环境中发展起来的,很大程度上采取了与自然科学一致的意念考察和叙述人类以往经验,以根据证据发现和澄清事实为目标,以发现和叙述历史事实时保持客观性为追求。因为历史研究所使用的证据大多来自书写资料,文献学自然而然地成为历史研究的最重要基础。受兰克学派很大影响的中国史学家傅斯年即曾说道:"近代的历史学,只是史料学,利用自然科学供给我们的一切工具,整理一切可逢着的史料。所以近代史学所达到的范域,自地质学以至目下新闻纸,而史学外的达尔文论,正是历史方法之大成。""凡能直接研究材料,便进步;凡间接的研究前人所研究或前人所创造之系统,而不繁丰细富的参照所包含的事实,便退步……凡一种学问,能扩张他研究的材料便进步;不能的,便退步……凡一种学问能扩充他作研究时应用的工具的,则进步;不能的,则退步。"他认为:"我们只是要把材料整理好,则事实自然显明了。一分材料出一分货,十分材料出十分货,没有材料便不出货。""材料之内,使他发见无遗;材料之外,我们一点也不越过去说。"①他以历史学为与自然科学无异的学问,以史料学为史学的核心,主张纯学术的历史研究。现代中国史学发展,在各个阶段都伴随着新史料的发现和历史文献学的扩展。梁启超在归纳清代汉学的实证精神时,指出此种精神的核心在于"实事求是""无征不信"。② 具体而言:1. 凡立一义,必凭证据;2. 选择证据,以古为尚;3. 孤证不为定说;4. 以隐匿证据或曲解证据为不德;5. 喜罗列事项之同类者为比较研究;6. 采用旧说必明引之,以剿说为不德;7. 所见不合则相辩诘,虽弟子驳难本师不以为忤;8. 辩诘以本问题为范围,词旨务求笃实温厚;9. 喜专治一业,为"窄而深"的研究;10. 文体贵朴实简洁,忌"言有枝叶"。③ 这种方式,至今是中国史家工作的基本

---

① 傅斯年:《历史语言研究所工作之旨趣》,载蒋大椿主编《史学探渊——中国近代史学理论文编》,吉林教育出版社,1991,第493-503页。
② 梁启超:《清代学术概论》,商务印书馆,1922,第9页。
③ 梁启超:《清代学术概论》,第77-78页。

理路。

　　实证主义史学在20世纪受到哲学、语言学、后现代思潮、历史相对主义等的不断批评,也受到历史学意识形态化的干扰。到20世纪末,在世界范围内,颠覆实证主义已经成为新潮史家或历史哲学家彰显新意的一个标签。一些学者宣称历史学发生了语言学转向、文化转向;一些学者通过采用其他学科的理论方法改造历史学或者另辟蹊径;还有一些学者采用戏说的方式把历史学推往消遣的方向。英国历史学家理查德·艾文斯(Richard J. Evans)列举了许多从后现代主义立场对历史学的批评,并指出:"后现代主义者对历史学的批判是如此具有威力且影响深远,以至于越来越多的历史学家停止了对真相的追寻,放弃了对客观性的信仰,而且不再以科学性的取径来探索过去。"①对实证主义历史学的批评,显然对历史学家对待自己工作的观念和方式产生了深刻影响,实践历史学家头上,盘旋着愈来愈浓厚的疑云。与此同时,试图超越实证主义历史学的研究者所完成的历史研究著述虽然别开生面,但在关于历史事实澄清方面的严谨性并未超过实证主义史学家的优秀著作,证据不足和过度诠释情况比比皆是。对实证主义的批评,并没有直接开出整体上更佳的历史研究范式。

　　由欧洲哲学家发动的对实证主义历史学的批评所针对的直接对象,当然不是现在中国实践史家所秉持的历史研究实证方式,而是欧洲的实证主义史学传统和一些实证主义哲学的命题。早在实证主义历史学兴起的时代,黑格尔就曾在讨论他归纳的三种历史——原始的历史、反省的历史、哲学的历史的时候,关注到历史学家本人意识向其著述的渗透。这种渗透在诸如希罗多德、修昔底德等代表的原始的历史即以史家自己所关心的同时代历史为对象的历史著作中就已经难以避免。在反省的历史即超越历史学家自己时代范围的历史著作中,历史学家更是在整理资料的环节就需要运用"自己的精神",而且在写作时"必须用抽象的观念来缩短他的叙述……由'思想'来概括一切,借收言简意赅的效果"。在说到反省的历史中被称为"实验的历史"的一个分支时,黑格尔其实已经为后来克罗齐(Benedetto Croce)的那句名言预先做了注脚。他指出,当我们研究"过去"的时候,就会

---

① 理查德·艾文斯:《捍卫历史》,张仲民、潘玮琳、章可译,广西师范大学出版社,2009,第5页。

有一种"现在"涌上心头,这是史家自己精神活动的结果,"历史上的事变各各不同,但是普遍的、内在的东西和事变的联系只有一个。这使发生的史迹不属于'过去'而属于'现在'。所以实验的反省……使'过去'的叙述赋有'现在'的生气"。① 我们必须注意,黑格尔仅仅指出反省的历史学家会将"现在"的意识投射到"过去",并没有因此认为这是一切历史应该采取的做法——反省的历史本来就不是黑格尔心目中最理想的历史。在谈到第三种反省的历史即史学批评时,黑格尔在简单提到法国的这类批评曾经贡献许多深湛和精辟的东西之后马上指出,德国的学者则曾经假借批判之名"就荒诞的想象之所及,来推行一切反历史的妄想谬说……以主观的幻想来代替历史的纪录,幻想愈是大胆,根基愈是薄弱,愈是与确定的史实背道而驰,然而他们却认为愈是有价值"②。显然,黑格尔既已深刻察觉史家观念在其研究过程中不可避免的参与,又保持着对于历史记录作为底线的尊重。至于黑格尔理想的历史即哲学的历史,是思想充分展开的历史,因而容纳更多的主观性:"'历史哲学'只不过是历史的思想的考察罢了。"这种历史虽然被黑格尔称为历史,实际上仍是哲学。而"哲学的范围却是若干自生的观念,和实际的存在是无关的"。哲学关心本质,历史学关心存在。所以黑格尔要完成他的历史哲学,就要提醒自己:"我们必须审慎的一点,就是我们不要被职业历史学家所左右。"③他理想的历史学家,其实是观照历史经验而以呈现永恒本质为己任的一种特殊的哲学家。然而,历史学家本无须以哲学家自处。

19世纪末,对倾向于模仿自然科学的欧洲实证主义历史学的反思已然深入,而其方向并不是解构历史学,而是探析其与自然科学之间的差异。文德尔班(W. Windelband)1894年发表《历史学与自然科学》指出,"科学以总结普遍规律为其目的,而历史学则以描述个别事实为其目的";自然科学是"合乎规律的"科学,历史学则是"个体叙述的"科学。他认为:"历史学家对历史事件的知(认)识是由价值判断——也就是,对它(他)所研究的那些行动的精神价值的看法——组成的。因此,历史学家的思想乃是伦理的思

---

① 黑格尔:《历史哲学》,王造时译,上海书店出版社,2001,第1—5页。
② 黑格尔:《历史哲学》,第7页。
③ 黑格尔:《历史哲学》,第8—10页。

想,而历史学则是伦理学的一个分支。""历史学家对个体所做的工作并不是要了解它或思考它,而是以某种方式来直观它的价值;这种活动大体上有似于一个艺术家的活动。"①这种分析,解除了历史学家认识普遍规律的义务,使得他们有理由不去模仿自然科学家和历史哲学家对本质的诉求,而获得一片个别事实的天地。但是,文德尔班夸大了历史研究的伦理性质。历史学家关于历史事件的知识可以融入价值判断,也可以不融入价值判断,或者虽然融入价值判断但那种价值判断并不至于歪曲事件真相。如果历史学家工作的意义全在于或主要在于以艺术方式表述自己的价值观,人们就尽可以抛弃历史学家,直接去读艺术家的作品。历史学家的工作不能不渗透思想,但除了思想也需有可取的事实。在这里,黑格尔告诉我们历史学家的工作是追求本质,与哲学家并无二致;文德尔班告诉我们历史学家的工作是表述价值。他们都把历史学家工作最为基础性的部分,即理析出具有高度可取性的事实,降格到非本质的地步。

稍后,克罗齐在《历史学的理论和实际》中主张:历史就是活着的心灵的自我认识,无论历史学家所叙述的历史距离他的时代多远,唯当其被历史学家所理解的时候才是真历史,并无例外地成为"当代史",否则就是一种空洞的回声。"假如真是一种历史,亦即,假如具有某种意义而不是一种空洞的回声,就也是当代的,和当代史没有任何区别。像当代史一样,它的存在的条件是,它所述的事迹必须在历史家的心灵中回荡……"因而,"一切真历史都是当代史"。② 他所说的这种"真历史"与编年史(chronicles)相对而言。"历史是活的编年史,编年史是死的历史;历史是当前的历史,编年史是过去的历史;历史主要是一种思想活动,编年史主要是一种意志活动。一切历史当其不再是思想而只是用抽象的字句记录下来时,它就变成了编年史……"③编年史是精神消逝了的历史,是历史的残骸。我们不难在这里看到克罗齐的主张与黑格尔主义深度共鸣——虽然克罗齐曾经对黑格尔进行批判。他们都把历史学家视为思想者——不一定是哲学家。我们可以赞同

---

① R. G. 柯林武德:《历史的观念》,何兆武、张文杰译,中国社会科学出版社,1986,第189-191页。
② 贝奈戴托·克罗齐:《历史学的理论和实际》,傅任敢译,商务印书馆,1982,第2页。
③ 贝奈戴托·克罗齐:《历史学的理论和实际》,第8页。注意,克罗齐所说的编年史与中国史学史中的编年体史书完全不是一回事情,此事另议。

他们把历史研究视为当下思想活动的主张,但是他们都过度强调历史作为历史学家行为的性质,偏爱心灵体验的真实性。历史学家如果确然依照这种定位来从业,那么后来的后现代主义对历史学实证基础的解构也就大致可以成立了。问题是,这些伟大哲学家对历史学家的定位,只是推崇了对历史的一类以思想探索为主旨的高妙研究,却远远没有界定实践历史学家的普遍工作方式,忽略了历史研究澄清以往事实本身的意义。思想探索为主旨的历史研究自然会多种多样,问题是思想的驰骋要不要受事实基础的规范。

柯林武德(Robin G. Collingwood)1946年出版的《历史的观念》也对实证主义进行批判。他的"一切历史都是思想史"的名言,和克罗齐的那句类似的话一样流行。他的全部史学思想当然有对整个欧洲历史思想进行系统梳理的根基,但他的这个最著名的主张却是以很简单的方式推论出来的:"自然的过程可以确切地被描述为单纯事件的序列,而历史的过程则不能。历史的过程不是单纯事件的过程而是行动的过程,它有一个由思想的过程所构成的内在方面;而历史学家所要寻求的正是这些思想过程。一切历史都是思想史。""思想史,并且因此一切历史,都是在历史学家自己的心灵中重演过去的思想。"①通过透视单纯事件背后的思想来理解作为过程的历史是可行的,但是这仅仅限于那些由人的思想所支配的行为导致的事件,而人类以往的经验中有许多并非由人的思想来决定。比如人口结构、经济状态等这些我们前面所说的历史上的结构性事实。如果承认经济是人类历史经验的一个侧面,就需要认真对待经济演变背后那只"看不见的手"——如果这只手是思想操作的,就不是看不见的了。所以,虽然柯林武德的确指出了历史学家实现历史通贯理解的一个途径,他也实际上窄化了历史的范围。他试图将历史学从"剪刀加糨糊"的技术性工作升华到思想追求境界的论述富有启发性,但他的实践方案却颇有局限。历史不仅是思想史,不仅人口增长的事实不是思想史,而且"史家著述"意义上的历史虽然必须用思想来组织,却也不能归结为思想史。柯林武德所说的"思想史"——对他而言是一切历史,只是历史学家据以呈现自己思想的历史著作。这即使在"思想

---

① R. G. 柯林武德:《历史的观念》,第244页。

史"的一般意义上说,也是十分狭隘的。若果真如此,历史舞台就被大小思想家站满,其他人就无地自容了。不过,柯林武德虽然过分强调思想,但是却与历史不可知论划清了界限。他认为,"历史学是一种研究或探讨……总的说来它属于我们所称的科学,也就是我们提出问题并试图做出答案所依靠的那种思想形式……科学是要把事物弄明白;在这种意义上,历史是一门科学"①。根据他的论说,历史学是否具有科学性,不应该仅仅从其研究的对象和依据的性质角度看,也要从研究的方式和目标角度看。历史学的目标,就是把往事弄明白。既然如此,历史学家的工作方式,毕竟还是要查看证据,即使其呈现自己研究的结果时非常强调思想的意义也是如此。柯林武德如此强调思想意义的历史学,在很大程度上是针对孔德(Auguste Comte)推崇的模仿自然科学的实证主义社会学和兰克的客观主义历史学的。孔德实证主义认为科学有两件事情:一是确定事实,二是构成规律。这种观念延伸到历史学领域,就引导大量优秀的历史学家努力去积累和考订自己认定的证据性资料,但是他们迟迟不能进入实证主义指引的第二阶段即构成规律。于是,正视这种情况的历史学家,如兰克,"终于认为,发现和陈述事实本身对于他们来说就够了","历史学作为若干个别事实的知识,就逐渐作为一项独立自主的研究而使自己脱离了作为普遍规律的知识的科学"。② 于是,历史被分割、碎化、硬化,脱离思想而被诟病为"剪刀加糨糊"的历史证据搜集。柯林武德并不否认历史证据的存在和意义,也不否认历史事实,他是在努力通过倡导思想贯通而将流于碎化的历史学提升到高级水平。这样来看,我们从柯林武德那里获得的启示,就不应该仅仅来自他那句强调思想的名言的表面含义,而要注重他对历史学从自然科学化坠入机械、碎化的反省。尤其是,我们不应该把柯林武德视为解构历史可认知性的先驱。

卡尔·波普尔(Karl R. Popper)在《猜想与反驳》等论著中,对实证主义进行了逻辑层面的剖析。他认为,逻辑实证主义把可证实性看作科学区别于非科学的分界是不能成立的。如牛顿宣称自己的理论并非推测,而是对事实的真实描述,是通过归纳法建立起来的,然而牛顿理论虽然经过证实,后来却受到爱因斯坦理论的否证。从牛顿到爱因斯坦的发展意味着任

---

① R. G. 柯林武德:《历史的观念》,第9-10页。
② R. G. 柯林武德:《历史的观念》,第148页。

何理论,不管它曾经受过何等严格的检验,都是可以被推翻的。可证实性不能构成科学与否的尺度,可以构成这种尺度的是可否证性,一项结论需在逻辑上或原则上有可能与一个或一组观察陈述相抵触,即可以接受逻辑的检验,方归于科学范畴;凡逻辑上不可否证的皆不属于科学范围。按照波普尔的论说,归纳逻辑并不能保证认识的科学性,可实证性也不是科学的基础,只有可否证性才是科学的逻辑基础。因为实证主义的主要逻辑路径是归纳逻辑,所以波普尔的这种论说通过对归纳逻辑本身作为达成科学认识的途径的质疑,进一步撼动了实证方法的权威性。① 然而问题是,波普尔所讨论的科学认识,始终是作为理论的认识,即使不是一种复杂的理论,也是一种全称肯定判断,如"凡天鹅皆白"之类。一个历史学家如果并未沉迷于孔德式的社会科学,对普遍性并没有那么大的兴致,他做出的大多数判断是诸如"某时某刻出现于某地的那只天鹅是白色的",至于全天下的天鹅都是什么颜色,他并不一定要追究——虽然他也可能对之有些兴趣。换言之,历史学家的大量工作是把对象作为有限个体来认识,而不是把判定全世界所有同类个体的总体属性作为自己的任务——即使倡导通贯思想的历史学家也是如此。归纳逻辑可以证实历史学家所要弄清的大量事实,比如通过教会洗礼记录来判断某年某地受洗人数,或者通过统计明朝每个皇帝的生卒年来计算明朝皇帝的平均年龄。因为历史学处理的个体对象总是在特定时空框架之内,是有限对象,所以通过归纳个别来实现对一般的有效判断是可行的。演绎逻辑,基于已知普遍性推导个别之性征的方法,在历史学中的适用性小于在自然科学中的适用性。历史学触及的普遍性是基于具体事实辨识、分析实现的,依然有具体性的一般属性、特质、可能性,历史学也不以揭示绝对普遍性即放之四海而皆准的真理为目标。所以,波普尔所指出的归纳逻辑的局限,并不否定历史实证方法之成立,而他的否证方法,则完全可以作为一种探寻真实的逻辑纳入广义实证方法范畴之中。

爱德华·霍列特·卡尔(Edward Hallett Carr)对被他称为历史经验主义(historical empiricism)的兰克学说以及其后的各种讨论进行批评,认为"历史是历史学家与历史事实之间连续不断的、互为作用的过程,就是现在与过

---

① 参看赵轶峰:《卡尔·波普尔的科学哲学思想与史学方法论的再思考》,《求是学刊》1988年第2期。

去之间永无休止的对话"①。而"历史事实不可能是完全客观的,因为事实之所以变为历史事实,是要靠历史学家根据事实的重要性而决定。历史中的客观性——假如我们仍旧可以适用这一传统术语的话——不可能是事实的客观性,只能是事实与解释之间,只能是过去、现在和未来之间关系的客观性"②。然而历史事实完全可以是客观的,并不总是要靠历史学家的重要性尺度来决定,这在前面关于阿甲的讨论中已经说明。卡尔所说的作为现在与过去永无休止的对话的那个历史,只是作为史家思考内容和叙述文本的历史,而历史学家并没有资格因为自己以研究过去的事情为职业就断言任何往事除非进入他们的视野就不算是过去的事情。卡尔之所以把事实的客观性着落在处于"事实与解释之间"的"过去、现在和未来之间关系"上面,就是因为他把"事实"与"历史事实"断然分为两事,这样的"历史事实"当然就只存在于历史学家的心中。问题是,历史学家心中的历史只是作为映像和知识的历史,那些被他判定为不具备客观性的"事实"才是历史。卡尔所谓"历史事实"的客观性,只能是心灵事实之类的客观性,而如果历史学家仍以了解人类经验为职事,他们真正关注的就不可能是这类被称为历史学家的人各揣心腹事的心灵事实,而是过去发生的那些人类事务。

1973年,美国学者海登·怀特(Hayden White)出版《元史学:19世纪欧洲的历史想象》,成为迄今为止解构实证主义历史学的旗帜。他在该书中选出"在构思历史的可能方式这一方面始终是公认的榜样"的历史学家米什莱、托克维尔、兰克、布克哈特,和历史哲学家黑格尔、马克思、尼采、克罗齐进行比较,以探寻"哪一位的做法表现出历史研究最贴切的方式"。③ 结果是:"占主导地位的比喻方式,以及与之相伴随的语言规则,构成了任何一部史学作品那种不可还原的'元史学'基础。"并且,19世纪欧洲史学大师著作

---

① E. H. 卡尔:《历史是什么》,陈恒译,商务印书馆,2007,第115页。
② E. H. 卡尔:《历史是什么》,第224页。
③ 海登·怀特:《元史学:19世纪欧洲的历史想象》,陈新译,译林出版社,2013,第9页。怀特接下来说:"作为历史表现或概念化可能的楷模,这些思想家获得的地位并不依赖于他们用来支撑其概括的'材料'的性质,或者用来说明这些'材料'的各种理论,它依赖的不如说是思想家们对历史领域相应的洞见中那种保持历史一致、连贯和富有启迪的能力。这就是为什么人们驳不倒他们,或者也无法'撼动'他们的普适性,即便求助于随后的研究中可能发现的新材料,抑或确立一种解释组成思想家们表述和分析之对象的各组事件的新理论,也都无助于此。作为历史叙述和概念化的楷模,他们的地位最终有赖于他们思考历史及其过程时,那种预构的而且是特别的诗意本性。"见同页。

中的这种元史学因素构成了种种暗中支撑其著作的历史哲学,如果没有这些历史哲学,那些大师绝不可能写出这样的作品。① 因为怀特的"元史学"是指历史学家和历史哲学家论著中占主导地位的比喻方式,以及相伴随的语言规则,而这种元史学又构成了那些历史学家写出典范著作之支撑的历史哲学,因而语言就是历史学家、历史哲学家乃至诗人著作的根基。从而,历史学家叙述的起点和终点是他自己叙述策略所确定的故事起点和终点。换言之,历史学家的修辞系统事先决定了其叙述的形式乃至叙述的内容。在这样的语境中,语言是本质,语言所传达的内容是由语言派生出来的,历史的内容是构造的。怀特的这项研究产生了巨大的影响,史学理论界流行地认为历史学发生了"语言学转向"的看法,主要是由这项研究推动的。但是人们很少注意到,怀特曾经申明,他的研究方法是"形式主义的",即"我不会努力去确定某一个史学家的著作是不是更好,它记述历史过程中一组特殊事件或片段是不是比其他史学家做的更正确。相反,我会设法确认这些记述的结构构成"②。他所说的形式主义方法,指的是并非从内容角度而是从运用于叙述策略中的语言方式角度来分析选定的历史学家和历史哲学家的著作。他从一开始就把历史学家著作的内容符合事实的程度问题悬置一边,而把叙述或论证的形式作为核心问题。正是在这样选择之后,他才会说:"选择某种有关历史的看法而非选择另一种,最终的根据是美学的或道德的,而非认识论的。"③概括地说,认识历史学家叙述中难以根本避免主观预设并不是怀特的发明,他的贡献在于从语言和修辞的层面揭示了历史学家预设在其叙事中展开的形式和难以察觉的程度。他的根本问题则是,从语言和修辞策略层面对历史学家著作的分析是过分"形式主义"的,仅仅指向叙述的语言学结构,而这种结构类型非常有限,使用这种方法来分析历史学家的著作,就如同分析音乐家的作品时仅仅将之归于若干"调"一样,根

---

① 海登·怀特:《元史学:19 世纪欧洲的历史想象》,第 3 页。
② 海登·怀特:《元史学:19 世纪欧洲的历史想象》,第 9 页。
③ 海登·怀特:《元史学:19 世纪欧洲的历史想象》,第 4 页。

本不进入那些作品的内在品质问题。①而且，怀特分析的对象仅仅是 19 世纪欧洲的 8 位学者，与所有西方历史哲学家一样，他没有把欧洲以外的其他历史学传统纳入视野。②无论如何，怀特推动的所谓历史学的"语言学转向"③大幅度地把历史学从实证主义的基点拉开，成为话语建构的事情。但即使关于历史学家叙述受语言制约的所有分析都是正确的，也不过是指出了历史学家叙述受到人类语言的影响，而这种影响不仅波及历史学家，也波及自然科学家、哲学家。因而，这种看似高妙的论说不过是指出凡人用语言表述的东西都具有建构性。即使所有被使用的语言都具有预置的规定性和选择性，语言究竟还有没有可能表达准确的含义呢？如果不能，怀特的那些振聋发聩的言论都是荒诞的；如果能，为什么哲学家能而历史学家却不能？问题并不在于历史学家所使用的语言是否带有人类语言必然具有的选择、建构性，而在于历史学家如何运用人类语言梳理、表述更符合实际的人类往事。在这种意义上，不仅历史著作与哲学著作、诗歌不同，历史学家们的著作也各有符合历史事实程度的差别。况且，职业历史学家与哲学家、诗人以不同的方式使用语言。差别取决于其目标：历史学家的基本目标是尽量澄清择定范围人类往事的真实情况，包括澄清具体事实、具体事实系列和结构性事实；哲学家的目标是阐释关于界定主题终极意义的思想；诗人的目标是以优美感人的韵律语言抒发情感。由于目标不同，这三类人中，历史学家的语言以朴素、不易引起歧义和多解、接近常识（common sense）为特色。比如历史学家说到明清时代太湖水利的时候，不需要表示其所说的水之每个分子由两个氢原子和一个氧原子构成，即使那是科学意义上更本质的东西。

---

① 《元史学》的中译者陈新用怀特分析历史学家和历史哲学家的逻辑分析怀特自己的论说，认为："怀特的理论注定不能自圆其说，它的严密性必须依赖于他人的阐释，这无异于使怀特提出的理论失去了自己的立足之地。就此而言，《元史学》及其阐述的理论的确更像是一种诗性想象的产物。"见陈新：《诗性预构与理性阐释——海登·怀特和他的〈元史学〉》，《河北学刊》2005 年第 2 期，第 192 页。

② 这种局限可以从怀特的下面这句话中略见端倪："历史学曾是一个普通的研究领域，它是由业余爱好者、外行以及好古者培育起来的。现在，由一个普通领域转变成一个专业学科……"见海登·怀特：《元史学：19 世纪欧洲的历史想象》，第 171 页。如果怀特稍微关注一下中国史学传统，就不会笼统地认为历史学都是这样发生的。

③ 19 世纪末 20 世纪初语言学家索绪尔（Ferdinand de Saussure）《一般语言学教程》中陈述的观点似乎启发了怀特的前述论证。索绪尔认为，语言构成封闭的自组织系统，它不是连接意义的手段和意义的单元；相反，意义是语言的功能；人无法用语言来传达其思想，反而是语言决定了人之所想。

历史学家使用朴素语言表述的历史,从来就不是百分之百精确的往事——人类语言根本不能以百分之百精确的方式重现过去发生的任何复杂事实。他们讲述的只是择定视角下往事的某一部分,或者某些要素、某些关系或属性。历史学家叙述所根据的证据也并不限于语言信息或者文字书写的文本信息。正如犯罪学家并不仅仅依据口供来判断案情,而是要审查各种各样能够获得的语言或非语言的证据。生活在公元前时代的司马迁就知道踏访历史陈迹,今天的历史学家可能会凭借 DNA 鉴定来确定一具遗体的某些身体特征,可能根据全程录像来重构某次会议中发言的情况。而且,过去发生的事情并非一定在发生之后就无影无踪,只剩下某些人用语言留下的记录。历史会产生后果,其中一些会从上古投射到当今。哲学家谈论亚里士多德、孔子、黑格尔,并不仅仅因为他们看到前人著作中提到了这些人,还因为他们在现实生活中感受得到他们的影响,正如某些人的皮肤为白色而另一些人的皮肤为黑色并不依赖任何文本一样。

　　国际史学界关于记忆的研究在 20 世纪后期以来颇为兴盛,在中国也已经有所发展。彭刚在不久前发表的一篇文章中指出:"近年来,历史记忆、社会记忆、文化记忆这样一些概念,在学界和更加宽泛的文化生活中成为热点。在历史学界内,甚至有人称之为'记忆的转向'。"①这种"记忆的转向"与以前流行的"语言学转向"一样,虽然反映出历史研究乃至历史学观念的一些动向,但都是一些研究者把自己的兴趣、取向夸大为历史学基本趋势的说法。中国史学界关注记忆可能与三个背景因素有关:第一,对实证主义史学的批评弱化了对历史认知确定性的信心;第二,社会史、历史人类学主张的从下而上看历史方法凸显了口述历史学的意义,而口述历史信息又凸显了历史信息的不确定性;第三,20 世纪的一系列重大历史事件在被叙述者重述时发生的分歧,引发了保存这些历史事实可靠认知的焦虑。以记忆为关键词的历史研究体现历史研究者对历史信息复杂性的体认,有助于提示研究者更加缜密地探索如何从这种复杂性中求取可靠的记忆,也开拓了历

---

　　① 彭刚:《如何从历史记忆中了解过去》,《读书》2016 年第 4 期,第 71 页。彭刚在同一篇文章中还说:"简单地说,对于历史,人们可以有两种不同的看法。一种是过去不断累积变化,以至于现在,当下乃是过去的结果;另一种则可以借用克罗齐著名的命题'一切历史都是当代史'来表达,那就是,过往的历史是一片幽暗,只有当下的关切和兴趣,才有如探照灯一样,照亮那片幽暗中的某个部分、某些面相,过去在很大程度上是被当下建构出来的。对于记忆,也可作如是观。"见第 75—76 页。

史研究深入考察原始事实引发的后续事实的视野。但是如果过度强调历史作为记忆的性质，就把历史纯粹知识化，把历史研究变成了知识社会学或观念研究。① 记忆有两层含义，其一是所记忆往事的内容，其二是记忆作为一种行为发生的情境。前者指向记忆行为发生之前或当时所发生的事情，其意义取决于符合事实的程度；后者指向对记忆行为发生、再现的解读，其指向是记忆者的心理。近年流行的许多历史研究，采用文本流传历程取径，分析偏重流传情境，文本内容符合事实程度的问题反而止于扑朔迷离，研究者似乎用后继心态事实或思想事实替代了原本事实。事实具有唯一性，而对唯一的事实的记忆可以有多种，可以完全扭曲，因而对记忆的研究可能与原本的事实相关，也可能不相关。把历史直接理解为记忆还会把大量不为人知的历史事实排除在历史概念之外，而不为人知的事实依然是事实，依然可能对人产生作用。我们迄今对夏代的历史知之甚少，然而因为商代文化已经达到相当复杂的水平，必然有深深的根源扎系在先时代社会土壤和人类经验之中，因而我们有理由对商以前时代的考古学保持密切关注，并且可以判定我们在所了解的商代历史中的一些要素，可能从夏代而来。这正如前面说到的那个阿甲，他的某些性格要素，来自他的父母。每次新史料的发现都扩展了人们所知历史的范围，但并不是因为发现了那些史料，相关的历史才发生过；相反，因为那些事实发生过，所以才可能有后来的史料发现。当历史研究的对象被缩小为思想、心态、知识时，历史会被大大压缩，不被意识察觉的作用关系、结构、因果皆被推到边缘。历史研究中许多当事人难以察觉的内容，如经济类型、政治文化、人口趋势等等，大多要由稍后或很久以后的研究者通过复杂的考察、比较、统计、分析呈现出来。

在语言建构性、诗性笼罩历史研究的语境中，历史研究与诗歌在揭示真相意义上的差别似乎只在于风格，其目标也就转移到以更优美的方式讲述自己的故事。在历史归结为记忆的语境中，历史学家的主要工作就是历

---

① 如有学者说："虽然大家坚信历史就是过去的真实，但是这种真实需要通过记忆才会存在于今天，并且需要通过将记忆用某种方式表达出来才成为'历史'。所以我们可以说，过去的一切，只有成为人们的记忆，才会成为历史，如果没有历史记忆，也就没有历史。反过来说，今天我们认定为历史的一切，其实都只是我们记忆中的真实……过去发生的事情，其实绝大部分都是会被忘记的，我们的历史从来不包括那些已经忘记了的事实。"见冯原、庞伟、冯江等：《"建筑·记忆"主题沙龙》，《城市建筑》2015年第34期，第10页。

事实在后来人们心目中的印记,而不是历史事实本身。这种对于很多人来说因追随历史观念流变而无意识偏置的心态,逐渐把许多历史学家的工作旨趣从发现和解释事实,转移到建构心灵旅途中发生的故事。可能与此相关,当下历史学家在澄清历史事实方面的能力比起更早时代并没有明显地增强,解释的兴趣和能力却大大增强,对于历史解释主观性的容忍度也大为扩张。在各种理论方法潮流中,如果不能坚守历史学以材料为根基的实证理路,面对各种被曲解或过度解释的历史说,就只能作壁上观。历史研究中诠释视域的放大在历史观念层面把历史学从发现事实、澄清往事真相,转变为历史学家展现思想和才华。所以带有此种倾向的历史著作,或哲理深奥,或跌宕起伏,皆以著述者本人的思想、文采,甚至想象来充实其作品,事实、真相则被降低为表达思想的材料。这在一定程度上,把历史研究变成了文学事业或思想事业。从实证的立场出发,历史学不过是发现事实、澄清真相的学问,历史学家的思想和文采,皆应以最大限度澄清真相为目的,故其文尚简非繁,其义贵明不晦。超过此义,就超出了历史学的本义。

四、从传统实证主义到新实证主义

传统实证主义——这里指的是广义的历史学实证主义而非特指孔德的实证主义哲学——所遭受的诟病是多方面的,其中有一些切中其主体要害,有一些揭示出某些服膺实证主义的历史学者自己学术实践中的弊病,也有一些是夸张或吹毛求疵的。如前所述,对于实证主义历史学的早期反省从欧洲思想界兴起,其对象也以兰克学派的历史研究方式为主。晚近对实证主义批评的主要声音来自美国学者,其对象针对整个西方的历史学传统。也就是说,西方思想界从来没有切实观照中国历史学的实践,他们对实证主义历史学的批评,是沿着西方哲学和历史学交叉演变的路径思考下来的。那么,中国史学理论研究者在思考同一方向问题的时候,应该适当注意中西历史学实践的异同,以便区分关于实证主义历史学的反思,哪些是实证主义历史学的根本问题,哪些是狭义实证主义哲学的问题,哪些是个人具体实践方式中的特殊问题。然而,中国当下的历史学在一定程度上理论与实践脱节,或者至少没有形成常态化的密切关联。由此产生的局面是,研究西方史学理论的学者大量介绍西方对实证主义的批评,却很少对中国史学的具体实践方式做出评论;中国史研究者则分化为新潮流与旧规范两途,奉新潮流者模仿晚近西方的史学流派,持旧规范者全不理会史学理论界的那些新说法,如前埋头实证。即使研究中国史学史与史学理论的学者与研究西方史学史与史学理论的学者,也很少交叉,各有语境。[①] 要梳理传统实证主义应该扬弃的瑕疵,做出必要的修正,至少需要兼顾中西两大史学实践传统,同时还要区分根本问题与特殊问题。

　　传统实证主义历史学的根本问题之一,是在强调历史学家求取历史真实的目标时,没有同时对历史学达到其目标的过程进行认识论层面的深入考究,因而在哲学家的审视下,显示出对历史学家能够达成其求真目标之信心的夸大和对历史研究主体与客体关系的割裂。传统实证主义并非不具备史料批判的意识,无论中西史学,都有辨析伪书的能力和成就,都有考据的手段,都有疑古的流派。这种史料批判的精神和方法,都以求真的宗旨为基础。因为求真,所以对文本可能含有编写者主观局限、意图产生警觉并做出查核的努力。实证主义者与后现代主义者的差别在于:前者因求真而做史料之批判,通过史料批判而求真;后者为证明史家求真之不可能而做史料批判,通过史料批判而论证史家与其求真不如求自我思想之艺术呈现。实证主义者的史料批判主要通过文献学意义上的考辨,因而结论总是具体的或信或疑;后现代主义者的史料批判则在语言本质和人类对未曾亲历往事的认知能力层面,结论却多是统一无法确知。前者保持着对认识人类以往经验的追求,后者则把历史学转化为思想者的行为艺术。故如欲对两者进行中和,根基还在实证主义方面,后现代主义只能为针砭实证主义弊病的药石而非替代的方案。经过反思的新实证主义,需在认识论层面承认,即使文本为真,所记往事中依然经常渗透记述者的观念、意图,其迹象可在所记内容层面,也可在话语选择与建构层面。

　　传统实证主义所受诟病的另一问题是碎化而无思想。这种批评主要来自分析的历史哲学,而不是后现代主义。传统实证主义以类似自然界的概念理解历史,认定累积的片段最终可以组成整体的或完备的历史,与碎片化

[①] 这种情况与近年学科分类变动中把中国史与世界史分作两个"一级学科",从而把史学理论分为中国史学理论与"世界"史学理论大有关系。此等作为全然不顾学理,贻害不浅。

的研究之间存在一条通路,也实际上推演出了"剪刀加糨糊"式的琐细考察,不问整体,缺乏思想统摄的习惯。史家普遍如此,自然不可。但这一问题的弊端无须过分夸大。原因是,现代历史学是一种社会性的事业,即是有分工的。在此视角下,某些史家偏重具体问题,某些史家偏重以思想统摄,专家与通家互补,未必不可。柯林武德等批评者的心中,其实是以撰著鸿篇巨制的史家,类似爱德华·吉本者,作为正宗史家的,海登·怀特甚至把黑格尔等历史哲学家的构思与历史学家的构思置于同一平面看待。然而在现代历史学中,史著通家与考据家、文献家皆有必要的借鉴空间。如果仅言史著通家,非如柯林武德所说有独到思想和洞察力及高超的语言艺术水平不能成其功;如言史学考据家、文献家,则文献素养与逻辑分析能力最为根本。至于晚近中国史学界对历史学碎片化的担忧,虽与实证主义传统也有关系,但更多是由于史学界对于"宏大叙事"的批判和中国史家对理论问题的规避,其实与欧洲学界所谈原委有别。

时或被与实证主义捆绑批评的"宏大叙事"渊源比实证主义更早,是被欧洲启蒙主义和思辨历史哲学推向顶峰的。实证主义历史学因为对于历史知识的客观理解,对历史学的宏大叙事没有批判的能力,并与之联姻。但历史学宏大叙事取向的弊端,其实不在历史学的实证取向方面,而在实证主义与启蒙主义和思辨历史哲学之间的复杂纠结。启蒙主义空前彻底地反省了人类历史经验中关于社会组织原则的观念,提出了人类社会合理性的原则,从而极大地推进了现代文明的发展;与此同时,也以绝对化的真理观影响了后来人类社会。黑格尔的历史哲学把绝对理性作为人类历史的目标,并主张历史学家以思想统摄一切,是这种思维倾向的巅峰体现。后来流行各国的各种形态的教条主义也是这种思维取径的表现,其余绪甚至可以在至今尚被很多人视为新思想的"历史终结"论中看到。在纯粹历史学意义上,宏大叙事与碎片化初看是一个反悖,透视下去却在真理观层面合一。在这个层面,二者都构成实证主义历史学的缺陷。绝对化真理和绝对客观"历史事实"的观念结合,使得传统实证主义相信具体"客观"事实的一一解释最终可以成为统一宏阔的真理。没有这种信念,琐细事实考证、梳理的意义就会消失。汲取各种相关反思中的合理要素,新实证主义历史学避琐碎,既不小觑任何被研究者认定为有意义的具体事实的研究,亦不苛求历史研究当下之"有用"性,同时欣赏符合证据与逻辑基准的通贯研究。在基准以上的层面,新实证主义历史学主张对任何被视为真理的言说保持反省,不因任何理论否定事实或曲解证据,保持对"公认""共识"历史知识的开放心态。在这个意义上,新实证主义立足于批判性思维的基点,而其批判的尺度,以证据为优先。历史研究要最大限度地靠近历史事实,为此而接受证据的不断检验。共识可以因证据而被证伪,忘记的往事可以因证据而被记起;历史学家要不断地思考历史经验提供给人们的启示,但不应将某人、某时、某刻体认的启示视为绝对真理。至于"宏大叙事"中的"宏大"作为一种叙事方式,本身其实并无大病。历史学是有社会分工,有人钻研琐细,就需要有人综合。篇幅有限而覆盖广大的历史叙述不仅为历史知识普及所需,也是透视历史长时段演变所不能少的。

民族国家本位和政治史中心也是评论者对广义实证主义史学批判的要点之一。这种取向在兰克本人的研究中已经充分表现,并成为对他进行反讽式批评的主要破绽之一,在中国现代史学中也曾是司空见惯的基本方式。然而,这与其说是实证主义展开的逻辑结果,不如说是启蒙主义本身多种深远社会影响之一。实证的逻辑并非必然导出民族国家本位来,也并非仅仅指向政治史,主要是实证主义历史学与民族国家兴起的时代同步性为实证主义历史学打上了那种印记。正因为如此,一旦人们对民族国家本位和政治史的局限有所认识,就可以将研究的问题意识扩展到更广泛的领域,而并不因此必须放弃实证历史研究的方法,也并不一定会陷入严重的心理纠结之中。民族国家本位的历史研究本身只是特定时代意识的反映。问题在于历史学家不能仅仅以民族国家为研究的视域单元,还要研究比民族国家更大范围的历史和更小单元的历史;不仅要研究国家单位必然带来的政治史,还要研究国家单位视野会忽视的下层民众生活、文化心理现象、超国家视域的区域乃至全球史。这种研究,其实也并非在人们批判了实证主义史学之后才出现。古希腊史家希罗多德的《历史》就已经有超国家的视野,而中国的地方志也是国家单位以下的地方历史,实证主义历史学盛行的时代,也不乏女性史之类的研究。所以,非民族国家本位的历史和非政治中心的历史背后,虽有一些理论观念的进步,但并非基于一些人想象的那样重大的理论突破。

新实证主义应在传统实证主义坚持历史可认知性、尊重证据、求真务实的基础上，汲取19世纪后期以来多种反思论说中的合理要素，实现新的整合。历史学家必须承认存在历史事实，且其基本工作在于尽量澄清历史事实，包括单一事实、结构性事实、趋势性事实、弥漫状态的事实、心理事实和文化事实等。宏观与微观、从上到下及从下而上地审视历史，皆为历史研究应有之义。在无数以人类事务为对象的学术门类中，历史学的特质是依据证据尽量厘清已然之事，由此构成与其他学术的区别。在此基础上，历史学家当以晓畅、朴素的语言方式讲述往事，无须追求奇幻。历史学家需凭借思想组织其叙述，但不以牺牲已知的相关重要证据和史实为条件，不以理论操控证据和事实，也不因现实价值立场而故意忽视或曲解历史事实。证据与理论冲突时，证据说话；证据不足时，判断存疑。历史学家解释事实也以不违背证据为底线，不崇尚对证据的过度解释。历史学家永远致力于扩充其证据范围，从文本资料到记忆资料，从文字资料到声像资料，从地上资料到地下资料。凡有助于认知事实的学科、学说、技术皆可应用于历史学，但历史学不以融入其他学科为目标；跨学科研究常为历史研究带来新思路，但历史学并不追求在跨学科研究中失去自我。历史学家承认其工作不可避免地受到自己时代和个人复杂因素的影响，因而对影响历史认知的非证据性因素永远保持警觉，但并不因此而将历史学视为文学、哲学性的工作。

（原载《史学月刊》2018年第2期，收入本书时有文字改动）

周积明

Zhou Jiming
———————————————————————

　　浙江镇海人，1949年生，教授，博士生导师。历任湖北大学中国思想文化史研究所长、中国文化研究院院长、湖北大学副校长。湖北省重点学科（中国文化史）带头人，湖北大学专门史博士点带头人，湖北省社会科学联合会副主席，教育部历史学类专业教学指导委员会委员。现任中国社会史学会副会长。获湖北省劳动模范、湖北省有突出贡献的中青年专家、国家有突出贡献的中青年专家等称号。2002年入选"湖北新世纪高层次人才"第一层次。

　　学术专长：中国文化史、中国社会史、清代思想文化史。承担国家重大专项新修《清史·思潮志》，国家社科基金重大项目"汉冶萍档案文献的搜集整理与研究"。出版专著《文化视野下的四库全书总目》《纪昀评传》《最初的纪元：中国早期现代化研究》《震荡与冲突：中国早期现代化进程中的思潮与社会》《四库全书总目：前世与今生》等，与冯天瑜教授合著《中国古文化的奥秘》《中华文化史》等，主编《中国社会史论》《湖北文化史》等。担任电视片《中国七大古都》《陈云在延安》总纂稿。在海内外发表学术论文近200篇。

历史认知·历史实然·历史诠释

周积明

任何人也无法否认,后现代主义的兴起,是"我们时代的思想史"中至关重要的内容,诚如理查德·艾文斯所称:到了 1990 年代末,"由后现代主义发动的有关历史、真相和客观性的辩论,已成沛然莫之能御之势,任何人,除非是极端的蒙昧者,都无法对其视而不见"[1]。后现代主义的挑战虽然给历史学带来"自信心危机","不知何者可为、如何可为"[2],但更带来历史学家的自我批判和史学理论的更新。在这一思想基础上,重新梳理和阐释历史研究的三大中心概念——历史认知、历史实然、历史诠释,对于历史学科的理论建设将不无裨益。

一、历史认知的多元性及其边界

1979 年,在美国有两部以《沙尘暴》(*Dust Bowl*)为书名的著作出版,作者分别是保罗·邦尼菲尔德(Bonnifield)和唐纳德·沃斯特(Worster)。两部著作不仅完全同名,而且研究的对象、处理的主题也完全一致,都是关于 1930 年代沙尘暴袭击美国南部大平原造成长期干旱的历史。有意思的是,他们的大部分事实达成一致,但他们的结论完全不同。

在邦尼菲尔德的叙述中,沙尘暴的故事是关于人的故事,足智多谋、有

---

[1] 理查德·艾文斯:《捍卫历史》,张仲民、潘玮琳、章可译,广西师范大学出版社,2009,第 7—8 页。
[2] 理查德·艾文斯:《捍卫历史》,第 4 页。

毅力和有勇气的人的故事。在沙尘暴带来的艰难岁月里，人没有被打败，也没有放弃希望，他们为他们的农场、家园和生存而奋斗。他们在这场斗争中的成功，是个人和社区精神的胜利。

沃斯特的版本则描绘了一幅悲惨的画面。对他来说，沙尘暴带来的是20世纪南部平原生活中最黑暗的时刻。沙尘暴的故事与其说是关于自然的灾害，不如说是人类无法适应自然的失败，是一种文化的必然结果，这种文化自觉地不惜一切地支配和开发土地，导致了自然生态的崩溃与沙尘暴的到来。①

保罗·邦尼菲尔德和唐纳德·沃斯特关于1930年代沙尘暴的研究，属于环境史范畴，但威廉·克罗农（William Cronon）却从中发现了与历史书写相关的大问题。他在论文《故事之地：自然、历史和叙事》("A Place for Stories: Nature, History and Narrative")中说："无论我们倾向于遵循哪一种解释，它们都给研究过去环境变化的学者带来了一个困境——事实上，对所有历史学家来说都是一个困境。""我们最终必须问一个更基本的问题：这些故事从何而来？这个问题比看起来要棘手。"②

回答克罗农的问题并非易事，因为它涉及历史、历史认知、历史书写等一系列史学理论。

我们面对的历史，呈现为两种不同形态：一种是消逝在时空中的过去，它是一维性的，不可复原也不可重现，是为历史本体论范畴的"历史存在"或"客观历史"；另一种是历史认识主体依赖客观历史遗留下来的残片，通过理解和诠释重新建构的历史，是为历史认识论范畴的"历史客体"。前者是纯粹客观的、自在的存在；后者虽以前者遗留或传递的历史信息为基础而建构，具有历史实然性，但在整体上作为历史认识主体对客观历史认知和诠释的产物，是主体化的、自为的存在。前者无目的性，后者有目的、有脉络。两者既有联系，更有区别。我们所获知的历史，所研究的历史，都在历史认识主体重新建构的历史认知范围之内。诚如 E. H. 卡尔所指出："首先，我

---

① 威廉·克罗农：《故事之地：自然、历史和叙事》，载杰弗里·罗伯茨编《历史与叙事读本》，劳特利奇出版社，2001，第 409-410 页。
② 威廉·克罗农：《故事之地：自然、历史和叙事》，载杰弗里·罗伯茨编《历史与叙事读本》，第 410 页。

们所接触到的历史事实从来不是"纯粹的历史事实",因为历史事实不以也不能以纯粹的形式存在;历史事实总是通过记录者的头脑折射出来的。"① 他引述巴勒克拉夫之语:"我们所读的历史","尽管基于事实,但是严格地说,根本不是事实,只是一系列已经接受下来的判断"②。因此,任何关于历史理论的讨论都无法离开"历史认知"这个关键词。

"历史认知"是人的一种文化实践活动。而人在文化实践中,不可能不受到"理解前结构"的制约。所谓"理解前结构",包括"前有""前见""前设"③。海德格尔指出:"无论如何,只要某物被解释为某物,解释就本质地建立在前有、前见与前设的基础上的。一个解释决不是无预设地去把握呈现于我们面前的东西。"④这样的"理解前结构",亦可称之为"基于'生命经验'带来的主观"⑤。胡适的描述更具体,他说:"我们须要知道凡是一种主义,一种学说,里面有一部分是当日时势的产儿,一部分是论主个人的特别性情家世的自然表现,一部分是论主所受古代或同时的学说影响的结果。"⑥他虽然没有提出"前有""前见""前设"这样的抽象的哲学概念,但也指出了当日的时势、个人的特别性情家世、古代或同时的学说,对论主的思想认识与观念的形成有着潜在的影响。英国历史哲学家沃尔什(W. H. Walsh,1913—1986)概言影响历史书写的诸种因素:个人的好恶,集体的偏见,有关历史解说的各种相互冲突的理论,根本的哲学冲突。⑦ 正是这个"理解前结构"或"基于'生命经验'带来的主观",会影响到文本制作者和文本读解者的视野,引导他们看到"历史实然"的若干方面,也遮蔽他们看到"历史实然"的其他面相。正如在同一场沙尘暴中,保罗·邦尼菲尔德看到

---

① E. H. 卡尔:《历史是什么》,陈恒译,商务印书馆,2007,第106页。
② E. H. 卡尔:《历史是什么》,第96页。
③ "前有"即理解之前先已具有的东西,包括解释者的社会环境、历史景况、文化背景、传统观念以及物质条件等,它们隐而不彰地影响并限制着人的理解;"前见"即理解之前的见解,任何被理解物总是具有多种多样的可能性,而把它解释成某一种,则是由"前见"参加决定的;"前设"即理解之前必然具有的假设,解释总是以某些预先设定的假定为前提的,任何解释都包含有某种预设。
④ 转引自夏基松:《现代西方哲学》,上海人民出版社,2009,第326页。
⑤ 瞿骏:《"求真而经常不得"的史学研究辩证法》,《南京大学学报(哲学·人文科学·社会科学)》2022年第2期,第125页。
⑥ 胡适:《四论问题与主义——论输入学理的方法》,载《胡适全集》第1卷,安徽教育出版社,2003,第356页。
⑦ W. H. 沃尔什:《历史哲学导论》,何兆武、张文杰译,北京大学出版社,2008,第97-101页。

的是"个人和社区精神的胜利",而唐纳德·沃斯特看到的是"人类对大自然的破坏"。他们的问题意识不同,研究方向不同,得出的结论也不同,因此,他们对历史的叙事也只能是他们自己理解的历史和想要述说的历史。诚如王国维在《人间词话》中所说:"有我之境,以我观物,故物皆着我之色彩。"①E.H.卡尔指出:"历史学家在开始撰写历史之前就是历史的产物。"②这是何等透彻的历史主义论断。

人是历史的人,"历史学家是历史的组成部分","历史认知"也因此具有历史流动性。面对同样的历史实然,不同时代的人必然作出不同的解读,重新建立文本与文本之间的联系,建构不同的历史图景。在历史的流动中,每代人会把前代人的历史认知纳入自己的视野和意识中,由此贯连形成日益浩荡壮大的历史观念的河流。E.H.卡尔形象地把历史进程喻为"在游行的队伍"。"历史学家仅仅是在队伍的其他部分蹒跚行走的另一位不起眼的人物而已。当队伍蜿蜒前进时,时而向右转,时而向左转,有时又快速后退,队伍各个部分的相对位置在不断发生变化。""伴随这支队伍以及这支队伍中的历史学家前进时,不断地出现新景物、新视野。"历史认识因此日益丰富和深刻。"比如我们现在比一个世纪之前我们的曾祖父更理解中世纪,比但丁时代更加理解恺撒时代。"③"理论是灰色的,生命之树常绿。"常绿的生命历程是历史诠释的源头活水,历史文本和历史遗迹的意义正是在人们新的视野和新的理解中不断地重新生成。

人类实践的社会历史性决定了任何历史认知都无法排除主观判断和价值关怀,实现"价值中立"。在涉及价值判断、因果分析、阶段划分等带有主观色彩的研究层面,见仁见智更是势所必然。因此,"以完全不同的方式叙述相同的证据"④是历史书写的本然状态。

然而,历史认知虽然因其主观性而必然具有多元性,但绝非可以天马行空,而是有一个不可逾越的边界,这就是"历史实然"。

在《捍卫历史》一书中,理查德·艾文斯对于历史认知必须受制于"历

---

① 王国维著:《校注人间词话》,徐调孚校注,开明书店,1940,第1页。
② E.H.卡尔:《历史是什么》,第128页。
③ E.H.卡尔:《历史是什么》,第123页。
④ 威廉·克罗农:《故事之地:自然、历史和叙事》,载杰弗里·罗伯茨编《历史与叙事读本》,第427页。

史实然"的原则有一个形象的比喻:"从事历史研究就像在做一个拼图游戏,那些拼板分散在一个屋子里的许多盒子之中,其中有一些已经被毁掉,即使我们把所有拼板组合在一起,依然有很多重要的拼板无法找到。"但是,"尽管我们没法找到所有的拼板,这幅图像的大致轮廓总能被我们把握。于是,我们'想象'着这幅图像的轮廓,并试图去深入它的细节。然而同时,那些我们已经发现的拼板却会对这种想象构成某种限制。举例来说,如果我们已经发现的拼板只能拼出一个蒸汽引擎的图像,那我们就别想着能把它们拼成一个乡野庭园,这根本办不到。因此,我们不能想当然地认为,过去留给我们的痕迹是支离破碎的,历史学家在重建它的时候完全能够海阔天空地进行想象发挥"①。E. H. 卡尔也指出:"不能因为从不同的角度去看,山会呈现出不同的形状,就推论说山在客观上根本没有形状或有许多形状。"②威廉·克罗农以关于1930年代沙尘暴的历史书写为例强调:"好的历史并不会故意说谎。""我们的故事不能与已知的关于过去的事实相悖。这是传统历史方法的一个真理。""20世纪30年代的沙尘暴不仅是历史事实,而且是自然事实:它们反映了整个生态系统——土壤、植被、动物和气候——对人类行为的复杂反应。"如果"大平原的历史讲述了一个持续进步的故事,却没有提及沙尘暴,这就会立刻被怀疑"。"排除或掩盖这些自然的'事实'将是另一种虚假的沉默,另一种谎言。"③理查德·艾文斯站在同样立场也指出:在关于纳粹主义的研究中,"奥斯维辛不是一个话语","毒气室不是一种修辞"。④ 这些历史都是真实的存在,而不可以被"历史叙述与情节设置玩弄于股掌之间"⑤。这就是"历史实然"对后人历史叙事的巨大限制。"如果我们对叙事的选择只反映了我们的力量,即将我们偏爱的现实版本强加给一个无法抗拒我们的过去,那么历史还剩下什么呢?"⑥从这一意义上说,"历史实然"是历史研究的坚实基石,追踪历史实然是历史学

---

① 理查德·艾文斯:《捍卫历史》,第 88 页。
② E. H. 卡尔:《历史是什么》,第 112 页。
③ 威廉·克罗农:《故事之地:自然、历史和叙事》,载杰弗里·罗伯茨编《历史与叙事读本》,第 428–429 页。
④ 理查德·艾文斯:《捍卫历史》,第 124 页。
⑤ 理查德·艾文斯:《捍卫历史》,第 125 页。
⑥ 威廉·克罗农:《故事之地:自然、历史和叙事》,载杰弗里·罗伯茨编《历史与叙事读本》,第 427 页。

家的命定使命。

"历史实然"不仅是历史书写的边界,而且是最终裁断、证验历史认知的权威。2003年1月,在陕西眉县马家镇杨家村发现西周青铜器27件,计有铜鼎12件、铜鬲9件、铜壶2件,且件件器物有铭文。其中,最大的一件铜鼎高0.58米,口径0.45米。这批文物还创下了8项中国考古之最:1.首次发现西周青铜器的洞式窖藏;2.首次发现一个家族27件青铜器出土于一个窖藏,件件有铭文和华丽的纹饰;3.首次出土系统介绍一个家族(单氏家族)8代世系事迹的铭文;4.首次发现一个家族史铭文总长达4048字;5.首次出土完整记录周王朝纪年铜器中年份最高的;6.首次出土完整记录周王朝从文王到厉王以及宣王的名称、位次和有关事件的青铜器,是纪录周王最多的一次发现;7.首次发现"考(孝王)"于青铜器铭文之中;8.首次发现新中国成立以来出土铭文最长的铜盘——逨盘,有372个字,比1970年代出土的"史墙盘"铭文还要多60余字。在这372个字中,追述了周文王至周厉王11代周王的业绩和对一个逨氏家族列祖列宗的册封。李学勤说,这批文物的发现,使"我们在历史上第一次从考古学的材料来证明了西周历史的世系。因为西周历史,它各个王的世系,在过去,当然在古书里都有记载,可是在考古学上,没有得到确切的证实。那么,这次在这个铭文里面有着成系统的世系,就证明了西周历史的传统的连续性。这一点,从历史学来说,是非常重大的贡献,就像甲骨文证明了商代的世系一样,意义是非常重大的"①。更重要的是,出土的两件高年(指铭文记载的时间比较长)青铜器具备年、月、干支与月相(指对月亮样子的描述,如上弦月、下弦月等)四要素,"是西周纪年青铜器年份最大的(四十三年和四十二年)"②,"它记载的年月、干支、月相这些跟(夏商周断代工程——笔者注)公布的年代不合,而且42年鼎跟历史记载的王年也不合,它不是一般的不合,它是显然的不合"③。"比

---

① 李学勤采访实录:《把古人估计低了,是现代人的狂妄自大》(未刊稿)。采访时间:2003年4月3日。地点:北京新世纪饭店0916房间。采访者:陕西电视台国际部王磊、焦海民。笔者与廖名春教授也参加了这次采访。
② 秦子裴、亮高建:《陕西农民挖出千古宝贝眉县出土27件国宝级青铜器》,《华商报》2003年1月23日。
③ 马承源采访实录:《历史问题不能太急,我们得耐心一点》(未刊稿)。采访时间:2004年3月22日。地点:上海博物馆五楼马承源办公室。采访者:陕西电视台国际部王磊、焦海民。

如周宣王在位的年数。一般说 30 多年,青铜铭文中记载宣王最多年数的是 30 多年,但这次出现了 42 年、43 年。"①"夏商周断代工程"是国家"九五"科技攻关重点项目。该工程采用多学科交叉联合攻关方式,旨在研究和排定中国夏商周时期的确切年代,为研究华夏 5000 年文明史创造条件。而西周诸王的时代划分就是该工程的一个重要部分。该工程于 1996 年 5 月 16 日启动,2000 年 9 月 15 日结题。而结题 3 年后,陕西眉县杨家村的考古发现对其研究结论提出挑战,乃至"把断代工程弄到窘境",因为只要有一位西周王在位的年份出现问题,整个已排定的夏商周年表也就站不住脚了。南京紫金山天文台研究员张培瑜指出,陕西眉县这么多青铜器出土最大的价值,"对西周王年的鉴别,对西周的历史,起了一个非常关键的作用",可以"证实《史记》","修正《史记》"。他更强调:"一旦发现铭文里头的东西和你的不合,首先检查你的体系有没有问题。"②这就是"历史实然"的"权威性","发明和编造"在历史学研究领域并非可以畅通无阻。

历史"真相"虽然无法完全复原,但历史学家始终怀抱一个信仰,这就是"对过去真实的追求",并相信"存在重建它的可能性"。③ 梁启超说:"绝对的真相,虽欲难求,然在可能范围内,亦应当努力求去;若不求得真相,一切都无从做起。"④在《中国历史研究法》中,他再次强调:"吾以为有一最要之观念为吾侪所一刻不可忘者,则吾前文所屡说之'求真'两字。""思想批评必须建设于实事的基础之上,而非然者,其思想将为任用,其批评将为虚发。"他引用韩非之言:"无参验而必之者,愚也。"⑤更强调:"问题有大小,研究一问题之精神无大小。学以求真而已,大固当真,小亦当真。一问题不入吾手则已,一入吾手,必郑重忠实以赴之。"⑥这些论述,是对历史学基本

---

① 王巍采访实录:《青铜礼乐文明是中华文明的最大的特点》(未刊稿)。采访时间:2003 年 4 月 1 日。地点:北京王府井中国社会科学院考古所办公楼二楼会议室。采访者:陕西电视台国际部王磊、焦海民。笔者也参加了这次采访。
② 张培瑜采访实录:《夏商周年表是要自然科学社会科学一起来解决》。采访时间:2004 年 3 月 3 日。地点:南京紫金山天文台办公楼三层。采访者:陕西电视台国际部王磊、焦海民。
③ 理查德·艾文斯:《捍卫历史》,第 114 页。
④ 梁启超:《社会学在中国方面的几个重要问题研究举例》,载汤志钧、汤仁泽编《梁启超全集》第 16 集,中国人民大学出版社,2018,第 399-400 页。
⑤ 梁启超:《中国历史研究法》,载《梁启超史学论著四种》,岳麓书社,1988,第 208 页。
⑥ 梁启超:《中国历史研究法》,载《梁启超史学论著四种》,第 189 页。

学术精神和立场的最重要阐述。

二、"原始第一手史料"的争议和再讨论

梁启超以"求真"作为史学家的重要任务,那么,"真"在何处? 在梁氏看来,"真"在隐藏于史料之中的历史实然,故史学家的工作就是"极忠实以搜集史料,极忠实以叙论之,使恰如其本来"①。理查德·艾文斯持相近观点:"过去确实要仰赖于材料才能说话,而且也可以借助材料而重新获致。"②

"史料者何? 过去人类思想行事所留之痕迹,有证据传留至今日者也。"③这是梁氏对"史料"的定义。虽然在新文化史家的观念中,史料是承载了意义表述的文本,但无论是中国史学界还是西方史学界,把"史料"或者"文本"作为"史之组织细胞",作为"历史认知的出发点",则是确定无疑的。

对于浩繁的史料,史学家或从形态分类,或从来源分类。以形态分者,如恩海姆(Ernst Bernheim)将所有的史料分为传说与遗迹两类。其所谓传说,分为图画的、口头的及文字的三种;其所谓遗迹,则包括遗物、文件书契、纪念物品等。④ 梁启超把材料分为两大类:"一曰在文字记录之外者;二曰在文字记录者。"⑤从来源分者,如刘知几有"当时之简"与"后来之笔"之说,利奥波德·冯·兰克(Leopold von Ranke)有"原始第一手史料"之说,纳尔多·莫米利亚诺(Arnaldo Momigliano)以及梁启超、傅斯年等有"直接材料""间接材料"之说。前者如何分类,学术界固然说法不一,但视各类材料价值等同,几无歧见。后者如何界定内涵、衡定价值,则有分歧在焉。

如果追溯起来,刘知几大约是最早从来源入手对史料进行分类的历史学家。他在《史通·史官建置》中说:"书事记言,出自当时之简;勒成删定,归于后来之笔。"其所谓"当时之简"与"后来之笔"颇与后来"一手材料"

---

① 梁启超:《中国历史研究法》,载《梁启超史学论著四种》,第141页。
② 理查德·艾文斯:《捍卫历史》,第126页。
③ 梁启超:《中国历史研究法》,载《梁启超史学论著四种》,第145页。
④ 杜维运:《史学方法论》,北京大学出版社,2006,第103页。
⑤ 梁启超:《中国历史研究法》,载《梁启超史学论著四种》,第147页。

"二手材料"之说暗合,可谓"东海西海心同此理"。"近代客观主义历史学派之父"兰克是较早强调"原始第一手史料"的历史学家,1840 年左右,兰克在其读书笔记中写道:"没有什么能帮助我们理解过去的历史,除了回到原始的第一手的史料上。"①又说:"当我们研究我们习惯上称之为史料作家的那些撰写原始情况的作家,并把他们的著作看成是原始材料的时候,应该首先提出的一个问题就是:他们这些人是不是那些历史事件的参与者、见证人,或者仅仅是和那些事件同时代的人。"②兰克对史料的分类方法,为中西史学界高度认同。莫米利亚诺(A. D. Momigliano)把史料分为"原始史料"和"转手史料"。他论说这两类史料的含义说:"所谓原始史料,为目击者的陈述、文献(documents)以及事实自身的遗存,数者皆与事件同时。所谓转手史料,为史学家或编年家论述彼等所未及亲见的事件,仅凭传闻或直接或间接的参稽原始史料而来。"③梁启超说:"史料可分为直接的史料与间接的史料。直接的史料者,其史料当该史迹发生时或其稍后时,即已成立。"间接的史料,"彼所述者,皆以其所见之直接史料为蓝本,今则彼所见者吾侪已大半不复得见,故谓之间接"④。傅斯年说:"史料在一种意义上大致可以分做两类:一、直接的史料;二、间接的史料。凡是未经中间人手修改或省略或转写的,是直接的史料。凡是已经中间人手修改或省略或转写的,是间接的史料。"⑤他们说的"原始史料""直接史料",即兰克所说的"原始第一手史料"。在这样一种史料分类方法中,"一手史料"和"二手史料"的价值是有高下之分的。莫米利亚诺称,"直接史料"真实可靠⑥;梁启超称,"直接史料"难得而可贵⑦;陈寅恪称,"第一等之原料为最要"⑧。

后现代主义对兰克以来的一手史料、二手史料的分类法持否定态度,他

---

① 转引自易兰:《兰克史学研究》,复旦大学出版社,2006,第 106-107 页。
② 转引自易兰:《兰克史学研究》,第 103-104 页。
③ 转引自杜维运:《史学方法论》,北京大学出版社,2006,第 110 页。理查德·艾文斯在《捍卫历史》中也引用了莫米利亚诺的这段话,但是,文中的"原始史料"和"转手史料"被译为"原始权威"和"派生权威"。参见该书第 92 页。
④ 梁启超:《中国历史研究法》,载《梁启超史学论著四种》,第 190 页。
⑤ 欧阳哲生主编《傅斯年全集》第 2 卷,湖南教育出版社,2003,第 309 页。
⑥ 参见杜维运:《史学方法论》,第 110 页。
⑦ 梁启超:《中国历史研究法》,载《梁启超史学论著四种》,第 190 页。
⑧ 《陈寅恪致傅斯年函》,1928 年 12 月 17 日,"史语所公文档案"元字第四号卷,转引自王汎森:《近代中国的史家与史学》,复旦大学出版社,2010,第 116 页。

们认为,无论是一手史料还是二手史料,与其说是历史事实的载体,毋宁说是承载了意义的表述。因此,"在第一手材料和第二手材料之间,不存在差别"①。而在这种无差别论的背后实隐蔽着他们对这个世界上存在"历史实然"的根本性否定。成一龙在另一层意义上反对一手史料和二手史料之分。他说:"通常而言,研究中强调的一手史料,指的是事件亲历者所撰写的;而二手史料指的是或通过听闻,或通过其他材料撰写的史料。""总体而言,这一判断标准的依据大致是'眼见为实'。"②众所周知,眼见并不为实,因此,成一龙作结论说:"以一手材料和二手材料来区分史料价值,本身就是不成立的,不仅是一种不负责任和偷懒的态度,而且在我看来,这是一种扼杀学术想象力的方法。"③

莫米利亚诺称:"历史研究的整套近代方法(the whole modern method of historical research),奠基于原始史料与转手史料的划分此疆彼界。"④面对后现代主义的挑战,有必要对"原始第一手史料"的价值和内涵重加厘清。

认识"原始第一手史料"的价值和意义,必须在问题研究的脉络中去理解。理查德·埃文斯在《捍卫历史》中说,"在某人所书写的和别人对其书写所作的评述之间,存在一个真实的差别",如果研究詹京斯,"那么他确定是要返回到詹京斯的著作本身,而非别人关于它的描述"。⑤换言之,在研究詹京斯的资料层级中,詹京斯本人的著作是原始第一手史料,他人关于詹京斯的描述,则是二手史料。汉冶萍公司档案"为事实之记载,行政之表示,集久即成历史"⑥。"凡系本公司商务之所经过大概,均具有鳞爪可寻。其中紧要各事之历史,售销购买之经过,往来各行户之交涉及关系,略有可供研究者。"⑦研究汉冶萍公司历史,不能不首先以汉冶萍公司的档案为下手处。研究蒋介石的资料汗牛充栋,但无论如何,不可不首先研究斯坦福大学

---

① 理查德·艾文斯:《捍卫历史》,第 113 页。
② 成一农:《我们需要什么样的历史学》,中西书局,2021,第 21 页。
③ 成一农:《我们需要什么样的历史学》,第 21 页。
④ 转引自杜维运:《史学方法论》,第 110 页。
⑤ 理查德·艾文斯:《捍卫历史》,第 113 页。
⑥ 《汉冶萍煤铁厂矿有限公司文牍课课长包希蔺关于请擢升管卷员盛庚煃为一等课员并酌加薪水的函》,1923 年 1 月 31 日,湖北省档案馆藏,档案号:056-001-0296(1)-0054。
⑦ 《汉冶萍煤铁厂矿有限公司商务所副所长陈荫明关于检送接收商务所各项华文、洋文函件清册的函》,1918 年 3 月 8 日,湖北省档案馆藏,档案号:LS056-001-00000164-0020。

胡佛研究所所藏的蒋介石日记。杨天石经深入研究认为："蒋介石日记是研究蒋介石,研究近、现代中国历史的极为重要的第一手资料,对于研究亚洲史、世界史也有相当的价值。"①如果不是从蒋介石日记而是从其他研究蒋介石的论著入手,绝不可能走进蒋介石的内心世界。同样,茅海建研究戊戌变法,沈志华研究苏联史、冷战史和中苏关系,杨奎松研究中共党史,之所以取得令人瞩目的成就,正是因为他们从"原始第一手史料"入手,从而打破对以往历史认知的成见。清华大学人文学院戚学明依托从台北带回的清国史馆档案,亦对梁启超、胡适以来关于清代学术史的话语建构提出挑战②,由此再次彰显"原始第一手档案"的价值和意义。

在历史研究中,"第一手原始史料"之所以重要,是因为它更接近于"历史实然",但接近"历史实然"并非意味着正确、全面、可靠。兰克把历史事件的参与者和见证人所写的文字作为"原始第一手史料"看待,但他也指出,这些文件是不全面的,甚至是互相矛盾的。他在讨论关于德国三十年战争中的重要人物——华伦斯坦的"原始第一手史料"时指出:"关于华伦斯坦的情况,德累斯顿以及布鲁塞尔所保留的档案文献表明,这两个地方所保留的史料相差甚远,甚至是相反的。"华伦斯坦所属的撒克逊宫廷保存了不少相关的档案文献,但这部分材料基本上都是在谴责、辱骂他。布鲁塞尔档案馆里保留下来的相关档案则与德累斯顿完全相反,这些西班牙大使所写的相关外交文书大多是肯定、称颂华伦斯坦。兰克因此指出:"如果有人试图通过这种史料——原始第一手的档案文献、充斥着仇恨或者个人友谊的政党文稿,这些文件的目的都是试图保卫或者攻击,此外这些文件都是非常不完整的——而为他自己重建过去的那段历史,那么他将会发现这需要将其他同时代人的相关评述逐一细说一遍,而不是依赖诸如这种有倾向性的政党观点。"③然而,这些档案材料虽然互相矛盾,但无论是"试图保卫或者攻击",都是华伦斯坦在所处时代的状态,是一种历史的实然。杨天石在深入研究蒋介石日记后认为,蒋的日记"在于自用,而不在于示人传世,其记事抒情,或为备忘,或为安排工作与生活,或为道德修养,或为总结人世经验,

---

① 杨天石:《找寻真实的蒋介石:蒋介石日记解读》,山西人民出版社,2008,"前言"第8页。
② 参见戚学明:《清史档案中的清代文史书写》,清华大学出版社,2022。
③ 易兰:《兰克史学研究》,第109页。

或为宣泄感情","具有比较高的真实性"。但是,"说蒋记日记一般会'如实记录',并不等于说蒋在日记中什么重要的事情都记。有些事,他是'讳莫如深'的。例如,1927年的'四一二政变',显系蒋和桂系李宗仁、白崇禧精密谋划之举,但日记对此却几乎全无记载。又如,1931年的软禁胡汉民事件,蒋只记对自己有利的情况,而不利的情况就不记。再如,抗战期间,蒋介石派宋美龄去香港指导对日谈判,他就绝对不记。蒋自己就说过,有些事情是不能记的。可证,蒋记日记有选择性。同时,他的日记只反映他个人的观点和立场,自然,他所反对的人,反对的事,反对的政党和政派,常常被他扭曲。有些常常被他扭曲得完全走形,不成样子。因此,只能说,蒋的日记有相当的真实性,不是句句真实,事事真实,而且,真实不等于正确,也不等于全面"①。杜正贞研究龙泉司法档案,一方面指出,这些司法档案包含了"当事人社会、经济、法律行动和表述的相对完备的信息","不仅让我们可以尽可能地恢复纠纷和诉讼的过程","而且那些诉状、笔录还激活了其他地方史料","让我们得以把这些史料放回到人们的社会经济生活和纠纷诉讼活动中去理解";另一方面也指出,"诉讼档案中大量的文献,是为了诉讼目的而生产出来的,其中充斥了对纠纷事实的虚构、夸张"②。但这些虚构与夸张,也正是当时人们观念和行动的真实呈现,借用娜塔莉·泽蒙·戴维斯的描述:它呈现出"16世纪的人们如何讲故事(尽管是在特殊的赦罪故事中),他们心目中的好故事是怎样的,他们如何说明动机,以及他们如何通过叙述来理解始料未及的事件,并使之与当下的经验相吻合"③。

成一龙否认"一手史料"和"二手史料"的区别,是因为他所理解的"一手史料""指的是事件亲历者所撰写的"④。如果"原始第一手史料"的内涵确如成一龙所言,这一质疑当然毫无问题。早在《伯罗奔尼撒战争史》中,修昔底德就已指出:"不同的目击者对于同一个事件,有不同的说法,由于他

---

① 杨天石:《找寻真实的蒋介石:蒋介石日记解读》,"前言"第6—7页。
② 杜正贞:《近代山区社会的习惯、契约和权力:龙泉司法档案的社会史研究》,中华书局,2018,第33—34页。
③ 娜塔莉·泽蒙·戴维斯:《档案中的虚构:16世纪法国的赦罪故事及故事的讲述者》,饶佳荣、陈瑶等译,北京大学出版社,2015,第5页。
④ 成一龙:《我们需要什么样的历史学》,第21页。

们或是偏袒这一边,或是偏袒那一边,或者由于记忆的不完全。"①著名的"罗生门效应"更揭示了不同个体对于同一场景、同一事件可以给出不同的描述。但是,成一龙把"第一手史料"的内涵简单归结为"事件亲历者所撰写"却是不准确的。诚然,兰克一再强调"历史事件的参与者、见证人"的记录是"原始第一手史料",但他并没有对"原始第一手史料"作出正式的界定。莫米利亚诺的论述弥补了兰克的不足。他所称的"原始史料"不仅包括"目击者的陈述、文献",还包括"事实自身的遗存"②。前述陕西眉县杨家村发现的青铜器,无疑就是西周历史"自身的遗存"。他还强调,作为"第一手原始史料"的"目击者的陈述、文献"以及"事实自身的遗存","皆与事件同时",可以相与补充、对比参照。梁启超说,直接史料者,"其史料当该史迹发生时或其稍后时,即已成立"③。此与莫米利亚诺所说的"与事件同时"之说异曲同工。傅斯年的说法稍易,他更强调"凡是未经中间人手修改或省略或转写的,是直接的史料。凡是已经中间人手修改或省略或转写的,是间接的史料"④。

傅斯年以有无"中间人介入"为判断史料性质的论断十分重要。如档案是兰克最为推重的"第一手原始史料",但我们习常所见的档案往往是以选辑、选编的形式出现,而哪些资料被选入,哪些资料被排除不选入,直接因编选者的眼光和历史认识而决定。这些编选者就是"中介人",他们的介入,实际上扮演了把历史文件推到历史学家面前的塑造历史的角色,成为特里·库克(Terry Cook)所称的历史"共同创造者"(cocreators)。⑤ 沈艾娣在《〈乾隆皇帝谕英王乔治三世敕书〉与有关传统中国对外关系之观点在20世纪早期的形成》一文中指出,在1920年代以来的中国近代史研究中,1793年马戛尔尼(Macartney)勋爵率英国使团访华时,《乾隆皇帝谕英王乔治三

---

① 转引自易兰:《兰克史学研究》,第149页。
② 参见杜维运:《史学方法论》,第110页。
③ 梁启超:《中国历史研究法》,载《梁启超史学论著四种》,第190页。
④ 欧阳哲生主编《傅斯年全集》第2卷,第309页。
⑤ 沈艾娣、张丽、杨阳:《〈乾隆皇帝谕英王乔治三世敕书〉与有关传统中国对外关系之观点在20世纪早期的形成》,载刘新成、刘文明主编《全球史评论》第20辑,中国社会科学出版社,2021。

世敕书》中的一段话①往往被广泛引用,用以说明传统中国对正在兴起的西方力量的失于认识:乾隆皇帝愚蠢地认为乔治三世是在向他朝贡,而他对英国礼物的贬低则被认为是对西方科学甚至工业革命的拒绝;与朝贡联系在一起并体现在磕头仪式中的传统中国的对外关系,与新兴欧洲国家间的平等外交形成了鲜明对照。但沈艾娣广泛阅读清史档案资料后发现,这段被广泛引用的文字并不代表乾隆对英国使团的真实反应,乾隆主要是把英国使团看作对大清王朝的一种安全威胁;相反,大量资料显示的反倒是 18 世纪英国对礼仪的关注。沈艾娣进一步揭示说:"辛亥革命后,清廷档案不再被用来作为提供朝廷决策信息和歌颂皇帝的文集,反而被用来作为解释清王朝灭亡之合理性的资料来源。对这个过程至关重要的是一群中国学者的工作。他们在 20 世纪 20 年代出版了《掌故丛编》,而当时的政治形势则影响了他们对有关马戛尔尼使团访华清史资料的摘选,而这些经过摘选的资料却又成了具有权威性的史料。特别是,这批学者在关于马戛尔尼使团访华的档案资料编纂中,着重选择了那些表现清廷关注仪式和礼仪的文献,而却忽视了那些有关清廷对英国威胁的军事反应的文献。而这些史料文字又通过费正清的研究传播给了西方读者。"这些史料文字对中国近代史学界产生重要影响,"它被中国的学者们写进中国历史,用以指责被他们推翻的清王朝分不清礼仪和现实孰轻孰重"。由此,清王朝对外部世界"傲慢无知"的历史认知主导了人们对前现代中西方交流的近乎全部记忆。这一案例,"使我们看到档案编辑过程中资料取舍的重要力量;这种力量塑造了我们讲给自己和他人的历史"②。与陈垣、沈兼士等通过编纂《掌故丛编》"制造出一个批判清王朝的新历史"的情形相似,中国史学会于 1950 年代编纂《中国近代史资料丛刊》,其主要政治考量也是让研究者和读者"了解近百年来中国人民在帝国主义和封建主义双重压迫下的悲惨景况,和学习中国人民百折不挠的反抗精神"。编撰者坦陈:"对于史料的选择,我们在主观上是经

---

① 其文曰:"天朝抚有四海,惟励精图治,办理政务,奇珍异宝,并不贵重。尔国王此次赍进各物,念其诚心远献,特谕该管衙门收纳。其实天朝德威远被,万国来王,种种贵重之物,梯航毕集,无所不有。尔之正使等所亲见。然从不贵奇巧,并无更需尔国制办物件。"

② 沈艾娣、张丽、杨阳:《〈乾隆皇帝谕英王乔治三世敕书〉与有关传统中国对外关系之观点在 20 世纪早期的形成》,载刘新成、刘文明主编《全球史评论》第 20 辑。

过了多次的斟酌的。"①沈艾娣的研究究竟有多大的可靠性,笔者不予讨论,但她的研究至少揭示出:"档案资料往往是历史研究的重要材料,但档案的编纂者、传播者、解读者自身的立场,以及他们所处的政治背景都会影响历史的书写。"②如果我们把档案视为"原始权威"文献,而忽略了档案是如何被提供给历史学者的,忽略了中介者的作用,就会落入历史研究的陷阱。茅海建、沈志华、杨奎松的研究之所以有深厚的学术分量,最重要的原因在于,他们的"史实重建"依赖于广泛的原始档案与扎实的学术研究功底,而不是经过选编的档案获得认知。

  沈艾娣的研究,揭示了"原始史料与转手史料的划分此疆彼界"对于历史研究的意义。而"原始第一手史料"的内涵也进一步得到彰显,这就是兰克和莫米利亚诺、梁启超、傅斯年所强调的两点:一、初始性,即在史料形成的时间上"与事件同时";二、原始性,即在史料的状态上保留原始状态,未经加工。"由于我们不能亲历那些话语事件的现场,因此我们只能依赖中间人的工作,他的兴趣、价值观和偏见影响到我们所能见到的东西。还有,我们所能见到的记录是凝固的,我们不可能观察到具有自己意图的听众在当时的反应,我们也不可能对些令人费解的问题进一步收集证据。"③"对我们所能见到的记录材料的性质及其限制保持清醒的意识。"④尽管如此,我们仍然承认"原始第一手史料"在历史学研究中的价值。傅斯年高度肯定"直接材料"的价值:"一旦得到一个可信的材料,自然应该拿他去校正间接史料。间接史料的错误,靠他更正;间接史料的不足,靠他弥补;间接史料的错乱,靠他整齐;间接史料因经中间人手而成之灰沉沉样,靠他改给一个活泼泼的生气象。"⑤其说至今并不褪色。

  重视"原始第一手史料"的价值,并非意味着要去否定"第二手史料"或

---

  ① 中国史学会主编《鸦片战争》(一),《中国近代史资料丛刊》,神州国光社,1954,"前言"第4页。
  ② 沈艾娣、张丽、杨阳:《〈乾隆皇帝谕英王乔治三世敕书〉与有关传统中国对外关系之观点在20世纪早期的形成》,载刘新成、刘文明主编《全球史评论》第20辑。
  ③ 约翰·M.康利、威廉·M.奥巴尔:《法律、语言与权力》,程朝阳译,法律出版社,2007,第155页。
  ④ 约翰·M.康利、威廉·M.奥巴尔:《法律、语言与权力》,第155页。
  ⑤ 欧阳哲生主编《傅斯年全集》第2卷,第311页。

"转手史料"。由于二手史料往往"以其所见之直接史料为蓝本,今则彼所见者吾侪已大半不复得见"①,故其价值不可忽视。司马迁编撰《史记》的宗旨是"究天人之际,通古今之变,成一家之言"。所有的材料组织都是在这一框架下进行的。"他删掉的东西可能远远数倍于他采用的东西。"②而被删掉的内容,既有司马迁认为是不实者,也一定有与其编撰宗旨相违背者。班固批评《史记》:"其是非颇谬于圣人,论大道则先黄老而后六经,序游侠则退处士而进奸雄。"清嘉庆初年出版的空空主人的《岂有此理》在《史不可信》中说:"人谓《史记》不隐恶,不虚美,绝响于后世。余以为过矣。""尝读《越王勾践世家》,有曰:'苦身焦思,置胆于坐,坐卧即仰胆,饮食亦尝胆也。'夫以刑余之人,颂劫后之主,同病相怜,虚美之情溢于辞也。"③评述两人之论不是本文的任务,但《史记》渗透了司马迁的价值观、认知倾向乃至其个人情感则是毫无疑义的。《史记》文采华美,多有虚构想象。张大春在《是谁告诉太史公的?》一文中质疑说:"司马迁《史记·项羽本纪》里叙及垓下之围,项羽只剩下残兵败将二十八骑的时刻,发出'天亡我,非战之罪也'的慨叹。在数千汉骑的围困下,为了证明自己不是不会打仗,项羽'谓其骑曰:'吾为公取彼一将。'……项王乃驰,复斩汉一都尉,杀数十百人。……乃谓其骑曰:'何如?'骑皆伏曰:'如大王言。'于是项王乃欲东渡乌江。""可是接下来的片刻之后,司马迁描述项羽对乌江亭长说的一段话中,有'籍与江东子弟八千人渡江而西,今无一人还'之语,可见那最后的二十八骑也在顷刻间被汉军歼灭殆尽。试问:'非战之罪'的慨叹、'吾为公取彼一将'的豪语乃至'如大王言'的赞服诸语,是经由什么方式载录下来,又辗转经历了两百年传到太史公的耳中的?项羽本人不是在旋踵间就被汉骑分尸裂体了吗?又是谁说出来的呢?"④如此一类想象虚构,在《史记》中在在有之。但是,《史记》中的历史记载亦不乏权威性。王国维首用甲骨文、金文证明《史记》记载的三代历史可信。李学勤说:"《史记》的记载,至于春秋时代,我们是得到证明的,西周的有些地方也是得到证明的。"⑤王巍说:"我们细

---

① 梁启超:《中国历史研究法》,载《梁启超史学论著四种》,第 190 页。
② 王巍采访实录:《青铜礼乐文明是中华文明的最大的特点》(未刊稿)。
③ 空空主人:《岂有此理》,王建忠释注,上海文艺出版社,2006,第 66 页。
④ 张大春:《小说稗类》,广西师范大学出版社,2010,第 24 页。
⑤ 李学勤采访实录:《把古人估计低了,是现代人的狂妄自大》(未刊稿)。

读司马迁的《史记》，发现他对商、周甚至夏的记载，有相当大的真实性，很多都被考古发现证实了，甚至比如说武丁或尧舜禹时期的记载，我们认为他不完全是一种虚构或传说。这就带来一个问题，就是说司马迁并不会在当时看到大量的考古发现，他是根据什么来作出这样比较准确的记述呢？我想司马迁当时能看到的文字资料要远远多于我们现在所看到的，比如说，他当时看到战国时期、春秋时期的记载，肯定要多于我们，因为我们现在看到的《春秋》是鲁国的历史，但是其他的国家也会有他们文字记载的历史。所以，《春秋》是一个国家鲁国的历史，而战国七个国家，甚至很多国家，那些被灭掉的国家保存的文献，恐怕要远远多于我们现在看到的，好多文献现在都佚失了。"①这种一手史料、二手史料的互渗性，可见于古今多种历史论著。

三、历史诠释的陷阱

史料虽说是历史研究的根基，但史料并不等于历史，也无法成为历史。E. H. 卡尔指出："过去常说，让事实本身说话。当然，这话是不确切的。只有当历史学家要事实说话的时候，事实才会说话。由哪些事实说话、按照什么秩序说话或者在什么样的背景下说话，这一切都是由历史学家决定的。"②他断言："解释是历史的生命血液。"③这是关于历史研究方法论的经典论述。

正如历史认知是多元的，历史诠释也必然是多元的，两者的关系是自洽的。但是，历史诠释要得出经得起历史考验的论断，不仅要受限于历史实然的边界，而且不能不避免各种诠释中的陷阱。

（一）以"应然"代替"实然"

"应然"与"必然"的关系问题，最早由休谟（David Hume）提出。所谓"应然"，是指事物应该达到的状态；所谓"实然"，是指事物存在的实际状

---

① 王巍采访实录：《青铜礼乐文明是中华文明的最大的特点》（未刊稿）。
② E. H. 卡尔：《历史是什么》，第 93 页。
③ E. H. 卡尔：《历史是什么》，第 113 页。

态。"应然"是"ought","实然"是"is";"应然"是道德命题,"实然"是事实命题。著名的"休谟问题"通常被用一句话概括:能否从实然推出应然,亦即"事实"命题能否推导出"价值"命题。尽管休谟自己没有明确回答自己提出的问题,但他的意思却是否定的,即从"是"中不能推出"应该"。

"应然"与"必然"是法哲学思考的重要范畴,也是理性主义与经验主义在思想路线和社会政治秩序安排上的重要分野。而在历史研究中,厘清"应然"与"实然"的关系,又具有特别的重要性。

柯文(Paul A. Cohen)指出,历史学者的最大特点"是在已经知道结果的情况下从事研究工作"。"历史学家的'作品'(他或她写的史学著作)通常始于过去的某一时刻,然后往下推,而历史学家的'意识'则始于其后的某一时刻,然后往上推。"这样一个过程叫作"事后认知和回推立论"。但是,历史事件的直接参与者不像后来者有后见之明的优势,"不知道事态发展的最终结果是什么"①。"他们无法在 1930 年知道 1933 年将发生什么,无法在 1933 年知道 1939 年或 1942 年或 1945 年将发生什么。"②而所有他们所不知道的事情,后来的历史学家是知道的。因此,已经知道"随后发生之事",知道历史事件、历史活动结局的历史学家,很容易根据事情的发展态势,以"应然"代替"实然"来评判历史活动,以当下的行动逻辑来批评时人的行动逻辑。如在汉冶萍公司的研究中,后来者对张之洞有诸多批评,论者谓"铁厂经济效益这一最应该支配他(张之洞)决策的经济动因,几乎没有走进他的视野"③,而张之洞自言的是,建汉阳铁厂"本为炼铁利用,塞漏卮以图自强,原非为牟利起见"④。批评者说的"最应该"是当下的行动逻辑,是以"后"见之明的优势看到官办汉阳铁厂创办后亏负累累的结局后作出的评判,他们却忽略了"往昔犹如异乡,那里的人们做事都和今天不一样"⑤。在今人看来如此明显、如此正确无误的行动逻辑,在当时的背景下

---

① 柯文:《历史三调:作为事件、经历和神话的义和团》,杜继东译,江苏人民出版社,2000,第 5 页。
② 理查德·J. 埃文斯:《第三帝国的到来》,赖丽薇译,九州出版社,2020,"序言"第 xii 页。
③ 李玉勤:《晚清汉冶萍公司体制变迁研究》,中国社会科学出版社,2009,第 79 页。
④ 张之洞:《致李兰荪宫保》,载苑书义、孙华峰、李秉新主编《张之洞全集》第 12 册,河北人民出版社,1998,第 10239 页。
⑤ 理查德·J. 埃文斯:《第三帝国的到来》,"序言"第 xii 页。

却是一片茫然。同样,批评者批评张之洞坚持选址汉阳是"官本位意识",因其选址汉阳的七条理由之一是:"员司虚浮,匠役懒惰,为中国向有之积习,不可不防","今设在对江督查甚易"。① 但张之洞本身就是地方大吏,批评他有"官本位意识"正犹如《四库全书总目》指责张埔所说:"实稗官之流而责其滥及稗官","责弓人不当为弓,矢人不当为矢。"②更何况,张之洞所担忧的"员司虚浮,匠役懒惰"绝非多余之虑,在汉阳铁厂后来的建设历程中,这些弊端屡见不鲜。张之洞说,选址汉阳,"此限于鄂省地势,又参酌中国人情,无可如何"③。可见,他所考虑的从来不仅仅是经济代价。论者又批评张之洞与盛宣怀对汉冶萍体制的选择,以"维护自身的政治地位和利益为转移"④,这种捞取政治私利的政治动机,是汉冶萍公司失败的决定性因素。这样的归纳,实际上是把极其复杂的历史简化了。张之洞和盛宣怀创办实业的动机除自身的政治经济利益之外,还有民族主义的立场和考虑,如果对这一点视而不见,是违背历史主义原则的。况且,即使他们行动的全部出发点是"维护自身的政治地位和利益",但在张之洞时代,他们还能有其他更为高尚正义的动机吗?中国近代钢铁工业的起步和发展、建设,是中国传统社会未曾有过的崭新事物。张之洞再三表述:"惟此等创办大举,并无成式可循,事理既极精微,情形亦与外洋多异。"⑤"开办以来,巨细万端,而皆非经见,事机屡变,而意计难周。"⑥"事非素习,处处因外行吃亏。"⑦而创

---

① 张之洞:《勘定炼铁厂基筹办厂工暨开采煤铁事宜折》(光绪十六年十一月初六日),载苑书义、孙华峰、李秉新主编《张之洞全集》第2册,第774页。
② 《四库全书总目》卷66,史部"廿一史考异"条。
③ 张之洞:《查覆煤铁枪炮各节通盘筹画折》,载苑书义、孙华峰、李秉新主编《张之洞全集》第2册,第1028页。
④ 李玉勤:《晚清汉冶萍公司体制变迁研究》,第202页。
⑤ 张之洞:《炼铁厂添购机器请拨借经费折》(光绪十八年二月二十七日),载苑书义、孙华峰、李秉新主编《张之洞全集》第2册,第833页。
⑥ 张之洞:《铁厂招商承办议定章程折并清单》(光绪二十二年五月十六日),载苑书义、孙华峰、李秉新主编《张之洞全集》第2册,第1167页。
⑦ 李维格:《李维格布告》(光绪三十三年十二月二十日),载陈旭麓、顾廷龙、汪熙主编《盛宣怀档案资料选辑之四》,《汉冶萍公司》(二),上海人民出版社,1986,第666页。

办汉阳铁厂的张之洞和盛宣怀①,前者是封疆大吏,后者亦官亦商,如果我们不深入其时其地的历史图景,罔顾张之洞和盛宣怀"茫无涯涘"②的困境,罔顾张之洞和盛宣怀本能遵循的官场规则或政治理性,以建设新型钢铁工业事业的"应然"去裁判那个时代的"实然",这样一种"事后的智慧"是违背历史主义原则的。

当然,在历史研究中不可绝对排斥应然,应然作为价值理性,起着导向、批判和规范作用。但实然不是应然,它们是两种完全不同类型的陈述。如果在历史研究中以应然取代实然,则价值将越位成为事实,历史也就不再成为历史。

(二) 以目的论历史代替复线历史

历史进程极为错综复杂,其间充满偶然性及多样性。但是,历史学家在"事后认知和回推立论"时,往往以当下为过往历史的终点,在回推中"画出一些串联特定历史事件的线索",以此作为导向最终结局的"因果链条",在这样一种思维模式下所形成的历史叙述,不仅抹去因果链条外的历史活动和历史人物,还将以往的重大历史事件从发生到结局建构成一个逻辑命题,从诞生之日起其命运就被决定。这就是目的论的历史叙述。目的论的历史叙述背后隐藏的是"线性历史观"。这种历史观认为,历史发展是线性的、有意志的、受普遍的规律支配并具有确定的发展方向,任何历史行为人物都要被置于这样的线性历史发展的逻辑下加以裁判,在这条逻辑线上推断因果。如在论及中国近代洋务运动等一系列重大事件时,不少学者认为,"洋务运动"失败的原因是没有进行制度层面的改革;以制度改革为中心的戊戌变法的失败,有学者归因于依靠少数人与一个没有实力的皇帝,与下层民众相脱离;辛亥革命风起云涌,群众基础不可谓不广泛,但"无量头颅无量血,

---

① 史论通常称张之洞为汉阳铁厂创办者,但如果深究,盛宣怀最先在湖北试办煤铁事务,发现大冶铁矿的价值,并出资购买了部分矿山。张之洞等办汉阳铁厂,于沪上问计于盛宣怀,盛宣怀"将大冶铁矿图说悉以呈交"并将其所购矿山献给张之洞,盛宣怀自称"是为开办铁厂之始,并以就大冶设厂为请"。如果综合考虑盛宣怀后来接手汉阳铁厂,勘获开发萍矿等功绩,盛宣怀亦是汉冶萍历史的开创者。

② 张之洞:《查覆煤铁枪炮各节并通盘筹画折》(光绪二十一年八月二十八日),载苑书义、孙华峰、李秉新主编《张之洞全集》第 2 册,第 1027 页。

可怜购得假共和",学者又归咎于中国资产阶级的软弱性,资产阶级方案在近代中国终究是行不通的。这些论断之所以自相矛盾,是因为它们都是受历史目的论支配。郭世佑曾尖锐指出:"如果说资本主义方案在近代中国行不通,那么,苛责当年洋务派没有引进西方资本主义政治制度,还能说明什么问题呢? 洋务派到底是引进资本主义政治制度好,还是不引进好呢?"①在关于汉冶萍公司的研究中,也曾出现相似的论断。有论者断言,汉冶萍公司在制度上是失败的,这决定了它的最后命运。②"从它诞生之日起就站在了走向灭亡的起跑线上,如同时开时停的列车,沿着自己生产出来的铁轨,一步步驶向倒闭。"③在这样的叙述中,历史是有意志、有目的、有自身逻辑的,个体在这个进程中是渺小的,无论在物质方面还是精神方面都受到历史演化的必然逻辑的支配与主宰;其种种努力、种种拼搏也因"必然失败"的结局而黯淡失色,失去意义和价值,这才是典型的历史虚无主义。

目的论的历史叙述,是一种拉直曲折历史的叙事,是一种剔除历史复杂性的捷径。不仅历史的进程被简化成"一条奔向目标的直线",而且与之相应,"历史人物会被轻易地归入到促进进步或阻碍进步的两个群体之中,这样就有了一个非常简便的经验法则"④,人物或事件本身即使极恶劣,"但如果在进化的线性历程中扮演一个往前推进的作用,则其价值反而是美善的"⑤。"文化大革命"前夕,国内曾出现一场奇特的讨论,清官和贪官谁更恶劣? 而普遍的一个结论是"清官比贪官更坏",因为清官采取改良措施,延缓了农民起义爆发,阻碍了历史的发展。这个讨论到"文化大革命"中达到高潮。⑥ 而支配这一荒谬讨论的历史观正是历史目的论。

马克思、恩格斯在《德意志意识形态》中指出:"历史不外是各个世代的依次交替。……然而,事情被思辨地扭曲成这样:好像后期历史是前期历史

---

① 郭世佑:《中国近代史研究需要理论的突破》,《史学理论研究》1993 年第 1 期。
② 参见李玉勤《晚清汉冶萍公司体制变迁研究》一书。
③ 《汉冶萍公司及其档案史料简论(代序)》,载湖北省档案馆编《汉冶萍公司档案汇编》第 1 册,华中科技大学出版社,2015 年,第 12 页。在该资料集的 1992 年版中,此段文字的表述为:汉阳铁厂"从它诞生之日起,就站在了走向必然倒闭的起跑线上";"汉冶萍公司带着摆脱不掉的洋务运动的烙印,沿着自己生产出来的铁轨,一步步驶向破产"。二十余年后,其论断如一。
④ 赫伯特·巴特菲尔德:《历史的辉格解释》,张岳民、刘北成译,商务印书馆,2012,第 10 页。
⑤ 王汎森:《近代中国的史家与史学》,第 62 页。
⑥ 参见徐连达:《"清官"、"贪官"优劣论》,《复旦大学学报》(社会科学版)1978 年第 1 期。

的目的。"①恩格斯更有"历史合力论"的重要论述。他指出,历史的最终结果"总是从许多单个的意志的相互冲突中产生出来的,而其中每一个意志,又是由于许多特殊的生活条件,才成为它所成为的那样,这样就有无数互相交错的力量,有无数个力的平行四边形,由此就产生出一个合力,即历史结果"。"每个意志都对合力有所贡献,因而是包括在这个合力里面的。"②这是关于历史运动的睿智观察。巴特菲尔德与恩格斯遥相呼应,他认为:"应该把现代世界的产生视为各种意志之间冲突的结果,这个结果往往是任何一方都不曾希望看到的,甚至是任何一方都没有想象到的,实际上在某些例子里,这种结果是冲突双方都会憎恶的,但是,正是双方的存在以及他们之间的冲突,才有这样的结果。"③杜赞奇则用"复线历史"的概念,试图在"超越或反省线性历史的目的论的同时拯救历史"④。这些论述值得历史工作者参悟再三。

(三) 以概念历史替代具体历史

所谓"概念历史",不是"概念"的历史,而是指一种与"具体历史"相对的,以"概念"作为历史研究起点的范式。历史复杂多变,人的活动与思想意识都是在具体的历史长河中展开,历史研究的起点也就只能是具体的历史。概念历史则是先验地以后人在研究中抽象概括出来的结论或概念为研究出发点,起手便有误,因为这些概念往往"不是以过去为参照获得的,而是从一系列特定的对历史抽象中获得"⑤。这种历史抽象与其说是历史实然,毋宁说是后人的历史认知,甚至包括一些想当然的内容。朱熹论读书,批评"今人多是心下先有一个意思了"⑥。钱穆论读《论语》也告诫说:"且莫先

---

① 马克思、恩格斯:《德意志意识形态》,《马克思恩格斯选集》第1卷,人民出版社,1995,第168页。
② 恩格斯:《致约·布洛赫(1890年9月21[-22]日)》,《马克思恩格斯选集》第4卷,第697页。
③ 赫伯特·巴特菲尔德:《历史的辉格解释》,第10页。
④ 杜赞奇:《从民族国家拯救历史:民族主义话语与中国现代史研究》,王宪明译,社会科学文献出版社,2003,第3页。
⑤ 赫伯特·巴特菲尔德:《历史的辉格解释》,第20页。
⑥ 黎靖德编《朱子语类》第1卷,杨绳其、周娴君点校,岳麓书社,1997,第166页。

横梗着一番大道理、一项大题目在胸中。"①两人说的既是读书之法,亦是关于研究的大道理。如学术界论说中国近代史,往往以派别对立之概念来条贯历史脉络:鸦片战争前有弛禁派与严禁派,鸦片战争时期有抵抗派与投降派,洋务运动时期有洋务派与顽固派,戊戌维新时期有维新派(改良派)与守旧派,庚子以后有保皇派、立宪派(改良派)与革命派。与此脉络相应,每位近代重要历史人物大体都会被归入某一派别。这些概念创制出来后,往往成为后来者认识历史和研究历史的起点,但所获认知却往往不免南辕北辙。以维新运动为例,所谓维新,其基本含义为变旧法、行新政。问题在于,晚清维新运动中,谁是维新派?诸多论著以既成概念作为认识起点:康梁就是维新派,维新派就是康梁。但这种认识,远不是历史实然。如果以主张变法维新作为维新派的标准,那么,戊戌变法时期,主张变法维新者可谓不可胜数。早在清光绪二十一年(1895年)正月二十七日,谭献在日记中写道:"海内豪俊无不以改法为救时、守故为失策者矣。"②虽然戊戌维新期间有速变与缓变、全变与慎变之争,且夹杂帝党与后党、元老与新进的矛盾,但人思自奋,争言维新,是朝野上下相与鼓荡的潮流。如果康梁是维新派,那么,其他主张维新变法的人士又如何归类呢?无须讳言,维新变法期间,康梁一派是屡受抵制的,以致杨锐有言"人人欲得康有为而甘心之"③。但是,反对康梁与反对维新变法不是同一概念。翁同龢、孙家鼐、陈宝箴、杨锐、张之洞都是康梁的反对者,但他们又都是重要改革派,只不过不认同康有为的为人,不赞同康梁一派的速变、全变主张而已。④ 又如,光绪帝主变法、西太后反变法是《康南海自编年谱》和《戊戌政变记》以来的既成概念。但茅海建研究档案后指出:"百日维新的重大决策及高级官吏的人事任免,基本上是在光绪帝住园期间决定的,由此可以看到慈禧太后的身影。"⑤而往前追溯,西太后也是洋务运动的支持者。因此,简单地以保守、反动的概念来概括西太

---

① 钱穆:《孔子与论语·孔子诞辰劝人读论语并及论语之读法》,载《钱宾四先生全集》第4册,联经出版事业公司,1998,第64页。
② 谭献:《复堂日记》,范旭仑、牟小朋整理,河北教育出版社,2001,第374页。
③ 李宗侗:《杨叔峤光绪戊戌致张文襄函数》,《大陆杂志》第19卷第5期(1959年9月15日出版)。
④ 参见茅海建:《戊戌变法的另面:"张之洞档案"阅读笔记》,上海古籍出版社,2014。
⑤ 茅海建:《戊戌变法史事考》,生活·读书·新知三联书店,2005,第35页。

后反变法、反维新的行为是把复杂的问题简单化了。其实,作为一个精于心计的统治者,西太后唯一理解的东西是权力而非政治。她之所以绞杀戊戌变法,关键在于光绪帝的变法进逼、威胁到她的政治权力。王照《方家园杂咏纪事》说:"慈禧太后但知权利,绝无政见。"①陈夔龙《梦蕉亭杂记》说:"孝钦并无仇视新法之意,徒以利害切身。"②在她身边生活过两年的德龄郡主说:"太后是最善于策划各种密谋的领袖,她的密谋的重心,第一自然是集中在策划怎样维持她自己权势的一点上。"③这些都是较为切真的观察。戊戌政变后,西太后在全面掌握政治权力的前提下重启变革,宣布"一切政治有关国计民生者,无论新旧,均须次第推行,不得因噎废食"④,正可印证王照、陈夔龙、德龄郡主之说远较"保守""顽固"等概念更为深入。同样,我们习以为常的"清初三大儒"(顾炎武、黄宗羲、王夫之)、"乾嘉三大考史家"(赵翼、钱大昕、王鸣盛)等"概念"都并非历史实然,而是后人依据他们所在的时代兴趣和精神趋向加以建构的结果。"五四"以后流行于中国的"封建"概念,更是"名实错位""语乱天下"。

巴特菲尔德说:"历史学家关心的是具体,他只在一个由事实、人物和种种偶然组成的世界中才会如鱼得水。""如果用一个概念来考察路德。说他是'新教的创始人','宗教自由的传道者',这也是非历史的。"历史研究的起点,应该是而且不能不是具体的历史。如果对本质规定的概念不加审视地接受,以概念作为研究的出发点,其结果只能是在概念的框架下选择和组织史料,构建意义系统,"用论断去取代研究"⑤。这样的研究,貌似能展现一种清晰的历史脉络与历史景观,也比从具体历史入手要轻松许多,诚如吕西安·费弗尔(Lucien Paul Victor Febvre)所讽刺的,"是一种舒适而安全的交通工具",但付出的代价,却是牺牲了历史活动的具体性和错综复杂性。

毫无疑问,历史学者总是竭尽所能地在研究中探求历史实然,但其诠释

---

① 王照:《方家园杂咏纪事》,载岑春煊、恽毓鼎《乐斋漫笔·崇陵传信录》(外二种),中华书局,2007,第83页。
② 陈夔龙:《梦蕉亭杂记》,中华书局,2007,第19页。
③ 德龄:《瀛台泣血记》,秦瘦鸥译,珠海出版社,1994,第119页。
④ 朱寿朋编《光绪朝东华录》第4册,张静庐等校点,中华书局,1958,第2424页。并参见笔者所著《最初的纪元:中国早期现代化研究》,高等教育出版社,1996,第196-203页。
⑤ 赫伯特·巴特菲尔德:《历史的辉格解释》,第40、42、7页。

却不免与其初衷南辕北辙。然而,这又是所有历史学家(包括笔者)都有可能深陷其中的思维习惯。巴特菲尔德把这种思维习惯称为历史学家的"情感谬误"(patheticfallacy)。"这种谬误来源于历史学家将史实从历史情境中抽离出来而做判断的实践,亦即,来源于历史学家以今为鉴来衡量和编纂历史故事的实践。"①由于"以'当下'作为准绳和参照,来'研究'过去"②,历史学者自觉或不自觉地以"应然"代替"实然",以目的论的历史代替复线历史,以概念历史代替具体历史,自觉或不自觉地"凭时代意见来抹杀已往的历史意见"③,"取己身之思想经历,以解释古人之志尚行动"④。其所绘制的历史图景,因而往往是远离历史实然,"从他所处时代的观点来组织历史图式"⑤。近20年来,华南学者倡导的历史人类学之所以取得巨大成功,其影响日益广泛,其经验日益被历史学界所借鉴,正是因为打破了"历史辉格主义"的魔咒,从过去的角度来理解过去,从而成为当代历史学最有活力的一支力量。

四、余论

人类普遍有一种渴望了解"我们的过去"的意愿,渴望从思想和情感上接近"我们失去的世界","想知道长久以前,在我们称之为过去的神秘土地上到底发生了什么"⑥。历史学家便是满足这种炽热渴望的承担者。史学理论"作为新的历史主题和方法的来源,能够促进历史的研究和撰述"⑦,而每一次史学理论的新的发展都推动史学家扩大视野、转换视角、更新思维,对历史有更为深刻的观察和剖析,为社会提供更为丰富多样的"过去"面相。阿兰·梅吉尔举例说,大约在1890年之后,马克思的理论对历史学家的工作产生了众所周知的影响:由于马克思,历史学才开始认真关注阶级和

---

① 赫伯特·巴特菲尔德:《历史的辉格解释》,第21页。
② 赫伯特·巴特菲尔德:《历史的辉格解释》,第10页。
③ 钱穆:《中国历代政治得失》,生活·读书·新知三联书店,2001,第6页。
④ 陈寅恪:《金明馆丛稿初编》,生活·读书·新知三联书店,2001,第228页。
⑤ 赫伯特·巴特菲尔德:《历史的辉格解释》,第11页。
⑥ 理查德·艾文斯:《捍卫历史》,第250页。
⑦ 阿兰·梅吉尔:《理论在历史实践中的作用》,张旭鹏译,《史学理论研究》2021年第6期。

经济生活的结构方面。大约在1920年之后,马克斯·韦伯的官僚制、合理化、等级和领袖魅力等观念成为思想型的历史学家的共同话题。20世纪五六十年代,诸如现代化这样的社会科学理论和回归分析(regression analysis)等统计方法对历史学产生了重要影响。此后,克利福德·吉尔茨对"意义之网"的强调,福柯对权力、性和统治的关注,布尔迪厄的"象征资本"(symbolic capital)观念及其关于文化由实践构成的主张,在历史学家中赢得了大量追随者。① 后现代主义的兴起,更对史学产生强烈的冲击。他们否认历史实然的存在,认为"整个世界就是一个文本","我们仅仅应该去讲故事而不必计较他们是否真相","我们根本不可能知道关于过去的任何东西"②,由此而解构现代历史学的根本价值与意义。但是,它也给史学理论带来了新鲜血液。它贡献了"文本"的概念,认为史料与其说是历史事实的载体,不如说是有意义的文本,从而提示史学家去发掘文本建构过程以及潜藏其中的种种虚构、遮蔽、掩盖和权力关系;其抵制宏大叙事、精英研究与线性历史观,迫使史学家"前所未有地质疑他们自己的研究方法和研究程序,在质疑中,让他们更具有自我批判精神";它将以往研究通常排除在外的弱势群体、边缘群体包括作为个体存在的人纳入历史研究的视野,恢复他们在历史中的位置,从而把许多看来已经了无新意的旧课题重新提上研究日程,赋予它们新的内涵和研究空间。这是后现代主义理论的双面效应。

  历史认知、历史实然、历史诠释是历史研究的核心概念,在后现代主义理论冲击下,以新的视野和眼光重新对它们加以梳理和界定是本文的任务,作为历史学家,我们的使命是捍卫历史。但这个捍卫,绝非故步自封,而是在不断吸收新鲜思想理论血液中更新自己的生命。对于人类来说,历史学是如此重要,因为"人,是历史学的价值,是它的唯一价值,而且是它存在的理由"③。为此,我们必须像吕西安·费弗尔那样,"为历史而战"④。

（原载于《河北学刊》2023年第4期）

---

① 阿兰·梅吉尔:《理论在历史实践中的作用》。
② 理查德·艾文斯:《捍卫历史》,第253页。
③ 吕西安·费弗尔:《为历史而战》,高煜译,译林出版社,2022,第114页。
④ 吕西安·费弗尔:《为历史而战》,第1页。

王晴佳

Wang Qingjia

美国罗文大学历史系杰出教授（eminent professor），曾担任国际史学史、史学理论委员会理事兼秘书长，北京大学历史系长江讲座教授。主要研究领域为全球史学史、史学理论和中国思想文化史。主要中文著作有《融汇与互动：比较史学的新视野》《人写的历史必须是人的历史吗？——西方史学二十论》《全球史学史》《外国史学史》和《筷子：饮食与文化》等。

从历史思辨、历史认识到历史再现
——当代西方历史哲学的转向与趋向

王晴佳

作为一门边缘学科,历史哲学在当今的西方学界,似乎处于一种颇为尴尬的处境,不再像以前那样能激起人们许多兴趣。在大学的哲学系里,很少有人专门讲授历史哲学。而对于历史系的师生,历史哲学讨论的问题,又似乎十分遥远,与他们的研究关系不大,虽然史学理论的史学方法的课程,通常是西方大学历史系研究生班的必修课程。但是史学理论与历史哲学,还是有一定的差异,无法完全等同(以下将详细论及)。相较西方史学界,中文史学界对于历史哲学的研究,近年出现了一系列的著作①,但这些著作是否能吸引史学工作者,则又似乎另当别论。借用该领域的前辈学者何兆武先生的话来说,"当代实践的历史学家们往往习惯于'低头拉车'而不习惯于'抬头看路'"②。20世纪90年代以来,由于实证思潮的重新抬头,"乾嘉学问"在史学界受到青睐③,因此何先生的这一描述,似乎显得颇为贴切。

那么,是否历史哲学这一传统的学问,已经在当今西方学界走向式微了

---

① 除下引何兆武先生的有关论著以外,近年出版的历史哲学著作主要还有赵家祥等《历史哲学》(中央党校出版社,2003);庄国雄、马拥军、孙承叔《历史哲学》(复旦大学出版社,2004);张耕华《历史哲学引论》(复旦大学出版社,2004);张牛《"五四"运动与中国近现代历史哲学》(重庆出版社,2006);严建强、王渊明《西方历史哲学:从思辨的到分析与批判的》(浙江人民出版社,1997);陈新主编《当代西方历史哲学读本》(复旦大学出版社,2004)。另外还有一些旧著的再版,如翦伯赞《历史哲学教程》(北京大学出版社,1990)和牟宗三《历史哲学》(广西师范大学出版社,2007)。

② 何兆武:《序言:历史与理论》,见张耕华:《历史哲学引论》,复旦大学出版社,2004,第1页。

③ 有关20世纪90年代以来中国史学界的治学取向,参见侯云灏《20世纪中国的四次实证史学思潮》(《史学月刊》2004年第7期)和王学典《近五十年的中国历史学》(《历史研究》2004年第1期)。

呢？如果要我回答，答案可以是"是"，也可以是"不是"。因为虽然就教学与研究来说，从事历史哲学这一领域的人不多，但历史哲学所处理的问题，却仍然在当今世界具有十分重要的地位，牵涉到人类文明的未来发展。况且，虽然在史学界和哲学界，从事历史哲学的人士不多，但一些有关的问题，却得到了文学界人士的重视。"新历史主义"(New Historicism)在西方文学界的兴起，便是一个显例。这一现象，正如思想史的研究，在史学界已经为人所轻视，但近年却在中外文学界显得生气勃勃，道理一样。[①] 在文史哲以外，近年政治学界的研究人士，也对以往历史哲学所处理的问题，做了令人瞩目的探究（以下将详论）。易言之，依我管见，西方历史哲学自1970年代以来正在经历一个重要的转化(transformation)。而这一转化，不仅涉及研究人员的变化，而且还反映在研究兴趣的变迁。本文的写作，正是想以西方学术界为例，与读者一同探讨这一变化的来龙去脉和未来走向。

一、汤因比哪去了？——思辨历史哲学的式微

在中文学界，稍微对历史哲学有兴趣的人士，一定知道汤因比（Arnold J. Toynbee, 1889—1975）的重要贡献。汤因比在世的时候，曾被人誉为"二十世纪的智者"。其皇皇巨著《历史研究》(*A Study of History*)，勾勒人类文明的走向，以"挑战与应战"为基点，分析文明的兴衰原因，让许多人为其睿智而倾倒。但有趣的是，在最近出版的一本现代历史哲学选集中，汤因比竟然落选。不仅如此，曾经对汤因比的理论有很大启发作用，并以发表《西方的没落》(*The Decline of the West*, 1918)一书而一举成名的德国历史哲学家施宾格勒（Oswald Spengler, 1880—1936），居然也名落孙山。[②] 施宾格勒和汤因比落选的原因何在呢？也许我们探讨历史哲学在当代的变迁与发展，便可以从这里开始。

历史哲学，顾名思义，便是对历史的一种哲学思考，此处并无争议。但

[①] 参见盛宁：《新历史主义》，扬智文化出版公司，1995。在中国，文学出身而治史的学者以葛兆光和陈平原为典型，而在美国则以王斑为代表。

[②] Robert M. Burns and Hugh Rayment-Pickard, eds., *Philosophies of History: from Enlightenment to Postmodernity*, Malden, MA: Blackwell, 2001.

问题在于,"历史"一词,却包含两重意思。一是指过去发生的事件,二是指对这些过去事件的记录、叙述与思考。西方主要文字中的"历史"(history, histoire, geschchite)一词,都含有这双重的意思。中文里的"历史"一词,自然以前就存在。但用其来翻译西方文字中的"历史",则由明治时期的日本学者首创。① 既然是翻译,中文的"历史"便也继承了西方文字中的双重含义。不过,随着历史研究的进一步发展,对于历史学这一学科的思考也逐渐深入,因此学者开始注意区分"历史"一词的不同含义,并渐渐用"史学"(historiography, historiology)来指称其第二种含义,即对过去事件的叙述与思考。举例来说,原来的"史学史",在英文里面是"history of history",但现在更常用的是"history of historiography",后者更为清楚地表示"史学史"研究的是前人的历史著作,而不是过去的事件。

其实,如果我们要分析施宾格勒、汤因比为何逐渐被人忘却,也与"史学"一词的发明有些关系。该词的发明,在一定的意义上表明人们比以前更为重视对于历史写作的哲学思考。而施宾格勒、汤因比等人,研究的重点则在分析过去事件的发生及其原因,以求总结人类历史的走向和规律。这一兴趣的转化,在另一本最近出版的历史哲学著作中,也可窥见一斑。该书的编者在导言中指出,历史哲学所探讨的,有下列问题:(1)历史是什么?(2)什么是对过去的理解和知识(也即如何理解和了解过去)?(3)历史离我们多远以及我们如何评价历史?(4)史家在历史中的地位如何?(5)历史解释能否客观?② 除了第一题以外,余下的问题都围绕历史的写作,也即有关"史学",而非有关"历史"。况且,即使是第一题,其中也包含"史学",因为"历史"一词,已经包括了"史学"在内。所以这一问题问的也并非仅仅有关"历史",也包括了"史学"。

研究"历史"还是研究"史学",其实代表了历史哲学的两个流派。前者称之为"思辨的历史哲学",后者则称为"分析的历史哲学"。这两个学派在20世纪初叶兴衰交替,是造成施宾格勒和汤因比的论著为今人忽视的主要

---

① 有关"历史"一词在现代的出现与使用,佐藤正幸的《历史认识之时空》(东京知泉书馆,2004年)讨论最详,见第3页以降。王晴佳对该书有一详细的书评,见《中国学术》2005年第4辑,第274—280页,或可参考。

② William Sweet, ed., *The Philosophy of History: A Re-Examination*, Hampshire: Ashgate, 2004, p. 15.

原因,因为他们都是思辨历史哲学家。有关这两个学派的特点和兴衰,西方论著颇多,中文学界的何兆武先生,也在二十余年以前便有论著分析①,因此无须赘述。简单而言,思辨的历史哲学家以探究历史的演变规律为主,其代表人物几乎包含了所有自 18 世纪以来的历史哲学家,如赫尔德、黑格尔、孔德、巴克尔和马克思。可以这样说,在 20 世纪以前,思辨的历史哲学既是历史哲学研究的创始性流派,也是历史哲学研究的主要代表。换言之,如果没有思辨的历史哲学,也就没有历史哲学这一学问。甚至在一定的程度上,思辨的历史哲学可说是西方文明的特殊产物,因为在非西方地区,尽管有一些零星的、对历史进行哲学思考的论著(如 14 世纪穆斯林史家伊本·卡尔敦[Ibn Khaldun]的《历史导论》[The Muqaddimah]),但就总体而言,没有人像上述这些西方人士那样,在近代的几个世纪内,有系统地和承先启后地对人类历史的过去与未来做出如此深入的探索和分析。因此我们对于思辨的历史哲学在西方的诞生,还得进行一些历史的分析和解释,以求揭示其衰落的原因。

简单而言,思辨的历史哲学的诞生,与西方历史在近代的发展,密切相关。欧洲近代社会的呱呱落地,正如婴儿降生一样,不但对其父母(也即世界历史的进程),而且对其本人而言,均是一件极为惊讶、惊喜的事情。因为在这以前不久,欧洲的文明,不仅无法与中国文明相提并论,而且其周边的穆斯林文明,也对之嗤之以鼻、冷落一旁。但 17 世纪开始的科学革命,加上接踵而至的工业革命,促使西欧迅速崛起,于是其邻近的文明,不得不对之刮目相看。穆斯林文明在 18 世纪,便有"发现欧洲"一说。② 易言之,到了18 世纪,非西方文明已经再也无法漠视欧洲文明的成就了。也正是在 18 世纪,历史哲学作为一门学问开始在欧洲得到系统的重视,以至一些前人零星的研究,如意大利思想家维柯(Giambattista Vico, 1668—1744)的《新科学》,也突然受到了莫大的重视,被奉为历史哲学的先驱著作之一。这是因为,借助于先进的科学技术,如航海术与造船业,西方人不但对世界的认识有了长足的进展,发现了一些新的陆地。同样借助先进的科学技术(坚船利炮),他们也突然发现那些原来让他们折服的非西方文明,可以变得如此不

---

① 何兆武:《从思辨的到分析的历史哲学》,《世界历史》1986 年第 1 期。
② Bernard Lewis, *The Muslim Discovery of Europe*, New York: W. W. Norton, 1982.

堪一击。原来的基督教文明,便有"天命所归"的心态,自认是上帝的"选民"。这类的"文化/种族中心论",并非西方所独有,如古代中国人以"中国"自居,强调"华、夷之分",亦是例子。但近代西方人发现自己的"先进"和"优越",颇有些突然,只是在 18 世纪中叶以后。美国史家彭慕兰(Kenneth Pomeranz)的《大分流》,其主要论点就是 1750 年是西欧崛起并渐渐甩脱中国的分界线。① 换言之,在这以前,西方人还没有,或者未敢在世界上倨傲称雄。的确,在 16 和 17 世纪,西欧的耶稣会传教士,如利玛窦等人,到了中国以后,曾为了掌握中国古代的经典,孜孜不倦地钻研,崇敬之心,溢于言表。即使在 18 世纪,启蒙思想家伏尔泰、莱布尼茨等人,还仍然对中国文明的成就,赞不绝口。

但毕竟,西欧在 18 世纪的迅速崛起,已经是不争的事实。问题是如何解释这一现象。历史哲学这一学问应运而生,其目的是以研究世界历史演变轨迹为背景,以求发现西方基督教文明"领先"于其他文明的原因。因此虽然启蒙运动是一场解放思想、世俗主义、理性主义的运动,但其思想家的思维,仍然受基督教的"天国""选民"等观念所束缚和制约。② 当时历史哲学家的许多论著,都可以见到基督教教父奥古斯丁(St. Augustine,354—430)的《上帝之城》(The City of God)所阐述的历史观念的影子。奥古斯丁提出,上帝会让其子民经历一场磨难,以偿还亚当、夏娃所犯的"原罪"。但经过一定的时间,如六千年之后,便会让那些通过"修炼"的选民,成其"正果",也即进入其"天国"。自然,18 世纪历史哲学家的论述,并没有使用"天国"这样的字眼,但他们的历史哲学,都有下述三大特征:(1)历史是一个有意义的过程,并非一片混乱,毫无规则;(2)虽然历史演化路线会有曲折,但最终会走向一个理想的目的;(3)历史的这一目的论(teleology)式的发展,呈现其清楚的阶段性,前阶段是后阶段的铺垫和准备,而后阶段比前阶段更接近历史的最终目的地。这些特征,都很清楚地反映了基督教历史观的直接和间接的影响。当然,除了基督教,还有 17 世纪科学革命的影响。对于

---

① Kenneth Pomeranz, *The Great Divergence: Europe, China and the Making of the Modern World Economy*, Princeton: Princeton University Press, 2000.
② Carl Becker, *The Heavenly City of the Eighteenth-Century Philosophers*, New Haven: Yale University Press, 1959. 该书不断再版,最近的一版出版于 2004 年,可见其论点影响之深远。

18世纪的历史哲学家而言,既然伽里略、牛顿等科学家能发现自然界的规律,那么他们也可以发现人类社会的规律。因此历史哲学的诞生,又呈现了科学主义的特征(所谓科学主义,就是认为世上的一切事物,都可以采用科学方法研究,并得出科学的解释)。不过这种科学主义的"自信",还是与宗教观念有些联系。如康德在那时号召人们"解放思想",是因为他坚信,人是万物的灵长,是具有理性的生物,因此不能浪费这一"天赋"(上帝给予)的才智。与康德同时的历史思想家,都同样具有这种"天生我材必有用"的心态,因此才会致力于分析人类历史演化的奥秘。更重要的是,虽然他们不一定说这个世界由上帝创造,但却坚定地认为,这个世界的到来和将来,必然体现了一定的目的。

由于这一信念的驱使,法国大革命时代的孔多塞(Condorcet,1743—1794),指出历史经历了十个阶段,而他所处的时代,便是最终的阶段,尽管他本人正是在法国革命的浪潮中被送上了断头台。孔多塞的同胞、19世纪的孔德(Auguste Comte,1798—1857)也指出了人类历史的阶段发展,经神学(虚构)阶段、形而上学(抽象)阶段和科学(实证)阶段,而最后这一实证阶段的特点,正由孔德本人所总结和概括。孔德的实证主义,推崇科学方法的万能,因此是科学主义的一种表述。而他对人类历史进化的概括,也继承了启蒙运动思想家所开启的历史哲学传统,认为历史非但会必然进步,而且还会遵循一定的规律。与孔德同时代,德国的黑格尔也认为他所处的时代甚至地区,代表了人类历史的最高发展阶段。黑格尔用"精神"取代"上帝的意志",视其为驱动历史的源泉,并指出这一"精神"经过东方到西方,到了德意志地区,臻于极致。马克思的历史哲学,具有相似的特征。马克思认为历史会一线发展,经历不同的发展阶段,因此工业化英国的"现在",便是滞留于农业经济的印度的"未来",而人类历史的理想终点,便是共产主义的到来。但马克思与黑格尔等人的不同,不仅在于他用物质基础与上层建筑的互动来分析历史演变的动因,而且在于马克思对他所处的时代,也即19世纪的资本主义世界,并不像孔德、黑格尔等大部分西方人士那样沾沾自喜,而是假以颜色,严厉批评,指出了其衰亡的必然性。

二、过去等于"史学"？——以"小写历史"为中心

正是马克思主义的这一批判性，使其在 20 世纪以后，仍然让人为之所吸引。因为 20 世纪上半叶两次世界大战的爆发，似乎印证了马克思所说西方资本主义正在走向衰亡的预言。如果 18、19 世纪的历史哲学家的主要工作是说明和解释西方的迅速和"神奇"的崛起，那么 20 世纪的历史哲学家的工作，则是为了对西方文明做深入的诊断，分析其病症，希望指出其未来"痊愈"或者进一步发展的可能。换言之，20 世纪的历史哲学家，如施宾格勒、汤因比等人，已经无法再有他们前人那样的自信，不再认为西方文明之"天命所归"，因为两次世界大战的惨重伤亡，已经使人无法对西方文明的未来，像以往那样充满信心了。面对战后的一片狼藉，许多人重温尼采在世纪之初提出的"上帝死了"的说法，怅然之间又不得不承认其先知先觉。施宾格勒的《西方的衰落》之所以会一夜成名，也是同样的道理。汤因比的理论，没有像施宾格勒那样悲观，但他分析人类各文明的兴衰轨迹，也是为了安慰西方读者，即使西方文明衰落了，也无甚大不了，不用特别悲观，因为它只不过重复了其他文明的演化老路而已。

直至目前，以我管见，西方学术界始终没有完全克服这一悲观的心态。思辨的历史哲学，便不可避免地衰亡了。因为当今的西方学术界，已经很少有人还像黑格尔那样自信，人类历史经过一线发展的轨迹，会走向一个美好、理想的目的地。也有不少人怀疑，即使历史向上发展，西方文明是否能在这一进程中，一定扮演一个"领导"的角色。当然，例外还是有的。目睹柏林墙的倒塌和战后"冷战"的结束，美国政治学者福山（Francis Fukuyama）在 1992 年出版了《历史的终结与最后的人》一书，用黑格尔式的分析方法，指出世界范围内民主化运动的发展，具有一种"百川归海"的趋势，通向了一个理想的目的地，也即他所谓的历史的"终点"。[①] 不过，福山的论点，虽然引人注目，但对之持批评态度的人士，显然远远多于支持其论点的人士。几乎在福山著作出版的同时，另一位政治学者、哈佛大学的亨廷

---

① Francis Fukuyama, *The End of History and the Last Man*, New York: Avon Books, 1992.

顿（Samuel P. Huntington）也出版了一本影响巨大的著作——《文明的冲突与世界秩序的重建》(1996)。根据亨廷顿的分析，当今的世界历史，由三大文明的冲突所驱动，目前集中在西方基督教文明和中东穆斯林文明之间，未来则会发生在西方基督教文明和东亚儒家文明之间(据亨廷顿的预测，日本虽然目前紧跟西方，但中国重新崛起以后，它会转向讨好中国)。① 福山与亨廷顿在美国学术界，政治观点上都属于保守派，但他们对于世界历史走向的分析，却有显著的不同。亨廷顿指出三大文明的冲突，显然他不像福山那样，认为西方社会的发展道路，代表了世界历史的总体趋向。在另一个场合，亨廷顿承认，西方文明的发展是一个"特例"而非"常例"。② 福山和亨廷顿虽然是政治学者，但他们的著作，却继承了思辨历史哲学的传统。亨廷顿的文明冲突理论，显然与施宾格勒、汤因比的文明论，有一脉相承的地方。福山更是在其著作中，明确表明他有意继承黑格尔的历史哲学传统。亨廷顿、福山的观点在当今学术界和社会上所受到的注意的程度，也证明历史哲学所探究的问题，仍然充满吸引力和生命力。与以往不同的是，大部分历史学家和哲学家不再注意探讨这些问题，反而拱手让位于政治学和经济学的研究者。即使像保罗·肯尼迪（Paul M. Kennedy）那样的"宏观"历史学家，其《大国的兴衰》，注重研究16世纪以后经济生活和军事活动的变化，其视角还是以西方为主，似乎还是不够宽广。③ 而20世纪以来的西方哲学，也以逻辑、分析哲学为主流，拒斥孔德所创立、曾经代表19世纪西方哲学主流的实证主义传统，并远离形而上学的思辨。易言之，20世纪的西方哲学，以"反实证主义"或"后实证主义"为特点。前者以新康德主义哲学家狄尔泰（Wilhelm Dilthey, 1833—1911）、李凯尔特（Heinrich Rickert, 1863—1936）为代表，后者以卡尔·波普尔（Karl Popper, 1902—1994）的论述为典型。狄尔泰、李凯尔特反对将自然科学的方法挪用来研究人类历史和社会，波普尔则对历史决定论和历史规律论，特别反感，其理由见其代表作《公

---

① Samuel P. Huntington, *The Clash of Civilizations and the Making of World Order*, New York: Simon & Schuster, 1996.

② Samuel P. Huntington, "The West: Unique, not Universal," *Foreign Affairs*, 75:6 (Nov/Dec. 1996), pp. 28-46.

③ Paul M. Kennedy, *The Rise and Fall of the Great Powers: Economic Change and Military Conflict from 1500-2000*, New York: Random House, 1987.

开社会及其敌人》和《历史主义的贫困》。

用当今比较流行的术语来说,19世纪的实证主义历史哲学,希图将"大写历史"(History)和"小写历史"(history)同时科学化;也即不但希望发现历史演化的科学规律——"大写历史",而且还力求将历史研究——"小写历史"变成一门科学。这两种历史研究——历史规律论和历史认识论——之间,自然有一种内在的联系。如果"小写历史"可以变得像科学实验一样,做到正确无误,那么由此而概括出来的"大写历史",也即历史的规律,也会颠扑不破。但是20世纪以来,由于西方文明所面临的一系列挑战,史学家和哲学家都已经丧失了对研讨"大写历史"的兴趣。如同上述,这一兴趣,已经为政治学家和经济学家所撷取。此外,从托夫勒(Alvin Toffler)等人的未来学研究中,也可略见其存在之明显痕迹。[①] 应该说,对于"大写历史"的兴趣,永远不会彻底消失。即使在历史学的领域,也是如此。2005年在悉尼举办的第20届国际历史科学大会,就有不少论文探究从自然与历史的交互影响中,重新研究"大历史"。[②] 而近年蓬勃兴起的"全球史""全球化"的研究,也展现了一种从新的角度探究人类文明发展走向的努力。

但就历史哲学的研究而言,自20世纪初年以来,其主流趋向则已经从历史规律论转到了历史认识论,也即从思辨的历史哲学,转向了分析的历史哲学。当代历史哲学的主要兴趣,于是集中于探讨历史认识论的问题。[③] 这一倾向反映在历史研究的领域,便是"大写历史"的逐渐衰微;历史学家已经对之兴趣索然。但就历史认识论的探究和争论而言,大部分历史学家仍然没有完全放弃"小写历史"的科学性。对于这一状况,亚历山大·麦克菲(Alexander L. Macfie)用讽刺的口吻写道:"我们也许可以这样说,'小写历史'之所以能苟延残喘,继续以客观的、经验的、实证的和寻求真相为标榜,只是因为它的大部分信奉者仍然顽固地继续他们的老一套研究,鸵鸟式

[①] 托夫勒的一些著作如《第三次浪潮》(Third Wave)和《未来的震荡》(Future Shock)都有中文版,而且有较大的市场。

[②] 参见王晴佳:《文明比较、区域研究和全球化:第20届国际历史科学大会所见之史学新潮》,《山东社会科学》2006年第1期。

[③] 值得一提的是,这一倾向在中国的历史哲学、史学理论研究中,也有所反映。除上面提到的何兆武的一系列著作以外,陈启能有《论历史事实》一长文(《史学理论研究》1987年第4期),而张耕华的《历史哲学引论》一书,更给予历史认识论的问题,予以很大的关注。

地无视和反对后现代主义的批判质疑。"①这一评述,显得有点尖刻,但也的确反映了一个事实。因为历史研究自近代以来一直以展现"事实"为目的,而搜索有关过去的"事实",必须经过辛苦、细致的搜寻、考证的过程,因此大部分历史学家,对于历史哲学、史学理论的问题,并没有太多兴趣,也不愿多花时间、多费笔墨。而且,由于历史研究的专业化,历史学家的论著,通常经过同行的评审、鉴定以后才得以发表,因此只要大部分同行认可其研究的扎实和辛劳,那么作者本人就不会特意追求理论上和方法上的创新。当然,如此做法,也有其代价,那就是当代的历史论著,在历史学领域以外,已经在社会上没有多大影响。因为这些著作既没有像亨廷顿那样,对当代历史的现实和未来走向,提出什么重要的思考和建议,又因为"扎实"研究的需要,通常选择处理一些细小的问题,而且写作风格死板、单调,以求"如实直书",因此再也无法吸引一般的读者。②

虽然大部分历史学家可以对历史哲学、历史认识论的转向和变化,熟视无睹,采取鸵鸟式战略,但其实如果稍微考察一下,便可发现,所谓实证式的研究,仍然有其理论基础,而自1970年代以来,由于后现代主义的质疑和挑战,这些原来的理论基础,都已经岌岌可危、摇摇欲坠了。提倡后现代主义的当代历史理论家、《历史学再思考》(*Rethinking History*)杂志的主编之一艾伦·蒙斯洛(Alun Munslow)对于近现代历史学的理论基点,做了这样的总结:(1)过去和现在一样,不但是真实的,而且可以通过事实和证据的搜寻,用概念和语言加以如实表现;(2)论从史出——历史的解释必须符合事实的推理;(3)展现事实不同于价值判断;(4)历史不同于小说;(5)历史学家及其写作的历史有所区别(换言之,即使历史学家有偏见,但其著作仍然可以避免偏见);(6)真理是客观的。③ 对于蒙斯洛等人来说,这些理论规则在后现代主义的冲击下,已经无法自圆其说。

---

① Alexander Lyon Macfie, ed., *The Philosophy of History: Talks Given at the Institute of Historical Research, London, 2000-2006*, Houndmills and New York: Palgrave MacMillan, 2006, p. 1.

② 对于历史学专业化的利弊,伊格尔斯(Georg G. Iggers)有详细的分析,见伊氏著,"The Professionalization of Historical Studies and the Guiding Assumptions of Modern Historical Thought," Lloyd Kramer and Sarah Maza, eds., *A Companion to Western Historical Thought*, Malden MA: Blackwell Publishers, 2002, pp. 225-242。

③ Sweet, *The Philosophy of History: A Re-Examination*, p. 29.

具体而言,后现代主义的史学理论,与之针锋相对,由马克·斯坦福(Michael Stanford)概括,具有下列特征:(1)历史著述/文本自成体系,与历史事实无关;(2)历史著述的好坏,不在它是否反映历史事实,而在于它文笔是否优美;(3)过去并不存在,而只有对过去的一些解释——这些解释也许言之成理,但也许胡说八道;(4)无法用真假来评价历史著作;(5)历史著述通常是意义含混的,无法重新解说;(6)历史的过去只是"建构"出来的,其实并不存在。① 这些概括,有所夸张,因为后现代主义史学的代表人物之间,也有不同的看法。但就总体而言,当代历史哲学的探讨,已经无法认同"历史=过去"这样的看法了。取而代之的是"史学=过去"。或者用另一种方式表达,"历史=史学":"历史"再也没有了双重的含义,只是一种对过去的表述和解释而已。当然,当代的历史哲学家并没有直接否认"过去"的存在。他们只是指出,这一"过去"即使存在,也没有哲学意义,因为人们无法回到过去。而要想对这一过去有所认知,则必须借助历史的著述和文本,于是就有了"过去=史学"的结论。

应该指出,上述这些论点,代表了历史哲学和史学理论的最新发展,因此显得有些极端,无法为大部分历史学家接受。自1990年代以来,后现代主义的历史认识论,以海登·怀特(Hayden White)和多米尼克·拉卡普拉(Dominick LaCapra)的论著为代表,慢慢侵入历史研究的领域,也渐渐有了一些拥护者,如上面提到的蒙斯洛以及安科史密特(Frank Ankersmit)和蔻肯斯(Keith Jenkins),是重要的代表。他们也因此成为当代引领新潮的历史哲学家。但专业的历史学家对于后现代主义的历史认识论,大都持有一种批评的态度。最为典型的就是艾坡比(Joyce Appleby)、亨特(Lynn Hunt)和捷克布(Margaret Jacob)合著,在1995年出版的《历史的真相》(Telling the Truth about History)一书。这三位作者都是美国专业史学家中思想颇为前卫的人士。但她们对后现代主义的理论,虽然有一些同情的理解,却对之无法全面接受。1999年英国史家艾文斯(Richard Evans)出版了《为历史学辩护》(In Defense of History)一书,也对后现代主义抱持一种与艾坡比、亨特和捷克布相似的批评态度。当代西方史学史研究的权威学者、中国学者熟悉

---

① Sweet, *The Philosophy of History: A Re-Examination*, p.29.

的伊格尔斯,在其 1997 年初版、2005 年再版的《二十世纪的历史学》一书的结论处,也明确指出,虽然后现代主义有助于批判地审视启蒙运动的历史哲学,但如果因此而放弃理性主义,则会流向"野蛮主义"。①

在当代历史哲学的研究中,虽然后现代主义的观点没有被全盘接受,但在历史认识论("小写历史")的研究中,后现代主义的历史认识论,却毫无疑问,已经成为其中最有影响的派别。最近出版的三部历史哲学的论文集,其内容重点都清楚地反映了这一趋向。② 安科史密特与柯尔纳(Hans Kellner)在1995年便合编了《新历史哲学》一书,不仅从历史认识论的角度,建构历史哲学的架构,而且其研究思路,带有明显的后现代主义的特征。③ 他们所谓的"新历史哲学",就是要为后现代主义史学提供理论基础。剑桥大学出版社最新出版的一本历史哲学著作,也径直题为《认识过去:史学哲学》,其副题干脆舍弃了"历史哲学"一词,也即剔除了"历史"一词中的"大写历史"的含义,而直接讨论"小写历史"——史学理论,虽然作者并不完全赞同后现代主义。④ 由蓊肯斯等人所写的阐述后现代史学论点的著作,不但在西方史学界,而且在非西方地区,都引起了广泛的注意。如果说卡尔(E. H. Carr)的《历史学是什么》一书,曾经是二战以后西方历史系学生了解历史学理论与方法的主要入门书,那么在当今,不少人已经开始选择以蓊肯斯的《历史学再思考》作为其替代品了。⑤ 当然,许多人使用蓊肯斯的著作,并不一定赞成他的观点,只是希望学生了解后现代主义理论对当代历史研究所带来的影响。有关蓊肯斯等人的后现代史学,我们将在下一节详论。

---

① 格奥尔格·伊格尔斯:《二十世纪的历史学:从科学的客观性到后现代的挑战》,何兆武译,山东大学出版社,2006年,第152页。
② 参见上引 Burns and Rayment‑Pickard, eds., *Philosophies of History*; Sweet, ed., *The Philosophy of History* 和 Macfie, ed., *The Philosophy of History*。
③ Frank Ankersmit and Hans Kellner, eds., *A New Philosophy of History*, Chicago: University of Chicago Press, 1995.
④ Aviezer Tucker, *Our Knowledge of the Past: A Philosophy of Historiography*, Cambridge: Cambridge University Press, 2004.
⑤ E. H. Carr, *What is History?*, New York: Knopf, 1962; Keith Jenkins, *Re‑thinking History*, London: Routledge, 1991.

三、科学或艺术？有关史学性质的争论

如果说当代哲学界和史学界的历史哲学研究,已经放弃了对"大写历史"的探讨,那么这一转向,其实也与怀疑"小写历史"的科学性和客观性有所关联。换言之,质疑历史规律论,是从对历史认识论的研究中逐步生成的。如果历史学家无法确定史料的真伪,那么他们经过考察史料而对历史的走向所做出的总体概括,也无法让人信服。在19世纪晚期,实证主义思潮笼罩欧洲哲学界、史学界的时候,布莱德雷(F. H. Bradley, 1846—1924)就已经在其《批判史学的前提》一书中指出,所谓"史实"并不是对"过去"的复制,而是经过了历史学家之手的再造品。因此在历史写作中,历史学家的作用举足轻重。历史学家的判断是历史学的基础:历史学家是(批判史学)真正的圭臬。[1] 与布莱德雷同时的勃桑圭(Bernard Bosanquet, 1848—1923)则更为直截了当地指出,历史进程中随机的因素很多,事件与事件之间因此存在多种多样的联系,无法清楚地用叙述的方式,指出其中的因果关系。从宗教的立场出发,勃桑圭讽刺地写道,如果历史学家或历史哲学家想揣测、分析历史人物的心理与动机,由此来解释他们的行为,就像充当"上帝的间谍"(God's spy)那样徒劳无功。[2] 这些观点给后人以很大的启发。20世纪历史哲学家柯林武德(R. G. Collingwood, 1889—1943),曾充分肯定布莱德雷的论点,视其为"历史知识理论的一个哥白尼式的革命"[3]。

其实,即使在19世纪,许多人对于实证主义将自然科学方法沿用到历史研究的做法,已经持有一种怀疑的态度。19世纪德国的历史研究,以兰克学派为代表,成为实证史学、科学史学的样板。但兰克(Leopold von Ranke, 1795—1886)本人则不愿、似乎也不敢像他的同胞黑格尔那样,勾勒世界历史的发展走向。他提倡"如实直书",其中一个主要原因在于他认为人类历史的运行,遵照上帝的意志,而上帝的意志深奥叵测,一般人无法探测,最多只是将历史的运行,如实描述出来而已。易言之,兰克未敢做"上帝

---

[1] F. H. Bradley, *Presuppositions of Critical History*, Chicago: Quadrangle Books, 1968, p. 78.
[2] Bernard Bosanquet, *The Principle of Individuality and Value*, London: Macmillan, 1912, p. 79.
[3] R. G. Collingwood, *The Idea of History*, Oxford: Clarendon Press, 1946, p. 240.

的间谍"。可他坚信,通过史料的考证,史家可以将可靠的史实铺陈出来。因此兰克史学至少在一个方面,符合并推广了实证主义的思潮。

在19世纪、20世纪之交,兰克史学作为科学史学的典范,开始走向全球。以东亚为例,日本史家在1887年聘请兰克的年轻助手利斯(Ludwig Riess,1861—1928)到刚成立不久的东京大学任教,并由其帮助成立了专业的历史学会并出版专业的历史刊物,因此日本历史专业化的进程与欧美国家几乎同步。但如上所述,与此同时,在欧洲,特别是德国,已经有人开始对实证主义的治史态度,提出了质疑和挑战。这些挑战者的共同特点,就是无法接受实证主义将人类社会的研究与自然界的研究完全等同的做法。如布莱德雷那样,他们希望揭示人类活动的能动性(agency)和学者在研究这些人类活动时所展现的主观性(subjectivity)。譬如尼采就对纯粹以钻研和修复史料为目的的实证史学嗤之以鼻、不屑一顾,认为这些工作根本无法揭橥人类历史变化的奥妙无穷。因此尼采虽然处在被称为"历史学的世纪"的19世纪,他本人也与兰克本人和兰克的弟子有所交往,但他却坚决主张研究哲学或解密神话比修撰历史更为高级。① 在尼采之后,德国新康德主义哲学家狄尔泰提出历史人文研究与自然科学研究在方法上的根本不同,而文德尔班和李凯尔特,则强调"自然科学"与"精神科学"的差别,也是著名的例子。

应该注意的是,这些人反对将自然科学的方法沿用到历史研究中,乍看起来似乎是强调历史学的非科学性,承认历史研究与自然科学相比,有其不够"科学"的地方。但其实他们的真正意图,是想去除历史研究者的自卑感,突出历史研究的独特性,指出其既有科学性又有艺术性的双重特征。换言之,即使在科学主义盛行的年代,历史研究者仍然不愿将历史研究完全等同于科学研究。举例来说,20世纪初年,英国史家伯里(John B. Bury,1861—1927)在出任剑桥大学近代史钦定教授的时候,发表一个演说,题为"历史科学",指出"历史学就是科学,一点也不多,一点也不少"。但以后成为伯里继任者的屈维廉(George M. Trevelyan,1876—1962),马上发表《历

---

① 有关尼采史学观念的最新研究,参见 Thomas H. Brobjer, "Nietzsche's Relation to Historical Methods and Nineteenth-century German Historiography," *History and Theory*, 46:2 (May 2007), pp. 155-179.

史女神》("Clio: A Muse")一文,对之提出质疑。屈维廉的观点是,如果史家只是遵照科学的原则,探究历史事件发生、发展的因果关系,那么历史写作就失去了其重要的功能,那就是用叙述的方式生动而又写实地描写历史的进程。他的主张是:虽然历史学家应该对历史的因果关系提出自己的看法或臆测,但"历史学始终、而且永远是一门叙述的艺术。这是它的基石"①。从近年历史哲学的发展来看,对于"叙述艺术"的重视,不但没有减弱,而且还得到加强,成为探讨"小写历史"的一个主要方面。②

历史写作靠的是叙述,而叙述则必须仰赖想象。对于历史研究中想象的重要性,数柯林武德的研究最为著名。而柯林武德的研究,则受到了意大利哲学家克罗齐(Benedetto Croce, 1866—1952)的启发。像尼采一样,克罗齐对以考据史料为目的的批判史学,持有一种批评的态度。他认为只是考证、编排史料,只能呈现一种"死的历史",而"活的历史"必须体现历史研究者的思想。克罗齐的论述,看重的是对历史研究的工作性质提供一种哲学的思辨分析。③ 而身为艺术史家的柯林武德,则从他实际的研究经验出发,分析历史研究中想象力的不可或缺。柯林武德指出,既然史家像凡人一样,无法回到过去,只能依靠残缺不全的史料来重建过去,因此就必须运用想象来补充史料欠缺的空白。这样的工作,与警察侦探的破案,有很大的相似之处。因为侦探像史家一样,也必须利用有限的线索,以积累的经验为基础,借助一定的想象,对案子的发展做出合理的推断。④

柯林武德的历史哲学研究,既反映了欧洲大陆哲学的思辨特点,又结合了英国经验主义的学术传统。在二战以后,欧洲大陆的历史哲学,在新康德主义的研究基础上,又出现了新的进展。在分析历史研究和自然研究的不

---

① 参见 Fritz Stern, ed., *The Varieties of History: From Voltaire to the Present*, New York: Vintage Books, 1973, pp. 209-245. 有关伯里的演说和历史的科学性,可参见何兆武《历史理性的重建》中的论述,第114页以降。有关伯里和屈维廉的争论,另见 Donald R. Kelley, *Frontiers of History: Historical Inquiry in the Twentieth Century*, New Haven: Yale University Press, 2006, p. 20.

② 举例来说, Geoffrey Roberts 最近编了 *The History and Narrative Reader* (London: Routledge, 2004) 一书,收集了一些从叙述的角度,着重研究历史认识论的代表性篇章。"叙述主义"(narrativism)也是当代历史哲学的一个流派,见上引 Burns and Rayment-Pickard, *Philosophy of History*,第274-300页。

③ 克罗齐:《历史学的理论和实际》,傅任敢译,商务印书馆,1982。

④ Collingwood, *Ideas of History*.

同时，狄尔泰曾经指出，历史研究的特征是"理解"（verstehen），也即史家必须对史料所反映出的历史过程，逐步取得一种"感同身受"的"理解"。这里的"感同身受"，指的是史家的生活经验与他研究的对象（过去发生的事情）之间的交会。易言之，史家之所以能解释历史，就是因为他对史实，有一种"心有灵犀一点通"的感觉。二战以后，欧洲大陆解释学的进一步发展，更为强调认识论方面的主观成分。譬如海德格尔（Martin Heidegger, 1889—1976）的《存在与时间》（Being and Time），强调人们认识活动中主、客观之间的密切交流。海德格尔的哲学，受到了东方哲学的影响。因此我们也许可以这样比喻，他的主要贡献，就是分析我们所谓"心有灵犀"的存在及其缘由。海德格尔反对"主观""客观"的二元论，认为人们的认知之所以能产生，并不是主观反映客观。恰恰相反，客观之所以能进入主观，是因为主观已有"灵犀"，因此才能"相通"。本体论与认识论之间，没有清楚的界限。海德格尔的弟子伽德玛（Hans-Georg Gadamer, 1900—2002）在此基础上，提出主观与客观"视域的沟通"，亦对历史认识论的研究，产生了重大的影响。再应该提一下的是法国哲学家保罗·利科（Paul Ricoeur, 1913—2005）的解释学理论。像海德格尔和伽德玛一样，利科也主张本体论与认识论之间的融会是人们获取知识的基础。他特别强调人们认识活动中的多样性，也即中文里所说的"意在言外"的情形。对利科而言，通过语言所反映的现实（现在抑或过去），都是"象征性"（symbolic）的，因此需要用不同的方法加以解释。易言之，任何事情都会产生多种不同的解释。①

利科的解释学，着重从语言学的方面来展示人们认识活动的复杂、多样，并非偶然。自 1960 年代以来，现代语言学、人类学和文化研究长足发展，以从结构主义到后结构主义的过渡为标志，对自启蒙运动以来西方哲学的基本概念造成了极大的冲击。这一冲击，与海德格尔等人挑战主观和客观、精神与物质的二元论有异曲同工之妙。如果说海德格尔主张主观与客观之间没有界限，那么后结构主义的语言学研究，则揭示了主观与客观的区分，没有实际意义，因为两者之间的沟通，必须通过语言，而语言并不透明，无法准确无误地传是递信息。因此即使有一客观存在，但这一客观存在，根

---

① Burns and Rayment-Pickard, *Philosophy of History*, pp. 245-249.

本无法通过语言表达出来，于是也就丧失了实际的认识论上的功能。

　　上述语言学的发展，被称为"语言学的转向"。从其影响来看，甚至可以视其为一场"语言学的革命"，因为它挑战了原来视为理所当然的观念。这里的原因在于，西方语言不像中国语言，不是"象形"语言，而是"拼音"语言。它之所以能传达信息，靠的是声音的传递，再诉诸文字表述。所以它不像中国语文那样，经常靠眼睛看来获取信息。譬如中国人在告诉对方名字的时候，通常需要在手掌上比画，才能让对方知道自己名字到底是怎样写的。但西方人在同样的场合，就不必做如此的动作。换言之，西方人在发出声音的时候，一般就能表述自己的意思，也即"语言＝思想"。语言的清晰与思维的清楚，直接相关。但后结构主义却挑战了这一习以为常的观念，导致了德里达（Jacques Derrida, 1930—2004）所谓的"解构"，也即否认语言能反映事物、传达信息的功能，从而将主观与客观彻底脱钩。因此德里达的解构主义，又发展了海德格尔的哲学。

四、史学＝文学、美学？

　　像其他学科一样，西方史学在1960年代以后，也经历了"语言学的转向"，而且还格外明显。这里的主要原因在于，叙述史是西方史学发展的主干，在古希腊、罗马时代，就是史家记录、写作历史的主要风格。中世纪时期，编年史一度流行，但到了近代，叙述史很快又取代了编年史，成为西方史学的主流风格。一般人以为叙述史与编年史相比，更能体现史家的不偏不倚，让其用旁观者的口吻，冷静地交代历史的发展过程。但其实并不尽然。譬如中国古代的《春秋》，自然是编年史的一个典型。孔子希求在其内隐含自己对时事的批评，他就不得不创造所谓的"春秋笔法"，巧妙地改动几个动词来表达自己的意见。换言之，编年史有它一定的格式，也即"客观性"，譬如时间的顺序，就无法轻易更改。而叙述史则可以给予史家很大的写作空间，任其编排、组织史实，来表现自己的好恶，或者追求修辞的完美。与孔子同时的西方史学之父希罗多德，就在其《历史》中，编造了一段生动的对话，但后人发现，两个对话者其实生活在不同的时代，根本不可能见面。

　　也许是叙述史的这些特点，因此西方史家对历史写作中主观的因素特别敏感,由此才十分推崇客观的、科学的史学。但由于"语言学的转向",使得他们感到要想在历史叙述中排除主观的意见,几乎不可能,因为叙述必须依赖语言,而语言文字本身有其自律性,作者可以试图将其思想、观点借助语言、文字加以表达,但这一表达是否就一定与作者的思想对号,完全是另一回事。而且一旦写作成文,这些文字就可以让读者自由评判,甚至自由发挥。因此读者是否一定要通过文字理解作者的意图,其实并不重要。由此法国文学批评家罗兰·巴特(Roland Barthes, 1915—1980)提出,作者一旦写成作品,他其实就"死亡"了,在其作品的流通和被接受的过程中,不再有什么影响或支配作用。这些意见,在文学批评的领域,比较容易让人接受,因此后现代主义和后结构主义,在文学界的流行,早于史学界。譬如阅读、观看同样一部悲剧作品,有些人可以为之感伤不已,而另一些人则可以从中汲取使其奋起的力量。阅读的过程,实际上就是读者从自己的个体经验与作品的内容相互交融的过程——读者如何读一部作品显然在这个过程中起了举足轻重的作用。

但是,近代历史学的发展,则基于下列基本认识:历史著作以传授知识为主,其目的是将一个"客观的"过去"如实地"交代给读者,所以读者似乎就应该是被动的接受者,其阅读的主要目的是领会史家对于史实的勾画。因此法国19世纪史家古朗治(N. D. Fustel de Coulanges, 1830—1889)曾这样宣称,他的历史著作,只是将历史事实呈现给读者,不加修饰,以便让读者自己做出判断和结论。① 但其实,出于法国民族主义的立场,古朗治曾经就阿尔萨斯-洛林的归属问题,与德国史家蒙森论战。② 因此他所谓在历史写作中"不加修饰",不设立场,是很值得怀疑的。不过,讨论史家在写作中是否隐含自己的政治、宗教和民族的立场,抑或史家能否在写作中摆脱各种偏见,以求"如实直书",还主要是"语言学的转向"发生以前的事情,与"语言学的转向"之后的讨论,有明显的区别。

那么,在历史哲学、历史认识论的研究上,所谓"语言学的转向"的主要影响在哪里呢? 1995年美国《历史与理论》的三位编辑一起主编了《历史与理论最新文集》一书,选编了二战以后有关历史哲学、史学理论的代表性论

---

① Stern, *Varieties of History*, p. 188.
② 参见郭圣铭编著《西方史学史概要》,上海人民出版社,1983,第212-213页。

著。编者之一布莱恩·菲(Brian Fay)在题为"语言学转向之后的史学理论"的导言中指出:"差不多二十五年以前,历史哲学和史学理论界出现了一个重要的转折点,那就是以海登·怀特在 1973 年发表的《元史学》所标志的'语言学的转向'。"他进一步指出,由于这一转向,有关历史研究性质的关键问题,从"历史学是不是科学"转变为"历史学是不是小说"了。易言之,历史叙述的"诗性"(poetics)成了研讨的中心问题了。这里的"诗性",主要指的是史家写作历史的时候所运用的想象和创造。中国古代有"诗言志"一说,大致可以与此相比仿。而写诗又需要遵循一定的格式,如韵律、对仗等等。由"诗性"一词来代表历史著作的不同写作风格和语言模式,正是怀特《元史学》一书论旨的核心。

换言之,怀特认为史家写作历史常会贯穿自己的政治理念,是理所当然、无须赘言的事。所以他在书中用无政府主义套在法国史家密歇勒的头上,用自由主义来形容托克维尔的著作,用激进主义来概括马克思主义史学,再用保守主义来描述兰克的史学。但他的主要关怀,则并不在此。而是想揭示历史写作的"深层结构"。要发掘这一"深层结构",他认为必须从史家的政治理念转而探究其写作的风格和模式,至少应该首先考虑、考察历史写作的不同叙述模式。对于怀特而言,历史记录有两种形式:编年史和叙述史。而后者是对前者的改造。与前者不同,后者采取的是讲故事的形式,因此有开始、过渡和结束或者升华。① 这里应该提一下的是,怀特对于编年史的认识,有所不足和偏见,显现出他受克罗齐的影响,将编年史等同于"死的历史"。其实,从中国史学的传统来看,编年史从何时开始,也即"王正月"定于何时,往往是至关重要的事情,史家通常为此费尽周折,从中也显现出政治权力的斗争。西方中世纪的编年史,往往从上帝创始开始,因此也显然不是很随意的一件事情,而是反映了浓厚的宗教观念。

怀特显然更注意编年史和叙述史的差别。这一差别是他《元史学》一书论点的基础。因为叙述有开始、过渡和结束,因此史家写作历史的时候,必然遵循一种既定的模式(这里"既定"一词,指的是史家的一种几乎无意识的偏好),如浪漫史诗式、喜剧式、悲剧式和反讽式。这些模式在修辞学上

---

① Hayden White, *Metahistory: the Historical Imagination in Nineteenth-Century Europe*, Baltimore: Johns Hopkins University Press, 1973, pp. 5-7.

的表现,则可归纳为"隐喻""转喻""提喻"和"讽喻"。简单一点说,怀特认为史家根据个人性格所好,会对他所处理的历史,编织成不同的故事,也即他所谓的"情节设置"(emplotment)。这一"情节设置"的观点,是怀特《元史学》一书的核心。由此出发,怀特指出史书与文学作品,其实没有本质的区别。① 为了解释怀特所谓的修辞风格,或许可以用金圣叹"腰斩"《水浒传》的例子来说明。原来的《水浒传》,比现在通行的版本要长得多,写的是水浒英雄最后战死的战死,招安的招安,因此是一个悲剧,其意图是劝诫众人不要造反。但金圣叹以"英雄大结义"为结尾,则将之变成了一场喜剧,甚至是浪漫史诗,因此故事如何结束,其意义可以大不相同。

由于怀特在《元史学》和其他一系列著作中,强调历史写作的文学性,挑战历史学的科学性,因此使他成为后现代史学的鼻祖,在1990年代以后,声名卓著。他从加州大学退休以后,为斯坦福大学比较文学系延聘,成为该系的讲座教授,如此例子,在美国大学中比较罕见,由此可见怀特的声望。但反过来看,怀特并未在斯坦福大学的历史学系任教,也可见他的影响主要还是在文学界,而并非在史学界,也不在哲学界。② 如前所述,文学界的人士近年对于思想史的研究,兴趣颇浓,以"新历史主义"的兴起为例。因此怀特任教比较文学系,也似乎顺理成章。后现代史学的另一位代表人物拉卡普拉,其著作通常以分析文学著作为主,虽然他在历史系任教。总之,怀特、拉卡普拉的主要努力方向,是想重新唤起人们对于历史研究中文学性的注意。这一做法,其实早在后现代主义盛行以前就有人尝试过。

如果我们细究怀特《元史学》一书的结构,可以看出他的主要关怀,还是在于揭示语言学的内在结构和自主独立,反映出语言学中的结构主义的影响,而并非德里达等人所提倡的后结构主义或解构主义(deconstructivism),而后者与后现代主义的关系,显然更为紧密。有趣的是,怀特本人曾在一篇文章

---

① White, *Metahistory*, p. 7-11. 有关怀特的后现代主义史学,参看王晴佳、古伟瀛:《后现代与历史学:中西比较》,山东大学出版社,2003,第 134-142 页,此处从略。另可参考陈新:《西方历史叙述学》,社会科学文献出版社,2005,第 78-84 页。陈新在翻译《元史学》一书时,将"情节设置"(emplotment)一词,改为"情节化",比较符合中文习惯。但"情节化"隐含有"情节"已经存在的意思,而怀特的论点,是史家在写作时加入了"情节",因此此处仍然采用"情节设置"的译法。

② 有关怀特的影响,可以参见 Richard T. Vann, "The Reception of Hayden White," *History and Theory*, 37 (1998), pp. 143-161。

中,将福柯(Michel Foucault,1926—1984)、德里达等人的理论称为"荒唐的(文学)批评"(Absurdist criticism),与"正常的文学批评"(Normal criticism)相对立,而把他自己的理论称为"形式主义的批评"(Formalist criticism)。① 由此可见,怀特的出发点,与后现代主义的基本脉络和走向并不完全一致,但他将文学与史学等同,却又与后现代主义理论异曲同工,冲击了"小写历史",也即历史认识论的科学基础。顺便提一下,怀特在《元史学》发表之后的二十多年中,著述不丰,其理论基点也基本一仍其旧。他最近的一本论文集,题名《形象的现实主义》,于1999年出版。该书主张文学作品也可以反映历史的现实,表现了他意图提升文学、贬抑史学的一贯立场。②

但也许正是因为怀特的坚持,西方历史哲学的研究重点,已经在最近的二十余年中,发生了很明显的改变。《历史与理论》的资深编辑理查德·凡(Richard T. Vann)在总结怀特的影响时说,如果说在战后的初期,史家仍然将发现过去视为他们的首要任务,接下来的工作只是将这些发现"写出来"(writing up)而已,那么由于怀特的出现,这样的做法已经再也无法行得通了。③ 易言之,"写出来"已经不是一件简单的事情了。的确,如果我们要概括最近二十余年西方历史哲学的基本动向,那么有关史家写作的一系列问题,如何成为研究的重点,便是一个最主要的特征。前面提到的荷兰史学理论家安科史密特,在2005年出版了一本新著,题为《崇高的历史经验》。他在书的序言中开门见山地指出,战后史学理论的发展,主要围绕两个问题,一个有关历史的真实性,另一个有关历史叙述中过去的"再现"(representation)。④ 这两个问题,既有密切的关联,又呈现一个先后发展的顺序。有关前者的考量,使得理论家思索历史叙述能否再现真实的问题,由此而受结构主义和后结构主义的影响,转而集中探讨历史叙述中所含有的一系列问题,从而形成历史哲学中的"叙述主义"(narrativism)流派,由列维-施特劳斯(Claude Lévi-Strauss)、

---

① Hayden White, "The Absurdist Moment in Contemporary Literary Theory," *Tropics of Discourse: Essays in Cultural Criticism*, Baltimore: Johns Hopkins University Press, 1978, pp. 261-282.

② Hayden White, *Figural Realism: Studies in the Mimesis Effect*, Baltimore: Johns Hopkins University Press, 1999。

③ 见 Vann, "Reception of Hayden White," 前揭文,第161页。

④ Frank Ankersmit, *Sublime Historical Experience*, Stanford: Stanford University Press, 2005, pp. xi~xiii.

罗兰·巴特和海登·怀特的论著为代表。①

安科史密斯与前面提到的蔚肯斯一样,堪称当代西方历史哲学领域中后现代主义的代表人物。蔚肯斯在 1991 年出版《历史学再思考》一书,用后现代主义的观点,重新审视近代史学的认识论基础,并对之提出激烈的批评、挑战,由此而一举成名。蔚肯斯的主要意图,是力求将后现代主义视为史学发展的一个崭新的阶段,由此而取代自兰克以来的近代历史学。这一意图在他于 1995 年出版的《论历史学是什么》一书中有清楚的展现。如其书名所示,蔚肯斯在书中以卡尔的《历史学是什么》一书出发,将卡尔及其继承卡尔史学立场的当代英国史家艾尔顿(Geoffrey Elton)视为近、现代史学的代表,而将怀特和美国哲学家理查德·罗蒂(Richard Rorty)的史学理论,视为后现代史学的代表,与前者加以对比,由此来证明近、现代史学,已经在当代过时了。② 以后蔚肯斯又出版、主编了一系列著作,其中《后现代史学读本》一书,选编了后现代史学理论家及其批评者的代表性论著,为许多人所采用,颇有影响。③ 近年蔚肯斯的新作,力图超越他原来的二元对立(现代主义与后现代主义)的模式,从更多的角度考虑当代史学理论的发展。他与蒙斯洛在 2004 年合编的《历史学性质读本》,将当代史学理论分成四大派别,即重构主义、构造主义、解构主义和终结主义,便是一个表现。在这四个派别中,第一和第三个派别比较容易理解:前者指传统的近代史家,主张历史学以重建过去为宗旨,后者则认为这一重建根本是痴人说梦。而所谓"构造主义",指的是介于"重构主义"和"解构主义"之间的一种取径,其特点是一方面相信历史可以重建过去,但在另一方面又认为这一重建,必然表现出史家的主观立场,而并非完全"客观"的重建,而是一种"再现"。当代盛行的社会史、文化史和妇女史的研究,是其典型的表现,因为选择课题作为研究的对象,与史家的政治立场、社会关怀密切相关。作为第四个派别,"终结主义"指的是在"大写历史"被抛弃、"小写历史"受到冲击之后,一

---

① Burns and Rayment-Pickard, *Philosophies of History*, pp. 274-300.
② Keith Jenkins, *On "What is History?": from Carr and Elton to Rorty and White*, London: Routledge, 1995.
③ Keith Jenkins, ed., *The Postmodern History Reader*, London: Routledge, 1999.

些史家和史学理论家对历史学性质所做的新的思考。① 这些思考尚不成熟,但却明确地表明,即使人们能正视后现代主义对现代史学的挑战,接受其史学与文学相类似的看法,有关史学的思考还是无法就此打住,而是必须以新的方式进一步继续着。

从翦肯斯最近发表的著作来看,他本人也在从事新的思考,如考虑历史研究与伦理学的关系问题。但依笔者管见,有关历史哲学的最新思考,当以前面提到的安科史密特的新著《崇高的历史经验》为一个有趣的代表,其中似乎也可窥见历史哲学、史学理论研究的最新动向。作为后现代主义史学理论的代表人物之一,安科史密特在书中重申了许多已经为人所熟知的观点,比如史学有其文学性、阅读史书体现的是读者的一种积极参与等等。甚至他的书名采用"崇高"这样的美学术语,也并非从未见过。翦肯斯和蒙斯洛在《历史学性质读本》中已经指出,历史哲学界的"语言学转向",似乎用"美学转向"更为贴切,因为怀特和安科史密特等人的理论,强调史家治史,应该超越以往重建过去的简单目的,而注重历史叙述的形式表达,于是就将史学与美学相连了。对于翦肯斯和蒙斯洛来说,历史研究已经不再是一个如何认识过去的认识论的问题,而是一个如何描绘过去、再现过去的美学问题了。②

安科史密特想来同意翦肯斯和蒙斯洛的观点,但他的《崇高的历史经验》一书的重点,却不在研究"崇高",而在于研究"经验",抑或是两者之间的关系。他在序言中指出,"历史再现"已经成为史学理论研究的核心,但是,大部分历史学家对此问题并不关心,因此史学理论和史学实践之间存在一种"遗憾的隔阂"(a sad gap)。他于是提醒他的同行说,"历史再现"还是想再现过去,这一点不能忘记。③ 易言之,安科史密特想强调说,虽然历史写作与文学创作之间有很多雷同,但其注意的对象,毕竟是不同的。他于是写道,如果从研究"经验"入手,既可以让史学理论的研究与史家的历史实践相沟通,又可以让史学理论和历史哲学的研究获得自己的独立地位,不但从以前附属于哲学研究的地位中解放出来,而且还可以充实、帮助哲学研究

---

① Keith Jenkins and Alun Munslow, eds., *The Nature of History Reader*, London: Routledge, 2004.
② Keith Jenkins and Alun Munslow, eds., *The Nature of History Reader*, London: Routledge, pp. 197–199.
③ Frank Ankersmit, *Sublime Historical Experience*, p. xiv.

的发展。具体而言,安科史密特想通过对于"经验"的探究,来超越当代哲学注重研究语言的倾向。由此出发,他也想超越海登·怀特对史学理论的贡献,因为怀特的著作,使得叙述的形式及其模式成为史学理论研究的重点。但其结果是,除文本以外似乎没有其他可以值得研究的了。

安科史密特试图通过"经验"的研究,提倡一种新的、"思想的经验主义"(intellectual empiricism),借此与史家实际从事的研究工作有所沟通。譬如他说,历史的"再现",首先要"经验"或者"体验"过去,于是这一"经验",同时包含两个方面,即对过去的"发现"(discovery)和"复元"(recovery)。这一提法,乍看起来安科史密特似乎在重申柯林武德的历史哲学,并无太多新意,其实不然。安科史密特所界定的"经验",与其说是一种历史经验,不如说是一种"美学经验"。他说道,既然想"发现"过去,也就意味着过去与现在之间,已经存在一条明显的差别,甚至产生了鸿沟。于是这种"发现"过去的历史经验,首先是一种对"失去"的体验。而为了要"复元"过去,又必须经历一种"期望"乃至"热爱"。于是,历史经验同时交织了"失去"(loss)和"热爱"(love),抑或"痛苦"(pain)和"快乐"(pleasure)的交替经验。显然,安科史密特的史学理论,已经将历史研究,放在了美学的层次上加以分析了。用他的话来说,史家研究历史,不仅仅是为了认知过去,而且还为了"感觉""感受"过去;后者与前者相比,同样重要。

五、小结

如果说将史学与文学、美学相等同代表了当代历史哲学、史学理论的最新趋向,那么这一做法,尽管看起来与史家治史的具体实践并不十分契合,但如果我们从历史知识传布的方式考虑,却也无法将其视为史学理论家的凭空捏造,或者故弄玄虚。换言之,虽然历史研究是人们获取对于过去的认知的高级形式,但就历史知识在社会上的传播而言,历史著作的写作及其出版往往不是最有效的方式。举例来说,一般中国人对于三国时代的人物,可以说是耳熟能详,但这一知识,大都是通过阅读罗贯中的《三国演义》及据此改编的戏剧、戏曲而获得的,而不是通过研究陈寿的《三国志》,虽然就史实的可信度而言,后者显然比前者要高。由此看来,历史研究是否需要考虑美化其表达的方式和叙述风格,并不是无足轻重的问题,史家可以弃之如敝屣。孔子有言,"言而无文,行之不远",已经阐明了这一道理。由此看来,史家治史,自然要求真,因为这一做法符合并反映了读者的需求,但在追求真实性以外,似乎还有其他的东西需要考量。当代历史哲学的最新发展,似乎是想在求真之外的方面,有所探索。

不过,从安科史密特等人的论著来看,他们的努力,又存在明显的缺陷,显得过于片面。因为即便史家接受和承认史学的文学性,史学理论家还有工作要做,那就是还要回答"那又怎样"(so what)的问题。换言之,史家即使在写作中,采用文学的表现手法,但他研究的对象,仍然有所不同。而他的作品所服务的对象,也有可能不同。这就像人们观看电视,既要看新闻报道,又要看文娱节目一样。前者也有可能存在虚假的成分,甚至还有可能造假,但与后者纯粹以娱乐为目的的做法相比,显然有所不同。由此看来,虽然现代人也许知道世上并没有百分之百的真实性,但他们对于真实的期望,仍然没有完全放弃。于是,史学家与文学家的工作,性质也就自然有所不同,就像新闻主播与电视剧导演的工作不同一样。当代西方的史学理论,试图将两者等而视之,虽然有其新颖,甚至"革命"的一面,但其结果也使得史学理论与史家的实际工作,产生了明显的距离。而更大的问题是,历史研究通常希望总结历史的经验,以求获得某种借鉴,从而嘉惠未来,但当代西方的历史哲学发展,则几乎完全放弃了这一重要的社会功能,而将史家对史实的搜索和重建,与作家的想象、虚构完全等同,这就在根本上削弱了历史学的根基。无怪一些原来历史哲学家处理的问题,现在日益为其他学科的人士所袭取,成为他人的地盘。

用唯物主义的观点来看,以西方文化为基础的"大写历史"和"小写历史"之走向没落,反映的是当代世界历史的重大变迁。西方国家之所以能在18世纪以后征服许多非西方地区,正是仰赖其科学技术的发达,而这一发达在思想、文化层面上的表现,就是由启蒙运动所揭示的理性主义。所谓"大写历史"和"小写历史",都以理性主义为理论基础。理性主义的起源和发展,被视为近代西方文化的主要特征,亦一度为非西方地区的人士所艳羡和仰慕。但二战以后,西方的经济霸主地位,逐步受到非西方地区的挑战而动摇(日本的兴起、亚洲四小龙的成功以及近年中国的崛起,都是证明),其文化优势也随之逐渐丧失。如以东亚经济的起飞为背景而兴起的"新儒学",就一反原来认为中国的儒学传统阻碍经济发展的观念,提出东亚经济的成功,正是由于儒家文化的滋育,便是一例。当然,要说当代西方在世界上的强权地位已经是明日黄花,则又似乎言之过早。近年蓬勃兴旺的全球化运动,自然有非西方地区国家的参与,但西方国家仍然是主导的力量(如互联网的诞生与普及)。不过,我们有足够的理由说,西方国家领先世界历史潮流的时代,的确正在走向终结。在很大的程度上,"全球化"正是世界历史从一元中心走向多元中心的一个标志。西方史学理论界出现所谓"终结主义"的讨论以及"大写历史"走向末路,因此并不足怪。

西方人承认历史的"终结主义",主要是因为从今往后,世界历史的主要驱动力(dynamics),已经从西方地区转移到了其他地区,如中国和印度甚至拉美。而历史学主要研究的对象,就是事物的变动及其阻力,抑或"变化"(change)和"不变"(continuity)的交替及其相互关系,然后进行解释和说明的工作。如果变动已经不是西方当代历史的主脉,那么西方历史学也就会逐步丧失其原有的动力,由此而转移其研究的焦点。当代西方史学界盛行"新文化史",注重探讨琐细的、边缘的、少数族裔的课题,就是一个显例。[①] 但是这一西方史学理论和史学研究的转向,是否要为非西方地区的人士照搬,则完全应该另当别论。因为像在当代中国,正在经历一场史无前例的经济、文化大变迁,史家无法而且不应对之熟视无睹,而去东施效颦,像西方史家一样,转而专门研究边缘、琐细的课题(此处并不特意针对批评当代中国的文化史、社会史研究者,更无意贬低其研究的重要,因为这些研究兴趣在当代中国的开发,不能完全归结于欧风美雨的滋润,而是有其自身生长的学术文化土壤)。总之,即使西方的历史哲学已经转向,甚至走向没落,并不等于人们就永远不要对人类历史的进程和远景进行思考、判断和预测。或许,这正是当代中国学者从事历史思辨、建立自己系统的历史哲学理论的一个契机。

(原载《山东社会科学》2008年第4期)

[①] Peter Burk, *What is Cultural History?*, Cambridge: Polity, 2004.

彭 卫

Peng Wei
___

　　陕西泾阳人，1959年生于陕西西安。1978年至1984年就读于西北大学历史系，获历史学硕士学位。1985年至今在中国社会科学院古代史研究所工作。现任中国社会科学院学部委员，古代史研究所研究员，《中国史研究》杂志主编。从事秦汉史和史学理论研究。主要著作有《汉代婚姻形态》《历史的心镜——心态史学》《走进历史的原野——史学续论》。

再论历史学的实践性

彭 卫

在《历史学的实践性与历史经验》①和《试说历史学的实践性》②中我指出,历史学的基本问题之一是它与现实的关系。从逻辑的根源上说,这是知识世界与现实世界的关系,是知识的自律与实践的关系,是知识在获取后如何回应提供知识对象的关系。实际上这也是包括历史学在内的所有学科必须回答的根本性问题。本文拟就这一重要问题作进一步探讨。

一

如果对历史学的基本价值进行区分,可以看到它是多重指向的有机结合体:在求真的取向上,历史学扮演了追问和揭示历史真相的角色,显示出历史学的科学性;在体察人性因素对人类进程确定和不确定的影响上,历史学扮演了探究至今尚不够明晰的人类活动的创造力、各种历史活动的因果联系、个体与集体的历史经验如何影响着当下以及人类精神世界内在"美"的角色,显示出了历史学的科学性与艺术性的结合;在省察人的道德情操对历史过程的建树和破坏上,历史学扮演了反思在过往岁月中人类的情怀的塑造和变化的角色,显示出了历史学的伦理性。在对上述这些结果的综合思考以及对以后发展的预判上,历史学则扮演了连接起过去与现在并能在一定程度上引导人们走向未来的角色,显示出了历史学的实践性。

---

① 彭卫:《历史学的实践性与历史经验》,《光明日报》2015年11月11日,第14—15版。
② 彭卫:《试说历史学的实践性》,《史学月刊》2016年第4期。

在人类社会和人文领域,理论问题在很大程度上也是历史问题,所有的理论判断都有其历史的支撑点,都会在历史脉络中延伸和变化。这些理论判断之所以成为"可能"或者不那么"可能",历史的过程提供了现象层面的说明。从这个意义上说,对理论的回答实际上也是对历史的回答。

人类对历史的经验与现实关系的思考要早于严格意义上的历史学的出现。在中国古代,殷商之后,周人即有"非天庸释有夏,非天庸释有殷,乃惟尔辟……乃惟有夏,图厥政,不集于享,天降时丧,有邦间之。乃惟尔商后王,逸厥逸,图厥政,不蠲烝,天惟降时丧"[1]的总结和"宜鉴于殷,骏命不易""靡不有初,鲜克有终"[2]的忧患意识。前者确定了"历史"之于"今天"的意义,后者则确认了人们自主认识"历史"之于"今天"的必要,而这两个方面,正是以后发展起来的中国古代历史学关于历史与现实关系的观念的基本来源。

司马迁的历史学实践纲领被他概括为"原始察终,见盛观衰"[3]。以今日的学术理念观之,它包括了方法(即"原始察终")和目标(即"见盛观衰")两项内容。"始"和"终"要求将历史过程看作一个前后相继并有密切联系的过程,"盛"和"衰"则提出将对这个过程的认识凝聚在一个时代的变局上。显而易见,它体现的主要是历史学的政治实践性,而这种政治实践性在司马迁之后,成为中国传统史学的基本走向。其历史的基本演进脉络学界有大量研究[4],此处不再赘说。而以古希腊和古罗马为中心的西方古代史学的相关情状,则需要我们略花一些笔墨。

古代历史学在西方世界的情形与东方有同有异。在历史知识的取向上,他们尤其强调对历史的求真。古希腊时代的两位世界级史家希罗多德(前484—前424)和修昔底德(前460—前411)都具备了对历史进行记录的不同程度的责任感和怀疑精神,前者指出他"所以要把这些研究成果发表出来,是为了保存人类的功业,使之不致由于年深日久而被人们遗忘"。对于

---

[1] 《尚书正义·多方》,载阮元校刻《十三经注疏》,上海古籍出版社,1997,第228-229页。
[2] 《毛诗正义》,载阮元校刻《十三经注疏》,第505、552页。
[3] 《史记·太史公自序》卷一百三十,中华书局,2013,第4027页。
[4] 关于中国古代历史学个人之见与国家意志的交集以及历史理论的发展大势参见胡宝国《汉唐间史学的发展》(商务印书馆,2003年)、瞿林东主编《中国古代历史理论》(安徽人民出版社,2011,"导论"第15-56页)。其他有价值的著述甚多,篇幅所限,恕不具列。

不同说法,他要列出"有学识的"人和其他人的不同意见。① 后者声明他对历史资料确定了如下原则:"不要偶然听到一个故事就写下来","也不单凭我自己的一般印象作为根据",因此无论是亲历的还是从亲历者那里得到的,所有交给读者的历史,都经过了"仔细考核"。② 古罗马时代的塔西佗(Tacitus,55—120)则就史德发表了自己的重要意见,即史家记录历史要"不怀怨毒之情,不存偏私之见,超然物外,摒绝所有那一类的不良动机"③。而在希氏等人之前,这种理念即有所表现。公元前6世纪爱奥尼亚出现的"纪事"(logoi)文体专指不同于神话或史诗的有事实根据的报道,其代表人物赫卡泰厄斯(Hecataeus,前550—前478)在《谱系志》中明确表述:"只有我所认为是真实的东西,我才把它记载下来。"④因此,希罗多德、修昔底德、塔西佗等的史学风格实可视为对前代遗产的传承,在西方历史学的自律性上,他们不是起点,而是以系统化为标志的成熟时期的璀璨星斗。

如果说,在求真方面,古代东西史家保持着一致性,那么,历史学在知识体系中的位置,古代希腊的设置与东方世界就出现了差异。尽管历史记忆可以追溯到荷马时代,尽管"纪事"文体的出现在时间上也大致接近以米利都学派为标志的希腊哲学的初生,然而,历史学并没有成为与哲学、自然科学、伦理学一样重要的知识。古希腊哲学最为鼎盛的苏格拉底-柏拉图-亚里士多德时代,历史学是受到漠视的:柏拉图笔下的苏格拉底与历史著作如希罗多德的《历史》和历史学家如同在雅典的同时代的修昔底德没有任何交集。柏拉图本人的知识体系中没有历史学的位置。至于亚里士多德,尽管提到了历史学,但是他的基本态度是不仅作为知识王冠的哲学的地位远在史学之上,就是诗"也比历史学更富哲学性、更严肃的艺术",因为:其一,诗"倾向于表现带普遍性的事",而历史学则"倾向于记载具体事件";其二,历史学"记述已经发生的事",而诗则"描述可能发生的事";其三,所谓"带普遍性的事"就是根据或然或必然的原则某一类人可能会说的话或会做的

---

① 希罗多德:《历史:希腊波斯战争史》第1卷,王嘉隽译,商务印书馆,1959,第1-3页。
② 修昔底德:《伯罗奔尼撒战争史》第1卷,谢德风译,商务印书馆,1960,第17-18页。
③ 转引自郭圣铭:《西方史学史概要》,上海人民出版社,1983,第49页。
④ 转引自郭圣铭:《西方史学史概要》,第14页。

事,历史学则反之。① 因此,就整体而言,古希腊的思想"不仅与历史思想的成长格格不入",而且其本质"是基于一种强烈的反历史的形而上学",即历史学不能认识永恒的事物。② 因此,能够认识永恒性的哲学和普遍性的诗的地位都要高于史学,前两者属于"真知"(episteme)的思想类型,后者属于"意见"(doxa)的思想类型。历史学只能提供低于"真知"的"意见"③。

关于"真知"和"意见"的含义,柯林武德有如下解释:真知"不仅是此时此地而且在任何地方都永远是有效的,而且它根据可以证明的推理并且可能通过辩证批评的武器找出错误和扬弃错误";意见则是"我们关于事实问题所具有的经验性的半-知识,它总是在变化着的……因而它只在此时此地在它自己本身的延续期内是有效的;并且它是瞬间的,没有道理的,又不可能证明"。④ 这两种界定是用现代哲学术语对巴门尼德的"知识"和"意见",以及柏拉图理念论的知识二元论的概括,比较准确地把握了古代希腊人对于知识指向范围和知识价值意义的观念,因而也被广泛引用。从这个界定中我们可以看出,历史学的价值是被限定的价值,这种"半-知识"的有效范围是在特定的时空之中。从逻辑上说,它虽然不能成为"普遍真理",但却可以成为部分的"真理",即可以对"变化"进行描述,并通过描述提供一定程度的真确解释。古代希腊史学家之所以没有成为没有思想的木偶,古代希腊的历史著述之所以没有成为廉价的历史故事集,部分的道理正在于此。

另一部分而且可能是更为重要的道理则来自史学本身。尽管思想的历史是一个时代人们创造力的结晶,但它并不能完全取代这个时代实践的所有过程和这个时代人们所追求的所有目标,主流的观念和时代的精神也并不代表思想的全部。在古代希腊,历史学家对历史学的实践性的努力不仅

---

① 亚里士多德:《诗学》,陈中梅译注,商务印书馆,1996,第 81 页。比较修昔底德的相反意见:经过考核的历史学的结论"不会有很大的错误的。这比诗人的证据更好些,因为诗人常常夸大他们的主题的重要性;也比散文编年史家的证据更好些,因为他们所关心的不在于说出事情的真相而在于引起听众的兴趣"(修昔底德:《伯罗奔尼撒战争史》第 1 卷,谢德风译,第 17 页)。
② 柯林武德:《历史的观念》,何兆武、张文杰译,中国社会科学出版社,1986,第 22—23 页。
③ 杨共乐:《中国传统史学是一门治国之学——以古代中西史学的比较为视角》,《史学理论研究》2015 年第 3 期。
④ 柯林武德:《历史的观念》,第 23 页。

引人注目,而且还有自身的特征。让历史上"值得赞叹的丰功伟绩不致失去它们的光彩"是希罗多德撰写《历史:希腊波斯战争史》的目的。① 他强调以历史事实来"训世",其根据是国家的兴衰和人事的成败都有轨迹可循,都在由因及果的关联中呈现。② 这种历史观念实际上是将历史作为可以教育后人"找出错误"和"扬弃错误"的全知识,客观上也是对古代希腊知识结构的"时代精神"的一种挑战。

在这一方面,希罗多德并不是古代希腊和古代罗马史学史上的独行者。随后的几位史家,从不同的角度、用各自的语言表达了相同或相似的观点。修昔底德谈到《伯罗奔尼撒战争史》撰写目的时写道:

> 如果学者们想得到关于过去的正确的知识,借以预见未来(因为在人类历史的进程中,未来虽然不一定就是过去的重演,但同过去总是很相似的),从而判明这部书是有用的,那么,我就心满意足了。我的著作不是为了迎合人们一时的兴趣,而是要作为千秋万世的瑰宝。③

罗马统治时期希腊史家波里比阿(Polybius,约前204—前122)将历史作为人类所特有的知识:"从研究历史中所得到的真知灼见,对实际生活说来是一种最好的教育。因为历史,而且只有历史,能使我们不涉及实际利害而训练我们的判断力,遇事能采取正确的方针";"取鉴于前人的覆辙,是教人如何英勇豪迈地面对困难、战胜命运的不二方法,除此以外别无他途"。他还前所未有明确地将史学升拔到哲学的高度,即历史学是"以事实为训的哲学"④。罗马史学的奠基人老加图(Cato the Elder,前234—前149)指出历史著述必须达到"垂训"的目的。⑤ 这个原则为后人所承袭。帝制时期罗马史家李维(Livius,前59—公元17)强调了史学的"独特"功用,这就是:"在历史真相的光芒下,你可以清清楚楚地看到各种各样的事例。你应当把这些事例作为借鉴:如果那是好的,那末(么)你就模仿着去做;如果那是罪恶

---

① 希罗多德:《历史:希腊波斯战争史》第1卷,王嘉隽译,第1页。
② 转引自郭圣铭:《西方史学史概要》,第20-21页。
③ 转引自郭圣铭:《西方史学史概要》,第26页。
④ 转引自郭圣铭:《西方史学史概要》,第54-55页。
⑤ 郭圣铭:《西方史学史概要》,第38页。

昭彰而最后身败名裂的,那末(么)你就要引为大戒,竭力避免。"①而古代罗马最重要的历史学家塔西佗同样将"赏善罚恶"作为"历史之最高的职能",同样将"千秋万世的唾骂,悬为对奸言逆行的一种惩戒"。② 这样,从希罗多德到塔西佗,在公元前 5 世纪到公元 2 世纪的七百年间,我们看到了以古代希腊和罗马为轴心的包括史学观念在内的西方学术思想涌动的潮汐:一方面,在时代精神所选择的学术类型中,历史学的地位不高,历史学所提供的知识的价值受到怀疑和贬低,在这个框架内,历史的记录的意义是有限的;另一方面,在历史学家对史学的自我评定中,历史学的意义得到全面肯定,在这个框架中,对历史的记述和研究不仅可以培育当下时刻人们的良好道德,也可以在未来的任何一个时间段起到指导性的作用(即"千秋万世的瑰宝")。

东西方古典史学存在的差异是显而易见的。在东方,历史学在各种学问中地位崇高;在西方,历史学在知识领域中或多或少被低矮化和边缘化了。然而,二者的相同之处更为引人注目。在古代东方,历史学是一门在"不虚美,不隐恶"的要求下求真的学问,古代西方同样是如此。在古代东方,历史学是与国家治理高度关联的实用学问,古代西方也并不逸出此外。尽管古代东方历史学的地位几乎无与伦比,如刘知幾所说"史之为用,其利甚博,乃生人之急务,为国家之要道。有国有家者,其可缺之哉"③。而在古代西方历史学却远未达到这样的地位,但这并没有妨碍古代西方史学家在史学实用价值和实践性方面,获得与他们的东方同行们相同的认识。在"东"与"西"的两种史学类型中,东方史家的追求显示了历史学价值的指向和表现,西方史家同样显示出这种指向和表现,而且由于历史学在知识体系中特定的学术位置即历史学不那么被人们所看重,它的显示更有意义。

二

然而,现象只是说明了某种因素出现的趋势,对现象的描述并不能取代

---

① 转引自郭圣铭:《西方史学史概要》,第 44 页。
② 转引自郭圣铭:《西方史学史概要》,第 48—49 页。
③ 刘知幾撰,浦起龙通释:《史通通释》,上海古籍出版社,1978,第 303—304 页。

逻辑上的证明。历史学的实践性是否是这个学科的必有属性,还需要考虑这个学科的本质。在我看来,下述三个方面对实践性之所以必囿于历史学科的可能有了进一步的解释。

首先,是个人知识的有限与人类知识的无限的关系。作为个体的人,他在世界上的有限时间决定了他不可能了解所有的知识,获得所有的经验,正如庄子所说:"吾生也有涯,而知也无涯,以有涯随无涯,殆已。"①然而在实际生活中,我们看到的却是人类的知识在不断增长,人类的经验在不断丰富,个体的"有涯"生命没有妨碍人类对知识"无涯"的追求。知识和经验的增长与丰富使得人类的生命无休止地和无止境地走向未来成为可能。完成这个过程的基点所依赖的正是对历史的记忆。一千二百多年后,刘知幾以一个史学家的身份,回答了庄子的困惑:

> 夫人寓形天地,其生也若蜉蝣之在世,如白驹之过隙,犹且耻当年而功不立,疾没世而名不闻。上起帝王,下穷匹庶,近则朝廷之士,远则山林之客,谅其于功也名也,莫不汲汲焉孜孜焉。夫如是者何哉?皆以图不朽之事也。何者而称不朽乎?盖书名竹帛而已。向使世无竹帛,时阙史官,虽尧、舜之与桀、纣,伊、周之与莽、卓,夷、惠之与跖、蹻,商、冒之与曾、闵,但一从物化,坟土未干,则善恶不分,妍媸永灭者矣。苟史官不绝,竹帛长存,则其人已亡,杳成空寂,而其事如在,皎同星汉。用使后之学者,坐披囊箧,而神交万古;不出户庭,而穷览千载。见贤而思齐,见不贤而内自省。②

在这篇文字中,刘知幾做了一个假设,即如果历史的记述不在,人类如何存在?他的结论是,对人物的评判就会出现"善恶不分,妍媸永灭"的情形。其实,"刘知幾假设"的意义远远超过了历史的道德记录和道德评定范围。可以设想,如果历史记述不在,人类的知识成果和结晶就是被散落于地的一个个零散的碎片,就会像每一个个体短暂的生命一样,可能绽放过的知识之花在生命凋零之后泯灭不存。相反,当拥有了并且能够自觉地保持住历史记忆,人类才能够让知识延续从而让人类的延续成为可能。"坐披囊

---

① 《庄子集释》卷二上,中华书局,2012,第 121 页。
② 刘知幾撰,浦起龙通释:《史通通释》,第 303 页。

箧,而神交万古;不出户庭,而穷览千载",历史学正是让无数个体的"有涯"生命转化为整个人类"无涯"生命,让无数个体提交的有限的历史经验转化为绵延不绝的无限的经验的学问,这是其他任何学科都不能替代的知识领域,也是历史学追忆往昔走向未来的实践性的思想依据。

其次,是历史学所追忆的"故在"与历史学所立足的"此在"的关系。历史学的一个基本特征是它不是一潭死水,它始终处在变化的过程中,永恒的流动让历史学具有了永恒的价值。同一个历史现象能够在不同时代引起人们的兴趣,并不在于这个历史现象本身,而是来自不同时代人们在各自时代背景下对它认知的差异。或者如柯林武德所说是"过去的经验的再现实化"①。这不是心理学的配景理论即观察角度不同就能蕴含的,它是人类知识的持续性积淀。从根本上说,不同时代历史学面临的问题实际上是由现实所提交的,从而每一时代都有属于这个时代的历史学。相对来说,历史现象在被确定后是静止的(不考虑由于新资料的出现对它的新的确定),但对它的思考则是无穷的。由此出发,每个时代的历史学的科学性的保证既来自所有时代历史学所共有的"求真"品质,也来自对特定时代现实向历史学提交问题的回答。

在此我们不得不指出当代中国的一个特有的背景,这就是"文化大革命"期间历史学成为"权力婢女"所留下的阴影。由于"影射史学"对历史学的严重破坏,至今仍有一些学人反感和拒斥让历史学拥有现实的品格,强调"为历史而历史",认为只有远离现实才能保持历史学的科学性。义愤的情绪可以理解,但解决问题的路径却是偏差的。正如有学者所批评的:这种想法犹如"一个人要自己拔着头发而离开地球一样荒唐","我们在批判'阴谋史学''影射史学'的时候,不能同时埋葬了史学的现实性品格"②。现实问题拨动了历史学的心弦,激发了历史学的活力,拓展了历史学家的认识广度,提升了历史学家的思考能力。历史学与现实的密不可分的"共谋",构成了历史学实践性的学理依据。

---

① 转引自亨利-伊雷内·马鲁:《历史如同知识》,载田汝康、金重远选编《现代西方史学流派文选》,上海人民出版社,1982,第 81 页。
② 李振宏、刘克辉:《历史学的理论与方法(第三版)》,河南大学出版社,2008,第 134-135 页,第 139 页。

最后,是历史学知识形态的展开特质。关于历史知识的有效性问题,自这个学科诞生之后便争论不休。我们前文所引述的古代希腊主流思想对历史学价值边缘化以及刘知幾将历史学知识作为具有普遍意义的指导工具,反映了古人针锋相对的两种意见。近代以来,关于历史知识价值的分歧不仅没有消弭,反而在严格意义上的历史哲学①的出现、马克思主义的诞生以及自然科学的飞速发展的背景下,更为广泛地呈现于人类思想过程中。

在肯定的一方,对历史学的最高评价可能来自唯物史观的创始人马克思和恩格斯。在《德意志意识形态》手稿中,他们指出:"我们仅仅知道一门唯一的科学,即历史科学。"②尽管在手稿中作者后来删去了此句话,表明他们可能对这种表达另有考虑,但马克思和恩格斯对历史的高度重视则是不争的事实。《路易·波拿巴的雾月十八日》《法兰西内战》《家庭、私有制和国家的起源》《德国农民战争》这些蕴含着马克思和恩格斯重要思想的著作,实际上就是历史论著。唯物史观不仅构成了马克思理论的重要部分,而且也成为马克思和恩格斯以及他们的继承者认识世界和改造世界的武器。

更多的意见则表现为对历史学价值的怀疑和否定。大体上说,这些意见主要集中在如下方面:

第一,历史学没有实际作用。"一个人的历史知识不管怎样高深,他也不能借此发明蒸汽机",因此,历史学"就完全不会像自然科学那样,有任何实用价值"。③ 这就是说,"科学研究对于改变现代生活具有深远的影响,而历史研究充其量也不过是无足轻重的影响",因此"没有人可以从历史研究中得到好处"。④

---

① 一般认为"历史哲学"一词由 18 世纪法国启蒙运动思想家伏尔泰(F. M. A. Voltaire,1694—1778)提出,意指人们对历史的研究应该达到一种哲学和理论的理解。近现代"历史哲学"一词多专指西方唯心主义的历史哲学。马克思的历史理论则以"历史唯物主义"之名行世。参见何兆武、陈啟能主编《当代西方史学理论》之《绪论:西方史学理论的发展》(何兆武、陈啟能撰写),中国社会科学出版社,1996,第 3 页。

② 马克思、恩格斯:《德意志意识形态》,载《马克思恩格斯选集》第 1 卷,人民出版社,1972,第 21 页注①。

③ 乔治·屈维廉:《克莱奥——一位缪斯》,施子愉译,载田汝康、金重远选编《现代西方史学流派文选》,第 177 页。按,屈维廉并不否认历史学的价值,他尤其强调历史学的教育作用。文中所引观点,反映了当时许多人的看法。对这种看法,今天的中国读者想必是不会陌生的。

④ 卡尔·贝克尔:《什么是历史事实?》,段湄译,载张文杰等编译《现代西方历史哲学译文集》,上海译文出版社,1984,第 242、238 页。

第二，历史知识是不能被验证的，因此意义有限，如波普（K. R. Popper）所说，"在历史方面，一种可以考验的、因而是属于科学性质的理论是很不容易找到的……"①，与自然科学不同，历史研究对同一个现象有着不同的判断，不存在比如在物理学那里可以被人们所共同接受唯一的从而也是准确的判定。

第三，历史是以个别事件的发生而呈现的，它既不能重复，也难以预测，因此历史学也就不能像自然科学那样演绎出普遍适用的因果规律。黑格尔思辨哲学的一个要点就是：每个时代都有特殊环境，对其一般的笼统法的认识则毫无裨益。因此，经验和历史所昭示我们的是，没有人从历史方面学到什么。②"引力的规律可以被科学地证明，因为它是普遍而又简明的"，但"饥荒引起叛乱的历史规律却并没有被证明"。③

很明显，上述这些意见大都是以自然学科为参照背景衡定历史学科的意义——古代希腊的亚里士多德的哲学高于一切，在近代被置换为自然科学高于一切（黑格尔是一个例外）。很难想象，在对自然科学无节制地崇拜的热情下，历史学能够找寻到它的真正的位置。④

唯科学主义在其盛行之时就已有了明确的批评之声。在这一"大多数作者都在逻辑中，而不是在历史学的对象中寻找着历史与科学的区别"⑤的时期，新康德主义的重要代表人物狄尔泰（W. Dilyhey，1833—1911）看到了历史学与自然科学的同与异，他正确地指出，历史学的研究对象不同于自然科学的研究对象，因而在历史事实、研究方法和历史知识的客观性方面形成了自己的特点。他维护历史学独立地位的努力，影响了后来的柯林武德、克罗齐等人。⑥ 今天，在我们拥有了更多的知识的背景下，可以就历史学的这些特点做出进一步说明。

历史学的基础是实证，即对历史真相的最大限度的接近。与自然科学

---

① 卡尔·波普：《历史有意义吗？》，翼升译，载张文杰等编译《现代西方历史哲学译文集》，第183页。
② 黑格尔：《历史哲学》，王造时译，生活·读书·新知三联书店，1956，第44页。
③ 乔治·屈维廉：《克莱奥———一位缪斯》，施子愉译，载田汝康、金重远选编《现代西方史学流派文选》，第177页。
④ 顺便指出，20世纪80年代国内有学者提出将历史学区分为"基础史学"和"应用史学"，以"应用史学"直接服务于现实。这实质上也反映了唯科学主义对中国现代史学界的影响。
⑤ 恩斯特·卡西尔：《人论》，甘阳译，上海译文出版社，1985，第223页。
⑥ 何兆武、陈启能主编《当代西方史学理论》，第61页。

不同,历史的客体不是物而是人,是有着欲望的、进行着各种各样创造性活动的、充满着无穷变数的人。从这个意义上说,历史研究的客体实际上也是历史的主体。历史学的实证过程是活着的主体与消逝的主体之间的复杂的交流过程。在实证过程中,活着的主体不仅要严肃地考察历史记述的消逝的既往的各种表现,还要认真地考虑隐伏在其间的消逝的主体的各种意愿,从而使我们对历史的重建,可以被尝试,可以被理解,可以被信任。没有对历史过程的理解,就不可能有真正意义上的历史。这个重要的方面是单凭自然科学的研究方法所无法应对的。

由此出发,历史学科形成了自身的问题序列,其中既有与自然科学相似的方面,如客观性、因果关联、普遍性和规律等,也有自然科学所没有的内容,如人的心理活动、人性的表现和伦理道德。后一个方面显然不属于自然科学的范畴,因而自然科学也不能就此对历史学进行评判。而在前者,由于历史研究是活着的主体与消逝的主体的对话,而且是极不完整的对话,其证明方式与自然科学也有着很大不同。一般来说,自然科学可以较为准确地揭示没有生命的物的本身的内在联系,或物–物之间的关联(但在动物学甚至植物学方面可能有所不同),而历史学却难以做到这一点。因此严格说来,在很大程度上,历史学的"证明"实际上是"解释"和"说明"。对于历史过程"解释"和"说明"的不确定性和非终极性,是这个学科的基本特征,也是这个学科保持活力的根源。

就本质而言,历史学是一门精神学科,它不可能通过实用发明或提供具体物品证明其价值,它之所以能够成为最为古老的学科之一并能存在于今日,是它观察了人类的生活历程,留下了人类的经验,为理解今天和谋划未来提供了知识储备。历史学对人类的这一独一无二的重要贡献,构成了历史学实践性的学科依据。

如同人类历史一样,历史学也是一条变动不居的长河。不同时代产生出的不同历史意见,是历史学进步的基本保证。历史学知识之树常青,不仅来自不同时代人们对往昔岁月历史残片的更多和更好的缀合,也来自对现实问题的领悟和回答,来自将平凡的历史知识在理论层面上的升华,来自历史学先天具有并被自觉和自主执行着的实践性。从这个意义上说,一切历史既是当代的和思想的历史,也是实践的历史。

三

如此看来,历史研究是否需要指向现实,历史知识是否要介入现实世界,历史学是否要具备现实的品格,历史学家是否要具有对现实关怀的精神,似乎不应存在疑问。但事实上,在新史学浪潮冲击之下,以及在马克思主义历史学传入中国,并深刻地改变了中国传统历史学之后,依然有不同的意见。历史与现实的关系依然是一个问题。

中国近现代史学史是一部浓缩的中国近现代史。自鸦片战争之后,救亡图存、追求民主自由、寻找古老中国的新的希望,成为一代代人为之奋斗的方向。历史这一延续着中国人生存的传统世界,历史学这一保存着中国文化根脉的传统知识,自然而然成为人们所关注、所思考的对象。传统史学中原本就根深蒂固的致用功能,在新形势下,得到了空前的弘扬。

从某种角度上说,新史学的走向就是以"史"用"今"。早年的梁启超明确主张应取古今中外的历史知识"以求治今日之天下所当有事"①。梁氏几乎所有著作,都是关注现实问题的产物;几乎所有的心得,都是直接或间接致力于今天改造的思考。在学术旨趣上与新史学相异的国粹史学流派,在对待史学的致用方面,也表现出了他们与新史学派并肩战斗的姿态。这个学派的代表人物章太炎"始以历史民族之义提倡光复"②,复又将历史知识作为"无往而不利"的武器③,将历史学升拔到能够"巩固国本"④的高度。而在中国现当代史学史上产生过巨大影响的马克思主义历史学则一边倒地将史学的"致用"作为其学术价值的终极体现。

与上述意见不同,近现代中国史学路途上还存在着一种有着广泛影响的看法,即历史学是"无用之用"之学,它只应求"真"与不"真",而不应理会

---

① 梁启超:《上南皮张尚书书》,载《饮冰室合集》,商务印书馆,1936,第106页。
② 章太炎:《致袁世凯书》,载朱维铮、姜义华编注《章太炎选集(注释本)》,上海人民出版社,1981,第557页。
③ 《章太炎论今日切要之学》,《中法大学月刊》第5卷第5期。转引自胡逢祥、张文建:《中国近代史学思潮与流派》,华东师范大学出版社,1991,第299页。
④ 章太炎:《论读经有利而无弊》,载汤志钧编《章太炎年谱长编》(下),中华书局,1979,第951页。

有"用"和无"用",从而保持自身的科学性。两位对中国近现代史学发展有着重大影响的学者王国维和顾颉刚先后清晰地表达了这一理念。王国维指出:"事物无大小、无远近,苟思之得其真,纪之得其实,极其会归,皆有裨于人类之生存福祉。已不竟其绪,他人当能竟之。今不获其用,后世当能用之";因此,"学无新旧也,无中西也,无有用无用也"。此即历史学的"无用之用"。① 这就是说,在研究历史问题时,不要存取"用"的预见,唯有如此,才能有历史之"用"的呈现。王氏所言的历史研究的"他人""后世"之"用"说在顾颉刚那里得到了呼应:"我们得到的结果也许可以致用,但这是我们的意外的收获,而不是我们研究时的目的","固然,我们研究的东西也许是社会上很需要的,也许现在虽没有用而将来可以大用的,但这种斟酌取择原是政治家、社会改造家、教育家的事情,而不是我们的事情"。② 简言之,"无用之用"说的要点是:历史学是有用的,但承担致用责任的人不是历史学家。这与我们前面谈到的近代西方思想和学术界怀疑历史功用的思潮是不同的,其间是否蕴含了东西方文化传统的差异,值得进一步考察。

在中国先秦诸子思想中,"有"和"无"是道家学派提出并论述最多的一对概念。《老子》第十一章提出了三个"无"和"有"用的例子:"三十辐共一毂,当其无,有车之用。埏埴以为器,当其无,有器之用。凿户牖以为室,当其无,有室之用。"结论是:"有之以为利,无之以为用。"③按照我未必准确的理解,这段话表达的是只有有"无"才可能有"有",只有"无用"才可能出现"有利"即"有用"。老子的这一思想,被庄子概括为"无用之用"④。

显然,如果按照这种解读,老庄哲学中的"无用之用"与近代中国史学史上将历史学作为"无用之用"之学在含义上有着很大不同。但"无用之用"所包含的极具辩证色彩的表达,使得它能够引起人们广阔的联想:它既可以解释一种不能带来实际利益的工作的重要性,也可以消解从事这种工

---

① 王国维:《国学丛刊序》,载《观堂集林》下,河北教育出版社,2001,第878、875页。
② 顾颉刚:《一九二六年始刊词》,《北京大学研究所国学门周刊》1926年第13期。
③ 任继愈:《老子新译(修订本)》,上海古籍出版社,1985,第82—83页。马王堆帛书《老子》甲本和乙本《道经》文字基本相同(高明:《帛书老子校注》,中华书局,1996,第449、461页)。又,这段文字断句,或将"无有"连读(朱谦之《老子校释》,中华书局,1984,第43—45页)。两种读法所表达的基本意思是一致的。
④ 《庄子》内篇《人间世》篇云:"山木自寇也,膏火自煎也。桂可食,故伐之;漆可用,故割之。人皆知有用之用,而莫知无用之用也。"(郭庆藩《庄子集释》卷二中,第192页)

作的人内心的"自卑"情绪——这种"自卑"情绪是急功近利意识给予历史学的不恰当定位,而有些历史学家又不恰当地给予了认同。因此,王国维和顾颉刚巧妙地引用了这句名言,对历史学功能所进行的概括能够引起广泛共鸣,是在情理之中的。

如果结合老庄哲学"无用之用"的本义以及中外史学观念的发展历程去看待历史学之用在于"无用之用",我们可以有更多的思考。

第一,历史学"无用之用"说实际上提出了一个不能回避的有意义的问题,即:历史学的科学性如何获得?同时还蕴含着另一个重要问题:历史知识的"用"以何种方式加以体现?求真和致用可以也应当被区分为历史学的两个部分,但这种区分不是截然分开的。在我看来,求真是历史学家的首要的也是重要的学术和社会担当。特别是在历史真相被人为扭曲、被有意遮蔽之时,如果历史学家放弃了寻找和打开历史真相的努力,他就放弃了学术良知,放弃了对社会应有的责任。就此而言,追求历史真相并将历史真相告知公众,实际上已经体现了历史学之大"用"。这不是"意外之用",也不必待"他人"或"后世"而援申。

在《试说历史学的实践性》一文中,我曾对学界关于历史知识的致用性并不必然以历史知识的真实性为前提的观点提出了自己的意见,下面就此做更多的说明。

从历史学的形成开始,历史学家——无论哪个地区和哪个民族——都将记述真相作为自己的一项基本目标。在古代西方,修昔底德则更明确地指出对历史材料的确定,要用最严格、最仔细的考证方法。这种怀疑的精神正是西方后来的历史学家努力追求历史真相的一种思想基础。在古代东方,"不掩恶,不虚美"①、"不讳"②的"直笔"和"事核"的"实录"③两个彼此相关的概念("直笔"是手段,"实录"是目标)的确定,为中国史学家提出了科学与道德两项基本要求。总之,一个学科的功能与这个学科特有的属性和体系密不可分,抛弃了对这个学科的必有要求,也就意味着丧失了学科的自律,从而其呈现出的"知识"也就必然成为不属于这个学科的内容。

---

① 刘知幾撰,浦起龙通释:《史通通释》,第529页。
② 赵翼著,王树民校正:《廿二史札记校证》,中华书局,1984,第661页。
③ 《汉书·司马迁传》,中华书局,1962,第2738页。

有研究者将错用历史知识以为现实所用的做法概括为三种类型:其一,借古讽今,错误类比。如 20 世纪 40 年代,中国一些马克思主义史学家为配合国内革命斗争的需要写了许多借古说今的文章,却对当时的革命起了很大的教育作用。其二,以被歪曲了的"史实"激发爱国热情。如 19 世纪德国史学界的普鲁士学派为唤起同胞奋斗,用假的"历史知识"来"教育"民众。其三,史实基础全错,但研究结论却有学术价值或现实意义。① 这个分类对于厘清"应用史学"的轨迹是有意义的。不过,应该指出,第三个类型实际上与不同的人对历史资料的不同理解有关,不属于我们所说的滥用或误用历史知识。而前两个方面均属于以对历史真实的扭曲和歪曲为代价,以获得所期待的特定时代的社会效果,具有程度不同的主观故意性质。一时所期望的效果可能达到了,但当人们最终看到了鼓舞他们的历史知识是虚假的,所带来的损害是不言而喻的。19 世纪英国史学界辉格党人最具代表性的史学家麦考莱(T. B. Macaulay,1800—1859)为维护党派利益,在《英国史》一书中歪曲历史,声称:"事实不过是历史剩下的渣滓。"②对此马克思批评说:这是为了讨好辉格党而"伪造了英国历史"③。"良史固所以促国民之自觉,然真自觉者决不自欺,欲以自觉觉人者,尤不宜相蒙","乃至对本民族偏好溢美之辞,亦当力戒"④——梁启超这个告诫仍不过时。20 世纪 50 年代初,中国早期马克思主义历史学的代表人物之一范文澜在自评成书于 20 世纪 40 年代的《中国通史简编》的不足时,特别强调了其中的非历史主义的观点,包括否认和缩小统治阶级及其代表人物如秦始皇、汉武帝、唐太宗、宋太祖和明太祖等人在历史上的贡献,以及"借古说今"。⑤ 他的自我批评,不仅表现出中国马克思主义历史学者的纠错精神,也显示了遵循求真是流淌在历史学家心灵深处的清澈泉流,显示了历史学科中只有忠实于事实才能忠实于真理的铁的自律。

尽管历史学所追求的"真"与自然科学所说的"真"有所不同,尽管历史

---

① 张耕华:《历史哲学引论(增订本)》,复旦大学出版社,2009,第 220 页。
② 转引自郭圣铭:《西方史学史概要》,第 163 页。
③ 马克思:《资本论》,载《马克思恩格斯全集》第 23 卷,人民出版社,1972,第 303 页。
④ 梁启超:《中国历史研究法》,载《梁启超史学论著四种》,岳麓书社,1998,第 141 页。《中国历史研究法》成书于 1921 年。
⑤ 范文澜:《关于〈中国通史简编〉》,《新建设》1951 年第 2 期。

学中的"事实"与自然科学中的"事实"有某些区别,但有一点是明确的,"真"是历史学的基础,努力寻求过往岁月的真相是历史学者的首要职责:"给历史编造的谎言,只能说明有人为了维护统治阶级的利益,不惜借用这种知识去达到宣传的目的",因此忠实于历史事实,"把历史当作一个整体来探究的使命,实在是一种严肃的责任感"。① 反对所谓"片面"和"盲目"追求历史真相的说法,所忽视的正是历史研究的这一基本准则,失去的是历史学的底线。

在历史学非"科学"的那个方面亦即人们所说的历史学的"艺术性"中,与本来意义上的"艺术"最为接近的因素是想象。历史叙事和研究可以接受有时也需要适度的想象,但历史学在"艺术"上的这个表现,与文学中的"艺术"极为不同。历史的想象与艺术的想象,亦即在历史事实上所进行某些推理和对不存在的事物的编造加工迥然有别,因而历史的"真实"和艺术的"真实"也判然不同。这两种想象的方式及其效果不仅为各自共同体所接受,也为读者所认可:对于一部文学作品优劣的判定,不在于它是否严格遵循了真实的事件,而在于它是否能够有效地将历史的"真实"转换成撄动人心的艺术表现;而一部好的历史作品在想象力的使用上是谨慎和有节制的,偏离了这个轨道,就会受到质疑。"从最纯粹的艺术观点来看,除非历史学家尽最大努力来保持对事实的忠实,否则历史就不值得称赞"②;"真实地说明过去是历史和历史传记的真髓,是区别于一切其他文艺部门的特点"③。历史和文学艺术以各自的方式,表达着对现实的关注,其不可通约性,不仅体现了人类知识的分工,更重要的是它表达了不同知识的有效范围。读者和评论家不会用1928年发生的渭华暴动,以及发生在20世纪中前期陕西关中和陕北许多重要历史事件中真实的人和事或者每一个历史细节,去怀疑小说《白鹿原》所再现那段历史的艺术真实性,在这一方面,《白鹿原》以史诗般的艺术力量,生动而深刻地摹画出一段撄动人心的岁月,提

---

① 卡尔·雅斯贝斯:《论历史的意义》,赵鑫珊译,载张文杰等编译《现代西方历史哲学译文集》,上海译文出版社,1984,第40页。
② 伯特兰·罗素:《历史作为一种艺术》,张文杰译,载张文杰等编译《现代西方历史哲学译文集》,第132页。
③ 萨缪尔·莫里逊:《一个历史学家的信仰》,何新等译,载张文杰等编译《现代西方历史哲学译文集》,第260页。

供了艺术的真实。但如果一部历史著作写成了历史小说,那就必然会破坏历史的真实性,削弱或丧失了自身的严谨性。一些早期历史学著作包括在后世产生了很大影响的巨著如希罗多德的《历史》、司马迁的《史记》和李维的《罗马史》,因没有彻底区别开历史的想象与艺术想象,将一些历史事实当作文学描写的素材而被后人诟病。

第二,历史真相本身的发声是有限的,历史真相的意义只有通过对它的思考才能得以拓展。所有的历史既是"当代"的历史,也是"思想"的历史。由真实的历史所形成的历史知识对社会的影响,正是由同一时代的不同个体、不同时代人们的不同认识,而被不断地激活。从这个意义上说,历史学之"用",确实有待于"他人"和"后世"的参与,确实不是历史学家的专利,也确实可能在所有对历史知识有兴趣的人的参与中获取到"意外之用"。但由于历史学家是历史知识的主要提供者,并在为历史知识的真实性提供保证的道路上获得了最有资格的发言权;他对历史知识的整理和陈述不仅来自其必有的专业训练,也来自他对现实的感悟,"他是写过去而不是为过去而写,他是为了今天和明天的公众而写的"①,因此,这些"他人"可以是政治家、社会改造家或教育家,但首先应该是历史学家自己。历史学家如果拒绝对历史经验进行总结,拒绝在自己的研究活动中体现出对于当下的实践性,那么他所从事的研究工作的意义就会受到限制。

第三,历史学是实践中的历史学,这种实践性来自历史学家对现实的感受。由于现实不可能完全重演过去的一幕,也由于当下的人们主要不是依靠过去的经验而生活,因而我们就必须考虑历史学实践性的有效范围。

在中国的文化传统中,历史学的知识价值与国家治理密切相关,如刘知幾所倡言的"史之为用,其利甚博,乃生人之急务,为国家之要道。有国有家者,其可缺之哉"②。可以说对于历史经验重要性的认识,中国比世界上任何国家都更为充分。但具有吊诡意味的是,对于历史经验的高度重视,并没有阻止一个又一个王朝宿命般的覆灭,没有拒绝一场又一场相似的历史悲

---

① 萨缪尔·莫里逊:《一个历史学家的信仰》,何新等译,载张文杰等编译《现代西方历史哲学译文集》,第263页。
② 刘知幾撰,浦起龙通释:《史通通释》,第393页。

剧的发生。宋神宗元丰七年(1084)以申明"穷探治乱"①为主旨的《资治通鉴》编纂完成,而在这部专门为治国而编修的迄今为止最重要的以古鉴今的著作问世后不足五十年即宋钦宗靖康二年(1127),北宋便灭亡了。历史经验的历史悲剧引起了人们的关注。明人方孝孺列举了自秦而下一些朝代借鉴历史经验的失败:

> 当秦之世,而灭诸侯,一天下。而其心以为周之亡在乎诸侯之强耳,变封建而为郡县。方以为兵革可不复用,天子之位可以世守,而不知汉帝起陇亩之中,而卒亡秦之社稷。汉惩秦之孤立,于是大建庶孽而为诸侯,以为同姓之亲,可以相继而无变,而七国萌篡弑之谋。武、宣以后,稍剖析之而分其势,以为无事矣,而王莽卒移汉祚。光武之惩哀、平,魏之惩汉,晋之惩魏,各惩其所由而为之备。而其亡也,盖出于所备之外。②

历史经验对今天的作用之所以不能尽如人意,方孝孺的解释是"人事"可尽力而"天道"难违背。在《深虑论》这篇强调历史经验价值的不长的文字中,方孝孺已经意识到了历史经验的局限性。对历史经验作用的夸大,同样出现在西方历史学界。按照莫里逊的说法,如果没有近代美国、法国和英国历史学家的著作,就不会有美利坚联邦的长期存在、拿破仑三世的政治赌博以及英国政治制度的延续。莫里逊本人对于这个耸人听闻的阐说也没有多少底气,自嘲道自己正在薄冰上滑行,不小心就会跌进无底深渊。③ 这种认为历史经验可以解决现实中一切问题的看法与历史知识没有任何益处的看法一样极端,也因而一样无效。然而,在中国古代,试图运用历史经验保证一个朝代长治久安而失败的原因是多方面的,其中既有夸大了历史经验现实意义的方面,更有政治决策层筛选历史经验的因素,"好"的历史经验可以被抛弃,"不好"的历史经验同样可以成为走向未来的依据——这个责任是不能由历史经验本身来承担的。观察往昔,一个好的,尤其是被广泛认

---

① 司马光:《温国文正公文集》卷五十七《谢赐资治通鉴序表》,四部丛刊本。
② 方孝孺:《深虑论》,载《逊志斋集》卷二,四部丛刊本。
③ 萨缪尔·莫里逊:《一个历史学家的信仰》,何新等译,载张文杰等编译《现代西方历史哲学译文集》,第264-265页。

可并在实践中得到证明的历史经验值得我们认真思考,这正是历史经验告诉我们的最重要的历史经验之一。而这种经验的获得、认同和实践,需要的是在对历史经验的总结中,个人和集团的偏见被不断抛弃,人类的精神变得更为开放和宽容,人类的精神在开放和宽容的气候中能够自主和自觉地识别最有益的和最合理的历史经验。

总之,与可以直接应用并能立见成效的科学技术不同(科学思想不在其列),历史知识不是一个可以直接搬来使用的工具,更不是万能的工具,现实对历史学的提问与历史知识对现实的支持并不能完全重合——我们可以由此晰明历史学实践性的有效范围:历史是人类的活动,历史学是一门关乎人文的学问,历史知识是人类精神的体现,历史思想是历史知识的结晶,因此历史学的实践性就必然集中表现为对人类智慧的提升方面。这种智慧可以表现为有益于当下某些问题的局部修正(如在制度建设方面历史上一些有过积极作用的措施有可能为我们提供新的思路);可以表现为通过对历史上某种发展趋势的梳理(如历史上某些经济活动的周期是否可以再现)为今天提交出更多的判断;可以表现为对历史上带有规律性的各种事物的总结,为今后的发展道路提供更多的知识。但这远不是历史学实践性意义的全部所在。哲学的本质是"爱智",它不仅追求知识,也追求真理;历史学在这一根本点上和哲学是一致的。[①] 但历史学又有着自己的特质,我所理解的历史智慧最重要的方面乃是在于,通过我们所记忆的流动的历史河流——其中交织着成功和失败、幸福和苦难、明智和愚昧、开明和强横——启蒙人类的心灵,提高人类的判断力和道德感。这种启蒙力、判断力和道德感是我们能够进步的根基,它的存在,不仅使过去的错误、痛苦和灾难不再重现成为可能,也能够帮助人类在当下和未来任何时刻努力将我们的创造造福最广大的人群。历史学的这种"用"是模糊的,也不能立现,但正是这种意义上的"无用之用"成就了历史学的最大之"用",是历史学实践性价值的最终体现。

(原载《清华大学学报》2016年第3期)

[①] 何兆武:《译序:反思的历史哲学——评罗素的历史观》,载罗素《论历史》,何兆武、肖巍、张文杰译,广西师范大学出版社,2001,第5页。

李振宏

Li Zhenhong

　　河南洛阳人。河南大学历史文化学院教授，博士生导师，河南省优秀专家，主要从事史学理论、中国古代史、中国文化史等方面的教学和研究。出版有《历史学的理论与方法》《圣人箴言录：〈论语〉与中国文化》《居延汉简与汉代社会》《睿通孔子》《民族历史与现代观念：中国古代民族关系史研究》《当代史学平议》《中国思想文化史论集》等著作，在《历史研究》《中国史研究》《史学理论研究》《求是》《人民日报》《光明日报》等报刊发表学术论文150余篇，主编有"元典文化丛书""国学新读本丛书""新中国学案丛书"等大型丛书。曾任中国史学会理事、中国秦汉史研究会副会长、中国农民战争史研究会副理事长、河南省史学会副会长等学术职务，现任中国史学会史学理论分会顾问。

关于建设中国历史哲学的初步构想

李振宏

当下中国的历史学,无论是理论历史学的学科建设,还是实证历史学的深度发展,都强烈呼唤建树一门新的学科——中国历史哲学。"中国历史哲学"的提法虽然并不十分陌生,但也的确缺乏研究,甚至还没有明晰的概念界定。仅有的几篇相关论文,对之解读并不一致。就此概念说,或者将其理解为中国历史上形成的历史哲学思想,或者将其解读为中国历史学的理论方法论体系,而笔者提出的"中国历史哲学",则是关于中国历史发展过程的理论考察,是要表达当代中国人对自身历史的哲学思考,以为当代中国史学的发展提供理论指导。所以,本文所论,则是一个新的学术课题。正因为其新,并且是初步思考,所论一定是粗陋浅薄,难得确当,真诚地希望得到学界同人的指教。

一、何谓"中国历史哲学"

何谓"中国历史哲学",或曰我们要建设一门什么样的中国历史哲学学科,是一个需要有所讨论的问题。检阅该课题研究的学术史,较早提出这一观念,并呼吁将之作为一个学科去建设的,是陈忠平在1987年发表的一篇文章:《发展历史唯物主义 建立中国历史哲学》。而陈忠平所倡导建立的"中国历史哲学",究竟是什么性质的学科呢?他说:

> 我们所谓的中国历史哲学应该称之为中国史学哲学。就其性质而言,它与研究具体历史过程的史学相比,具有抽象的特点;而与研究一

般世界观的哲学相比，它又有具体的特点。所以，它既应该对中国史学范围内高层次的史学理论展开阐述，又应该对低层次的治史方法作出概括。就其对象而言，它既不等同于一般的哲学体系，需对自然界、人类社会以及思维普遍规律作出探讨，也不等同于实证的中国史学，需对中国社会发展的历史过程作出阐述。它所要研究的是中国史学发展的历史过程及其内在规律。换言之，一般哲学体系所要探讨的是人们对于整个世界的根本观点，中国历史科学所要阐述的是关于中国社会发展的一般历史认识内容，而中国历史哲学所要研究的则是中国史学发展过程中的一般历史认识形式……中国历史哲学就是以历史认识活动中主体与客体二者之间关系作为基本问题的，并围绕由此产生的两个主要问题：即关于作为客体的历史能否为主体所认识？作为主体的史学家如何去认识客体？从而展开其历史观与方法论体系的。①

很显然，陈忠平所提倡的中国历史哲学，"要研究的是中国史学发展的历史过程及其内在规律"，所要阐述的是中国史学发展过程中的一般历史认识形式问题，是历史认识活动中的主体客体关系问题，还要展开其历史观与方法论体系。陈忠平所论，实际上应归之于一般的史学理论。这种所谓的中国历史哲学，和一般意义上的史学理论没有明晰的区分②，在史学理论被作为一个学科有所建树的今天，提出这样的中国历史哲学似乎没有多少实际意义。

1999年，《湛江师范学院学报》做了一期关于中国历史哲学的笔谈，其"编者按"说："在中国，自古以来历史、哲学以及文学就密切关联，各类文献典籍中载有大量的历史思想和学说，并且漫长而曲折的中国历史文化中有待深入理论探讨的题材可谓不胜枚举。从这两方面看，中国历史哲学自有其丰厚底蕴和开拓前景，而不应简单地被视为西方历史观点理论的仿效和沿用。随着国内历史哲学研究的迅速崛起，中国历史哲学必将成为一个广

---

① 陈忠平：《发展历史唯物主义 建立中国历史哲学》，《社会科学辑刊》1987年第5期。
② 本文使用的"史学理论"概念，多是从一般意义上，亦即广义的史学理论层面去使用。狭义的史学理论，指以历史学为对象的知识体系，包括史学本体论、历史认识论和史学方法论三大范畴；广义的史学理论则包括了狭义的史学理论和历史理论（历史本体论）。对于狭义的史学理论与历史理论的区别，在20世纪80年代，史学界即有所讨论，已经厘理清了二者的学科界限。

受重视的研究方向。"看来,笔谈的组织者,是把中国历史哲学理解为中国历史上的历史哲学思想,中国历史哲学研究的任务,就是去挖掘中国古代思想家的历史理论思想。参与笔谈的几位作者,也大都表达了这样的观点。

作者之一何兆武先生的文章说:

> 就中国古代的历史哲学而论,古代儒家向往着三代以上的圣人之治,古代道家向往着归直返朴,要求返于太古的自然状态;这些都反映了他们的历史观或历史哲学。战国阴阳家的五德终始之说更提出了一套较完整的历史哲学,他们的"德"的观念虽带有神秘的色彩,但在很大程度上已摆脱了人格神那种意志论的内涵……历史哲学中的五德终始说,正如自然哲学中的五行说一样,就以其客观演替的规律性而取代了超自然的天意论。这应该看作是历史哲学观念的一大进步。①

何兆武先生显然是把中国古代的历史哲学,看作中国历史哲学的基本内容和研究对象。笔谈作者张文杰先生的文章题目是《加强中国历史哲学思想的研究》,明确表明了他讨论中国历史哲学问题的思想取向。另一位笔谈作者默父,把中国历史哲学研究的主要问题,归结为三点:第一,中国历史哲学研究首先应以中国传统史学理论研究为主线;第二,中国历史哲学研究应该从中国传统文化中汲取养料;第三,中国历史哲学研究不能不关注中国近代各种社会思潮。关于第一个问题,默父写道:

> 中华民族具有二千余年的优秀史学传统,不但造就出像孔子、左丘明、司马迁、班固、司马光这样的举世闻名的历史学家,而且造就出像刘知幾、郑樵、王夫之、章学诚这样的世界一流的历史理论家。他们不但对历史编纂学,而且对历史本体论、历史认识论、历史方法论、历史主体与客体的关系、史学价值论等都做出过独特的阐释与说明。认真挖掘和整理这些传统史学理论财富,是中国历史哲学研究面临的首要任务。②

显然,从何兆武、张文杰到默父,几位作者对中国历史哲学的理解,是完

---

① 何兆武:《历史哲学与历史学哲学》,《社会科学辑刊》1999年第1期。
② 默父:《中国历史哲学研究之我见》,《社会科学辑刊》1999年第1期。

全一致的,都是把中国古代的历史哲学思想,作为中国历史哲学学科研究的主要对象;把挖掘这方面的史学理论财富,当作中国历史哲学研究的首要任务。

笔者还看到一篇旗帜鲜明提出中国历史哲学的文章,但该文只是在用大量篇幅说明什么是历史哲学,历史哲学与哲学历史观的联系与区别,说明中国历史上有丰富的历史哲学思想,至于什么是"中国历史哲学",作者则一句明确的话也没讲。从他所讲历史哲学要考察的一般问题看,他讲的历史哲学似乎是偏向于分析的历史哲学,或曰中国史学界讲的"历史认识论",如他说:"历史哲学一般所要考察的问题,如历史发展的最根本动力是什么?历史主体与历史客体、历史认识活动规律的关系问题怎样,一定历史时期思想家的观念体系是如何受历史条件制约的?这种观念体系是反映了时代精神,还是与时代精神相违背?历史存在的东西怎样通过个体——社会心理的影响反射积淀为一种稳固恒常的思想文化传统和意识形态?并进一步影响社会历史发展的进程?人的来源、生存意义和价值是什么?人的行为与价值趋向能否影响历史的进程……"这些问题的分析历史哲学属性是比较鲜明的。作者在文章最后说:

> 中国古代乃至近代有十分丰富的历史哲学思想和论著,如先秦之孔子、孟子、墨子、老子、庄子、荀子、韩非子,汉代之司马迁、董仲舒、班固、王充、王符、仲长统,唐之刘知幾、韩愈、李翱、柳宗元,宋明之周敦颐、张载、司马光、程朱、陆王,明清之际的黄宗羲、顾炎武、唐甄、傅山、杨慎,清代之王夫之、颜元、戴震、章学诚、钱大昕、王鸣盛,晚清民初之康有为、严复、谭嗣同、孙中山等,可以说,先秦以来几乎所有的著名思想家在他们的思想体系中都程度不同地包含着丰富的历史哲学思想……我们完全可以像写中国思想史、哲学史、制度史那样写一部揭示中国历史哲学发展历程及发展规律的《中国历史哲学史》。①

很显然,这位作者所理解的历史哲学是分析的历史哲学,他所提倡的中国历史哲学,其实际含义是中国的历史哲学,是中国历史上那些哲人的历史哲学思想。他所真正关注的其实并不是历史哲学本身的问题,而是中国历

---

① 王杰:《中国历史哲学:一个值得关注的重要课题》,《理论前沿》2000年第5期。

史上的历史哲学思想遗产,真正要建立的,是要写出属于中国人的历史哲学理论,叙述一部丰富的中国历史哲学发展史。

而这与笔者对中国历史哲学的理解,相去甚远。笔者所理解的历史哲学属于本体论的范畴,所主张建树的中国历史哲学,是对于中国历史发展过程的哲学思考。它既不属于一般的史学理论范畴,不是对历史学的理论透视;也不是一般意义上的历史哲学,和思辨的、分析的历史哲学都有不同。这样一种想法,早在30年前就已经提出来了。20多年前,我在《历史学的理论与方法》一书的第一版第四章《历史科学内部的学科结构》中,就写下了这样一段话:

> 历史哲学的性质或任务,可以作三点归纳:(1)历史哲学是以正确的哲学做指导,其抽象程度低于哲学的一种理论形态;(2)历史哲学不应该完全脱离史学的实证性特征,不应该是一种纯粹的形而上学,它对历史过程的理论论证,是结合着一些具体事实的阐释进行的,这一点也使它和哲学相区别;(3)历史哲学对记述史学的各门分支学科的发展有重要的促进作用,离开历史哲学的深入发展,不可能写出真正反映历史内在联系的通史性著作。以不同民族或国家的历史进程为对象,研究其复杂的内在联系并揭示论证它们的特殊历史规律,把人们对一个民族或国家的整体历史过程的认识升华到理论知识的水平,这便是历史哲学学科的任务。我们这样规定历史哲学的性质和任务,就使它既不同于哲学历史唯物主义,又不同于西方近代以来的思辨历史哲学和分析历史哲学。历史哲学是包含在历史科学内部的、历史科学实现自身任务所必不可少的一个分支学科。这样,我们就赋予了历史哲学以新的理解。根据这样的理解写成的历史哲学著作,既不同于黑格尔的《历史哲学》,又不同于柯林伍德的《历史的观念》,它应该取名《中国历史哲学》《欧洲历史哲学》等等。①

这段话在学界没有引起多少关注,中国历史哲学这个概念也没有流行开来。特别是对历史哲学的性质和任务的三点归纳,并没有在学界引起讨论,所以,该书出版至今,还很少看到有人从这样的角度去讨论历史哲学进

---

① 李振宏:《历史学的理论与方法》,河南大学出版社,1989,第68页。

而中国历史哲学的问题。

1997年,刘修明发表过一篇题为《历史研究和历史哲学》的文章,文中提到中国历史哲学问题:"从中国学者来说,历史研究—历史哲学—中国历史哲学,应成为中国史学发展的方向和坐标。"①该文第三部分的标题是《建立中国的历史哲学体系》,但具体什么是中国历史哲学,应该如何理解这个概念,他想要表达的究竟是"中国历史哲学"还是"中国的历史哲学",文中都没有做出任何论证。不过,从他的字里行间,可以感受到他希望的中国历史哲学,应该是关于中国历史发展过程的哲学解读,和笔者提出的概念比较接近。但在此后的学术研究中,作者则再没有提到这个问题。作者似是没有对中国历史哲学问题提出清晰的历史见解。

2013年,李杰出版了一本历史哲学著作《历史观念——实践历史哲学的建构》,有评论者谈到李杰对历史哲学的理解,似乎非常类似于笔者对历史哲学的看法。评论者说:

> 作为一位研究哲学的学者,李杰先生希望能够将"理论"与"实践"结合起来,尤其是能够探索出一条具有中国特色,基于中国历史发展阶段,能够有助于指导当今中国历史问题解决的一种历史理论。在对中国古代具体历史研究的基础上,能够尝试提出中国学者对中国古代历史发展道路自己的解释。作者一直以来的一个梦想是,用哲学对中国历史道路进行思考,写出像黑格尔的作品那样的历史哲学著作。②

然而,我们看到的李杰的书,解决的却并不是这样的问题。李杰的书的目录如下:

引论　什么是历史真实?
第一章　什么是历史?
第二章　什么是历史认识?
第三章　什么是历史学?
第四章　什么是历史哲学?

---

① 刘修明:《历史研究和历史哲学》,《学术月刊》1997年第1期。
② 王严:《构建中国历史哲学话语体系的尝试——读李杰〈历史观念——实践历史哲学的建构〉》,《成都师范学院学报》2014年第12期。

附论　一个宏大叙事梦想:中国历史道路模式
后论　历史真实观念前史①

从这个简目看,它显然是一本属于历史认识论方面的著作,只有其附论谈的是关于中国历史道路问题,书的整体内容,和王严的评论并不相同。也即是说,李杰本人的著述表明,他要建立的中国历史哲学,和笔者所主张的中国历史哲学仍然是没有多少相同之处。笔者要谈的问题,仍然是一个新的学术课题。

根据笔者的理解,中国历史哲学是关于中国历史发展道路的理论解读。我们要建立的中国历史哲学,是一部从理论层面解读中国历史发展道路的中国史,它具有哲学思辨的色彩,又不脱离实证性的特征,是对中国历史发展过程的理论表述。如果要用一句话表达我们的学术夙愿,那就是:建设一部《中国历史哲学》,表达当代中国人对自身历史的哲学思考。这种历史哲学具有如下特色:

从属性上说,属于思辨的历史哲学,是对历史过程本身的理论考察,属于本体论的范畴。

从研究对象上说,它区别于黑格尔派的历史哲学,不是对整体人类历史进程的哲学思考,而仅仅是对中国一个民族国家的历史发展过程的哲学思考。

从理论的抽象层次上说,它要比一般的历史哲学如黑格尔历史哲学或马克思主义的唯物史观等低一个层次,研究对象的特殊性、研究内容的确定性和具体性,使它更具有实证性的色彩。

从学科性质上说,它又是确定不疑的理论性学科,是一部理论中国历史学,是对中国历史的宏观性抽象性理论研究,无论是问题的宏观性,还是论证的思辨性,都不失理论性学科之特性,并因此能够对具体的中国历史研究具有指导性的理论意义。

---

①　李杰:《历史观念——实践历史哲学的建构》,人民出版社,2013。这里对该书目录的引用,删去了具体的节,仅保留了各章的标题,这已经能够说明问题。

二、建设中国历史哲学必要性之论证

本文提出建设中国历史哲学学科,对于当代中国史学的发展来说,有着相当急迫的必要性,可以说,这是中国历史学实现突破性发展的内在要求,也是中国特殊的历史学发展道路的自然诉求。

首先,建设中国历史哲学学科,是当代史学寻求本体论突破的唯一可能的选择。

在整个史学理论体系中,寻求历史本体论研究的突破,无疑具有决定性的意义。因为,无论是认识论推进,还是方法论的创新,都是要依托本体论的,没有对历史自身的本质性认识,关于史学理论的大厦是建筑不起来的。认识论和方法论的根,都在本体论。不仅如此,就是整体历史学的进步,也都依赖于本体论研究的突破,这一点已经被古往今来的史学史所证明。拙著《历史学的理论与方法》第三版第五章《中国史学的发展规律》中,所总结的中国史学发展规律之一,就是"历史观变革推动史学的发展和进步",无论是春秋战国间史学的变革和发展,还是近代史学的革命性变革,抑或是"文化大革命"后中国史学的变化,都能证明这一点。所以,笔者得出结论说:"自古及今历史学的几次大的发展转变,每一次都是由历史观的改变所引起,所促成。由此可以看到,历史学的发展随着人们的历史观的改变而改变,历史观的进步,推动或支配着历史学的发展,这的确可以认定是历史学发展的一个基本规律。"①

毫无疑问,当代中国史学发展的根本,也在于本体论研究的突破,也在于历史观层面的突破,这是中国史学几千年的发展规律所昭示的历史学进步路径。而本体论、历史观的突破,在现实的中国语境中,我们尚需更加努力。

1949 年以来的中国史学,抱持以马克思主义唯物史观为指导的基本理念,笃信历史研究的根本任务是发现和认识历史规律,把认识和总结人类历史发展的基本规律,看作历史研究的崇高使命。然而,这样的历史学研究已

---

① 李振宏、刘克辉:《历史学的理论与方法》(第三版),河南大学出版社,2008,第 116 页。

经将近 70 年了,数以千计的中国历史学家,对人类社会历史的基本规律,是否有了新的突破性的认识呢？除了马克思恩格斯在 100 多年前已经得到的几条定律,我们有任何新的发现吗？高喊着认识历史规律的崇高口号,而在本体论、历史观研究的路径上,经过长时间的奋斗却没有任何发展或突破。

历史学的发展有赖于历史观的突破,而现实的状况是历史观的突破不大可能,那么,中国史学的出路何在？于是,在这个关系历史学发展的重大问题上,我们需要转换思路,另辟蹊径。笔者的想法是,既然在人类历史发展的总体规律上我们不能突破,在对历史观的研究上不能有新的推进,那么,降低一个层次,我们能不能在对中国历史发展规律的问题上有一些新的认识呢？

历史观研究可以分为不同的层次。马克思的唯物史观,提供的是关于人类社会历史发展的普遍规律、基本规律,而这些普遍的基本的历史发展规律,在不同民族的历史发展中有不同的表现;不同民族的历史发展,也总是无例外地表现着各个民族历史的顽强特征。于是,在历史观的研究方面,也应该观照不同民族历史发展道路的特殊性问题,提出对特定民族历史发展道路的本体论研究目标,探寻特定民族历史发展的特殊历史规律,可视为历史观研究的另一个层面。具体到中国历史的研究来说,我们可以提出一个中国史观的研究问题,以表达我们对中国历史发展道路的哲学性解读。

中国史观研究,就是关于中国历史发展道路的本体论研究,是关于中国历史哲学问题的研究。如果在这个问题上能够取得进展,也就意味着在历史观问题的研究上实现了突破,也就为中国历史学的发展提供了理论支撑。这是我们在坚持唯物史观的理论前提下,为历史观研究取得进展、实现突破找到的一条现实途径。

在马克思主义唯物史观指导下认识中国历史道路的特殊性,寻求对中国历史的规律性认识,不仅是必要的,也是可行的。至今为止的中国史研究,已经有一定的学术探索,已经有了一些有益的学术成果。像中国政治思想史研究中的王权主义学派或曰刘泽华学派,就创造了一个王权主义的中国史观,认为在中国历史发展过程中,国家权力或曰集中的专制王权,是一种基本的支配性力量。刘泽华的大量研究,证明了他所提出的王权主义历史观。他曾经对这种历史观有过这样的总结:

> 我所说的王权主义既不是指社会形态,也不限于通常所说的权力系统,而是指社会的一种控制和运行机制。大致说来又可分为三个层次:一是以王权为中心的权力系统;二是以这种权力系统为骨架形成的社会结构;三是与上述状况相应的观念体系。①

当然,刘泽华没有直接把他的研究结论冠以"历史观"的称谓,反倒是时时处处回避这个问题。将其命名为"王权主义历史观",是笔者对之所作的理论概括:

> 刘泽华用"王权"来取代了他原来使用的行政权力、专制权力、国家权力等概念。并且,王权主义也不再是单一的指称专制权力控制下的文化观念体系,而指称整个古代社会的运行机制、社会体制。这样,"王权主义"就完成了一个概念转换,变成了一个如同封建主义或资本主义一样的表示社会属性的理论术语。
>
> 笔者则倾向于认为,刘泽华所讲的王权主义,实际上就是一个社会形态概念,或者说是一个历史观。王权主义既是社会的运行机制,也是社会的存在形态,更是社会存在的中枢和基础,是关于中国古代社会属性和本质的理论抽象。认识了这一点,也就认识了中国历史的基本问题。②

2013 年 9 月,笔者和刘泽华先生就"王权主义学派"问题,在南开大学有一场学术对话。刘先生曾发问为什么要把他的王权支配社会说上升到历史观的高度,我的回答是:

> 您的王权主义观照了整个中国社会,解决的是一个历史的整体认知,您说它不是个中国史观又是什么呢? 至于说,这种中国史观能否与哲学上讲的唯物史观等量齐观,那是另外一个问题。我想,二者也的确是有区别的。就它们之间的关系而言,有如下三点区别:第一,唯物史观是关于人类社会历史发展规律的学说,而您的史观只是中国史观,只是对于中国历史的本质抽象和整体把握,两者相比,处在不同的层次

---

① 刘泽华:《王权主义:中国文化的历史定位》,《天津社会科学》1998 年第 3 期。
② 李振宏:《中国政治思想史研究中的王权主义学派》,《文史哲》2013 年第 4 期。

上。第二,王权主义历史观应该是继承了唯物史观的某些东西,没有完全背离或脱离唯物史观。比如,唯物史观认为人类社会的历史是一个自然的历史过程,而您也是承认历史的客观性的。又如,唯物史观认为社会存在决定社会意识……您也不是完全脱离社会存在来讲思想的发展,并且特别注重政治思想与社会的互动。第三,王权主义确实在某些方面对唯物史观有所突破,如果没有这个突破,我不会认为您是一个学派……您的突破就在于您不再用"经济基础决定上层建筑""政治是经济的集中表现"这样一些观点来解释中国历史,而是强调中国历史发展中政治权力的决定性力量和支配意义。总之,我感觉,"王权主义历史观"不是对唯物史观的抛弃,而是在承袭唯物史观的某些方法论并将之运用于中国历史的考察中形成了与唯物史观相区别的一个中国史观。①

其实,中国历史学界对类似王权支配社会这样的"王权主义历史观",已经有了较为普遍的接受,对王权支配社会、国家权力支配社会、国家意志支配社会等提法,已经有了较高的学术认同。笔者在一篇评述当代史学的文章中,曾经比较集中地讨论过这个问题②,此不赘述。

王权主义历史观,只是研究中国史观的一个案例,是以刘泽华为代表的一部分学者对中国历史的理论思考,这一历史观未必就是对中国历史本质的唯一正确的认识;我们所呼吁的中国史观研究、中国历史哲学研究,应该是一个开放的研究领域,应该可以提出对中国历史的各种各样的解释;关于中国历史的哲学思考,也应该是一个百花齐放的学术局面。王权主义历史观的例子只是说明,我们中国学者有能力对中国历史达到历史观层面的抽象性认识。我们有这个权利,也有这个能力和志向。最近一些年来,笔者已经多次呼吁开展历史观方面的创造性研究:

> 而对于中国学者来说,历史观的创新不仅困难,而且令人忌惮……笔者时常想这样的道理,古人尚有"人皆可以为尧舜"的通达,而我们

---

① 刘泽华、李振宏:《学派·学术个性·中国史观——关于"王权主义学派"问题的对话》,《南国学术》2014 年第 3 期。
② 李振宏:《六十年中国古代史研究的思想进程》,载《当代史学平议》,社会科学文献出版社,2015,第 78-80 页。

今天的学者为什么就不能有"人皆可以为马克思"的自恃？当然，古人的"人皆可以为尧舜"说的是尧舜的品德，而"人皆可以为马克思"为什么就不能理解为马克思的思想权利？难道"天不生仲尼万古长如夜"的愚昧，还要在21世纪的今天继续弥漫？每个人都有思想创造的权利，包括创新历史观的权利；特别是历史学家，创新历史观更是自己建树独特学术业绩的前提。今天讨论中国思想史研究的方法论，最根本的问题就是要鼓励人们大胆创新我们的历史观，在对历史、思想史本质过程的洞察中，提出具有学术个性的一家之言。①

笔者相信，一旦中国历史哲学作为一个课题被确立起来，并能引起多数历史学家的兴趣与关注，关于中国历史观的各种看法，就会蜂拥而至，对中国历史的哲学解读，就会真正形成一个百花齐放、百家争鸣的学术热潮，而它最终将极大地推动中国历史学的繁荣和发展。

其次，重视中国历史哲学研究，是史学理论研究与具体历史研究实践相结合、发挥理论研究之实践价值的基本要求。

自从20世纪80年代的史学理论、方法论热潮退却之后，史学理论研究就再也没有形成真正的热点，再也没有吸引过学界的目光。这样一种理论研究的低潮，差不多已经持续了将近30年之久。无论是学术会议，还是期刊论文，所谓的史学理论与史学史研究，就基本上被史学史研究所覆盖，很少有真正的理论话题，专门从事史学理论专业的研究更是寥寥。以笔者之见，造成这种状况的主要原因，就在于所谓的史学理论研究，严重脱离了历史学研究的具体实际，实证历史学研究感受不到来自理论历史学的具体观照。

实践性是任何理论的基本品格；发挥对具体实践活动的指导作用，是理论研究的基本价值追求。史学理论研究也不例外。所以，史学理论作为历史研究的理论学科，其功能或价值，就在于它对具体历史研究实践的方法论意义，在于能够为具体的历史研究实践提供理论指导。然而，遗憾的是，长期以来的史学理论研究，并没有实践理论研究的这一根本价值，我们的史学

---

① 李振宏：《关于创新思想史研究方法论的思考》，《史学月刊》2012年第10期；又载《新华文摘》2013年第6期。

理论研究总是不能纠正理论与实践"两张皮"的痼疾。搞理论研究的人一本本著作出版,一篇篇论文发表,但搞具体实证研究的人却并不理睬。理论研究高高在上,自诩清高而没人理睬,问题何在呢?

笔者以为,主要的问题是我们的理论研究不接地气,脱离了中国历史研究的具体实践。我们的理论研究,并不能回答中国历史研究中的实际问题,不能给他们以切实的方法论指导,不能给他们的实证性研究带来启发性。这是一个非常严重的问题。其实,这个理论研究与史学研究实践"两张皮"的问题,很早就被人们意识到了,早在20世纪80年代的方法论热潮中,学界对此问题就有所议论,但始终不能得到纠正和解决,甚至没有引起从事理论研究学者的高度重视。

就最近几十年史学理论研究的实际状况说,基本的研究内容大概表现在三个方面:一是对国外近现代史学理论方法论的引进或介绍;二是对马克思主义唯物史观基本理论的阐发或正本清源;三是对一些史学理论基本问题的探讨,如历史认识论问题等。这三个方面,都不同程度地存在理论研究与实证历史学相脱节的问题。

在对国外近现代史学理论方法论的引进方面,成就颇为昭著,是引起新时期中国史学发展变化的重要动力因素。但是,这方面的研究则多是停留在介绍或阐释方面,很少有人用所引进的西方史学理论或方法直接介入中国历史研究,缺乏用他山之石以攻玉的具体实践,于是,这样的引进实际上主要起到的是帮助国内学者了解国外史学的作用,与中国历史研究的具体实践关系并不密切。最后,这样的研究在很大程度上变成了理论研究者的自话自说,而中国历史的实证研究领域,则我行我素,并不关注,其理论研究的实践功能大打折扣。

关于马克思主义唯物史观基础理论研究方面,除改革开放最初几年在拨乱反正、正本清源方面有所起色之外,这几十年几乎没有实质性的进展,所谓研究在很大程度上是重复马克思恩格斯的已有论断,本身就很少具有启发性理论价值,自然也就引不起实证历史学的关注,甚至他们在内心深处鄙夷这种所谓研究,根本不予理睬。这些从业者本身也有深深的孤独感。

关于史学理论基本问题的探讨,譬如历史认识论问题,这些年的研究是比较薄弱的。本来,中国历史学界的认识论修养亟待历史认识论研究的提升,这方面的研究很有发展的空间,但无奈从事认识论研究的人极少,几乎没有人专志于此;偶尔为之者,所发表的文章,也存在脱离实证历史学研究的先天缺陷。我们的基础理论研究者,总是把文章写得玄而又玄,不能联系到具体历史研究来阐发理论观点,使得实证历史学从业者感觉不到他们的存在。

以上所述史学理论研究与实证历史学严重脱节的问题,一方面是由学风方面的原因所造成,另一方面,或者说更重要的,则是由史学理论研究的课题设置、研究内容所决定,它的基本研究方向即与历史学的研究实践相脱节。理论研究的基本内容严重脱离史学研究实践,是史学理论发展自身所要关注的主要问题。

现在提出重视中国历史哲学研究,正是要解决这样的问题。如果我们的理论研究是在为中国历史的实证研究提供理论思考,史学理论研究回答的是中国历史发展道路中的理论问题,它的崇高目的在于关注中国历史的研究实践,那么,从事中国历史研究的学人就不可能对之没有兴趣,并且会自觉地从史学理论中汲取营养。事实上,从事具体历史研究的人,是有这方面的强烈要求的,只是以往的史学理论研究并不去理会他们的学术诉求。所以,我们有理由相信,当中国历史哲学被确立为史学理论的研究对象,并有所建树的时候,理论历史学与实证历史学的结合,就一定可以完美地实现,理论研究就完全可以发挥其强大的方法论效应。

最后,提出并建立中国历史哲学这门理论历史学学科,也有助于克服目前史学研究中的碎片化倾向。

人们在总结新时期以来的中国历史学的时候,大多都评论到了一个"碎片化"现象。史学研究的碎片化,开始于 20 世纪 90 年代,已经蔓延近 30 年,并且呈越来越严重之趋势。

这的确是一个值得重视的学术趋向。本来,史学研究选题的碎片倾向,并不是一个没有学理性根据的现象,其正当性也是值得我们给予重视的。比如,史学研究对社会整体历史的认识,就是建立在碎片的或者是具体历史的研究基础之上的,没有碎片化的具体历史现象研究,整体历史的描述就会是空中楼阁,历史研究是不能忽视碎片研究的重要性的。还有,20 世纪 90 年代碎片化现象的发生,也不是没有史学发展的内在逻辑根据,人们可以分析出许多这方面的缘由。

首先,抛弃宏大叙事,排斥某种教条式的理论分析而面对充分实证的具体研究,是对原来过度理论化研究的逆反或反动,是对过去公式化教条化研究方式的拒斥,是对左倾时代以论代史式历史研究的抗拒。在这个层面上,刚刚告别"左"的时代的 90 年代,出现以细碎历史现象为对象的研究风气,是可以理解的。其次,随着 90 年代史学的开放发展,当社会史、社会文化史、历史人类学成为历史研究的主流方向的时候,以具体的社会历史碎片作为研究对象,就很自然成为选题的主流趋势。最后,当代社会的浮躁风气,学术评价的计量化功利化倾向,具体现象研究的省力省时特性,也诱导人们在具体研究道路上趋之若鹜,而回避对宏大问题的艰深思考。这些促成史学研究碎片化趋势的原因,有些具有一定的正当性,有些则虽非正当却也可以理解。

虽说碎片研究有一定的合理性或者可以理解,但这样的倾向性发展,毕竟是不符合历史研究的基本要求的,这样的史学研究无力承担历史学科的庄严使命。正像陈春声所评论的:

> 新的学术时代如何在研究选题"碎片化"的趋势之下,拥有超越学科、地域、学术圈子和个人生活经验的共同的问题意识,如何通过解构的、碎片的研究,辩证地培养起把握整体的"中国文明"或"人类文明"的意识和雄心,是这一代人终究要直接面对的沉重的问题。①

陈春声认为,把握整体的中国文明或人类文明,才是历史研究的终极目标。单纯的碎片研究,无力承担这样的学科使命。所以,这种碎片化的研究趋向应当改变。如何改变?重要的是要找到问题的症结。就学术界讨论的情况看,对于何以会形成这种碎片化的状况,大体有以下几种看法:

(1) 受特定意识形态的影响,1990 年代以降,大陆进入"思想家淡出,学问家凸显"的新时代。② 这最早是李泽厚提出来的,以"思想家淡出,学问家凸显"来概括 90 年代学术的基本特征,说明这是一个回避重大理论问题而趋向专门性学术的时代。这一概括很快被学界所接受,几成共识。而这

---

① 陈春生:《新一代史学家应更关注"出思想"》,《史学月刊》2016 年第 6 期。
② 王学典:《治学术史的两条道路》,《文汇读书周报》2013 年 12 月 31 日。

同时,也成为人们解释学术如何走向碎片化的根据。回避对重大理论问题的思考,学术的细碎化也就是很自然的事情。这种解释有一定道理,但李泽厚的提法本身的确值得商榷:将思想家与学问家、思想与学术对立起来,并不严谨。这岂不是等于说,学术本身是不需要思想、也没有思想的纯粹物吗? 而没有思想的所谓学术能够成立吗? 其实,没有思想就没有学术,或者说没有思想的所谓研究就不配称之为学术。这一提法为那些远离思想回避理论思考的细碎化研究,提供了自我欺骗性的心理安慰。所谓的意识形态影响,也不应该成为回避重大理论问题而走向细碎化研究的辩护词!

(2) 在严酷的政治高压下,学者不敢表露自己的思想,只能以学术的方式来藏匿思想,或借以自保,如西方中世纪的经院哲学,中国的乾嘉朴学。① 这种解释和上一种说法,有共同之处,也是把学界崇尚具体研究的根源归之于政治因素。

(3) 由社会史、社会文化史、历史人类学等新史学所带来的微观研究,在研究实践中不易把握,而造成了研究偏差。"这种微观研究发展开来,导致研究问题趋于细小,研究方法偏重深描,走向极端便出现脱离整体关联的'碎片化'偏向,研究题目零星琐碎,七零八落,缺乏内在与外在的关联,成为游离于历史意义之外的碎片、尘埃,因而失去了历史价值。"② 这种情况的确是存在的。就社会史研究来说,的确是有人把研究具体社会历史现象当作了社会史研究的基本路径,并不理解社会史方法论的真谛。

寻找碎片化的根源,以上几种说法都有根据,但笔者以为,除此以外,是不是也与历史学理论研究缺失有关。对于任何一个学科来说,其理论研究总是要在很大程度上对学科的发展起着引领甚至规范的作用,历史学也不例外。实证历史学研究中的碎片化倾向,是不是也与理论历史学研究的状况有关呢?

其实,碎片化的症结不在于碎片,任何宏观的历史架构,对历史的宏观性认识都需要以具体的历史认识或者说是以对碎片的认识为基础的,在这一点上说,研究碎片并不是问题,问题是如何通过碎片的研究去认识整体,如何让碎片的研究与整体的认识相联系,真正让碎片研究成为整体性认识

---

① 邓晓芒:《思想中的学术与学术性的思想》,《学术月刊》2001 年第 10 期。
② 李长莉:《"碎片化":新兴史学与方法论困境》,《近代史研究》2012 年第 5 期。

的基础。从学理的层面说,任何碎片,都全息性地反映着整体,碎片中包含着整体的信息,蕴藏着整体的基因。关键的问题是,我们对整体缺乏认识,缺乏对整体的宏观性研究,于是,在具体的碎片性研究中,无法将碎片与整体相联系。也即是说,在实证历史学研究深化发展的同时,我们缺失了一个对历史发展过程的宏观或曰理论的研究,使实证历史学失去了理论历史学的观照或依托。或许正是我们对中国历史发展过程缺乏理论解读,对其本质及属性缺乏研究,才使得实证历史学研究中的微观研究、细碎研究,无法与整体历史发生联系,使得微观研究失去了宏观或理论研究的观照。前文谈到的李长莉的文章中,分析碎片化的表现为:论题小而微,缺乏大关怀与大问题;论题细碎而零散,缺乏大联系与大序列;论题小而平面化,缺乏大理论与大阐释。李长莉所谈的三个方面,都指向了对历史过程的宏观研究和理论研究。而这正是理论历史学的任务,是中国历史哲学研究所应肩负的使命。

有鉴于此,构建以中国历史发展过程为研究对象的中国历史哲学,为实证历史学提供指导,是有助于克服史学研究中的碎片化倾向的。可以说,构建中国历史哲学,是当前实证历史学健康发展的现实需要,史学理论工作者,应该有所呼应。

三、中国历史哲学关注的中国历史基本问题

中国历史哲学的重要性、迫切性如此,那么,应该如何建设起适应当代中国历史学发展需要的中国历史哲学学科呢?或者说,我们建立一个什么样的中国历史哲学体系,才能应对如上所说的史学发展的迫切性呢?这当然是一个见仁见智的问题。依笔者之见,这个中国历史哲学的学科体系,大抵应该有如下一些基本的研究范畴。

中国历史道路的特殊性问题

中国历史道路特殊性问题研究,在中国历史哲学学科建设中具有核心意义。正是中国历史发展道路区别于人类一般历史道路的特殊性,才使中国历史哲学的提出具有了学理性基础。因此,这是中国历史哲学研究中的

核心议题。

如果我们能够面向中国历史本身的具体情景,而不是固执于对人类历史发展道路的一般历史哲学理论的传统理解,当会看到,中国历史的确在诸多基本的方面,都有自己的特殊面貌。诸如在文明起源、早期国家状况、社会形态、社会结构、社会文明、历史发展路径等方面,中国历史都有自己的独特性,有它区别于其他文明体,特别是区别于欧洲历史的特殊面貌。正是这种特殊性,彰显了人类历史的丰富多彩,表现了不同民族的历史个性,凸显了马克思主义历史辩证法迷人的魅力。如果我们的史学理论研究,不能面对不同民族历史千差万别的特殊性,而一味地陷于人类历史一般发展道路的空洞说教,则不可能做出认识自身历史的本质特征和中国历史发展规律性的任何有启发性的理论探索。中国历史特殊性研究,是认识中国历史最关键的一步。以往近百年的理论历史学,特别是在"左"的时代,被扭曲的马克思主义变成了放之四海而皆准的万能理论,所谓的五种形态说被当成所有民族历史发展的普遍规律,强大的理论误区,遮蔽了我们对中国历史发展道路特殊性的认识,使我们不敢也不能提出中国历史的特殊性问题,放弃了对中国历史发展道路的理论探索。

中国历史道路特殊性研究,并不与马克思主义历史唯物主义所提出的人类历史发展规律相背离,相反,它正是与坚持历史唯物主义的指导相融洽、相统一的。笔者认为,中国历史发展道路特殊性研究,是坚持以马克思主义历史唯物主义为指导的,历史唯物主义关于人类历史发展是一个自然历史过程的思想、关于人类历史是一个无穷的由低级进到高级的运动过程的思想、关于阶级的存在仅仅同生产发展的一定历史阶段相联系的思想、关于社会存在决定社会意识的原理等等,对中国历史哲学研究,都具有不可须臾离开的指导意义。正是中国历史发展道路特殊性研究,才是我们所坚持的历史唯物主义,与那种鼓吹具有万能属性的一般人类历史发展道路理论相区别,才能将历史唯物主义证实为不是马克思所鄙夷的"一般历史哲学理论",不是马克思所极力反对的"超历史"的"万能钥匙"。① 正是中国历史发展道路特殊性研究,才可能使马克思主义的历史理论鲜活起来,更具有解释不同民族历史道路的理论价值。

中国社会历史阶段的划分问题

社会历史阶段划分,是从宏观上认识历史的第一步。历史的发展,总是呈现出阶段性特征的,正像恩格斯所说,整体上是呈现为一个不断地由低级进到高级的运动过程。从发展阶段性的角度去考察历史,是一种基本的方法论。传统马克思主义对人类历史一般发展道路的宏观描述,是提出了一个社会形态理论,即五种社会形态说。不管人们在这个问题上有多少争论,不管他们描述的社会形态是否具有依次演进的严格的规律性,他们所提供的分阶段解读历史的方法的确对认识历史富有启发意义。历史的向前向上发展,的确是呈现出阶段性特征的。特别是对大尺度历史的观察,对整体历史进程的观察,如果不去区分不同的历史阶段,是不能对历史的演进、变化以至突变性发展做出清晰的线索性描述的,历史进步的本质意义,也难以阐述清楚。

20世纪五六十年代的古史分期讨论,就属于社会历史阶段的划分问题。如何划分中国历史的不同阶段,实际上是对中国历史的不同解读,表征着对中国历史的宏观看法。半个世纪前的古史分期讨论,虽然是在讨论中国的社会性质问题,但其实也只是在用社会形态的分析方法,来划分中国的历史阶段,因为古史分期的核心问题,就是中国奴隶社会与封建社会相交替的时间界限,是讨论中国在何时进入封建社会的问题,是在划分奴隶社会的下限和封建社会的上限,以此为界,中国历史分为奴隶社会和封建社会两个

---

① 1877年10月,俄国民粹派思想家尼·康·米海洛夫斯基在《祖国纪事》杂志上发表文章,说马克思的历史观企求"说明一切",企求找到"打开一切历史门户的钥匙"。马克思即刻写信回击说:"他一定要把我关于西欧资本主义起源的历史概述彻底变成一般发展道路的历史哲学理论,一切民族,不管他们所处的历史环境如何,都注定要走这条道路……但是我要请他原谅。他这样做,会给我过多的荣誉,同时也会给我过多的侮辱……极为相似的事情,但在不同的历史环境中出现就引起了完全不同的结果。如果把这些发展过程中的每一个都分别加以研究,然后再把它们加以比较,我们就会很容易地找到理解这种现象的钥匙;但是,使用一般历史哲学理论这一把万能钥匙,那是永远达不到这种目的的,这种历史哲学理论的最大长处就在于它是超历史的。"(《马克思恩格斯全集》第19卷,人民出版社,1965,第130—131页)

阶段。在这个问题上,出现了一定意义上的百家争鸣,出现了春秋战国封建说、秦统一封建说、西汉封建说、东汉封建说、魏晋封建说等多种说法,而此时的各家学说,所遵循的唯一的方法论,就是五种社会形态理论。这说明一个问题,那就是社会历史分期讨论,实际上是要有方法论作指导的,不是随意的历史分割。

与古史分期讨论同时进行的中国封建社会内部的历史分期讨论,也是以一定的理论为指导所进行的。如有的以阶级斗争是历史发展的根本动力为指导,从中国封建社会的历史是一部农民战争史的中国史观出发,把中国封建社会分为这样几个历史阶段:

  自奴隶制向封建制过渡,封建社会的开端;
  封建社会第一大阶段:自战国至黄巾大起义(前475年—184年);
  封建社会第二大阶段:自黄巾大起义至黄巢大起义(184年—884年);
  封建社会第三大阶段:自黄巢大起义至鸦片战争(884年—1840年)。①

也有人把中国的封建社会分成以下四个阶段:

  封建社会前期,西周到西汉——公元前十世纪到公元;
  封建社会的成熟期,东汉到晚唐——公元一世纪到九世纪;
  封建社会后期,宋到鸦片战争——公元十世纪到十九世纪中;
  半封建半殖民地时期,鸦片战争到全国解放——一八四〇年到一九四九年。②

杨向奎划分这样的历史阶段的理由是:

  自西周初到战国初这五百多年的时期内,氏族制度以宗法组织形式保存着,而井田制度则是农业公社的继续……到战国以后,因为生产力的发展,生产关系也有所变迁,所谓'地主'阶层出现了……地主经

---

① 参见漆侠:《中国封建社会历史分期问题》,《河北大学学报》1961年00期。本年度该刊出版1期。
② 参见杨向奎:《读〈马克思、恩格斯论中国〉,兼论中国封建社会的历史分期问题》,《文史哲》1953年第2期。

济在西汉以前还没有构成社会的主要经济成分,不能说在战国时候,地主经济就已经代替了领主经济,这是一个较为长期的发展过程。

封建社会的成熟期是东汉到晚唐。西汉末,因为农民起义,因为地主阶级和领主阶级之自相火并,摧毁了日趋没落的领主阶级,地主阶级是主要成分了。

从宋朝到清中叶是中国封建社会的晚期。自北宋起有了中央集权的国家,资本主义经济也萌芽了,各地都有手工业作坊制造器物,官办作坊规模较大,民间作坊则大小不等……有些已经近乎手工工场的组织。①

很显然,杨向奎是根据经济关系的变迁来划分历史阶段的。也就是说,他的方法论就是马克思关于社会经济关系是一切历史的基础的理论,经济运动是一切历史运动的决定性力量,社会经济关系的发展推动了历史的发展。一切历史分期说,都是有一定的历史理论来支撑的,都有自己的方法论。

"文革"之前的历史分期讨论,无论是古史分期讨论,还是封建社会内部的历史分期研究,在理论或方法论上的依据,都是唯物史观的五种社会形态理论。新时期以来,在理论上破除了五种社会形态说的迷信之后,历史分期研究有了新的发展,学界多了几分独立思考,很多学者都根据自己对整体中国历史进程的理解,构造具有学术个性的历史分期说。比较突出的成体系的研究有:

何兹全把中国古代社会形态的演变分为五个阶段:先秦时代——君权、贵族权、平民权三权鼎立时代;秦汉时代——君权渐强,贵族、平民权衰而力图挣扎的时代;魏晋南北朝时代——君权、贵族权保持平衡时代;隋唐宋时代——君权恢复、贵族权削弱的时代;明清时代——专制主义时代。②

田昌五把中国历史的发展进程分为三个大的时段:"按照中国历史的发展进程,可以划分为三个大时段,即洪荒时代、族邦时代、封建帝制时代或帝国时代。洪荒时代主要讲从生物人到社会人的发展史,或者说人类起源的

---

① 参见杨向奎:《读〈马克思、恩格斯论中国〉,兼论中国封建社会的历史分期问题》,《文史哲》1953 年第 2 期。

② 何兹全:《中国社会形态演变——从三权鼎立走向专制》,《中国文化研究》1999 年冬之卷。

历史。族邦时代主要讲中国文明起源和宗族城邦以及相应的宗族社会结构演变的历史。封建帝制时代或帝国时代主要讲两千多年来中国社会循环往复变迁的历史。"①

曹大为把中国历史从整体上分为原始文化、农耕文明、向工业文明转轨三个大的文明阶段,然后在农耕文明和向工业文明转轨两大文明阶段下又分为若干阶段。农耕文明分为两个大的历史时期:宗法集耕型家国同构农耕社会(夏—春秋战国);专制个体型家国同构农耕社会(秦汉—清中期),此一历史时期又分为确立与反复(秦汉—魏晋南北朝)、发展与成熟(唐宋—明中期)、传统中的变异——走向近代(明中后期—清中期)三个历史阶段。向工业文明转轨分为半殖民地半封建社会:扭曲的近代化进程(19世纪中后期—20世纪前期)和社会主义初级阶段——向现代化推进(20世纪中后期)两个时期。②

叶文宪将中国古代历史分为六个时代,即酋邦时代、封建时代、转型时代、秦汉帝国时代、隋唐帝国时代、多民族帝国时代,后三个时代统称为专制帝国时代或帝国时代。③

这些众说纷纭的历史分期说,每一种说法都有自己的理论依据,有自己的历史逻辑。这方面的研究还很初步,但无疑已经丰富了我们对中国历史的宏观认识,对建立中国历史哲学的学科体系,都有重要的借鉴意义。

不同历史时代的社会矛盾问题

划分历史时期,是从宏观上把握历史演进过程;没有历史分期研究,就不能清晰地认识历史运动的纵向轨迹。但是,根据马克思主义的基本观点,历史运动的深层原因在于社会历史内部的矛盾运动。因此,对历史的本质的认识,对不同时期历史的深刻洞察,是需要分析该时期的社会矛盾才能达成的。准确分析不同历史阶段的社会矛盾,是中国历史哲学研究中的基本问题。

对于人类一般历史进程中的矛盾运动,历史唯物主义已经给我们揭示

---

① 田昌五:《破除长期封建社会说建立中华帝国史发展体系》,《史学理论研究》2001年第1期。
② 曹大为:《关于新编〈中国大通史〉的几点理论思考》,《史学理论研究》1998年第3期。
③ 叶文宪:《关于重构中国古代史体系的思考》,《史学月刊》2000年第2期。

了生产力和生产关系、经济基础和上层建筑的矛盾运动,并且也指出了由这些基础性矛盾所支配的社会阶级之间的矛盾运动。这些是观察一般历史进程都要注意的矛盾运动。对于中国历史哲学的研究来说,不同历史时期的生产力与生产关系、经济基础和上层建筑的矛盾运动,以及在阶级社会历史阶段的阶级矛盾,也是需要认真关注的问题,并且要将之作为基本的方法论,贯彻到不同历史时期的历史分析中。但是,如果仅仅只注意这些方面的矛盾运动,是不是就能够达到认识中国历史、建设中国历史哲学的目的呢?中国历史的特殊性是不是就能够得到体现了呢?答案是否定的。如果我们仅仅是注意到社会矛盾的这些方面,是不足以认识中国历史的特殊性的,这样建立起来的历史哲学,是不符合中国历史哲学的属性的。

在"左"的时代,我们错误地把阶级斗争理论当作唯物史观的基本原理,要求在历史研究中贯彻阶级分析方法这个唯一的方法论,在中国古代社会矛盾问题上,就抓住一个唯一的阶级矛盾。具体到秦至清的皇权专制时代,把地主阶级和农民阶级的阶级对立,看作这两千多年社会历史的主要矛盾。这种教条式的生搬硬套阶级斗争理论的所谓矛盾分析,在新时期以后,被学界所唾弃。这里我们简单回顾学界关于秦至清历史时期社会矛盾问题的探讨,以明这一问题研究的理论价值。

20世纪90年代中期以后,史学理论界对于中国古代社会形态的特殊性问题有了比较明确的认识,正式提出了"中国社会形态"这个概念,1999年11月南开大学历史系、中国社会科学院《历史研究》杂志社和天津市社联联合举办"中国社会形态及相关理论问题学术研讨会"是个标志性事件。"中国社会形态"概念的提出,意味着对传统五种社会形态理论的突破,使得中国历史发展道路的特殊性问题得到了广泛的认同。正是在这样的学术氛围中,关于中国古代社会矛盾的重新认识被提了出来。

1995年黄敏兰发表文章说:

> 中国古代社会有自己独特的发展规律,与欧洲中世纪社会的性质和特点完全不相同。社会的基本矛盾并不是能从政治经济学的角度来解释的,不能用单纯的剥削与被剥削关系来解释具体的社会现象。中国古代的社会基本结构,是以权力为核心的等级制,与财产占有、经济行为和阶级属性都没有直接的关系。法律明确规定了等级间的不平

等……在中国古代社会里,社会的基本矛盾不能简单地归结为地主阶级和农民阶级的矛盾,而是皇帝官僚集团与该集团以外的全体社会成员的矛盾。①

黄敏兰明确否定把秦至清时期的社会矛盾归结为地主阶级和农民阶级的传统观点,提出皇帝官僚集团与该集团之外的全体社会成员的矛盾是社会基本矛盾的思想。这是一个理论突破。

第二年迟汗青发表《传统社会官民对立及其调整》一文,提出"官民对立"说。他说:"官民关系是传统政治的基本问题,是推动政治发展的基本动力,对政治生活的各个方面都有根本的规定和影响作用。""传统社会的经济结构从根本上决定了官民之间利益关系的对立性,而私有性质的政权又维护并强化了这种对立性。"②

1998年,孟祥才发文指出:"中国封建社会的主要矛盾是封建国家同它的赋税和徭役的征课对象之间的矛盾……地主阶级与农民阶级,特别是与他们的剥削对象之间的矛盾虽然是封建社会的重要矛盾之一,但与农民阶级同封建国家的矛盾相比,在大多数情况下,只能居次要地位。"③孟祥才和黄敏兰的观点保持了一致,但却更加犀利和明确。当然,孟祥才说的封建国家的赋税和徭役的征课对象,既包括自耕农与半自耕农,也包括不享有免赋免税特权的一般地主,他们都属于与"官"相对立的"民"的范畴。孟祥才阐述的也是一个"官民对立"问题,在他看来,这种"官民矛盾"是比"地主阶级与农民阶级的矛盾"更为重要的矛盾,后者是存在的,但它是次要矛盾。

到目前为止,将"官民对立"看作秦汉以后社会基本矛盾的观点,论证最深刻的是张金光先生。他强调说:

> 我们必须确立如下观点:官民二元对立是中国古代社会阶级结构的基本格局……官民之间,不仅是统治与被统治的关系,而且是一种经济关系,是剥削与被剥削的关系,也就是说,它是以土地国有制、国家权力、政治统治为基础建立起来的社会生产关系。这种生产关系是国家

---

① 黄敏兰:《评农战史专题中的严重失实现象》,《史学理论研究》1995年第4期。
② 迟汗青:《传统社会官民对立及其调整》,《学习与探索》1996年第4期。
③ 孟祥才:《如何认识中国农战史研究中的"失实"问题》,《泰安师专学报》1998年第1期。

体制式社会生产关系或叫权力型社会生产关系。这种生产关系比之民间社会的任何经济关系都具有无可与之伦比的稳定性、凝固性、恶劣性、暴力性。这一对生产关系,在时、空两个维度上比之民间的任何生产关系都具有无可伦比的广泛性和普遍意义,此乃是中国社会的历史基因。三千年间,这一生产关系总是以不同形式重塑中国社会历史,万变而不离其宗。舍此便不得中国古代社会历史面貌之本。①

张金光认为,官民对立是中国古代社会阶级结构的基本格局,它是以土地国有制为基础建立起来的社会生产关系,是整个中国古代一切问题的基础性存在。这是一个很深刻的论断。

熟悉学术史的朋友会知道,"官民对立"并不是一个新的提法,王亚南在20世纪40年代所写的《中国官僚政治研究》一书中,就提出"官民对立"是中国古代社会基本阶级分野的观点,认为"官僚的封建社会就是官僚与农民构成的社会,或官民对立的社会"②。但是,今天重新提出这个问题,却不是王亚南观点的简单翻版,它是中国学者在新的历史条件下,在抛弃了阶级斗争思维之后,面对中国历史实际的一个既有理论勇气又有独立思考价值的新的判断,他们的论证,比起当年王亚南做出同样判断的时候,有了新的角度和深度。

但是,关于如何看待中国古代社会的基本矛盾,是个很复杂的理论问题,就目前的状况看,"官民对立"的观点还并没有被学术界所广泛接受,仍然是一个需要深入思考并继续探索的问题。比如如何看待"官民对立"中的这个"官",它仅仅是一般意义上的官府,还是指官僚集团?如果是官僚集团,那么它是否构成为一个阶级?最近一些年来,已经有人提出了"官僚阶级"这个概念,但从学理性的角度看,"官僚阶级"能否成立?它是一个什么样的阶级,阶级属性是什么?官僚阶级是否包括了皇权阶层,或者与皇权是什么关系?再说这个"民",这是个什么概念,是一般的"社会民众"?它是不是一个传统意义上的阶级概念?它的基本成分如农民、工商业者阶层、非官僚性大土地所有者(地主)等等,之间是什么关系?当做出社会矛盾是

---

① 张金光:《中国古代社会形态研究的方法论问题》,《史学月刊》2011年第3期。
② 王亚南:《中国官僚政治研究》第十一篇《农民在官僚政治下的社会经济生活》,时代文化出版社,1949年。

"官民矛盾"判断的时候,这种对立还是不是传统意义上的阶级对立？这种对立究竟是社会性的、政治性的还是阶级性的？……这些都是"官民对立"社会矛盾说需要回答的问题。看来"官民对立"矛盾说,仍然是一个需要做出艰辛的理论探讨的问题。

无论如何,关于社会基本矛盾的问题,关系着对中国社会本质的理解,是中国历史哲学学科必须解决的重大理论问题,也是一个基础性的理论问题。

中国文化属性、精神和特质研究

文化是一个民族的根脉所系,是一个民族的精神载体。对民族文化的分析和认识,是认识一个民族的重要路径。所以,中国历史哲学研究,是把对中国文化问题的思考,合逻辑地包含其中的。中国文化是一种什么性质的文化体系,这个文化体系的思想内核是什么？它在哪些方面使自己和其他民族文化相区别？它反映着什么样的民族性格和民族精神？中国文化形成的历史地理因素及发展路径等等,这一系列的问题,都需要在中国历史哲学体系中给予回答。

在这些问题中,关于中国文化精神及文化属性的认识,具有特别重要的理论价值和现实意义。如何总结中国文化的基本精神问题,从 20 世纪 80 年代以来,学界有数不清的说法。张岱年总结中国文化的基本精神为:"(1)刚健有为,(2)和与中,(3)崇德利用,(4)天人协调。"[①]庞朴先生则说,"中国文化的精神就是人文主义",并对此做出较为充分的论证。[②] 冯天瑜著有《中华元典精神》一书,阐述元典精神部分有四章,分别谈到的内容有:中华元典的"天人之辨"(循天道,尚人文;远鬼神,近俗世);中华元典的发展观(通变易,守圜道;追先祖,史垂范);中华元典的伦理-政治论(重伦常,崇教化;觅治道,求经世);中华元典的君民之辨(左翼-民本主义,右翼-尊君主义)。[③] 这也可以看作是对中国文化基本精神的归纳。李宗桂早先

---

① 张岱年:《论中国文化的基本精神》,载丁守和、方行主编《中国文化研究集刊》第 1 辑,复旦大学出版社,1984,第 49 页。
② 庞朴:《中国文化传统的继承和发扬问题》,载中国文化书院讲演录编委会编《论中国传统文化》,生活·读书·新知三联书店,1988,第 70-96 页。
③ 冯天瑜:《中华元典精神》,上海人民出版社,1994。

把中国文化的基本精神归纳为:自强不息,正道直行,贵和持中,民为邦本,平均平等,求是务实,豁达乐观,以道制欲。① 后来,他又把这八句话32个字,精练成四句话16个字:天人合一,以人为本,贵和尚中,刚健有为。② 笔者在平时的文化史教学中,把中国文化的基本精神总结为"刚健有为、取验务实、和谐中庸、道德至上"16个字。③

中国传统文化是一个博大的文化体系,内涵丰富,成分复杂,人们可以从不同的角度分析其精神内涵,尽可以见仁见智。所以,这方面已有的成果很多很杂,作为中国历史哲学的学科建设来说,应该把中国文化精神研究,作为一个重要的理论课题进行深入开掘,并作出尽可能科学的理论总结。

关于中国文化思想属性的认识,也是见仁见智。一般说,文化思想属性,主要是从民主性文化或专制主义文化两个方向上去认识问题。从民主性的角度说,几乎没有学者能把中国文化从整体上归之于民主性的文化,即使对中国文化持极端肯定态度的学者,也只能是从中国文化传统中发掘其民主性的因素,例如人们抓住中国历史上比较深厚的民本思想传统,去分析其民主性的成分,从而赋予其现代性色彩。现代新儒家就是这样做的。但是,即使是现代新儒家,也不能把中国传统文化从整体上论证为一种民主性文化,因为其文化内核,无论如何都无法从民主性的角度去解释。相反,将中国文化从本质属性上定义为专制主义,则是比较普遍的看法,因为近代以来,把中国古代社会视为君主专制时代,把与之相适应的传统文化视为专制主义文化,或者叫文化专制主义,应该是形成了深厚的思想传统。

持有相反观点,不承认中国古代社会有君主专制的学者,为数极少。国

---

① 李宗桂:《中国文化概论》,中山大学出版社,1988,第348—363页。
② 张岱年、方克立主编《中国文化概念》,北京师范大学出版社,2004,第286—299页。该书第16章《中国文化的基本精神》,由李宗桂所执笔。
③ 这16个字的总结,起自20世纪90年代中期,后来在多所大学以《中国传统文化的基本精神》为题做过演讲。

学大家中钱穆持此观点①,当代学者中,有侯旭东发表过相关论文②。但是,即使不承认中国古代有君主专制的学者,也没有从总体上提出中国古代文化是民主文化的见解。

判断中国古代文化是专制主义文化,并有突出论证的,是以刘泽华为代表的"王权主义学派"。王权主义是刘泽华对中国古代社会性质的基本判断,也是对中国古代文化属性的基本判断。刘泽华说:"我认为中国传统思想文化的主体是政治思想和政治文化,而其主旨则是王权主义。思想文化的王权主义根源于'王权支配社会'这一历史事实。"③支撑这一判断的,是刘泽华出版的系统著作,三卷本的皇皇巨著《中国政治思想史集》④。笔者最近几年也致力于论证中国古代社会的皇权专制性质,并相应地论证了中国古代文化的专制主义属性。⑤

关于中国古代文化的专制主义属性,尽管在学界是较为普遍性的看法,尽管已经有过一定的系统性研究,但真的要把这一观点确立起来,使其与我们关于中国古代社会的一系列理论研究相统一,也还不是一件简单的事情,也还有许多问题需要深入研究。

无论是研究中国文化的基本精神,还是探讨文化属性,都不能忽视一个最基本的学理性问题,中国这种极具民族特性的文化是如何形成的,它的生成机制是什么,它的历史地理环境如何培育了它,这是文化研究的一个基础性理论工作。这个问题还没有引起学界普遍的关注,真正下功夫解决这个

---

① 钱穆在《国史大纲》中说:"谈者好以专制政体为中国政治诟病,不知中国自秦以来,立国规模,广土众民,乃非一姓一家之力所能专制……综观国史,政体演进,约得三级:由封建而跻统一,一也。(此在秦、汉完成之)由宗室、外戚、军人所组成之政府,渐变而为士人政府,二也。(此自西汉中叶以下,迄于东汉完成之)由士族门第再变而为科举竞选,三也。(此在隋、唐两代完成之)"(该书"引论",商务印书馆1994年版)。其后在《国史新论》中,钱氏又进一步把汉代王朝看作"代表平民的政府",把汉代的察举制到隋唐的科举制,说成是"人民参加政治唯一的正途",从而提出中国古代实现了"直接民主"的论断。他说:"中国传统政治,早不是君主专制。因全国人民参政,都由政府法律规定,皇帝也不能任意修改。"(该书,三联书店2005年版,第317页)。钱氏此说,有违政治常识,不值一辩。
② 参见侯旭东:《中国古代专制说的知识考古》,《近代史研究》2008年第4期。
③ 刘泽华:《中国的王权主义》,上海人民出版社,2000,"自序"第4页。
④ 刘泽华:《中国政治思想史集》(全三册),人民出版社,2008。
⑤ 参见李振宏:《中国文化的专制主义属性论纲》,载《历史与思想》,中华书局,2006,第526-551页。李振宏:《秦至清皇权专制社会说的思想史论证》,《清华大学学报》2016年第4期。

问题的人不多。在这方面有过系统研究,奠定了研究基础的是冯天瑜先生。他和何晓明、周积明合著的《中华文化史》①上编《中华文化生态》20余万字,就是他亲自执笔的关于中国文化生成问题的专门性研究。这个"上编"分为四章,依次阐述"文化生态界说""中华文化的地理背景""中华文化植根的经济土壤""中华文化依托的社会结构",是第一次对中华文化生成问题的系统性理论研究。2013年,冯天瑜先生又出版了80多万字的专著《中国文化生成史》②。可以说,冯天瑜先生已经很系统地研究了中国文化的生成问题,但是,作为一个重大的文化理论问题,单单一个人的研究是不够的,需要众多学者的介入,需要有不同看法的汇聚与碰撞,才可能形成更成熟或更科学的看法。所以,中国文化的生成问题,也还是一个中国历史哲学研究中需要继续开垦的领域。

在中国历史哲学范畴中需要讨论的文化理论方面的问题还有很多,诸如中国文化的特质或特性,中国式思维的特征问题,中国所特有的经学思维问题,中国文化与其他民族特别是与欧洲文化的比较问题等等,都有探讨之必要。

多民族国家形成与发展的历史过程

中国是一个多民族国家,而且其形成的道路也很具特殊性,中国历史哲学应该反映中国历史的这一特色。

中国多民族国家的特殊性在于,它存在一个主体民族——汉族,这个多民族国家的历史道路及其多民族状况的形成与发展,与汉族这个主体民族紧密相关。汉民族的奇特性,在于它有特别强大的同化力和内聚力,对周边民族有着强大的磁性。这使得汉民族在其形成发展的任何阶段,都显示为一个以它为中心的多民族融合过程,它本身则成为一个滚雪球式发展的结果。于是,在这个主体民族的形成过程中,融入了多民族的血液,其发展的生机与活力,又恰恰来自众多民族的融入。因此,中国历史哲学应该阐述主体民族形成的动态历史过程,并围绕主体民族与其他民族成员的关系,去揭示这个多民族国家的发展道路。

---

① 冯天瑜、何晓明、周积明:《中华文化史》,上海人民出版社,1990。
② 冯天瑜:《中国文化生成史》上下册,武汉大学出版社,2013。

在中国历史哲学范畴内讲述中国多民族国家形成与发展的历史过程，需要注意几个问题：

1. 要写出汉民族在民族融合中发展的历史实情。大体说，汉民族的发展，经历了以下几个历史阶段：

> 汉族的前期阶段——华夏族(五帝及夏商周)；
> 华夏族的发展及其汉族族称的确定(春秋战国至秦汉)；
> 汉民族形成后的第一个大发展时期(魏晋南北朝至隋唐)；
> 汉民族的第二个重要发展时期(五代宋辽金元)；
> 汉民族古代历史的终结(清代)。①

其中的每一个阶段，都贯穿着惊心动魄的民族融合。

2. 要写出主体民族与其他民族共同创造中国历史的历史过程。这个过程中，各民族间有友好相处，也有兵戎相见，这两方面都有不容忽视的意义，充满了历史在矛盾中发展的辩证色彩。中国历史哲学对多民族国家历史发展的这一特点，要有充分的正视和揭示。

3. 在方法论上要处理好历史主义原则与贯彻民族平等的关系。在一个多民族国家中，民族问题永远是一个最敏感的问题，无论是现实的民族问题，还是历史上的民族关系，处理起来都需要有一定的历史智慧。在民族历史问题研究中，既需要贯彻马克思主义唯物史观这个基本的历史学方法论原则，又需要贯彻民族平等的政治原则(请注意，今天的民族问题研究应贯彻民族平等原则，并不意味着历史上各民族之间有过实际的民族平等，这是两个不同范畴的问题)，这在方法论上有着很高的要求，写好多民族国家形成与发展的历史过程，需要有高超的辩证法艺术。

4. 关于中国历史的民族和民族关系问题，在历史学界和民族学界已经有过丰富的研究成果，也曾经是史学研究中耀眼的五朵金花之一。以往的研究提出了许多突出而复杂的理论问题，诸如民族与族群之定义、民族融合与民族同化、民族问题与阶级问题的关系、民族关系和民族战争之评价、民族英雄、民族政权、如何看待历史上的"中国"等等，中国历史哲学范畴中的多民族国家形成与发展研究，需要给予尽可能科学的理论阐述，以便真正发

---

① 参阅拙作：《论汉民族的历史过程》，《寻根》1994年第1期。

挥历史哲学研究对具体研究的指导作用。

中国古代国家与社会关系研究

国家与社会关系，是近代西方市民社会形成之后与王权相对抗的理论表达。按照现代政治学的理论，随着市场经济和市民社会的发展，公民的个体利益和日益发展的王权专制及其所衍生的各种形式的国家公权力的矛盾日益突出，于是，公民以其群体力量的整合形成社会力量，制衡政治，以防止公权力的扩大。这种在公民的社会力量与国家公权力之间的相互抗衡，反映在政治理论上，就提出了以"国家与社会关系"为核心的诸种政治理论。近代以来西方社会的政治进程及其政治制度建设，也就是在公权力与社会力，或曰国家与社会的不断冲突、磨合、调适的过程中，进行着制度的选择和创新。于是，"国家与社会"就成了西方近现代政治学、社会学中的核心命题。

根据马克思的理论，高级社会是认识低级社会的钥匙或参照。马克思在《〈政治经济学批判〉导言》中很精辟地阐述过这个问题："人体解剖对于猴体解剖是一把钥匙。反过来说，低等动物身上表露的高等动物的征兆，只有在高等动物本身已被认识之后才能理解。因此，资产阶级经济为古代经济等等提供了钥匙。"[①]那么，从近代社会这个人类高级历史阶段中抽象出来的"国家与社会"，是否可以用来观察处在较低级社会阶段的中国古代社会呢？这是值得思考的问题。

他山之石，可以攻玉。以笔者的理解，西方近代社会的国家与社会关系视角，也可以借以观察中国古代社会。中国自从进入文明时代以来，社会历史的政治属性特别明显，国家力量的强大是中国历史的突出特征，于是，从国家与社会关系的角度考察历史就成为可能。中国历史的特殊性，相对于西方近代社会而言，主要在于西方近代社会由于市民社会的形成，社会力量的强大形成了足以抗衡或制约国家权力的社会组织，而中国古代王权或皇权特别强大并形成了家国一体的结构模式，使得在国家力量之外难以形成与之相抗衡的社会力量。就此而言，西方形成的国家与社会二元对立的政

[①] 《马克思恩格斯选集》第2卷，人民出版社，1995，第23页。

治思维模式,不适用于中国古代社会的分析。但"如果转化一下思路,不从公权与私权对立的角度,不从民权与皇权对立这种过于政治化的角度看问题,而从社会组织结构的角度说,在皇权之外,或者在国家事务之外,中国古代历史上也的确存在着诸多社会事物或民间事物,这种民间事物不是一种权利的诉求,而是一种社会活动的组织方式,而它却在组织形式上和国家形式相区别,而在其运作中,则与国家形式相对立,有着不同的利益诉求。或者说,在中国古代历史上,的确也不是只有国家没有社会。国家可以控制一切,但它却不是一切,在国家之外,的确也有社会,有形形色色的社会活动和社会力量,他们并不能完全地纳入国家政治系统。他们虽然不是国家公权力的制衡力量,但却无例外地和国家处在一种复杂的关联关系中。探讨这些社会力量与国家的关系,也是认识古代社会的一个很有意义的角度"①。

其实,从一般意义上说,凡有国家,就会存在国家与社会的关系问题,从国家与社会关系角度看问题,是历史研究的一个重要视角。尽管在不同时期或者在不同的社会共同体之间,国家与社会的关系有着千差万别,但考察其关系及性质,都是认识该社会历史本质的重要方面。对中国历史当然也应该做这方面的历史考察。

尽管如我们前边所说,中国历史上国家与社会关系有其特殊性,在中国古代几乎没有可以与国家相对抗的社会力量,但是,一方面,这方面的考察也有利于证明中国历史的特殊性;另一方面,没有绝对的对抗力量,并不意味着只有国家没有社会,国家意志可以随心所欲地决定一切,也还是存在着各种复杂的社会事务和社会组织,也还是有与之相对的社会的存在。就秦汉时期的社会说,笔者曾经分析过与国家相对而存在的四种社会力量:知识分子即士人阶层;商贾阶层,即从事商业手工业的社会阶层;豪民阶层;秦汉社会普遍存在的结社性组织"僤"。② 这种社会力量随着历史的发展还有所增强,比如宋以后成长起来的市民阶层,就是更值得重视的社会力量。总之,国家与社会关系研究,应该成为解读中国历史的一个重要角度。

---

① 李振宏:《关于在秦汉史研究中引入"国家与社会"分析框架的思考》,载中国秦汉史研究会编《秦汉史论丛》(第十四辑)下册,四川人民出版社,2017,第816页。
② 李振宏:《关于在秦汉史研究中引入"国家与社会"分析框架的思考》,载中国秦汉史研究会编《秦汉史论丛》(第十四辑)下册,第823—827页。

以上所谈六个问题,是中国历史哲学研究中应该面对的重大理论问题,它们反映着中国历史的基本面相。当然,这些方面也只是笔者目前的初步思考,随着思考和研究的深入,我们还会发现一些新的重要的问题需要关注。况且,不同的人对历史的观察会有所不同,所以,中国历史哲学体系中所应考察的重大理论问题,远远不只局限于这六个方面。

四、中国历史哲学体系中的中国历史历程研究

在笔者所构造的中国历史哲学体系中,以上讲的是基本理论问题,本节要描述的则是学科的主体部分,建构中国历史的过程体系,即按照前述理论建构一部有内在逻辑联系的中国历史简史。它既是一部按照历史本身的发展轨迹描述出来的有内在逻辑联系的历史发展过程简史,又不同于一般的中国通史,它要舍去许多历史细节描述,而仅仅显示历史的基本脉络,把叙述的侧重点放在发掘每一历史阶段的本质联系方面。它也不同于一般的社会发展史,不是按照所谓的历史一般规律编排出来的社会形态嬗替过程,而是仅仅按照中国历史本身的历史嬗替逻辑,阐述中国历史的合逻辑发展过程。这样的中国历史过程研究,对于一般哲学来说,它是历史的;对于一般通史著作来说,则更具理论色彩,属于理论历史学的成果。简言之,它应该是一部理论形态的中国通史。如果安排一个简单的章节的话,大体如下:

一　史前文明
二　王权时代
　　早期王权时代:夏道尊命
　　王权扩张时代:殷人尊神
　　王权盛世:周人尊礼
三　动荡年代:春秋战国的历史变革
四　皇权时代
　　秦汉之际的社会转型
　　两汉皇权的制度建设时期
　　魏晋南北朝时期的分裂与统一
　　隋唐时期的国家制度建设

宋明时期的国家与社会

清代历史的大一统进程

五　晚清中西文明激荡推动的政治进程①

既然是一部中国通史,我们就不可能在一篇论文中来展示其具体面貌,而只能就其研究或写作,提出一些想法,以便说明这一理论历史学研究的基本立意,或者说我们的志趣何在。

1. 写出历史演进的内在逻辑

这是一个基本的要求。理论历史学,特别重视历史的合逻辑发展,也就是说,它把揭示历史发展的内在逻辑性,作为自己追求的主要目标。中国的史前时代如何走入王权时代,王权时代的基本特质从史前时代的什么因素演化而来？王权时代向皇权时代过渡的历史必然性是什么？贯穿皇权时代两千年的内在的历史逻辑是什么？这个历史逻辑在皇权时代的几个历史演进阶段中如何起着支配的作用？皇权时代的几个历史演进阶段如何过渡和衔接,如何通过历史的过程性考察揭示出来？重视回答这些问题,是中国历史哲学关于中国历史发展历程的研究,区别于一般叙述性通史的主要特征。这一点,也正是遵循马克思关于把人类历史发展看作一个社会经济形态发展的自然历史过程的方法论思想,重视揭示中国历史发展的内在逻辑。做到了这一点,写出的中国历史才是一个整体的中国史,才能使人们真正看清中国历史的发展逻辑,达到对历史内在必然性的深刻认识,并通过对过往历史的理解,去看清未来中国的发展道路。

2. 体现中国古代文明的基本精神

中国古代文明的基本精神,是我们从对中国历史的研究中抽象出来的理论认识,而在写作理论中国史的过程中,必须让它回到历史的过程性表达中去。中华文明是中国历史特殊性的集中体现,是中国历史道路的凝聚性反映,它不是历史中的一个特殊部分,而是体现在历史的各个方面。我们要求在历史过程研究中体现文明,和一般通史著作中对文明的处理非常不同。在一般的通史性著作中,在历史的各个时期,都会分出一部分篇幅来写文化

---

① 这里必须声明,现在提供的这个章节大纲极不成熟,其标题也缺乏推敲,尚不具有讨论之价值。所以列出来,是向读者展示一个有形的东西,以便于读者理解笔者对构建中国历史哲学体系的思维路向,了解所谓中国历史哲学在体系安排上的历史性。

成就、学术思想等等,但在中国历史哲学体系中则完全不是这样的表达,它不是集中一定篇幅书写文明,而是让历史过程来表现文明,真正地使中华文明精神,体现在历史演进过程的每一个阶段,体现在国家体制、政治制度、经济制度、社会结构、思想文化、社会实践的各个方面。这是中国历史哲学在写作上一个很高的要求。

3. 彰显中国历史道路的独立特性

在理论部分我们已经论证到中国历史发展道路的特殊性问题,这是中国历史哲学所以能够成立的学理性基础。但是,这个特殊性如何在关于发展道路的描述中真正地彰显出来,也是一个需要认真考虑、必须给予落实的问题。在历史历程写作安排中,要考虑如何来表达这个历史特殊性的问题。理论上讲,这个特殊性是相对人类历史的一般规律性而言的,但主要的针对对象是欧洲历史,是相对于欧洲历史的特殊性。在表达中国历史特殊性的时候,在中国历史哲学体系中不可能写到欧洲,也不可能时时处处对照欧洲历史来写中国历史,而是要把我们关于特殊性的研究结论,在中国历史的叙述中突显出来,把中国历史的那些独特的方面,那些在政治制度、社会机制、经济形态、文化思想这些历史基本面相上的独特之处,给予特别的观照,把它写得足够充分和明了。

4. 揭示融入世界历史的必然趋势

无论中国历史道路如何特殊,中国历史都不可能不是整体人类历史的组成部分,不可能外在于世界历史发展的总趋势,中国历史哲学在揭示中国历史特殊性的同时,并不能把中国历史写成是完全脱离人类历史发展基本轨道的变异之物。马克思主义所揭示的人类历史由低级向高级发展、由野蛮过渡到文明、由专制走向民主的一般规律,同样适应于中国历史。中国历史在古代展示出辉煌的一面,而在经历了明清时期的落伍之后,在近代又逐渐融入科学和民主的历史进程,特别是改革开放之后几十年的发展历史,把这一总进程的必然性,昭示得特别明了。近代化的这一趋势,除了外来因素的介入,在中国古代历史发展的内部,是否也蕴含着类似的必然性,是一个需要研究的问题。不把中国历史完全写成是另类和特殊,是一个重要的要求。揭示中国历史在其发展的历史必然性上和人类一般历史道路的一致性,是中国历史哲学研究的一项重要任务,一个明确的研究目标。

以上所谈，写出中国历史演进的内在逻辑，体现中国古代文明的基本精神，彰显中国历史道路的独立特性，揭示融入世界历史的必然趋势，就是我们为中国历史哲学主体部分写作确定的方法论原则，同时也是中国历史哲学研究所应该达到的基本目标。

五、余论

回顾新时期以来的史学理论研究，我们有些做法是很盲目的。这四十年，除了引进西方史学流派的一些理论或方法，我们自身的理论研究，却没有多少值得称道的建树。以系统论、控制论、信息论为代表的现代科学方法的引进，冲击了一阵便随着政治气候的变化销声匿迹了；后现代哲学热闹了一阵，甚至还没有引起多大的反响，也很快沉寂了；以克罗齐、科林伍德为代表的西方相对主义史学，除了在认识论领域产生了一些较为持久的影响，对整体中国史学似乎也没有多大影响；相对来说，社会史、文化史、社会文化史的理论与方法在实际的历史研究中起的作用还实在一点。盘点新时期史学，最显著的成就表现在社会史和文化史方面，但由于缺乏理论方法论研究，社会史也没有真正地深入进去，并带来了碎片化的负面影响。文化史无论是思想文化史还是区域文化研究，都有不少成果，但在理论方法论方面，除了80年代文化热的时候有过一些讨论，其后便没有什么进展。自我创新性理论研究缺乏，始终是中国史学理论界的最大隐痛。

改革开放以来中国史学界的真正进步，思想解放也好，观念的转变也好，都是从80年代对唯物史观理论的拨乱反正、正本清源开始的，是从这个基本的历史观方面的变化开始的。所以，当代史学理论研究寻求突破，也必须从历史观、本体论的角度着手。而在历史观、本体论的最高层面，我们不可能有所推进，难以有所建树，还是只能坚持唯物史观，于是从历史观本体论角度寻求突破，就必须另辟蹊径，于是我们把目光转向了较低层面的本体论研究，这才有了中国历史哲学研究的动议。这是本文论题的初衷。

在完成了上边的论证之后，还有几个与之相关的问题需要交代。

一是要强调中国历史哲学是一个学科，可以看作大史学理论范畴的一门分支学科，而不仅仅是一本书。我们可以写一本《中国历史哲学》的书，但它不是一本书可以解决的问题,是需要有众多学者参与的一个理论学科建设,每个人都可以有自己对中国历史哲学的见解,都可以建树属于自己的中国历史哲学体系。正是有众多具有个性风格的中国历史哲学研究,才可能逐步接近对中国历史本质、中国历史道路的科学认识。

二是关于中国研究的话语权问题。中国历史哲学是中国人对自身历史的理论解读,而这就是实质上的中国话语。解释中国历史的话语权,在中国学者自己手里。笔者理解的中国话语主要是话语权的问题,而不是狭隘的中国语言问题,不是单纯地用中国历史上固有的概念术语来描述中国的历史。要站在当代的历史高度,站在世界文明的高度,去写好中国历史哲学。所以,研究和书写中国历史哲学,并不能理解为恢复中国传统文化中固有的概念体系,不能理解为用中国的历史语言去书写中国历史哲学,而是要吸收西方近代以来形成的科学概念体系,结合中国历史的具体实际,去构造中国历史哲学的范畴体系。特别是马克思主义唯物史观解读历史的概念体系,仍然是我们应该使用的分析工具。

三是强调中国历史哲学是中国人对自身历史的理论解读,并不意味着排斥中国学术共同体之外的声音,当然也欢迎国外学者对中国历史的理论研究,我们只是强调,建设中国历史哲学体系,主要还是要由我们自己来完成。这是中国历史学家的责任和使命。我们应该有勇气也有能力提出对中国历史成体系的理论看法,为当代历史学的发展,也为当代国人走向未来的社会实践,提供可以信赖的历史依据。

(原载《四川师范大学学报》2018年第6期)

国族重构与中国现代历史学

赵轶峰

中国晚清以降现代化转变的一项重要内容是国族国家的重构。这既以先前长久历史的演变为基础,也因"现代"强化的国际竞争环境和生存需求而刻不容缓。来自西方的国族国家思想作为"现代"精神为这场转变提供思想资源,历史学也因在此过程中发生重要作用而成为显学。梳理这一过程,可以看到,这场触及中国社会、国家、思想、学术的深刻转变,产生了整体意义上重新定向的历史作用,同时也留下一些话语歧义和思想分歧,也可以看到中国现代历史学本身的一些重要的历史与时代特征。前人关于国族重构的研究很多,但大多未对"民族"与"国族"之关联与区别做透彻剖分,在国族重构的视角下对中国现代历史学时代与观念特征的分析尤难得见,故有此文。

一、对民族、国族概念的辨析

理析国族重构的历程会大量涉及"民族"和"国族"两个核心概念的关联与区分问题,尤其是"国族"概念使用不多,内涵需要说明,故先从两个基本概念的辨析入手加以讨论。

民族在何时形成以及民族的内涵如何,学界至今意见分歧。人类历史上很早就形成了基于血缘、地缘、部族的纽带关系,在共同生活中发展成为具有共同语言、习俗和文化心理的社会共同体。现代华语学术界有时会回避将此类古代的社会共同体径直称为民族,而用单一"族"字,或"古族""部族""某某人"等指称。其原因主要在于，现代汉语中的"民族"在大多数语境中被作为一个具有"现代"特定意味的概念使用，与英语中的 nation，即组成国家的人民整体对应。"民族国家"（nation state）也被视为现代历史所特有的主权政治单元。英语中另有 ethnic group，用来指称并非一定与国家整合到一起的"族"，在民国时期就已被中国学术界了解，但没有广泛应用。这个词本来可以与现代汉语中的"民族"对应使用，但现代汉语中的"民族"既与 nation 关联，ethnic group 就不便译为"民族"，大多译为"族群"了。这里的问题是，"民族"既被赋予"现代"含义，在被用来谈论前现代的现象时，就成了一种借用语，使得前现代的"民族"怎么说都是模糊的。解决之法：应将"民族"界定为自然形成的具有共同语言、习俗和文化心理的社会共同体，对应于 ethnic group；与国家整合到一起的人民则应用"国族"表示，也即英文中的 nation。用这样的定义重新来看，前现代的民族，即具有共同语言、习俗、文化和长期共同生活历史并形成社会认同的人群，很早就已经形成，其起源与"现代"与否无关，但延展到了现在这个时代，与国族并存而并不由国族所限定。与此相关，中国学术界多数情况下所说的民族主义，内涵是"国族主义"，英语中的 nationalism 其实应该被翻译成"国族主义"，而不是"民族主义"。这与 international 应被翻译为"国际"而不是"民族际"同理。进而，"民族国家"（nation state）语境中的"民族"其实是"国族"，"民族国家"应称为"国族国家"。国族作为与国家组织整合的人群，具有比民族更浓重的国民共同体含义，其中可能包含多个民族，因而可能包含多种语言、习俗、信仰，它们在国家共同体层面形成认同和体制化组织形态而无需放弃自己的语言、习俗、信仰。美国学者杜赞奇（Prasenjit Duara）那本中译本为《从民族国家拯救历史：民族主义话语与中国现代史研究》（*Rescuing History from the Nation: Questioning Narratives of Modern China*）的著作中的"民族"也是 nation，即这里所说的"国族"，当理解为"从国族国家拯救历史"。在国族概念中，"国"是根本，而不是"族"为根本。国族在历史上越来越普遍地包容多种民族，而单一民族构成的国家已经基本绝迹。

　　国族清晰界定并成为国际关系的基本单元，在欧洲历史上是在 17 世纪伴随国际竞争完成的。在中国，由于中华文明长期延续性历程作用和国家组织持续强势发展，国族意识在前现代历史时期略有形迹，但笼罩在君主–

臣民关系结构中，未形成清晰的理论。西方势力东来，主要是19世纪以后的直接冲突性接触，迫使亚洲各国快速地明晰和重构了自己的国族理念，甚至国族结构。前现代亚洲有国家，有民族，但是缺乏清晰的国族意识和理论，国族界定模糊，这成为亚洲各国在西方势力东来以后的国际冲突中处于被动局面的背景之一。从而，自19世纪以降，整合并强化国族，成为亚洲各国现代化转变过程所不能回避的事情。因为国族整合的过程必须在文化和政治归属层面比以往更加严格地区分自我与他者，确立认同的专属特性，于是就各自都增强了排斥性。因而，国族整合与国族主义的兴起，强化了国家为单元的国际冲突。

国族建构过程把一个国家内所有成员的认同向国家归属层面整合，在社会内部极大地强化了国家的神圣性和政府的权威性，国家在国际关系中又被公认为是唯一主权实体，因而现代化过程在很大程度上也是国家强化的过程。国族主义的兴起——在一些语境中可能被表述成"现代民族意识的觉醒"——成为现代化的内在组成部分。亚洲各国的现代兴起，都伴随重塑国家制度和重塑国族认同的过程。借助国族主义整合国家，借助国家整合来培育国民的国族主义意识，是亚洲各国现代历史变迁的突出主题之一。在这一历程中，历史学在重塑国族中发挥了巨大作用，也在国族重塑中实现了自身的现代化改造，从而在一开始就涂上了一层国族主义的底色。

所有国族认同都需要文化、历史知识的铺垫，都要通过文化和历史传统特殊性的共识来强化，故国族认同一定伴随着把原本模糊的文化、历史边界清晰化的过程，甚至是创造专属文化传统的过程。亚洲各国的文化历史原本深度交融，其国族建构必然要伴随一场文化和历史传统的重新切割。这种切割必须由历史学来操刀，其中包括把以往的共同经验分剖为单一国族的专属经验。从而，国族主义与历史学结合，既推动了各国人民对于自身历史文化传统特色的体认，也把更强的特殊价值立场和主观性带入历史学。历史学由是而成为现代亚洲各国学术中的显学。

有关国族主义的研究已然非常丰富，但从哲学、社会理论、社会思潮角度讨论问题的远多于深入探析国族主义与历史研究之关联的研究，直接讨论国族主义与亚洲历史学的著述就更少一些。杜赞奇的那本声名鹊起的《从民族国家拯救历史：民族主义话语与中国现代史研究》，是较多观照亚洲经验来讨论国族主义的主要著作之一。杜赞奇认为,现代民族意识受黑格尔主义尤其是线性历史观的影响,仅仅承认已经在历史中意识到自我并成为民族的人民拥有权利,认为"民族国家有权摧毁非民族国家,并为她们送来启蒙之光"①。黑格尔主义是19世纪占统治地位的进化论话语的一种精密表述,在西方势力冲击非西方世界时,社会达尔文主义代表着启蒙理性的黑暗一面,西方强权者在启蒙文明的名义下,把人类划分为"先进"和"落后"的种族,并借助"民族国家"而推行"名正言顺"的掠夺。② 近百年来,遍布全球的"民族国家"构成世界体系,"这一体系将民族国家视为主权的唯一合法的表达形式。民族国家是一种有着明确疆界的政治体制,其中'代表'民族-人民(the nation-people)的主权国家不断扩展自己的角色和权力"③。他在认定民族国家(本文所说的国族国家)对现代历史意识构成强力支配的同时,强调其暂时性和观念性,认为民族并不是同一的、在时间中不断演化的主体,"现代民族身份认同的形式与内容是世代相传的有关群体的历史叙述结构与现代民族国家体系的制度性话语之间妥协的产物"④。"民族"是被有意建构起来的,并将被解构,他自己的研究就是一种对那种认为群体是稳定的、像物种进化一样逐渐形成一种民族自觉的观念的挑战,他的著作就是要"考察不同群体的知识分子或政治家是如何发明或利用现有的叙述结构来重新划定具有多种认同的集体边界的"⑤。杜赞奇的主要贡献在于,他揭示出,国族意识的兴起是伴随着把民族历史的连贯性加以深描,并将之作为现代利益竞争工具的过程。国族包含杜赞奇所说的种种发明和建构,或者被发明和建构所影响,历史学家需要在其相关研究中警惕这

---

① 杜赞奇:《从民族国家拯救历史:民族主义话语与中国现代史研究》,王宪明译,社会科学文献出版社,2003,第6页。本文在引用该书中译本中文字时,不做改动,请读者注意引文中的"民族国家"意为"国族国家"。
② 杜赞奇:《从民族国家拯救历史:民族主义话语与中国现代史研究》,第6-7页。
③ 杜赞奇:《从民族国家拯救历史:民族主义话语与中国现代史研究》,"导论"第6-7页。
④ 杜赞奇:《从民族国家拯救历史:民族主义话语与中国现代史研究》,第60页。
⑤ 杜赞奇:《从民族国家拯救历史:民族主义话语与中国现代史研究》,第56页。此类看法经安德森、杜赞奇等人论说之后,晚近中国学者颇多将之视为当然者。说如"现代历史学、人类学和社会学已经揭示,'民族'是一个建构与再建构(construction and re-construction)的过程,它并非如民族主义者宣称的那样自古而然,而是一个相当晚近的制造物。在民族制造的过程中,历史论述起到至关重要的作用"。参看林磊:《"民族主义"与近代中国新史学的命运——以抗战时期的傅斯年为中心》,《中国文化研究》2016年冬之卷。

种建构对历史事实叙述的渗透及其可能造成的选择指向。不过,杜赞奇忽视了"民族国家"建构的历史基础问题,没有有效区分"民族"和"国族"。从历史学角度看,民族和民族共同体是人类文明演变历程中自然而然发生的情况,民族不是虚幻的,也不是现代才被构造出来的,杜赞奇的理论是易于带来歧义的。

欧洲势力在 16 世纪已经全面触及亚洲各国,但亚洲各国的国族建构是在 19 世纪中叶以后成为这一区域社会历史运动的重要主题之一的,这无疑与当时欧洲势力在亚洲推进的升级有关。西班牙人在明朝中叶就占据了菲律宾,葡萄牙、荷兰、英国在 16 世纪就在印度一些地方建立殖民地。但是东亚和南亚不同,这里有亚洲各国中最具有整体组织性的社会体系,所以欧洲人的推进于 17 世纪中叶停止在东亚各国的边缘,据南亚以视东亚,到 19 世纪中叶才开始将推进的锋芒直指东亚的中国和日本。中国在 1840 年鸦片战争前后切实感受到欧洲殖民势力东来的真正威胁,虽然并没有立即兴起后来所说的"民族主义"的思想运动,但影响深远的"自强""洋务"运动,对西学的兴趣和海外留学潮流、太平天国运动,都具有深刻改造既有社会体系和自我与他者关系的含义,已经构成稍后逐渐明确起来的国族重建运动的序曲。当时,中外政府在相互关系中已经开始处理中国人的国籍问题。① 国族尚未成为"主义"时,国族意识和与国族分野相关的社会实践已经展开。第二次鸦片战争、中法战争,皆伴随着中国作为一个国家体系面临危机的继续深化。1894 年爆发甲午战争,中国败于日本,次年签订《马关条约》,台湾被割让给日本,经历半个世纪曲折社会改造的中国社会各界终于看清了先前各种尝试的局限,并深为日本的迅速崛起所触动。重构国族,包括改造国家政治体制和相应的国族意识作为一种普遍的社会诉求凸显出来。义和团运动和随后的八国联军劫掠北京、庚子赔款,把中国民众与清朝统治集团、与列强的矛盾都进一步激化,呼唤国家体制和国民意识的重构。尝试建立君主立宪体制的戊戌变法和直接推翻帝制、走向共和的辛亥革命接踵而至。辛亥革命变帝制为共和,构成中国国家体制和国族建构的最突出历史节点,也把参照共和体制原则和历史现实对何为中国、谁是中国人重新定义

---

① 参看缪昌武、陆勇:《〈大清国籍条例〉与近代"中国"观念的重塑》,《南京社会科学》2012 年第 4 期。

的问题凸显出来。

二、中华国族建构中的思想者与历史学家言说

历史学作为关于群体往事记忆和反思的学问,与社会认同关系至深,因而在国族建构的时代,就会成为显学。所以,伴随中国国族重构而兴起的中国现代历史学,在中国史学史的长卷中是一个特殊的显赫片段。

历史上自然形成的国家在国际竞争高度强化的现代,被从组织方式到意识形态都高度强化了国家权威性和具有认同绝对性的国族反衬为相对松散而缺乏竞争力的共同体,因而现代化必定伴随从民族或者多民族共同体到国族的转变。国族国家意识比旧王朝或"天下"意识更强调国际关系中的主权、疆域的神圣性,强调国民共同构成国家权力的本源,也赋予国民对于国家共同体的认同以崇高的意蕴,具有其他国家形式难以比拟的社会整合功能。17世纪中叶开始的清代中国,是一个包容多民族的传统国家。它在列强冲击下显得松散老旧,缺乏整体行为效能,陷入深重危机。19世纪末,中国在列强压力下解除了帝制时代形成的藩属国家对中国的依附性关系,从而更加感受到重新整合国家体系的迫切性。《中国同盟会革命方略》即提出"驱除鞑虏""恢复中华""建立民国""平均地权"为四项纲领,并称:"我汉人为亡国之民者二百六十年于斯。满政府穷凶极恶,今已贯盈。义师所指,覆彼政府,还我主权。"[①]这是一种以传统意义上的"族"为主体建立国家的主张,并没有体现出对现代国族理念的深刻认识,实践上则会导致边疆民族区域的分离。其后,革命党做出调整,提出"五族共和"的国族建设理念。1919年,孙中山说道:"夫汉族光复,满清倾覆,不过只达到民族主义之一消极目的而已,从此当努力猛进,以达民族主义之积极目的也。积极目的为何?即汉族当牺牲其血统、历史与夫自尊自大之名称,而与满、蒙、回、藏之人民相见于诚,合为一炉而治之,以成一中华民族之新主义,如美利坚之合黑白数十种之人民,而治成一世界之冠之美利坚民族主义,斯为之积极之

[①] 孙中山:《中国同盟会革命方略》,载广东省社会科学院历史研究所、中国社会科学院近代史研究所中华民国史研究室、中山大学历史系孙中山研究室合编《孙中山全集》第一卷,中华书局,1981,第296-297页。

目的也。"①这就从汉族中心的民族主义转变为"五族"象征的多民族组成的"中华民族"为主体的民族主义,即国族主义。这种主张,除了基于中国社会历史的传统和现实,也明显参照了美国的经验,是一种在新国家共同体中融合各族为现代国族的理念,从而可能化解稍早时期国族建构中的单一民族意识造成的紧张。不过,孙中山在由排满的汉民族主义转化为中华大民族主义之后的一段时间,依然保持了国族之内的汉民族主导观念。陈建樾就注意到,孙中山在 1921 年曾有两次讲演表达汉族中心的中华大民族主义,甚至"对'五族共和'不屑一顾……"②孙中山的确在这一年三月说:"自光复之后,就有世袭底官僚,顽固底旧党,复辟底宗社党,凑合一起,叫做五族共和。岂知根本错误就在这个地方。讲到五族底人数,藏人不过四五百万,蒙古人不到百万,满人只数百万,回教虽众,大都汉人……汉族号称四万万,或尚不止此数,而不能真正独立组一完全汉族底国家,实是我们汉族莫大底羞耻,这就是本党底民族主义没有成功。"③"今日我们讲民族主义,不能笼统讲五族,应该讲汉族底民族主义。或有人说五族共和揭橥已久,此时单讲汉族,不虑满、蒙、回、藏不愿意吗?此层兄弟以为可以不虑。彼满洲之附日,蒙古之附俄,西藏之附英,即无自卫能力底表征。然提撕振拔他们,仍赖我们汉族。兄弟现在想得一个调和的方法,即拿汉族来做个中心,使之同化于我,并且为其他民族加入我们组织建国底机会。仿美利坚民族底规模,将汉族改为中华民族,组成一个完全底民族国家,与美国同为东西半球二大民族主义的国家。"④同年十二月,他在桂林对军界的演说中再次表达了类似主张。⑤ 这表明,孙中山在 1919 年前后讲"五族共和",带有与他人主张相妥协的含义,他自己还是倾向于以汉族中心而同化其他各族的。所以如

---

① 孙中山:《三民主义》,载广东省社会科学院历史研究所、中国社会科学院近代史研究所中华民国史研究室、中山大学历史系孙中山研究室合编《孙中山全集》第五卷,中华书局,1985,第 187-188 页。

② 陈建樾:《单一民族国家还是多民族国家:近代中国构建现代国家的解决方案之争》,《清华大学学报》2018 年第 5 期。

③ 孙中山:《在中国国民党本部特设驻粤办事处的演说》,载《孙中山全集》第五卷,第 473 页。

④ 孙中山:《在中国国民党本部特设驻粤办事处的演说》,载《孙中山全集》第五卷,第 474 页。

⑤ 参看孙中山:《在桂林对滇赣粤军的演说》,载广东省社会科学院历史研究所、中国社会科学院近代史研究所中华民国史研究室、中山大学历史系孙中山研究室合编《孙中山全集》第六卷,中华书局,1985,第 24-25 页。

此,既有其早年比较狭隘的"排满"观念的渊源,也与他对美国国族状态的观察有关。而且,清末民初,西方国族观念被介绍到中国未久,许多人把现代国家理解为由单一民族构成的。① 这也会影响到孙中山的国族建构思路。到1924年编定《三民主义》,孙中山再次表达的,基本上是汉民族为中心而融合各族建构国族的思路,是大汉族主体国家思想与各族同为中华国族成员思想的融合。他说:"我可以用一句简单话说,民族主义就是国族主义。中国人最崇拜的是家族主义和宗族主义,所以中国只有家族主义和宗族主义,没有国族主义。外国旁观的人说中国人是一片散沙。这个原因是在什么地方呢?就是因为一般人民只有家族主义和宗族主义,没有国族主义……我说民族主义就是国族主义,在中国是适当的,在外国便不适当。外国人说民族和国家便有分别。英文中民族的名词哪逊。哪逊这一个字有两种解释。一是民族,一是国家。这一个字虽然有两个意思,但是他的解释非常清楚,不容混乱……由于王道自然力结合而成的,是民族;由于霸道人为力结合而成的,是国家。这便是国家和民族的分别……就中国的民族说,总数是四万万人……外来的总数不过一千万人。所以就大多数说,四万万中国人,可以说完全是汉人。同一血统,同一言语文字,同一宗教,同一习惯,完全是一个民族。"②

立宪派虽然在国家体制方面与革命党主张不同,但也主张以多民族共同体为基础改造国家体制,且在融合各族而为中华的方面,比革命党更为畅达。康有为在推动晚清立宪时提出:"考之古经之大义,质之万国之通译,定国名曰中华,莫不协允。伏乞下廷议,删除满、汉名字籍贯,而正定国名,即永名曰中华国。上自国书官书,莫不从同。自满、汉及蒙、回、藏既同隶一国,并当同为中华国人,不得殊异。其满人并赐汉姓,俾合同而化,永泯猜嫌。则团合大群,以强中国,莫善于此。"③先曾推动晚清预备立宪,后又支

---

① 如陈独秀在1904年讲到国家的含义时就提出:"……一国的人民,一定要是同种类,同历史,同风俗,同言语的民族,断断没有好几种民族,夹七夹八的住在一国,可以相安的道理。所以现在西洋各国,都是一种人,建立一个独立的国家,不受他种人的辖治,这就叫做'民族国家主义'。若单讲国家主义,不讲民族国家主义,这国家到是谁的国家呢?原来因为民族不同,才分建国家。"见陈独秀:《说国家》,载林茂生等编《陈独秀文章选编》(上),生活·读书·新知三联书店,1984,第40页。
② 孙中山:《三民主义》,北新书局,1927,第1-7页。按引文中的"哪逊",当为 nation 的音译。
③ 康有为:《海外亚美欧非澳五洲二百埠中华宪政会侨民公上请愿书》,载《康有为全集》第八集,中国人民大学出版社,2007,第413页。

持袁世凯复辟帝制的杨度其实是晚清民国间就中国的国族建构思考很深的人,他坚决反对排满的汉族立国论,也反对满汉联合建国论,因为这些主张都会导致中国的分裂。他在1907年就提出:"主张五族分立论或汉国独立论者,实俄、法之所乐闻,而思利用之,以为先驱者也。故中国之在今日世界,汉、满、蒙、回、藏之土地,不可失其一部,汉、满、蒙、回、藏之人民,不可失其一种,必使土地如故,人民如故,统治权如故。三者之中,不可使其一焉有所变动,一有变动,则国亡矣……人民既不可变,则国民之汉、满、蒙、回、藏五族,但可合五为一,而不可分一为五。"①

马克思主义者在这一时期提出的意涵最为深邃的思想是"新中华民族主义"。1917年2月,李大钊撰文提出,中华民族由亚洲诸多民族融合而成,今日既然已经文化趋于一致且隶属于同一个共和国中,当不再对历史上的民族加以区分而同归一体:"吾国历史相沿最久,积亚洲由来之数多民族冶融而成此中华民族,畛域不分、血统全泯也久矣,此实吾民族高远博大之精神有以铸成之也。今犹有所遗憾者,共和建立之初,尚有五族之称耳。以余观之,五族之文化已渐趋于一致,而又隶于一自由平等共和国体之下,则前之满云、汉云、蒙云、回云、藏云,乃至苗云、瑶云,举为历史上残留之名辞,今已早无是界,凡籍隶于中华民国之人,皆为新中华民族矣。然则今后民国之政教典刑,当悉本此旨以建立民族之精神,统一民族之思想。此之主义,即新中华民族主义也。"②这一种国族兴而民族消失的主张,带有一定理想主义色彩,意为现代国族建构可以把历史上的民族差异全部融化,凝聚一体。

前述主张,都体现清末民初思想界探索国族建构理念的轨迹,而探索的基本方向还是指向了多民族共同构成国族的主张。在一定意义上说,国族主义是中国现代新史学最重要的催生力和标志。在这些主张中,对于当时历史学界影响最大的,当数梁启超的论说。

---

① 杨度:《金铁主义说》,载刘晴波主编《杨度集》,湖南人民出版社,1986,第304页。
② 李大钊:《新中华民族主义》,载朱文通等整理编辑《李大钊全集》第2卷,河北教育出版社,1999,第494-495页。李大钊在此文首段中说道:"盖今日世界之问题,非只国家之问题,乃民族之问题也。而今日民族之问题,尤非苟活残存之问题,乃更生再造之问题。余于是揭新中华民族主义之赤帜,大声疾呼以号召于吾新中华民族少年之前。"此语显示"国族重构"为当时有识者明确见识。参同上书第493页。

梁启超认为,"民族主义"是清末民初重构国家必须采用的思想路线:"凡国而未经过民族主义之阶级者,不得谓之为国。譬诸人然,民族主义者,自胚胎以至成童所必不可缺之材料也。由民族主义而变为民族帝国主义,则成人以后谋生建业所当有事也。"①"近四百年来,民族主义日渐发生,日渐发达,遂至磅礴郁积,为近世史之中心点。顺兹者兴,逆兹者亡。"②"故今日欲救中国,无他术焉,亦先建设一民族主义之国家而已。以地球上最大之民族,而能建设适于天演之国家,则天下第一帝国之徽号,谁能篡之?"③

梁启超最初所说的"民族主义国家",是单一民族国家:"民族主义者何?各地同种族同言语同宗教同习俗之人,相视如同胞,务独立自治,组织完备之政府,以谋公益而御他族是也。"④按照这种理解,民族主义国家就当是单一民族组成的,但这种单一民族国家论并不适合晚清中国的国情,梁启超本人后来也继续探索。1903 年,他发表《政治学大家伯伦知理之学说》,借助于对伯伦知理政治学的梳理,明确区分了民族和国家,并主张停止排满革命,整合"大民族主义"以一致对外:"由此言之,则吾中国言民族者,当于小民族主义之外,更提倡大民族主义。小民族主义者何?汉族对于国内他族是也。大民族主义者何?合国内本部属部之诸族以对于国外之族是也……自今以往,中国而亡则已,中国而不亡,则此后所以对于世界者,势不得不取帝国政略。合汉合满合蒙合回合苗合藏,组成一大民族。提全球三分有一之人类,以高掌远跖于五大陆之上。此有志之士所同心醉也。"⑤梁启超的这种大民族思想,与康有为的大民族主张方向一致,与杨度的民族观念相通,与孙中山在辛亥革命以后阐述的五族共和思想也能联通,成为民初中国政治、思想、学术界逐步达成的主流看法。

梁启超既是当时中国的主要政治参与者、政论家,又是现代史学的主要开创者。他几乎同时将前述民族观渗透于对中国历史的叙述。在《中国史叙论》中,他专设一节讨论中国历史上的"人种","今考中国史范围中之各人种,不下数十,而最著明有关系者,盖六种焉……其一苗种……其二汉

---

① 梁启超:《国家思想变迁异同论》,载《饮冰室合集·文集之六》,中华书局,1989,第 22 页。
② 梁启超:《论民族竞争之大势》,载《饮冰室合集·文集之十》,第 10 页。
③ 梁启超:《论民族竞争之大势》,载《饮冰室合集·文集之十》,第 35 页。
④ 梁启超:《新民说》,载《饮冰室合集·专集之四》,第 4 页。
⑤ 梁启超:《政治学大家伯伦知理之学说》,载《饮冰室合集·文集之十三》,第 75-76 页。

种……其三图伯特种……其四蒙古种……其五匈奴种……其六通古斯族……"①这为20世纪中国历史学界讨论国族构成提供了一个基点。② 梁启超开一代学术风气的《新史学》中最重要的主张,也正是以国族为本位书写历史,以求培育国民的国族意识。他指出,传入中国之西学诸学科中,惟史学为中国所固有,而史学是"国民之明镜也,爱国心之源泉也",西方各国所以发达,"史学之功居其半焉";然而中国史学发达二千余年于兹,却不能有同样之功德普及于国民,其因在于传统史学,"知有朝廷而不知有国家……知有个人而不知有群体……知有陈迹而不知有今务……知有事实而不知有理想"。③ 此四项病源之中,以朝廷为国家即缺乏正当的国家意识。为此,要建立新国家,必须将旧史学改造为新史学。"今日欲提倡民族主义,使我四万万同胞强立于此优胜劣败之世界乎?则本国史学一科,实为无老、无幼、无男、无女、无智、无愚、无贤、无不肖所皆当从事,视之如渴饮饥食,一刻不容缓者也。然遍览乙库中数十万卷之著录,其资格可以养吾所欲,给吾所求者,殆无一焉。呜呼,史界革命不起,则吾国遂不可救。悠悠万事,惟此为大。新史学之著,吾岂好异哉,吾不得已也。"④在《少年中国说》中,梁启超表达了同样的重构国民之国家观念的思想:"且我中国畴昔,岂尝有国家哉,不过有朝廷耳。我黄帝子孙,聚族而居,立于此地球之上者既数千年,而问其国之为何名,则无有也。夫所谓唐虞夏商周秦汉魏晋宋齐梁陈隋唐宋元明清者,则皆朝名耳。朝也者,一家之私产也。国也者,人民之公产也。"⑤中国作为公认的国名,也是在这时经梁启超等人讨论而确定的。"吾人所最惭愧者,莫如我国无国名之一事。寻常通称,或曰诸夏,或曰汉人,或曰唐人,皆朝名也。外人所称,或曰震旦,或曰支那,皆非我所自命之名也。以夏汉唐等名吾史,则戾尊重国民之宗旨,以震旦、支那等名吾史,则失名从主人之公理。曰中国,曰中华,又未免自尊自大,贻讥旁观。虽然,以一姓之

---

① 梁启超:《中国史叙论》,载《饮冰室合集·文集之六》,第5—6页。
② 据黄兴涛研究,"中华民族"一词之使用也可能是从梁启超开始的,初指汉族,后指汉族为主的中华多民族共同体。参看黄兴涛:《现代"中华民族"观念形成的历史考察——兼论辛亥革命与中华民族认同之关系》,《浙江社会科学》2002年第1期。
③ 梁启超:《新史学》,载《饮冰室合集·文集之九》,第1—4页。
④ 梁启超:《新史学》,载《饮冰室合集·文集之九》,第7页。
⑤ 梁启超:《少年中国说》,载《饮冰室合集·文集之五》,第9—10页。

朝代而诬我国民,不可也,以外人之假定而诬我国民,犹之不可也。于三者俱失之中,万无得已,仍用吾人口头所习惯者,称之曰中国史,虽稍骄泰,然民族之各自尊其国,今世界之通义耳。我同胞苟深察名实,亦未始非唤起精神之一法门也。"①要以国族主义熏陶国民,需借助于历史学。"本国人于本国历史,则所以养国民精神,发扬其爱国心者,皆于是乎在。"②故"新史学"与"新民"的主张一起提出。梁启超的这些主张为中国现代历史学涂上浓厚的国族主义底色。

在民族国家兴起以前的世界历史上,王朝或者政权名称常被用作对外的自称。这种前现代的政权并不以严格的个人对于单一国家的归属为特征,也不造成个人对所在社会的专属认同。习惯了这种心理,在国族激烈竞争的时代,就难以实现统一的社会动员。而晚清民国时期中国的启蒙思想家们,正是要用专属认同来做全民的动员,这一目标又与国家体制的改造合并在一个过程中,于是就必须把以王朝为国家的意识转变为国家与民族而为一体的国族意识,国家主义与民族主义在国族思想中高度融汇。在这方面,梁启超认为:"欧洲自十四五世纪以来,国家主义萌茁发展,直至今次世界大战前后,遂臻全盛。彼所谓国家主义者何物耶?欧洲国家以古代的市府及中世的堡聚为其雏形。一切政治论,皆孕育于此种市府式或堡聚式的组织之下。此种组织,以向内团结向外对抗为根本精神。其极也遂至于以仇嫉外人为奖励爱国冲动之唯一手段。国家主义之苗,常利用人类交相妒恶之感情以灌溉之,而日趋蕃硕,故愈发达而现代社会杌陧不安之象乃愈著。中国人则自有文化以来,始终未尝认国家为人类最高团体,其政治论常以全人类为其对象,故目的在平天下,而国家不过与家族同为组成'天下'之一阶段……盖吾人与世界全人类相接触,不过在最近百数十年间,而此百数十年,乃正国家主义当阳称尊之唯一时代。吾人逆潮以泳,几灭顶焉。吾人当创巨痛深之余,曷尝不窃窃致怨于先民之诒我戚。"③在他的思考中,国家主义与民族主义是内在交融的,而中国的天下主义虽然不失为一种理想精神,却不是面对当下世界的基本思路。要应对中国面临的存亡危机,不能

---

① 梁启超:《中国史叙论》,载《饮冰室合集·文集之六》,第3页。
② 梁启超:《东籍月旦》,载《饮冰室合集·文集之四》,第99页。
③ 梁启超:《先秦政治思想史·序论》,载《饮冰室合集·专集之五十》,第2-3页。

仅有理想，还需面对现实："有世界主义，有国家主义。无义战非攻者，世界主义也；尚武敌忾者，国家主义也。世界主义属于理想，国家主义属于事实；世界主义属于将来，国家主义属于现在。今中国岌岌不可终日，非我辈谈将来、道理想之时矣。故坐吾前此以清谈误国之罪，所不敢辞也……抑吾中国人之国家主义，则虽谓之世界主义可也。今日世界之事，无有大于中国之强弱兴亡者。天下万国大政治家所来往于胸中之第一大问题，即支那问题是也。故支那问题，即不啻世界问题；支那人言国家主义，即不啻言世界主义。"①梁启超显然没有陷入极端国族国家主义，他保持着以"天下主义"即"世界主义"制衡国族主义局限的清醒认识。

与梁启超前后大致同时活跃在中国思想、政治、学术舞台上的人，皆与国族主义思潮有各自的关联。他们对于职业历史学家工作方式的影响方式和程度有所不同，但是共同营建了20世纪前期中国历史学的历史社会氛围。

章太炎承浙东学派余绪，贯通古今，推崇气节，主张民族主义，且对世界历史及近代社会思潮相当了解，对中国民族、国家问题的思考有独到之处。他曾对严复所译英国人爱德华·甄克思的《社会通诠》以及严复对该书的推崇提出异议，认为甄克思援据历史而解释社会，只关照了印第安人、黑人和欧美、亚洲西部社会的历史，并未关照东亚一带的历史，"未尽经验之能事者"且"卑无高论"，且严复依据甄克思之说，以图腾社会、宗法社会、军国社会作为人类社会三大形态对中国的分析，包括对当时中国民族主义及章太炎"排满"说的批评，也不得要领。他主张："今外有强敌以乘吾隙，思同德协力以格拒之，推其本源，则曰以四百兆人为一族，而无问其氏姓世系。为察其操术，则曰人人自竞，尽尔股肱之力，以与同族相系维。其支配者，其救援者，皆姬、汉旧邦之巨人，而不必以同庙之亲，相呴相济。其竭力致死、见危授命者，所以尽责于吾民族之国家，身体发肤，受之父母，虽有毁伤而无所惜，曰务其大者远者耳！民知国族，其亦夫有奋心，谛观益习，以趋一致。如

---

① 梁启超：《自由书·答客难》，载《饮冰室合集·专集之二》，第39页。

是,则向之隔阂者,为之瓦解,犹决泾流之细水,而放之天池也。"①章太炎的论说显示出,他并非始终一味强调汉族的民族主义,而是在竞争的国际大势中重构国家的基点上思考中国的民族问题,民族最终着落到"国族"自立的诉求上。

启迪民族和国族的意识,需要历史知识。章太炎在《答铁铮》中说:"故仆以为民族主义,如稼穑然,要以史籍所载人物制度、地理风俗之类,为之灌溉,则蔚然以兴矣。不然,徒知主义之可贵,而不知民族之可爱,吾恐其渐就萎黄也。"②他曾拟写《中国通史略例》,内有:"今修《中国通史》,约之百卷,镕冶哲理,以祛逐末之陋;钩汲智沈,以振墨守之惑;庶几异夫策锋、计簿、相斫书之为者矣!"③百卷规模,宏志大愿,可惜未能完成。1902年,梁启超、章太炎的挚友夏曾佑写出《最新中学中国历史教科书》,简称《中国历史教科书》,这是最早的以新章节体和进化论历史观主线写作的中国古代史教科书。1933年,商务印书馆以《中国古代史》为名出版该书,作为大学丛书之一。夏曾佑在该书中讲:"读我国六千年之国史,有令人悲喜无端,俯仰自失者。读上古之史,则见至高深之理想,至完密之政治,至纯粹之伦理,灿然大备,较之埃及、迦勒底、印度、希腊,无有愧色。读中古之史,则见国力盛强,逐渐用兵,合闽、粤、滇、黔、越南诸地为一国,北绝大漠,西至帕米尔高原,哀然为亚洲之主脑,罗马、匈奴之盛,殆可庶几,此思之令人色喜自壮者也。洎乎读近今之史,则五代之间,我之佣贩、皂隶,与沙陀、契丹,狂噬交捽,衣冠涂炭,文物扫地,种之不灭者几希……道光以后,与天下相见,数十年来,乃骎骎有战国之势。于是识者知其运之将转矣,又未始无无穷之望也。"④他的著史,是要从历史中探讨国族的生命力与在"战国"中生存的机缘,并以

---

① 章太炎:《〈社会通诠〉商兑》,载上海人民出版社编《章太炎全集》(四),上海人民出版社,1985,第333-334页。按章太炎该文作于1907年,是笔者所见近代思想家较早自觉使用"国族"概念之例。夏引业有文称:"从1924年孙中山首次提出'国族'概念到现在,近代意义的'国族'一词已有近百年的历史……"见夏引业:《"国族"概念辨析》,《中央民族大学学报》2018年第1期。该说有待斟酌。又黄兴涛将汉语"国族"词源追溯到更早。参看黄兴涛:《重塑中华:近代中国"中华民族"观念研究》,北京师范大学出版社,2017,第83-89页。
② 章太炎:《答铁铮》,载上海人民出版社编《章太炎全集》(四),第371页。
③ 章太炎:《中国通史略例》,载上海人民出版社编《章太炎全集》(三),上海人民出版社,1984,第329页。
④ 夏曾佑:《中国古代史》,河北教育出版社,2000,第12-13页。

之引导读者。

三、抗日战争时期中国史家的国族观讨论

日本侵华,中国陷入存亡危机。当时史学界很多学者觉得亟须编写一部中国通史,瞩目于张荫麟者为多。张荫麟在卢沟桥事变前两年著《中国史纲》,卢沟桥事变三年后得以出版。张荫麟在此书中说:"我们正处于中国有史以来最大的转变关头,正处于朱子所谓'一齐打烂,重新造起'的局面;旧的一切瑕垢腐秽,正遭受彻底的涤荡剡割,旧的一切光晶健实,正遭受天捶海淬的锻炼,以臻于极度的精纯;第一次全民族一心一体地在血泊和瓦砾场中奋扎以创造一个赫然在望的新时代……在这时候,把全部的民族史和它所指向道路,作一鸟瞰,最能给人以开拓心胸的历史的壮观。"①他深以撰写中国通史为自豪:"在种种新史观的提警之下,写出一部新的中国通史,以供一个民族在空前大转变时期的自知之助,岂不是史家应有之事吗?"②张荫麟英年早逝,通史只编写了第一册,且是以中学教材形态编写,但揣摩其以通史激励救国、救世意识的编纂意旨,可见 20 世纪 30 年代中国主流史家的共同心境。

另一位重要历史学家钱穆治史的要旨,也在于探求中国历史演进中"内在的一番精神,一股力量"。他认为:"一个民族及其文化之有无前途,其前途何在,都从此处即历史往迹去看。这是研究历史之大意义大价值所在。"③他关于中国文化的研究,恒在揭示中国文化之传统的生命力与中国历史精神之独特的价值,主张:"要做一个真正的中国人,我想惟一的起码条件,他应该诚心爱护中国。这不是空空洞洞的爱,他应该对中国国家民族传统精神传统文化有所认识了解。譬如儿子爱父母,必先对其父母认识了解。这便是史地教育最大的任务。"④他在战火纷飞中所作《国史大纲》中写道:"若一民族对其已往历史无所了知,此必为无文化之民族。此民族中之分

---

① 张荫麟:《中国史纲》,上海古籍出版社,1999,"自序"第 1 页。
② 张荫麟:《中国史纲》,"自序"第 2 页。
③ 钱穆:《中国历史研究法》,生活·读书·新知三联书店,2001,第 7 页。
④ 钱穆:《中国历史研究法》,第 161 页。

子,对其民族,必无甚深之爱,必不能为其民族真奋斗而牺牲,此民族终将无争存于并世之力量。今国人方蔑弃其本国已往之历史,以为无足重视;既已对其民族已往文化,懵无所知,而犹空呼爱国。此其为爱,仅当于一种商业之爱,如农人之爱其牛……故欲其国民对国家有深厚之爱情,必先使其国民对国家已往历史有深厚的认识。欲其国民对国家当前有真实之改进,必先使其国民对国家已往历史有真实之了解。我人近日所需之历史智识,其要在此。"①

即使在现代史学史中常被归为"史料学派"的傅斯年,也在抗战时期积极参与以史经世的努力。他不赞成"国学""国故""国粹"之类说法,但主张"要科学的东方学之正统在中国"。欧阳哲生评论说:"当他否定了国学、国故、国粹这类名词时,当他否定了借历史研究表现伦理判断和道德情感的传统做法时,他却张扬了另一种民族主义倾向,这就是以科学为本位的民族主义。从历史的发展来看,它是一种更高层次的文化民族主义……这构成了傅斯年富有特色的学术思想。"②"九一八"事变之后,一向推崇纯客观主义历史研究的傅斯年立意编写东北史。当时一些日本学者如矢野仁一等人大讲"中国非国论",指称中国边疆界线不明,故不成为国家,西藏、满洲、蒙古不是中国领土,中国如要建立现代民族国家,就应放弃对满、蒙、藏地区的控制。③依照彼种说法,满洲国就有了合法性。1932年2月6日,傅斯年与方壮猷、徐中舒、萧一山、蒋廷黻合作,在很短时间内写出《东北史纲》节本,称《东北史略》,由李济译成英文(Manchuria in History: A Summary),送交李顿率领的国联调查团。后来《国联调查团报告书》发表时,肯定东北主权归属中国,与此书当有一定关联。傅斯年的民族国家观念中的中华民族,接近孙中山的观念,是以汉族为中心的一个整体。他在1935年撰文指出:"我们中华民族,说一种话,写一种字,据同一的文化,行同一伦理,俨然是一个家族。也有凭附在这个民族上的少数民族,但我们中华民族自古有一种美德,便是

---

① 钱穆:《国史大纲》,商务印书馆,1994修订本,"引论"第3页。
② 欧阳哲生主编《傅斯年全集》第一卷,湖南教育出版社,2003,"序言"第29页。
③ 参看葛兆光:《宅兹中国:重建有关"中国"的历史论述》,中华书局,2011,第291页。并请参看赵轶峰:《现代日本历史编纂学的几种伴生观念》,《安徽史学》2018年第2期。

无歧视小民族的偏见,而有四海一家之风度。"①傅斯年还曾撰文就历史教科书之编写提出主张,其中专设一节讨论"民族主义与历史教材",内有:"本国史之教育的价值,本来一大部分在启发民族意识上,即外国史也可用'借喻'的方法,启发民族意识。历史一科与民族主义之密切关系,本是不待讨论的。当前的问题,只在用何方法使历史教育有效地、有益地启发民族思想。"②

顾颉刚在这一时期也特别强调学术救国,且与傅斯年一样,强调中华民族的整体性。1936 年,顾颉刚在《禹贡学会募集基金启》中说道:"百年以来,东邻西邦之研究吾史地与社会者踵相接,仆仆道途,皆搜觅其所欲得者以去,孳孳焉究而察之,若水银泻地,无孔不注;其谋国者遂得藉之以设施其政治计画,而吾国为之大困。夫一国之学术界既皆梦梦若老妪小儿,不识其稍远之街巷,虽有贤者居位,欲大有所作为,而无从得学者之辅助,终惟咨谋于贪猾之吏,政与学相离绝,国土安得不拱手而让人,此则于创深痛剧之时所当猛自省而严自尤者矣。今日国事之屯遭为有史以来所未觏,崩压之惧,陆沉之危,儳然憪然,不可终日,吾人所负之责任遂极有史以来之艰巨。夫救国之道千端万绪,而致力于地理,由认识国家民族之内涵,进而谋改造之方术,以求与他国方驾驰骋于世界,故为其最主要之一端也。"③可知中国现代历史地理学的展开,一开始就有明确的服务于维护民族整体生存和国家疆域完整的现实意图。1939 年,顾颉刚发表《中华民族是一个》一文,引起中国史学界一番讨论。该文是顾颉刚接到傅斯年讲日本人分化中国为多民族以谋侵略的信件之后,"顿然起了极大的共鸣和同情",扶病命笔的。开篇即言:"凡是中国人都是中华民族——在中华民族之内我们绝不该再析出什么民族——在今以后大家应当留神使用这'民族'二字。"他指出:"'中国本部'这个名词是敌人用来分化我们的。'五大民族'这个名词却非敌人所造,而是中国人自己作茧自缚。"中国人自古只有文化的观念而没有种族的

---

① 傅斯年:《中华民族是整个的》,原载《独立评论》1935 年 12 月 15 日(第 181 号),见欧阳哲生主编《傅斯年全集》第四卷,第 125 页。
② 傅斯年:《闲谈历史教科书》,原载《教与学》1935 年 10 月 1 日号(第一卷第四期),见欧阳哲生主编《傅斯年全集》第五卷,第 61 页。
③ 顾颉刚:《禹贡学会募集基金启》,载《顾颉刚全集》卷五,中华书局,2010,第 378—379 页。

观念,"现有的汉人的文化是和非汉的人共同使用的,这不能称为汉人的文化,而只能称为'中华民族的文化'"。"我们决不该在中华民族之外再有别的称谓"。"清季的革命起于汉人从满人手中夺回政权,当时的志士鼓吹的是'种族革命',信仰的是'民族主义',无形之中就使得'种族'和'民族'两个名词相混而难别……于是五大民族之说持之更坚。""这恶果的第一声爆裂,就是日本人假借'民族自决'的名义夺取了我们的东三省而硬造一个伪'满洲国'。继此以往,他们还想造出伪'大元国'和伪'回回国',自九一八以来,他们不曾放松过一步,甚至想用掸族作号召以捣乱我们的西南……倘使我们自己再不觉悟,还踏着民国初年人们的覆辙,中了帝国主义者的圈套,来谈我们国内有什么民族什么民族,眼见中华民国真要崩溃了,自从战国、秦、汉以来无形中造成的中华民族也就解体了。""唉,民族,民族,世界上多少罪恶假汝之名以行!这是我们全国人民所万不能容忍的。"①该文发表之后,张维华、白寿彝致函顾颉刚,表示支持,费孝通则写文商榷,顾颉刚再发表《续论"中华民族是一个":答费孝通先生》作答。② 翦伯赞的看法大致为,"中华民族是一个"这个命题在提出时,就包含否定国内少数民族之存在的意思,而少数民族是客观存在的。他引出顾颉刚的下面这样一段话:"民族是由政治现象(国家的组织强邻的压迫)所造成的心理现象(团结的情绪),他和语言,文化及体质固然可以发生关系……但民族的基础,决不建筑在言语文化及体质上,因为这些东西都是顺了自然演进的,而民族则是凭了人们的意识而造成的。"据此,翦伯赞认为顾颉刚把民族与民族意识混同,把民族本身当作了"心理现象",而民族却是"活生生的行动的人类集团",是有物质基础和共同的经济联系与共同利害关系的;而且,顾颉刚也把民族与国家混同起来,把国家组织作为造成民族的因素之一。翦伯赞引用斯大林著作中的主张,认为民族是资本主义发展时代的范畴。他指出,在资本主义侵入以前"中国没有民族主义,而只有种族主义——大汉族主义。任何其他的种族都被当作'夷狄'而排斥之。民族主义在中国之第一次提出是孙中山先生,实际上,中华民族在中山先生的历史时代也才有形成的可能,至

---

① 顾颉刚:《中华民族是一个》,载马戎主编《"中华民族是一个":围绕1939年这一议题的大讨论》,社会科学文献出版社,2016,第37-39页。

② 各文皆可见于马戎主编《"中华民族是一个":围绕1939年这一议题的大讨论》。

于顾颉刚先生认为在秦以前,中华民族就已形成,这是非常错误的"①。

参酌前文可知,翦伯赞所说的在资本主义侵入以后才出现的"中华民族",其实是 nation 意义上的民族,即国族。顾颉刚所说的"中华民族"则与资本主义无关,也不是一个晚近历史上才出现的新鲜事物,而是在悠久历史中早已形成的。翦伯赞的批评显露出顾颉刚民族概念过分强调意识、情绪的问题,也显露出其故意强调古已有之的中华民族之整体性以号召抗战的情结,但翦伯赞论说中的"民族"既被用来指早就"客观存在"的"少数民族",也被用来指资本主义侵入后才形成的"中华民族"。他们其实都没有对作为 ethnic group 的民族与作为文化社会政治共同体的 nation 即国族之间的关系做透彻的论说。如果将二者明确区分就会看到,民族早已存在,既有物质和经济生活的基础,也有文化的纽带;而国族则虽在资本主义侵入前已经略有形迹,但确是在遭受西方冲击以后迅速整合的,与现代社会思想、制度在中国的发展密切关联。翦伯赞是当时逐渐在史学界获取主要话语权的马克思主义史学家之一,他关于民族的论说,以及与他的主张基本一致的人类学家费孝通的相关论述,在后来成为中国史学界看待民族与国族问题的主流意见。

四、国族意识与当代中国历史学

马克思主义史学的重要学者范文澜在 1945 年编写完成《中国近代史》,1947 年在延安初版,1949 年新华书店修订再版。该书以"反帝反封建"为中国近代史的叙述线索,中国反抗帝国主义侵略的武装斗争、革命、改革是全书的基本内容,近代历史的其他诸多方面涉及不多。② 这样,国族情怀自然

---

① 翦伯赞:《论中华民族与民族主义——读顾颉刚〈续论中华民族是一个〉以后》,原载《中苏文化》第 6 卷第 1 期(1940 年 4 月 5 日),见马戎主编《"中华民族是一个":围绕 1939 年这一议题的大讨论》,第 139–149 页。斯大林曾在 1913 年讲道:"民族是历史上形成的一个有共同语言,有共同地域,有共同经济生活以及有表现于共同文化上的共同心理状态的稳定的人们共同体";"把上述种种特征中任何一种特征单独拿来,都不能作出一个民族的定义。""民族并不是个简单的历史范畴,而是在一定时代,即在资本主义兴起时代形成的历史范畴。封建制度消灭和资本主义发展的过程,同时也就是人们形成为民族的过程……"参见斯大林:《马克思主义与民族问题》,外国文书籍出版局,1950,第 11 页、第 18 页。

② 参看范文澜:《中国近代史》,新华书店,1949。

延伸到 20 世纪后半期的历史学发展中,但无论"国族主义"还是"民族主义",在历史学话语中,都不是被使用的主要词语。替代其话语位置的是爱国主义(patriotism)。爱国主义与民族主义的核心内容都是特定人群对其所归属的社会共同体的强烈认同心理,偏重于以国家为原点的,称为爱国主义;偏重于以民族为原点的,称为民族主义。在国族的层面,民族主义与爱国主义所指对象其实是同一的。至于讨论国内 ethnic group 关系时所说的民族主义,单指少数民族或汉族本位的认同心理,与国族主义原非在一个层面,也容易区分。如前所述,在 20 世纪前半期,尤其是在抗日战争时期,"民族主义"在多数情况下是作为一个正面词语使用。但在 50 年代以后,"民族"概念在以往虽然被考虑但并未特别凸显的另一重含义,即关涉国内民族的含义有所凸显。这时,"民族主义"会提示国内各族人群之间的差异感并产生认同困惑。虽然这种心理通过国家认同得到包容化解,但在历史叙述中,有时依然成为问题。如岳飞这样抗击"异族"者是否是"民族英雄",就在史学界产生分歧。现代"爱国主义"内涵明确,但古代有没有"爱国主义"?内涵如何?这也产生一些歧义。20 世纪中后期,"汉民族形成"曾经作为历史学界的"五朵金花"之一,得到大量关注。其核心问题和努力的目标,主要在于在中国历史的叙述体系中理顺早已有之的"民族"与现代国族即"中华民族"之间的关系。

在抗战时期的讨论中曾发表重要见解的费孝通在 1988 年重新表述了他关于中国民族、国家的主张。他认为:"中华民族作为一个自觉的民族实体,是近百年来中国和西方列强对抗中出现的,但作为一个自在的民族实体则是几千年的历史过程所形成的。"①他还在纪念顾颉刚 100 周年诞辰的时候回顾了 1939 年他看到顾颉刚关于《中华民族是一个》的文章时的不同看法。他"认为事实上中国境内不仅有五大民族,而且还有许多人数较少的民族。我在出国前调查过的广西大瑶山,就有瑶族,而瑶族里还分出各种瑶人。不称他们为民族,称他们什么呢?"②费孝通其实看到,从学术角度说,顾颉刚"既要保留西方'民族国家'的概念,一旦承认了中华民族就不能同时承认在中华民族之内还可以同时存在组成这共同体的许多部分,并且也

---

① 费孝通:《中华民族的多元一体格局》,《北京大学学报》1989 年第 4 期。
② 费孝通:《顾颉刚先生百年祭》,《读书》1993 年第 11 期。

称之为民族了"①这个问题,其实就是本文开篇处所涉及的将"民族"与"国族"混淆使用造成的问题。费孝通先生看到这种概念使用带来尴尬,但他主张的"中华民族既是一体,也是多元",其实是在对"民族"做两解的使用,提供了现实中较为得体的表述路径,却并没有直接化解顾颉刚遇到的问题。这种情况,凸显出从理论层面彻底阐释国族与民族的区分与关联的必要性。在这个问题上,曾为费孝通老师的人类学家吴文藻在20世纪20年代发表的意见其实更具远见:"民族与国家结合,曰民族国家。民族国家,有单民族国家与多民族国家之分。"②"一民族可以建一国家,却非一民族必建一国家,诚以数个民族自由联合而结成大一统之多民族国家,倘其文明生活之密度,合作精神之强度,并不减于单民族国家,较之或且有过无不及,则多民族国家内团体生活之丰富浓厚,胜于单民族国家内之团体生活多矣。近世所谓民族国家,自有此二者之别……考此主义之由来,实系一种反抗运动。民族性被虐待,或国民性受压迫后,骤然兴起反抗,图谋独立,保全自由……故民族性之真正要求,非独立也,乃自由也,自由其目的也,独立其手段也,非为独立而独立也,乃为自由而独立也。今之人舍本逐末,竟言一民族一国家之主义,而不明其最后之用意所在,宜其思想之混乱也……吾且主张无数民族自由联合而结成大一统之民族国家,以其可为实现国际主义最稳健之途径。由个性而国性,由国性而人类性,实为修身齐家治国平天下之大道。"③他的远见在于能在国族竞争普遍的时代看到国族的本质和历史性。民族、国家、国族之建构所以有意义,在于其为人类社会和平合理的发展提供在区域的、较小规模人群组织为单位竞争发展阶段的秩序架构,而其将来,则当逐渐进入"国际主义"的秩序状态,而一民族一国家并非通例,也非通理,多民族若能组成文明、合作精神更高水平的统一国家,自是更值得追求的。

世纪之交,白寿彝总主编的《中国通史》12卷22册出版。这是现代史学兴起以来最大规模的中国史图书。该书导论第一章题目即为"统一的多民族的历史",充分显示出国内民族关系和国族统一性在世纪末历史编纂学

---

① 费孝通:《顾颉刚先生百年祭》,《读书》1993年第11期。
② 吴文藻:《民族与国家》,载《人类学社会学研究文集》,民族出版社,1990,第24页。按:此文最初于1926年发表于《留美学生季刊》第11卷第3号。
③ 吴文藻:《民族与国家》,载《人类学社会学研究文集》,第35页。

中的突出地位。该章开篇就引述了斯大林对民族的四要素定义,并援引杨堃在1953年发表的文章主张说:"我们习惯上所说的民族,也是根据这四种要素来进行分析的,但是,泛称民族共同体的各个发展,而不是专指近代民族。"①这既显示斯大林对民族的定义在中国史学界一直具有强大影响力,也显示出斯大林定义在运用到中国历史叙述时带来歧义,中国现代历史学家一直在努力化解这类歧义。白寿彝主张,在叙述古代历史时明确使用"民族"概念,把"民族史"书写回溯到中国史学史的早期,批评大民族主义,强调从"统一的多民族的历史"角度来书写新的中国历史。

进入21世纪之后,有学者直接强调"民族主义"的现代价值。如:"中国现当代民族主义既是召唤中国现代宏伟变革的一个决定性力量,也是为同一个时代保持传统中国特性的一大载体。"②"冷战结束后,全球化的浪潮席卷了世界每一个角落,东北亚地区也不例外。东北亚三国都面临着社会转型,而民族主义是各个国家社会转型期争取合法性的重要资源。同时,民族主义的历史文化底蕴是民族认同感的基础。提倡民族主义有助于恢复和巩固民族文化认同和民族国家意识,有利于民族自保和发展。"③

由于国族主义是在被称为"近现代"的历史时期展开的,在该时期历史的叙述中反映得比较直接。这个时代,在中国历史叙述中被称为反帝反封建的时代。作为社会改造障碍和对象的帝国主义是这一时代历史叙述中威胁、剥削、试图肢解作为国族的中国的外部势力,封建主义则是全部中国本土负面制度、传统的代名词。正如国族主义的兴起有切实的社会历史依据一样,这种历史叙述也能够揭示该时代大量历史现象和演进历程的内容与本质。同时,当这种模式被作为一种统摄性的方法、视角时,大量历史内容也会被忽视,被看作不重要的东西,也有一些历史内容在被纳入这种叙述框架时被或多或少地歪曲。例如,当反帝反封建为近代历史叙述主题时,近代经济史就不受重视。1981年,刘大年在《光明日报》发表《中国近代史研究从何处突破》,指出中国近代史领域"最薄弱、最繁难,而又最重要的内容"是经济史研究。其后,经济在近代史叙述中才受到更多注重。另一个事例

---

① 白寿彝总主编《中国通史》(修订本)第一卷,上海人民出版社,2004,第1页。
② 时殷弘:《中国历史之中的连续和变革与中国现当代民族主义》,《外交评论》2010年第1期。
③ 涂怡超:《后冷战时期东北亚民族主义的兴起与地区安全》,《兰州学刊》2007年第7期。

是关于义和团叙述的改变。在20世纪50到80年代的大约40年间,义和团运动被作为人民反抗帝国主义的革命性运动来叙述。1980年,《历史研究》发表王致中的文章,题为《封建蒙昧主义与义和团运动》,此后的历史叙述中,"义和团"就常与"蒙昧""排外"联系在一起。①

五、延展的讨论

现代中国历史学发展过程与中华国族建构的思想探索与社会实践密切关联,而民族、国族理论方面一些长期纠结未清的问题迄今对中国历史叙述形成牵绊,同时也构成当下中国社会思想界的一些"焦虑"。

自晚清、民国以来,中国学术界不甚区分"民族"与"国族"两个概念,晚近数十年间,基本不用"国族"概念,而将民族与国族二义归并用"民族"来表示,同时又略带朦胧地保留了"民族国家"为现代事物的看法。这就带来历史学话语的一系列问题。其一,在关于古代历史的叙述中,"民族"成为一个难以不用,而用了又有些尴尬的词语;其二,汉民族形成的历史不仅是实证问题也成了理论问题;其三,中华民族的统一性与多民族并存的历史事实如何顺畅讲述和认识;其四,如何化解清末以来从未止息的拆解中华民族整体性的言说。本文主张"民族""国族"两个概念明确区分,前者指在历史经历中自然形成的具有独自语言、文化习俗、社会认同的人群,对应于英语中的 ethnic group,后者指基于共同生活历史经验和逐渐增强的文化认同而组成为国民共同体国家的人群,对应于英语中的 nation。民族在人类历史上很早就已经出现。其早期多有体质方面的基础,故与种族(race)关联密切,经长期社会发展和互动中的融合、消散,种族意味趋于减弱,语言和文化认同为最主要归属标志。其具有一定规模且维系长久者可能组成政权,其规模小者可能以群落状态长期存在,一族而多国,多族而一国,在历史上皆为常见现象。要之,民族作为自然的共同体,并不必然具有严整秩序,亦不必

---

① 参看王致中:《封建蒙昧主义与义和团运动》,《历史研究》1980年第1期。关于近代史研究中的话语、主题转变,参看徐秀丽主编《过去的经验与未来的可能走向:中国近代史研究三十年(1979—2009)》,中国社会科学文献出版社,2010;左玉河:《中国近代史研究的范式之争与超越之路》,《史学月刊》2014年第6期。

然具备国家功能,所有历史悠久的国家,皆会包容多民族成分。现代社会兴起时代,适者生存成为"主义",而国家成为最具有生存、竞争功能的社会组织单元,于是国家全面覆盖民族。国族是组成国家的公民共同体,是基于前现代民族与国家演变在现代国家观念强化时代重新整合而发生的历史现象。此种整合通过国家神圣化而强化原有的民族认同,使国家秩序覆盖民族秩序,并将多民族交融、交错的人群明确分入不同国族。单一民族国家并非法则,多民族构成国族是常见情况,且逐渐成为各国通例。就中国而言,汉族、蒙古族、满族、藏族、回族等皆为历史上自然形成的民族,在现代社会发展中整合为中华国族。

"中华民族"作为一个词语是在现代国族整合中出现的,但其所指对象,具有历史基础。这一基础就是中华文明的历史演进。民族自古已经发生,民族史是人类历史的一条重要线索,但远非全部。民族从未单独存在,既非认同的唯一标的,也非历史演进的唯一线索。仅从社会共同体角度而言,文明、国家、社区等单元的推演,皆与民族经历一起构成人类历史的经纬。今日之中国,从历史上的中华文明演进而来。中华文明是人类历史上起源最早的文明之一,其基础是亚洲内陆大河流域的农耕文化。农耕文化比游牧、渔猎文化更有利于积累,从而最便于农耕的区域逐渐成为比周边更富有、发达的区域,又在国家形成的时代形成比周边区域更严整有效的组织体系,包括更发达的文字、艺术、礼仪、制度。居于这个文明核心区的人民相互认同,自称华夏。华夏中心清晰而周边模糊,并凭借其文化、财富和实力,与周边人群交融互动。在漫长的推演中,华夏成为亚洲大陆首屈一指的经济、文化核心区。当这个核心区在"中原"名目下比较清晰地显示出今天所说的汉族的种种文化特征时,它其实已经是一个人群、文化和历史经验的复合体,其周边,诸多保持了先前原住民文化、制度和生活方式传统的人群也经历了各自的融聚而凸显了较大规模民族的特征。中原与周边组成多个政权并经常发生格局变化的游牧、半游牧,以及山居人群之间,存在物产的相互需求,也互为和平与战争关系的对象,并在互动中继续融合。如果我们把观察的时间和空间单位增大,会看到中原与其周边的互动,是整个亚洲大陆历史变迁的主要内容,既是中原历史演变的枢机,也是其周边历史演变的枢机。演变的总体趋向,则是亚洲大陆围绕中原核心区的文明聚合。这种聚合运动的外缘,东达亚洲海岸线,北及大漠,西至昆仑山脉,南至热带雨林深处。到了清代,这种聚合运动达到其地理覆盖范围与行政管辖范围基本重合的程度。正是在这个时代,世界历史进入了国族国家为唯一主权单元的时代并强化了相互竞争,而中国也就是在这样的情况下展开了国族国家的建构。在这种视角下,中国历史上的各个民族之间,早就有互补依存的关系,有融合的传统,有文化和制度的相互渗透和部分认同,甚至有组织管理层面的整合。所以,中华民族是有渊源有根基的,不是纯粹的现代建构,中华国族是在历史基础上在现代化整合过程中明确起来的。所以,承认古代有民族,承认古代一些民族保持着民族身份而进入中华现代国族之中,与认同中华国族"是一个"并不矛盾。

民族意识是具有共同命运与文化的社会共同体成员关于自身文化同属性和命运共同性的自觉,这种意识在人类历史上很早就已发生。全球现代化过程带来的激化的社会共同体生存竞争,将国家神圣化,并把个人的认同引导到国族方向,并使国族主义作为一种现代意识形态成为世界各地社会组织方式在世界潮流性的大整合中发挥巨大影响的思想工具。

东亚各国的国族主义都是引进而不是原生的,引进的背景中都包含着传统社会的存亡危机。所以,国族主义在亚洲,是作为启蒙思潮之一,带着普世真理与救世良方的气象,卷动着反抗西方强势地位的悲情,进入亚洲思想世界的。它提供了亚洲各国在那个弱肉强食时代重塑国家共同体从而得以独立地延续下去的主要路径。国族主义的这种巨大历史作用常常使人们忘记其由来和历史性。在后现代批判思潮兴起的时代,国族主义受到反省,在大量相关论述中,杜赞奇的论说与亚洲经验关系最近,且与历史学关系最近。他的反省虽然是相当深刻的,却也多少夸大了国族的现代建构性质,割裂了国族与古代社会已经出现的民族的关联。中国学术界将杜赞奇所批评的国族主义因翻译习惯而理解为民族主义的时候,该理论就变得更加歧义多出。理论化的国族观必须经过有意的建构,但并不能毫无社会、历史的根基。同一国族成员间须有共同的历史、文化经验和共同利益作为基础。这种历史基础有时比较明确,有时比较模糊,有时涉及不同人群交错的历史经验。由于这种情况,亚洲各国的现代化伴随着诸多关于历史的分歧。迄今亚洲各国关于历史的许多分歧,其实是围绕国族重构而发生的冲突。

中国在国族重构时代已经有长期统一国家的历史,但因包含了差异的地方社会和族群,其重构的主题就是明晰国家的性质和范围。又因国族建构的直接历史基础是清朝的遗产,而清朝处于中华文明聚合运动刚刚基本完成的时代,文化认同的强度从核心区向边缘区递减。对中国领土有觊觎之心的外部势力趁机论证中国边疆区域分解出去的理由,使得中国的这一重构过程分外复杂。得力于中国数代包括历史学家在内的思想者和政治家的努力,并借助于第二次世界大战的胜利,中国的国族整合与国家基本格局得到国际社会的公认。此间,中国遭受的侵略实际上强化了中国的国族主义情感,也强化了中国现代历史学的国族取向,成为一种新的传统。近年来国际学术界的一些论说,再次强化了这一取向。历史学在中华国族重构的历史运动中扮演的重要角色,使得中国现代历史学家既是历史的研究者,也是历史舞台上的演出者。

从纯粹意义上的历史认识论和知识论层面看,国族主义和所有主义一样,为历史研究者带来主观预设,带来基于现实处境或为某种目的——与目的本身正当与否无关——而选择性叙述历史的路径。世界各国的所有国族主义史学,无论如何声称遵循实证、客观的原则,都具有很强的主观性。这种主观性的共同特征是,倾向于将国族国家的现代意象作为以往历史的目标投射到历史叙述中去,把国族国家叙述成为从古到今历史运动的基本目标和内容,尽量前延叙述者所属国族的历史,扩大本国族历史覆盖的地域,创造国族符号,淡化可能发生过的依附他者的经历,深描反抗外来侵略的往事。这必然成为带有强烈整体主义色彩的、线性的、将大量差异性淹没在国族命运主题之下的宏大叙事,同时也从属于线性进化的历史思维。

历史学能够超越国族主义吗?杜赞奇用了一本书的篇幅来批评民族主义(国族主义)的历史学,但是他对超越国族主义并非信心满满:"虽然我的目标是批判作为历史主体的民族,但是我深切地意识到,至今还没有什么能完全替代民族在历史中的中心地位。且不谈别的,不论是作为历史学家,还是普通的个人,我们的价值观都是由民族国家所塑造的。毫无疑问,我之所以定期回到对我生于斯长于斯的故乡印度的研究,正是与牵系于民族的纽带有关。"①在他看来,超越民族主义是一种应然的追求,但还没有办法做到。事实上的确如此,无论后现代主义、后殖民主义的理论方法还是以大于国族国家单元来替代国族国家单元的历史研究,都没有做到这一点。杜赞奇本人就曾提到:"所有真正的民族主义都有一种跨国界的想象力:泛非洲主义、大亚细亚主义、泛欧洲主义、泛伊斯兰主义、什叶教、犹太教等。"②这些跨国界的建构,只是扩大规模的国族主义,而不是超越国族主义的什么东西。在这种情况下,可能我们能够做的,一是尽量坚持历史研究的实证原则和客观原则,二是把握使国族主义不在一个学术共同体中被作为唯一的或者具有全面统摄性的观念原点。

(原载《南京社会科学》2019 年第 5 期)

---

① 杜赞奇:《从民族国家拯救历史:民族主义话语与中国现代史研究》,"导论"第 4—5 页。
② 杜赞奇:《从民族国家拯救历史:民族主义话语与中国现代史研究》,"导论"第 12 页。

文化史研究应触及民族的精神

彭 卫

从史学史的角度观照,1978年以来中国大陆的历史学是可以与20世纪初中国新史学勃兴相提并论的。在改革开放和思想解放的大背景下,这个时期的富有生机的中国历史学在研究理念和研究对象上都呈现出新的局面。其间有两个领域的研究成为突破旧有格局的先头部队:社会史的复兴不仅拓展了研究者的视野,同时由于采用了跨学科的研究方法,对打破教条化地理解唯物史观产生了积极作用;文化史的蓬勃不仅让历史研究具备更为广阔的空间,同时也带动了对中华文明和传统文化特点的思考。在西方,文化史和社会史"扩展了历史学家的领域";[1]而在三十多年来中国历史学前进的路途中,文化史和社会史则显示了更大的意义:它们启迪了研究者的心灵,引领了一个时期的研究走向,打开了被遮蔽已久的宽阔的学术道路。

开疆拓土的岁月并不漫长,接下来的任务是建设,正是在这个方面,社会史和文化史遭遇到共同的困难,因而也陷入相似的困境。概括起来,这个困境表现为"空"和"泛"。所谓"空"是指这两个领域都缺乏有深度的理论思考和理论建树,关于文化史理论和方法论的专著寥若晨星[2],在大多数研究中,似乎研究了社会群体、日常生活等等,就是社会史;研究了文化现象,便是文化史。换言之,是研究对象而不是其他因素决定了学科类型。一个

---

[1] 彼得·伯克:《什么是文化史》,蔡玉辉译,北京大学出版社,2009,第148页。
[2] 在20世纪80—90年代的文化史研究中,有若干篇建设文化史学科方面的论文,专著仅有常金仓《穷变通久:文化史学的理论与实践》(辽宁人民出版社,1998年)。关于这个时期中国古代文化史研究的综述报告可参阅王艺《改革开放三十年的中国文化史研究》(中国社会科学院历史研究所编《改革开放三十年的中国古代史研究》,中国社会科学出版社,2010年)。

学科自然需要特定的研究对象，这是不需要讨论的，但一个学科如果没有与这个学科相适应的理论和方法论范式，没有属于该学科的研究理念，这个学科只能是初级的、不完整的，问题意识难以产生，研究活动很容易成为单纯描述性的而不是分析性的。

由于理论上的"空"，我们便遭遇到下面跟进的问题，这就是研究领域越来越宽泛。文化史的范围从20世纪80—90年代的通论性著作如《中华文化史》《中华文明史》《汉唐文化史》《魏晋南北朝文化史》等[1]延展到许多历史现象，被研究者描述为"纵向上从古至今，横向上不仅包含传统的文献典籍、文化传统、文化制度和各代学人的思想研究等内容，而且包括社会生活风尚、大众生活方式以及社区文化、企业文化、校园文化、服饰文化、饮食文化、茶文化、商业文化、旅游文化、地域文化、科学文化等等"[2]。可以看出，在这个研究框架中，文化史不仅与社会史难以割舍，而且几乎与所有的历史内容都形成了一个共同体。在很大程度上，文化史可以被换称历史学。这种情形并非中国独有，西方史学界甚至做得更过，在那里几乎所有的事情都已经被写成了文化史。当然，所有的历史现象都有其文化的内涵和表现，但当我们看到"社区文化"被形容为显现一个社区的文化精神，"服饰文化"被形容为显现穿着者的审美情趣，"饮食文化"被形容为由取食所反映出的精神风貌，在这些不言自明且大而无当的概括下，文化史研究的意义被大幅度降低；而许多被贴上了"文化"标签的历史具象的价值并没有因此而得到升华和深化。

与社会史研究略有不同的是，文化史研究较少表现出研究目标选择上的琐细亦即学界最近关注的碎片化情状，宏大叙事一直是20世纪80年代以来文化史研究的主流。社会史研究的碎化颇受诟病，而文化史研究则未因此而沦为社会史的难兄难弟。然而在我看来这恰是文化史研究的软肋所在。学术研究活动始终存在着两种意义上的"碎片"。第一种是研究工作必有的"碎片"。由于每一个研究者都有自己特定的知识范围和研究领域，

---

[1] 冯天瑜、何晓明、周积明：《中华文化史》，上海人民出版社，1990。《中华文明史》编委会：《中华文明史》(10卷本)，河北教育出版社，1989-1993年出齐。万绳楠：《魏晋南北朝文化史》，黄山书社，1989。熊铁基：《汉唐文化史》，湖南人民出版社，1992。

[2] 陈启能：《近20年中国历史学的新发展》，《世界历史》1999年第3期。

由于历史研究必须从具体的、微观的研究开始,由于对历史细节的澄清是对历史进行事实判断和价值判断的前提,因此"碎片"是历史研究程序中不可缺少的环节。第二种是缺乏问题意识且止步于琐细目标的"碎片"。这样的研究也有其价值,但意义有限。尤其是当一个时代的多数学者都倾心于此,将人类历史活动复杂变化的现象割裂开来,形成"碎片化"的研究风气,历史研究工作将不会得到推进。这两种"碎片"都没有出现在文化史研究中,其积极面是阻止了文化史研究的被细枝末节化,消极面是阻止了文化史的深度研究。得失相较,失大于得。对具体问题关注不够,与研究的泛化互为表里,使得对历史的探索往往停留在浅表的层面。文化史的研究不但不能拒绝历史细节,相反,它是将历史细节作为一种符号,以此分析人类的社会变迁和精神历程。德国学者埃利亚斯在《文明的进程》中将羞耻感和难堪作为文化的符号,细致地分析了这两种情感界限的前移对近代西方社会演变的意义,成为西方文化史的研究经典。[①] 从某种意义上看,文化史学家的共同基础是"他们关注符号以及对符号内涵的解释"[②]。

文化史研究"空"和"泛"的局面不能在冥想中改变,实践中的困难只能在实践中解决,一个基本前提是我们对文化史的理解。似乎又回到了文化史初兴时学界关注的问题:什么是文化史?这不仅是中国人的发问,也是国外学者的发问。伯克(Peter Burke)径以"什么是文化史"作为那本在西方史学界产生了重要影响的著作的标题。对于这个问题见仁见智,已有很多讨论,也许永远不会有让所有人都满意的"标准答案"。因此我想把这个发问置换为另一个发问:我们需要怎样的文化史?

无论对文化有怎样不同的界定,有一点是可以明确的,这就是在"文化"这一宽大场景中,蕴含着一个民族的精神。从行为方式到人际关系再到思维特征,日常生活的所有表象无不与这个民族的气质息息相关,文化肌理的每一个条纹的形成都来自民族的精神。这是"文化"区别于其他领域的基本特征,文化史驰骋的舞台也因此表现出与其他专门史研究的不同。历史学不同学科的边界有着一定程度的不确定性,研究领域的交叉使得研究

[①] 埃利亚斯:《文明的进程:文明的社会起源和心理起源的研究》第2卷,袁志英译,三联书店,1999,第316-325页。

[②] 彼得·伯克:《什么是文化史》,第3页。

者的学术指向不能泾渭分明地用学科进行简单区分,但分工的确存在。我们不能要求政治史研究者关注一个时代的思想变迁,也不能要求经济史研究者措意于一个时代的精神风貌。从这个意义上说,每一个专门史都是独一无二的学术承担者,都负有其他研究领域所不具备的责任,都具有其他研究领域所不拥有的价值。尽管唯物史观将经济基础放在首位,但在历史学的不同学科之间,并不存在这样的隶属关系。文化史的研究基于文化的各种表现,但它的任务不是仅对这些表现进行描述,而是要将这些表现与民族的精神联系起来,解释它们之间的关联。民族精神是民族的根脉和灵魂,文化史研究要触及民族的精神,指向民族的灵魂。

一个民族的精神历程是这个民族成长的支撑,是这个民族生存方式的凭借,是这个民族从事创造的根基。历史是人的活动,人的活动既受传统的制约,同时也天然地被赋予该时代的要求,而这两者所形成的历史结果都与民族精神息息相关。文化史的研究要有批判精神,要有现实的担当,但这不是文化史研究的全部。我们不只是要简单地将民族精神作出是非黑白的简单区分,像20世纪30年代有的前辈对国民性的批判那样;或者是20世纪80年代文化史研究起步时有的学者所倡导的通过文化史研究,认识中华民族的灿烂文明;或者如时下有的学者所呼吁的从历史经验出发,增强民族凝聚力。文化史研究的基本目标应当是认真梳理文化发展的历史脉络,说明各种文化现象对历史活动的影响,解释人们对待生活的基本态度和发生的变化,为理解一个民族精神世界的历史及其与现实的关联提供合理的答案。在这个宏大目标引导下,我们应该通过具体的、微观的研究,去总结和提出文化史研究原创性的理论解释模式。

在历史学各学科中,文化史位置自在。文化史研究的终极目标是一个民族的精神世界,而文化史研究自身也存在着民族性。不同国家文化史的发展是不均衡的。例如在英国,"文化史并不被看作是'可靠的事实'或'实质性细节'",因而对文化史产生了抵触。[①] 在中国,由于在近代以来历史大环境下造成的对民族精神的批判和反思,文化史一开始便成为社会和学术界关注的对象。但在中国实证主义历史意识根深蒂固的学术背景下,文化

---

① 彼得·伯克:《什么是文化史》,第151页。

史又有着某种尴尬。相对来说,历史研究的一些"硬件"对象如制度史、生产力水平等,比较容易坐实,进行有新意的或有深度的研究也比较容易获得学界认可,而"软件"对象,即属于精神层面的内容,由于它的抽象因素,进行创新性研究就有特殊的难度。例如,在中国五千年文明进展的几个关键时期,即早期国家的形成、王制时代的奠定、王制时代向帝制时代的转变、帝制时代的发展以及近代化因素的出现等方面,虽然许多问题还不够清晰,还有待进一步开掘,却已有较多的讨论,大致的轮廓应该说已被勾勒出来。相形之下,文化史在这些方面的研究显得较为薄弱,许多问题有待开掘,已有的一些研究也需要在对史料深度阅读后进一步深化。这种背景为文化史的新发展提供了宽阔的研究空间。每一个学科都有不可替代性,这意味着它对历史的观照是独到的,意味着不同观照是以牺牲其他角度为代价的,由不同角度组成的研究视野如同推动历史前进的合力一样,提供了对历史的整体性理解。通过文化史研究解读中国历史进程,是我们知识体系中不可或缺的重要认识维度,这也是未来文化史研究者肩负的学术和社会使命。

(原载于《史学理论研究》2013年第1期)

赵世瑜

Zhao Shiyu

　　四川成都人，1959年生。北京大学历史学系博雅特聘教授。兼任第六届中国地方志指导小组成员、第十届中国民间文艺家协会副主席、第九届北京市文联副主席。主要研究领域为区域社会史与历史人类学。近年出版的著作有《猛将还乡》《历史人类学的旨趣》《在空间中理解时间》等，主编有《"乡校"记忆》、The Chinese Empire in Local Society: Ming Military Institutions and Their Legacies 等。

再论社会史的概念问题

赵世瑜

十余年来,关于社会史的概念,即什么是社会史的问题,引起了广泛讨论,观点纷呈,对推进中国的社会史研究具有重要意义。笔者不同意台湾学者杜正胜所谓"'什么是新社会史'这种问题,应该不再浪费笔墨阐述"的看法,因为不可能"作品一旦累积到相当程度,什么是新社会史自然迎刃而解"[①]。近年来中国学者的社会史论著不断出版,社会史学术会议屡屡召开,但研究的总体水平并未有很大的提高,可能其中就有理论滞后的因素。笔者针对目前流行的几种看法,略陈管见,以求正于专家学者[②]。

一、关于社会史概念的一些疑问

近年来关于社会史概念的讨论情况,可参见常建华的研究述评[③]。不同学者就社会史是历史学的专门史还是通史,社会史是历史学的一个分支还是一种新的视角,社会史与社会学的关系如何等问题展开了讨论。实际上,这三个问题是相互联系的,因为承认社会史是一门专史的人,势必要承认它是历史学的一个分支学科;而力图把社会史当作一门新的专史来研究的人,一般也不能避免全面借鉴社会学的理论和方法,仿佛没有社会学,社

[①] 杜正胜:《什么是新社会史》,《新史学》1992年第3卷第4期。
[②] 以下论述中涉及的各种主张的提出者,大多为笔者尊敬和熟识的学术界前辈和朋友,对他们的观点,笔者无论是赞同还是持有异议,都只是学术上的探讨。如有冒犯不恭之处,还请多多原谅。
[③] 常建华:《中国社会史研究十年》,《历史研究》1997年第1期。下引此文不再出注。

会史研究就不可能问世。而认为社会史是一门通史或总体史的人，实际上是针对以往的"政治史通史"有感而发的，同样是"通史"，社会史"新"在哪里？当然就是新在视角，新在方法。

于是，在社会史的概念问题上就存在以下各派：一、社会史是历史学的一门分支学科，相当于政治史、经济史、思想史、军事史、法制史、外交史等等，具体言之，就是社会生活史、生活方式史①、社会行为史②；二、社会史是一门综合史、通史、总体史，换言之，真正的通史应该是社会史③；三、社会史是一种新的研究方法、新的研究态度和新的研究视角，简言之，社会史研究是史学研究的一种新范式(paradigm)，其中，常宗虎比较强调其方法的特点，而笔者更为强调其视角和范式的意义④；四、社会史是社会构成、社会运行和社会变迁史的综合，它既非"以所谓新史观指导的全部的史学内容"，是史学的一个分支学科，从而与第二、三两种观点划清了界限，又非"简单的下层社会史或社会生活史"，与第一种观点也分道扬镳，同时，它是历史学与社会学的一个交叉学科⑤。

以上的观点并不是中国学者的独创，外国学者也同样有着各种各样的歧见。霍布斯鲍姆总结说，关于社会史有三种看法：一是关于穷人或下层阶级的历史，二是关于日常生活、风俗或生活方式的历史，三是社会经济史⑥。布雷维里同样指出了三种不同的认识：一是关于生活方式和闲暇的历史，二是关于特定社会的整体史，三是关于生活体验而非行为的历史。克拉克则

---

① 冯尔康：《开展社会史研究》，《历史研究》1987年第1期；乔志强：《中国社会史研究的对象和方法》，《光明日报》1986年8月13日；王玉波：《为社会史正名》，《光明日报》1986年9月10日；陆震：《关于社会史研究的学科对象诸问题》，《历史研究》1987年第1期。并参见宋德金《开拓研究领域　促进史学繁荣——中国社会史研讨会述评》所引李晓东、汪征鲁的观点，《历史研究》1987年第1期；周晓虹：《试论社会史研究的若干理论问题》，《历史研究》1997年第3期。下引以上诸文不再出注。

② 彭卫、孟庆顺：《历史学的视野——当代史学方法概述》，陕西人民出版社，1987。

③ 陈旭麓：《略论中国近代社会史研究》，《华东师范大学学报》1989年第5期；张静如：《以社会史为基础深化党史研究》，《历史研究》1991年第1期。

④ 常宗虎：《社会史浅论》，《历史研究》1995年第1期；赵世瑜：《中国社会史研究笔谈·社会史研究呼唤理论》，《历史研究》1993年第2期，在该文中，笔者并未对此问题加以展开，但常建华前引文将笔者的观点概括到该类之中，因此不将原意阐述明白，就有可能引起一些误会。

⑤ 参见龚书铎主编《中国社会通史》，山西教育出版社，1996；戴逸《加强社会学的研究》，张研《中国社会特质与社会史学》，俱见《北京日报》1997年9月7日，第4版。

⑥ 霍布斯鲍姆：《从社会史到社会的历史》，载蔡少卿主编《再现过去：社会史的理论视野》，浙江人民出版社，1988，第2—3页。

提及关于社会史的另外三种观点:一是经济史,二是革命史或社会控制史,三是历史社会学。①

以上的说法当然不能说是错误的,社会生活、社会行为、社会结构、社会运行等统统是社会史研究的重要内容。当我们具体投身于社会史研究时,我们尽可以关注这些内容。但是,对问题认识到这一步还是远远不够的。把社会史的研究对象加以限制,特别是限制在下层人民的日常生活方面,把社会史仅仅视为历史学的一个分支,既不符合社会史产生时的初衷,也不符合这些年来社会史研究的实际,更把社会史研究的发展前途局限住了。作为新史学革命代表的社会史,意义绝不止于此。

我们不是不可以定义一个狭义的社会史,但一方面这样的定义有可能千差万别,另一方面,当我们试图把社会史与狭义的政治史、经济史、思想文化史、法制史、史学史、民族史等历史学分支并列时,往往会发现一系列困难。后面这些领域几乎都有相当明确的研究对象:政治史主要研究历史上的政治事件、政治制度、政治思想、政治人物,甚至可以包括外交和军事史;经济史研究历史上的经济发展、经济制度、经济思想,以及部门经济和区域经济;思想文化史则多研究各不同门类(哲学、宗教、文学、艺术等)的学术思想、人物、作品;史学史研究历史学科学术的起源、发展和成就,史家、史著、史学思想和观念;民族史研究历史上不同民族的起源、发展过程和民族关系。那么社会史呢？研究"社会"？这个"社会"是什么东西？它如何定义？前引《中国社会通史》总序说:"社会是人类生活的共同体,……是一个有机的系统,一个由许多要素部分组成的有机的整体。"这样,社会史实际上就成为一个整体的历史研究,而不同于研究历史上人类活动的某一个部分或者断面。其中,地理环境、人口、生产力等作为社会存在的前提出现在"社会史"中,挖去了经济史的重要内容;社会结构中的等级和阶级历来是政治史研究的内容,民族则有民族史照顾,"文化构造"则是文化史研究的对象。剩下来的、以前没有哪个学科分支宣布过主权的,大概只有社会生活史和社会问题史(严格说起来,社会问题也是社会生活的一部分)。于是,这样的社会史基本等同于通史,而与倡导者所说的历史学分支学科有较大的距离。

---

① J·布雷维里等:《何谓社会史》,载蔡少卿主编《再现过去:社会史的理论视野》,第145—152页。

如果干脆不提社会史，就叫社会生活史，倒也省去不少麻烦；但如果把社会史定义为社会生活史，则会引起更严重的后果。已经有人讥笑社会史只研究一些无关大局、琐细不堪的东西，甚至有猎奇猎艳的倾向，比如研究宦官、妓女、小脚、无赖之类。这固然是保守者全然不解社会生活研究的意义之故，可以置之不理，但如果只把社会生活史理解为内容上的丰富，只是描述和记录其表面现象，而不在研究视角和方法的转换上下功夫，客观上还是极有可能造成上述局面。况且，同意社会史是史学分支的学者周晓虹也认为，"用'社会生活'或'历史上人们的社会生活'来作为社会学或社会史学的研究对象的缺陷在于，它缩小了这两门学科的研究范围，因为这动态地作为人类群体共同活动过程的社会生活似乎很难将人类群体及其结构本身包含进去"。蔡少卿也指出："将社会史局限于研究社会生活，视野似乎偏狭。"①实际上，研究社会生活或风俗的成果并不一定就是社会史，因为《史记》或者《荆楚岁时记》《东京梦华录》之类也多有社会生活或风俗方面的内容，但恐怕没有人说它们就是社会史研究，至多是为我们今天的社会史研究提供了资料或素材而已。

常建华出于善意的调和异说的目的，认为专史说和通史说在研究对象上"并无实质性分歧，专史说不过是强调在社会形态骨架外研究其'血肉'，而通史说则要把专史的'血肉'填在通史的骨架中"。这与笔者理解的"通史说"大异其趣。姑不论其视"通史"为"社会形态"是否允当（笔者这里的"通史"绝不只是历时性的"纵通"历史，更不是有人害怕社会史成为的那种社会发展史，它还是人类历史各组成部分相互关联的"横通"的历史，是年鉴学派所谓"全史"或者"整体历史"，此点留待后论），就是"血肉"一宗，也已抹杀了专史说所代表的"学科分支"说与通史说所暗示的"新视角新方法说"的区别。因为如果是同样的"血肉"，那么作为专史的社会史岂不就不能局限于社会生活或社会行为或社会结构或社会运行了吗？为了证明专史说同样主张综合史，常建华举了冯尔康的《三论开展社会史研究》一文为例，文中说："社会史渗透到政治史、经济史、文化史等领域，凡是这些专史中属于人们社会关系的内容，也就是社会史的内容。"尽管这些专史的研究者

---

① 蔡少卿：《中国社会史研究笔谈·扩大视野 注重理论方法》，《历史研究》1993年第2期。

对自己的领地被社会史瓜分或者蚕食不见得心甘情愿,但笔者却十分欢迎这样的说法,因为这当然是说社会史与其他史学分支有着重叠的部分;不过这些重叠部分绝不只是一点点边缘,因为无论政治关系、经济关系,还是文化关系,都是一种社会关系,而绝不仅仅是一种个人关系;政治史等也就都可以被纳入社会史,或者反过来说,一切传统的政治史、经济史、思想文化史研究内容,都可以从社会史的角度重新加以探讨。

关于"作为方法的社会史"是否能够成立,常建华的驳论还是很有力的,笔者对其论点的相当一部分是同意的。的确,作为方法的社会史同"广义的社会史"(即"通史"说)并无实质的区别,而且它也的确成为历史学(或者历史编纂学)的一个流派,但是,它绝不是后者的一个分支。我们前面所说的"分支"指的是政治史、经济史、军事史、思想史等专史或者分支学科,而"流派"则是指兰克学派、年鉴学派之类。我们这里所要论证的社会史,从来不是要跳到历史学之外,而恰是历史学的一个"流派"或者范式。同样,作为流派和范式意义上的社会史与"新史学"本来就分不开,而且也无须分开。如果对"新史学"和社会史的兴起比较了解的话,是否能得出它们是两回事的结论?是否能排除社会史来谈论"新史学",或者离开"新史学"来谈论社会史?"新史学"思想的实践必然导致社会史,也必然导致从社会史的角度去改造传统的政治史、经济史等等,所以,说"新研究方法同样适用于政治史、经济史等学科",是完全正确的,社会史学就是这样在改造传统的政治史学。我们终于欣喜地发现,以往一些属于政治史或经济史研究的课题,被重新加以"社会史的"研究(比如农民战争),这也正是笔者所理解的冯尔康先生所说的社会史对其他史学分支的"渗透"。

附带要说的是,史学的社会科学化与"新史学"及社会史还不能完全画等号,尽管它们之间有着密切的联系。史学的社会科学化显然是"新史学"的重要特征之一,但存在着把相关的社会科学理论和方法化为历史学自身理论和方法的需求。对于史学来说,存在着把上述理论和方法本学科化和本土化的任务,换言之,就是把这些理论和方法与历史研究实践恰当地结合起来。而从某种角度说,这就是社会史。我们后面还会谈到,某些社会科学理论、方法与历史学的结合并不必然导致社会史,而只可能导致历史社会学或"社会科学史学"(social science history)。因此,强调社会史的新视角、新方法,还是可以与"历史学的社会科学化"相区别的。

二、作为历史研究范式的社会史

所谓"范式"(paradigm),是借用托马斯·库恩(Thomas Kuhn)创造的一个著名概念,或者说类似于加斯东·巴歇拉尔(Gaston Bechelard)所谓的"知识模式"(episteme),即某一科学群体在一定时期内基本认同并在研究中加以遵循的学术基础和原则体系。它包括(相对而言)共同的科学理论和方法论、共同的对事物的看法和共同的世界观。按照库恩的理论,科学发展的基本途径是从前科学(尚未形成范式)发展到常规科学(形成范式),但因常规科学(或旧的范式)出现了危机即无法正常解释的问题,一些科学家便按照新的科学逻辑(在旧范式看来可能完全不合逻辑)创造出新的范式,即出现了"科学革命"。但这个旧范式的"叛逆"逐渐占据了科学解释的主导地位,因而也就变成范式或者常规科学,等待着被新的范式所取代。库恩认为,科学的发展就是沿着这样的轨迹进行的。比如说,从牛顿以前的物理学到牛顿(经典)物理学,再到爱因斯坦相对论,就是不同范式的演替过程。

西方史学家也对欧洲史学的发展做出了归纳。比如斯托扬诺维奇总结说,从古希腊到马基雅维里时代的史学范式为资讯型范式(exemplary paradigm),兰克史学为叙事型范式(narrative paradigm),这以后则是结构-功能型范式(structuralist-functionalist paradigm)。① 这样的概括虽有些不统一(如前者从研究目的考虑,中者与后者则是从研究方式考虑),但毕竟正确地区分了古代中世纪史学、近代史学和现代史学的不同研究范式。无独有偶,美国史学家伊格尔斯在讨论 19 世纪以来欧洲史学变迁的时候,也在前面提出了库恩和巴歇拉尔关于范式的问题。他指出,兰克学派"为使历史从博学变为一门以科学自诩的学科,必须使批判地利用证据在更广泛的历史探索模式中占据一席之地,而这些模式提供了用以解决所提出问题的概念框架";但是 19 世纪末到 20 世纪初以来的世界变化,"使人们日益不满于 19 世纪科学学派所提供的学术方法范例。在这一意义上,历史学科的变化

---

① 参见杨豫《法国年鉴学派范式的演变》,《史学理论研究》1992 年第 2 期。

与社会文化史是密不可分的,因为它正是社会文化史的组成部分"①。在这里,伊格尔斯不仅同样区分了启蒙史学及以前史学范式与兰克史学范式、新史学范式的区别,而且特别指出了新史学范式的注重社会文化史特征,与社会文化现实的巨大变化息息相关。

实际上,已有学者周晓虹在讨论社会史理论问题的时候,是从社会史的发生谈起的,虽然没有明说,却已暗示了社会史是作为一种史学范式而出现的②。一定会有人质疑说,相对兰克史学出现的新史学范式是"新史学",而不只是社会史,但实际上新史学基本上或者首先就是以社会史为表征的。也许"没有任何新的'范例'能够像19世纪下半叶及20世纪初的兰克模式那样得到众多历史学家的认可,尽管后者的影响也是十分有限的。相反,代替一个'范例',出现了一批范例,对于不同的史学流派来说,每一范例各自代表一种寻求更大科学性的研究模式"③。所以至少社会史是替代兰克模式的最主要范式之一。

实际上,政治史在某种意义上说也是一种范式。兰克学派的科学史学或实证史学"所用史料中证据的性质本身,致使叙述范围从启蒙学者们的包罗万象的社会文化史压缩成注重政治事件、宗教事件和有权有势者活动的历史"④。几乎所有人都会承认,兰克史学就研究对象而言,就可以被概括为"政治史"。鲁宾逊的概括可能是最清楚的关于政治史是一种史学范式的说明了:"政治史是最古的、最明显的和最容易写的一种历史。因为君主的政策,他们所发布的法律,和进行的战争,都是最容易叫人记载下来的。国家这样东西,是人类的最伟大的和最重要的社会组织。历史学家一般都认为人们最值得知道的过去事实,都是同国家的历史有着直接的或间接的

---

① 参见拙译《欧洲史学新方向》,华夏出版社,1989,第9-10页。
② 其实表述得比较明确的是陈启能所谓"战后西方史学从传统史学向新史学的转变,最本质的或者最主要的,就是'范型'的变化"。载《八十年代的西方史学》,中国社会科学出版社,1990,第66-70页。另外杨玉生在《功绩与启示:维纳尔·康策及其社会历史学思想》一文中,引述康策(Conze)的看法说,"战后在国际史坛上兴起的社会史首先应被看作是一种新的历史学的观察方法和研究方法",而"近年来我国史学界在关于开展社会史研究的讨论中,主要是把社会史当作历史学研究中的一个新领域来看待,而忽视了它在方法论方面的意义"。同上书,第309-315页。
③ 伊格尔斯:《历史研究国际手册——当代史学研究和理论》,华夏出版社,1989,第34页。
④ 伊格尔斯:《历史研究国际手册——当代史学研究和理论》,第17-18页。

联系。兰克、德罗生、毛兰勃莱克、傅利门等人都把政治史看成真正的历史。"①中国传统史学中的官修正史也基本是帝王将相的历史和重大政治事件的历史,它们是为统治者的统治需要服务的,因此也是一种政治史。当历史著述的主要内容都是政治史,所依据的材料都是政治方面的文书档案,把政治层面的因素(包括重大政治事件、重要政治人物在历史上的作用)看成是决定历史发展变化的关键力量,同时尽量从政治方面去解释历史,其功能也是服务于国家的政治统治的时候,政治史就是一种史学范式。这样,这里发生的范式的转换,即新史学代替兰克史学,也就是"社会史"取代"政治史"。

还是让我们来看看,在传统的政治史学被新史学逐渐取代的过程中,社会史是如何发挥着特殊的作用的吧!被视为"新史学"前驱的英国史学家巴克尔(H. T. Buckle)及其出版于19世纪中叶的《英国文明史导论》,被评论为"在许多读者的生活中标志着一个时代,并为历史的社会学调查方法提供了极大的推动力"②。同时代的牛津大学历史教授则主张"每个历史学家所应该解决的主要问题是揭示社会状况中的关键性变化",历史研究应该涉及群众史、社会史和文化史③。到20世纪初,美国新史学的倡导者鲁宾逊殷切地希望:"假使写历史的人,不专门注重战争、围攻和国王的行动,假使他写历史的目的不是想教读者去做好的军官和政治家,恐怕他一定要选择一些政治以外的事情作为线索。他可以说人类对于世界的知识、人类的义务观念、生产活动、建筑的性质和样式,实在比人类在某时期所制订的法律和他们所进行的战争更加有意义。""倘使我们想出一种方法,能够把社会的状况和制度写得津津有味而且易于了解,并用真正的联系来替代君主世系的联系,如果我们能写出这样的历史,那么那些反对从根本上改变现在流行作史方法的人们,也许就会取消他们的反对态度"④。与此大致同时,法国的亨利·贝尔(Henri Berr)创建了《历史综合评论》,倡导跨学科的综合研究;他主创的"进化与人类"丛书"不再以事件为中心,也不对民族国家的

---

① 鲁宾逊:《新史学》,商务印书馆,1964,第33页。
② 古奇:《19世纪历史学与历史学家》下册,商务印书馆,1989,第876页。
③ 转引自何兆武、陈启能主编《当代西方史学理论》,中国社会科学出版社,1996,第22页。
④ 鲁宾逊:《新史学》,第96~97,13页。

政治史按编年顺序撰写,而是企图将社会和文化史置于中心位置"①。

在这样的前驱的引导之下,"新史学"在20世纪30年代前后开始了它的形成过程,并在战后进一步发展,其中的典型代表就是法国的年鉴学派和马克思主义史学,这两者都与社会史,或者社会文化史、社会经济史有着极其密切的关系。我们谈论新史学不能离开年鉴学派和马克思主义史学,而这两者恰恰都是从范式的,或总体的角度认识社会史的。周晓虹的文章中承认年鉴学派"谋求创立一种与先前的叙述具体政治事件的'事件史'相对立的'全面的'或曰'总体的'历史,并曾将这种历史学称之为'社会史'","年鉴学派曾以社会史来指代他们欲图创立的总体史",但却以两个理由拒绝承认"社会史"在年鉴学派这里的范式意义。一是说年鉴学派自己往往是在与政治、经济、文化、心态并列的狭义的意义上使用"社会"这个词的;二是说他们力图使社会史成为总体史的努力从来也没有获得过成功。对这后一点,常建华的文章也表示同意,认为这只不过是一种难以实现的追求而已。

其实,在"新史学"的层面上或在科学范式的意义上理解和使用"社会史",与在具体的研究中使用狭义的"社会"一词并不矛盾,因为社会史研究者并不总是在写一些抽象的理论文章,而是经常在做具体的微观研究,比如倡导广义的、综合的社会史的于尔根·科卡(Jurgen Kocka)也是以研究职员史和劳工史著称的。因此我们在做具体的研究时,"社会"一词可以有多种狭义的指向。但是必须指出,即使在微观研究使用"社会"一词时,也往往只是相对"国家"(state)而用的,大多数情况下也是综合了政治、经济、文化等因素在内的。比如我们说"乡村社会""城市社会""基层社会""中国宗族社会"等时,"社会"都应该是一个综合的概念②。其次,即使年鉴学派追求的理想还未实现,也不能因此否定这一理想的积极意义。是不是说他们未能实现的作为总体史的社会史目标是完全错误的呢?恐怕谁也不能这样说。因为作为新史学的代表、作为总体史的表现的社会史,是作为叙述性的政治事件史的对立物而出现的,它作为新的史学范式,是取代旧的史学范式

---

① 伊格尔斯:《历史研究国际手册——当代史学研究和理论》,第56-57页。
② 以冯尔康、常建华、朱凤瀚等著《中国宗族社会》(浙江人民出版社,1994年)为例,其中涉及宗法制度、宗族与国家的关系(政治),涉及族田族产(经济),涉及祭祖修谱和宗族教化(文化),绝不限于婚姻、家庭、宗族组织等内容,显然使用的是综合的概念,而且也是极其正确的概念。

的旗帜。无论它在以后的史学实践中的具体命运如何,作为具有总体史特征的史学范式的社会史,其对以后史学发展的导向作用是很重要的。况且,能否说年鉴学派的创造作为总体史的社会史的努力没有成功,或者没有成功的希望呢？恐怕也不能这样说。第一,如果说布罗代尔的《地中海世界》还只是一部区域社会史,那么他的《15 至 18 世纪的物质文明、经济和资本主义》总是全球性的吧;第二,笔者极为赞同常建华的这一观点,即区域史也可以是总体史,而作为总体史的社会史这一目标的实现,在相当程度上就体现在其区域史的成就上。勒华·拉杜里的《蒙塔尤》研究了一个说奥克语的村庄,应该说是一个社区范围很小的区域史研究了吧,但这丝毫不妨碍它成为总体史或者总体的社会史的杰作。它涉及这个村庄的方方面面,绝不只是它的政治史或经济史或文化史。用勒高夫的话说,这部书"明确表示了新史学的总体研究愿望"①。在这里,笔者必须重申前面已经说过的话：总体史绝不仅仅只有时间或者空间上的意义,它更多的是表示跨学科、跨领域的整合。事实上,对作为总体史的社会史的追求,有着许多成功的范例。

中国的情况又何尝不是这样呢！在 19 世纪末 20 世纪初,许多当代的西方史学著作传入中国,与中国自身对传统史学的不满汇合起来,形成中国的史界革命。梁启超猛烈批判旧史学"知有朝廷而不知有国家","知有个人而不知有群体","知有陈述而不知有今务","知有事实而不知有理想",只是"君史",是帝王一家一姓的家谱。因此主张历史研究应"会人类全体而比较之,通古今文野之界而视察之。内自乡邑之社团,外至五洲之全局,上自穹古之石室,下至今日之新闻",从而"使国民察知现代之生活与过去未来之息息相关"②。曾在德国新史学代表人物兰普莱希特(Karl Lamprecht)主持的研究所中学习和工作过的蔡元培接受了重视对民众、对社会文化的研究的观念,在莱比锡大学时,"于哲学、文学、文明史、人类学之讲义,凡时间不冲突者,皆听之"③。所以他后来认为："新体之历史,不偏重政治,而注意于人文进化之轨辙。凡夫风俗之变迁、实业之发展、学术之盛

---

① 勒高夫等主编《新史学》,上海译文出版社,1989,第 5 页。
② 梁启超：《中国历史研究法》,载《饮冰室文集》之七十三。
③ 高平叔编《蔡元培史学论集》,湖南教育出版社,1987,第 328 页。

衰,皆分治其条流,而又综论其统系,是谓文明史。"①这样的思想,经五四新文化运动而变得日益具有影响力,人类学、社会学和民俗学学科在中国的相继成立,也促进了社会史观念的传播,与马克思主义史学的"社会史大论战"一起,共同瓦解着旧史学的坞壁。

在对同样的事实进行简单勾勒之后,李华兴也做出过史学范式演变过程的概括。他说:"政治史→经济史和文化史→社会史,这几乎是中外史学研究顺理成章的共同走向。"②

到此为止,我们已经试图把社会史与"新史学",或者与年鉴学派追求的"总体史"画上等号,从而论证社会史绝不仅仅是历史学的一个分支学科,而是一个史学新范式,一个取代传统史学的政治史范式的新范式。只有这样,我们才能充分认识倡导社会史研究的意义:它并不只是重新发现一个以往被遗忘了的角落,它是一场革命,它是使史学家的眼界、方法、材料统统发生变化的一场革命。如果一个史学家在研究历史时,除研究对象以外,以上这些全都依然故我,那就绝对不是社会史。

三、作为整体研究的社会史

在以上探讨年鉴学派的"总体史"观念时,实际上已经涉及这个问题:社会史不仅是一种新的史学范式,而且应该是一种综合的、整体的研究。首先,我们已经论证说,即便社会史研究还没有达到它作为整体研究的目的,我们也不能因此而否定这一目的本身的正确性。

其次,目前社会史研究所取得的成果,无论是与以前的研究成果相比,还是与其他领域如政治史、经济史、思想史等相比,都更明显地带有综合性和整体性。以年鉴学派的作品为例,费弗尔的《菲利普二世与弗朗士-孔泰:政治、宗教与社会史研究》虽然似乎是区域政治史,但"他否认社会实体中任何个别成分:经济的、宗教的、政治的或地理的,具有首要作用。他认为,上述成分形成一种合力"③。此外,布洛赫的《法国农村史的基本特性》和《封建社会》、布

---

① 高平叔编《蔡元培史学论集》,第 139 页。
② 李华兴:《方兴未艾 任重道远》,《历史研究》1993 年第 2 期。
③ 伊格尔斯:《历史研究国际手册——当代史学研究和理论》,第 58 页。

罗代尔的《菲利普二世时代的地中海和地中海世界》和《物质文明和资本主义》、古贝尔的《博韦和博韦西地区》、拉杜里的《朗格多克的农民》等的目标都是撰写"总体史"①。再以国内近年来的社会史研究来看,无论是朝向社会史方向的努力和尝试,还是比较规范的社会史研究,无论是时期性的还是区域性的研究,都比以前的研究更具综合性和整体性。我们把乔志强主编《中国近代社会史》、龚书铎等主编《中国社会通史》、郑振满著《明清福建家族组织与社会变迁》、郭润涛著《官府、幕友与书生："绍兴师爷"研究》、从翰香主编《近代冀鲁豫乡村》、魏宏运主编《二十世纪三四十年代冀东农村社会调查与研究》等拿来仔细比较,不难看出,它们比以往的断代史、通史、政治史、经济史都具有更强的综合性和整体性。因此,我们还怎么可以为了替坚持它的专史或学科分支性质寻找理由,而拒不承认这个明显的成就呢?

再次,我们切不可把作为整体研究或综合研究的社会史理解为以前的那种社会发展史,或者以前的那种通史;并不是提倡整体或综合的社会史,就不允许微观的个案的研究存在。恰恰相反,从研究的步骤上看,首先就应该是大量微观的个案研究。但是,这些微观的个案研究也是整体的和综合性的。就以笔者近年来研究的庙会为例,它包含着宗教、经济(商业)、文化娱乐,甚至政治的成分,但之所以它不是一项宗教史研究、经济史研究或文化娱乐史研究,而被视为社会史研究,就在于笔者的研究角度是立足于整体和综合的。乔夫·埃利在一篇《社会史新趋势》的文章中说："社会史可能范围的界限已扩大得实际上变得同整个学科的界线共处在同一个范围内。就在这时'个别'(individual)社会史学家的研究工作可以经常比以前更专门化。"②

我们绝对不能完全忽视那些"新史学"或者社会史的代表人物的想法。马克·布洛赫在《为史学而战》中指出："经济和社会史其实是不存在的,只有作为整体而存在的历史。就其定义而言,历史就是整个社会的历史。"③霍布斯鲍姆则说,在社会史研究领域中最有成就的人往往"要么像那些使我

---

① 伊格尔斯说,古贝尔和拉杜里的"这两项研究的目的是撰写一部在一定时期内某一地区的'总体史'"。参见伊格尔斯:《历史研究国际手册——当代史学研究和理论》,第69页。
② 伊格尔斯:《历史研究国际手册——当代史学研究和理论》,第69页。
③ 勒高夫等主编《新史学》,第6页。

们得益匪浅的伟大的法国人那样,宁肯把自己说成是历史学家,把总体的或普遍的历史作为自己的目的;要么像另一些人那样,试图寻求使历史学中所有有关的社会科学形成为一个整体,而不是使社会史代表其中任何一个学科";"社会史不像经济史或其他用连字号连接起来的史学,它从来就不可能是一个专门化学科,因为它的主题不能孤立起来"①。哈罗德·珀金认为,"社会史不是历史的一部分,用阿瑟·雷德福的话来说,社会史是从社会角度而言的全部历史";"我的观点是,社会史学家必须把握社会,并试图了解社会的全貌。除了研究社会成员的日常生活之外,……他还应该把自己同社会、社会活动和社会、社会制度联系起来"②。勒高夫则说:"任何形式的新史学(包括那些装出新样子的史学),及那些表面标有局部研究字样的著作,如保罗·韦纳的社会历史学或阿兰·贝桑松的心理分析历史学等,事实上都是总体史的尝试。"③

中国的社会史学家经过一段时间的具体研究实践后,也大多认可这种观点。仅在1993年历史研究编辑部组织的一次笔谈中,就有王家范认为,"社会史的最终目标,将是重新改写'历史'";冯尔康则对目前的社会史"研究内容显得琐碎、重复","没有对社会历史作整体的研究"表示不满,因而主张"在整体研究上下功夫";乔志强说"社会史最基本的特征之一是它体现的那种'全面的''整体的'历史";刘志琴认为,"社会史是一门实证性和综合性的科学",并批评"现有的史学门类分工太窄,政治、经济、思想各立门庭,不太适应社会史人才的培养";陈春声指出,"社会史研究的源源不断的活力,来自于它从不圈定自己的领地,始终保持边界的模糊性,而把注意力集中于揭示人类社会历史内部各要素和各组成部分的复杂互动关系,并尽力从文化层面进行阐释的学术传统"。④

笔者在这里不厌其烦地罗列摘引中外学者的有关论述,只是为了试图探讨为什么大家能形成这样的共识。对于那些西方"新史学"的早期倡导者来说,他们是出于对当时史学状况的不满而提出自己的看法。比如米什

---

① 霍布斯鲍姆:《从社会史到社会的历史》,载《代达罗斯》1971年冬季号,第24页。
② 哈罗德·珀金:《社会史》,载蔡少卿主编《再现过去:社会史的理论视野》,第126—127页。
③ 勒高夫等主编《新史学》,第5页。
④ 以上均见《历史研究》1993年第2期。

莱(Jules Michelet)早就批评说:"法国只有编年史而没有一部历史。学者们主要从政治角度去研究这些编年史,没有任何人深入到法国的各项活动(宗教的、经济的、艺术的)、各种发展的无穷细节中去。没有人能宏观地看到构成法国的地理和自然因素的生动整体。"西米昂(F. Simiand)除抨击历史研究中的"编年史偶像"和"政治偶像"以外,还批判了"个人偶像",后者"使研究围绕某些历史人物,而不是围绕制度、社会现象或一种联系去进行"[1]。而替代这种旧史学的角色无法由任何一门史学分支来承担,社会史是唯一的选择。

对于中国的历史学家来说,社会史兴起的背景与欧洲并没有本质的区别。实际上,用年鉴学派的话说,马克思主义也是一种强调综合和整体的长时段史学,而马克思主义史学自30年代以来在中国的传播,有力地推动了社会经济史研究和社会发展史的发展,对于破除旧的以王朝世系为纲的编年史有巨大的意义。但是,中国历史学家的这种有利的形势并没有被较好地保持和发展。一方面,政治史依然一花独放,经济史的研究是为了揭示政治史的发生发展基础,而对社会阶级结构的研究也几乎被简化为地主阶级与农民阶级的厮杀史,其他方面则相对凋零;另一方面,通史没有有效地表现整体、综合和长时段,或者只强调了纵向的贯通,剩下社会形态与王朝世系交织起来的骨架,看不到全社会各个不同方面的丰富内容及相互之间的内在联系。80年代以来社会史和文化史的勃兴(或者"复兴")就是在这样的背景下出现的[2]。人们倡导社会史的初衷绝不仅仅是填补一块空白、增加一个史学分支,而是要利用社会史、文化史或者社会史观、文化史观对当时的史学进行一番改造。所以,为匡正此前史学弊病而出现的社会史,必然应该是总体史、综合史。

当然,社会史之所以必然是整体的、综合的历史研究,主要是由其研究对象所决定的。如果社会史的研究对象真的是"社会",那么它与政治、经济、军事、宗教等相比,就的确如费弗尔所说,是个含义模糊的词。我们不能不承认"社会"这个词的涵盖面要比政治、经济等大得多。为了研究这个

---

[1] 勒高夫等主编《新史学》,第22—23页。
[2] 参见刘志琴《中国文化史》、田居俭《中国社会史》,收于肖黎主编《中国历史学四十年》,书目文献出版社,1989。

"社会",人们不惜用"社会科学"的全部力量,而所谓广义的"社会科学",不仅包括哲学、历史学、文学艺术等传统的人文学,也包括经济学、法学、政治学、社会学、人类学、心理学、伦理学、教育学、地理学、人口学等或大或小的学科。也就是说,社会科学各学科全部分支的研究对象都是这个"社会"的不同部分。即便是主张社会史是历史学的一个分支的学者,倡导研究社会构成、社会运行和社会变迁的历史,后面的这些研究对象也都是一些综合的概念。比如社会结构中的社会群体,以宋代的五等户及"形势户"为例,他们既是政治概念(阶级或阶层),也是经济概念(赋役义务),甚至还有文化概念的意义。我们把他们当作社会群体来研究时,根本无法脱离他们本来就有的政治、经济、文化成分。

令笔者感到奇怪的是,常建华在文章中基本否定社会史在"总体性"或"综合性"方面的努力,但是,他以肯定的口气引述的费孝通的话,却是这样说的:"从发展的趋势上看去,可以说的是社会学很不容易和政治学、经济学等在一个平面上去分得一个独立的范围。它只有从另外一个层次上去得到一个研究社会现象的综合立场。"这显然是说,就研究社会而言,社会学与政治学、经济学等并不是并列的学科,它的作用在于"综合立场",因而在科学体系中处在"另外一个层次"的地位。而这个"综合立场"的实现,一是通过研究"社区",因为这是综合各种生活和制度的"时空坐落";二是社会行为的形式,因为它们凝聚着社会活动的功能,反映着社会活动的不同过程。如果以这番话来论证社会史,倒是正与笔者的见解相同。

因此,虽然笔者认为最好的通史应该是社会史,或者是从社会史的角度去撰写的,但绝不意味着笔者认为所有的社会史研究都必须是通史。只是说各种社会史研究,无论是宏观的作品,还是微观的个案,都应是综合的、总体的历史,与传统的政治史、经济史或思想史等历史学分支截然不同。这样做的结果,一方面,由于我们消除了强调社会史的总体性和综合性即可能导致社会史即通史的误会,主张微观的个案研究不仅可以,而且也应该是综合的、总体的,担心"建立一种总体史的企图不仅会使人类共同体中那真正能够称之为'社会'的……部分再度失去关注,而且这种企图本身也难以实现",便成为杞人之忧;另一方面,论证陈旭麓给出的社会结构、社会生活、社会意识三大部分社会史研究内容"依旧只限于一个时代的特定层面",而不是所谓的总体史或综合史,也就失去了根据①。总而言之,这里的总体的、综合的社会史并不是与传统意义上的"通史"画等号,因此不会被视为"有关社会史与一般历史学即通史关系"的第四种观点,除非"通史"的"通"被赋予全新的意义,那就是"总体"与"综合"。

我们当然不愿意看见——正像某些学者所担心的那样——所有的社会史论文都写成从原始社会一直到中华人民共和国的"通史"的局面,但也绝不会为某一项微社会研究(或小社区研究)抛开了那里的生态环境、基层管理组织、生产发展水平、生育制度、两性关系模式等而孤立地分析某一个侧面拍案叫绝,不会把无视凝聚其中的社会意义、角色意义、社会关系网络、社会观念变迁或文化象征的,以及停留在表层描述水平的服饰研究、家具研究、民居研究等当作社会史研究的理想目标。综合地、总体地研究某一个历史事象,正是社会史的特征;或许,当人们从社会史的角度,利用社会史的范式去研究政治史、经济史、法律史、军事史的时候,后面的这些学科分支也会被改造成总体史、综合史。

四、属于历史学而非社会学的社会史

关于社会史与社会学的关系,也是一个众说纷纭的问题。许多学者都认为,社会史是历史学与社会学的交叉学科②;国外学者如查尔斯·蒂利也写了题为《在社会学与历史学交叉点上》的文章③。但是,社会史与历史学、社会学之间的距离并不是同等的。有的学者虽然正确地指出,社会史是属于历史学的范畴,而历史社会学则是属于社会学的,但说社会史也"是在社会学和历史学之间形成的一个相互重叠的研究领域",却未必一定准确④。由于不少人都认为社会学对社会史的影响巨大,所以就此做一点辨析还是有意义的。

---

① 周晓虹:《试论社会史研究的若干理论问题》,《历史研究》,1997年第3期。
② 比如王明明:《论社会史研究的对象》,《河北学刊》1990年第2期;龚书铎、曹文柱、朱汉国前引书,等等。
③ 查尔斯·蒂利:《在社会学与历史学交叉点上》,载蔡少卿主编《再现过去:社会史的理论视野》,第207页。
④ 周晓虹原文说社会史是历史学的一个"分支",历史社会学则是社会学的一个"分支"。由于本文不同意"分支说",所以这里未直接引用他的原文,而使用他的大意。

诚然,社会学与社会史之间的关系是极为密切的,但如果我们仍然从社会史的发生发展过程来看,与其说社会史(social history)一直被笼罩在社会学(sociology)的光环之下,不如说社会史受到社会科学(social sciences)各个学科的巨大影响。鲁宾逊在倡导"新史学"的时候,把人类学、史前考古学、社会心理学、动物心理学、比较宗教学、经济学、地理学和社会学看作"史学的新同盟军"①;年鉴学派的"新史学还主张把目光移向'邻居',希望使'互不相识的兄弟'进行对话"②,而这些"兄弟"就是勃罗代尔在其《历史和社会科学:长时段》一文中提到的经济学家、民族学家、人类学家、社会学家、心理学家、语言学家、人口学家、地理学家,甚至社会数学家或统计学家③。对此,菲雷(F. Furet)进一步论证说,社会科学的引进是建立"总体史"的需要④。当一项具有总体史追求的社会史研究在涉及地理环境或空间发展的时候,地理学的帮助是必要的;涉及人口流动与经济发展的时候,离开人口学、统计学和经济学等也是不行的;如果研究个人或者集体的心态问题,心理学与行为科学、角色理论等统统可以派上用场。也就是说,社会学可能是主要的,但绝不是唯一的社会史的依靠对象。

伊格尔斯早就指出,年鉴学派"把历史科学和最广义上的'人文科学'结合起来,不仅就古典的社会科学或是行为科学而言,而且就结构人类学、精神分析学、最现代形式的艺术、文学和语言学而言,都是如此"。即使到30年后人们对"社会科学的滥用"进行纠正的时候,当劳伦斯·斯通(Lawrence Stone)宣判"新史学"的末日的时候,"历史学家们并未离弃社会科学,而是离弃了这些学科机械的、数学性的模式",比如"社会史倾向于强调意识的作用,力图把握历史局势的定性本质"。其中的例子有卡洛·西波拉关于托斯卡纳一个村庄的百姓对瘟疫的反应的研究,拉杜里重现14世纪一个村庄精神世界的《蒙塔尤》和表现一个城市冲突的《罗曼城的狂欢节》,卡洛·金兹堡通过一个磨坊主的个人传记展示一种潜在的农民文化,而乔

---

① 鲁宾逊:《新史学》,第51页。
② 勒高夫等主编《新史学》,第15页。
③ 勃罗代尔:《历史和社会科学:长时段》,载蔡少卿主编《再现过去:社会史的理论视野》,第50页。
④ 菲雷:《社会科学方法与"全面的历史"》,载蔡少卿主编《再现过去:社会史的理论视野》,第79页。

治·迪比则通过描写一次战斗来揭示法国封建社会的社会环境和精神状态。因此,伊格尔斯总结说:"目前,几乎所有的历史都是社会史,但现在其社会科学基础是放在诸如人类学和符号学这类探索集体意识、价值和意义,并将人视为历史局势中的积极因素的学科之上,而不是放在地理学、经济学或人口统计学这些对人类自由加上了外部限制的科学之上。"①这无疑说明了"社会史"与"社会科学"而非"社会学"的直接关系。只不过后来的社会史由于视角的转换和矫枉的需要,所联系的社会科学学科与以前的社会史不尽相同了而已。

实际上,常建华已经正确地指出社会学不是社会史唯一的理论基础和方法,主张多借鉴以社会或文化人类学为主的多学科研究方法,周晓虹虽集中探讨了社会史研究如何借鉴社会学理论与方法问题,但也承认"对社会学、人类学和心理学等实证科学理论与方法的借鉴,正是社会史及其他新史学与传统史学的区别标志之一"。可是一方面,史学界仍有新近出版的、规模较大的社会史著作特别强调社会学对社会史的作用,基本上套用社会学的概念来进行社会史的描述和体系建构;同时,在最近的关于断代社会史学术会议的综合报道中,居然以大标题的形式,把社会史说成"从社会学角度考察中国历史"②,使社会史沦落到社会学仆从的地位。另一方面,即使主张正确如前两者,虽倡导社会史与社会科学多学科,而非仅与社会学的结盟,却没有仔细考虑这是与前面论证的社会史的综合性和总体性特征直接相关的(如菲雷所说),从而给自己的立论留下了又一个不易觉察的矛盾。

即便我们把社会学视为社会史的盟友之一来考虑它的影响,也要警惕可能出现的对社会学概念、方法的生吞活剥。霍布斯鲍姆早就说过,"我十分怀疑把社会史看作社会学向过去的投影,就像把经济史看作是经济理论的还原一样"③。国内学者周晓虹也指出,社会史不应成为社会学的简单的拷贝或复本,即一方面历史学的理论和方法应该依然是社会史的主要支柱,另一方面社会史有不同于社会学的特殊性。其实不仅社会学如此,人类学

---

① 参见拙译《欧洲史学新方向》,第 85、203—207 页。
② 见《北京日报》1997 年 9 月 7 日。
③ 霍布斯鲍姆:《从社会史到社会的历史》,载蔡少卿主编《再现过去:社会史的理论视野》,第 27 页。

和其他社会科学也是如此。尽管历史学早已不再满足于注重个体,而包括社会学在内的社会科学也不再只顾追求一般,但历史学还是比较注意历时性,而社会学、人类学等比较强调共时性;历史学更多的是研究过去而社会学等主要是关注现实;社会学等的理论和方法是在共时性研究和现实研究的基础上创立和发展起来的,而历史学的理论和方法则依赖于历时性研究或历史研究。因此,在社会史研究中借用社会学等的概念、理论和方法需要小心谨慎,更需要根据历史学研究实践对其加以改造。

沃勒斯坦(Immanuel Wallerstein)等人曾概括说,社会科学家朝史学领域的扩张有两种不同的形式:一是运用社会科学理论、模式和程序去分析过去,故而被称为"社会科学史学"(social science history);二是描述和解释大规模的社会变迁,即"历史社会学"(historical sociology)。前者"当中的绝大多数人既不期待、也未曾发现多少有关过去的新东西。恰恰相反,有关过去的材料似乎被证实了,或顶多是略微修改了作为他们基本兴趣所在的一般法则";后者"研究工作的主旨并不是要检验、修正和制定普遍规律(如现代化的规律),而是要利用一般规则去解释各种不断变化的复杂现象,或从这些一般模式出发对它们加以说明"。因此就前者而言,"他们的主要目标并不是要填平社会科学与历史学之间的鸿沟,而是要扩大自己的数据库";后者则"牵扯到对流行方法论的批判"①。显然,这两种把历史学与社会科学交叉结合的做法,并不能导致理想的社会史,因为这两者都没有把历史当作自己的研究主体,前者对史实没有多大兴趣,因此其解释可能建立在虚假的事实基础之上;后者出于现实的考虑只注意社会变迁的主题,而且免不了从社会学的角度得出过于概括的结论。

霍布斯鲍姆实际上已经指出:"社会的历史不能依靠运用其他科学内容贫乏的现成模式来写,它需要架构恰当的新的模式或者起码需要把现有的框架发展成模式。"②这就是说,其他社会科学的概念和方法可以启发历史学,或者被历史学改造成为它自己的概念和方法,然后再用以指导对历史的解释。我们注意到,尽管目前中国的社会史研究的确不存在过分社会学化的问题,但

---

① 沃勒斯坦等:《开放社会科学》,生活·读书·新知三联书店,1997年,第46–48页。
② 霍布斯鲍姆:《从社会史到社会的历史》,载蔡少卿主编《再现过去:社会史的理论视野》,第26页。

在尝试使社会史尽快摆脱新瓶装旧酒局面的过程中,还是存在这方面的隐患。

我们不妨以"社区"这个概念为例。对社区的历史研究当然是应用了社会学概念的社会史研究,在社会学中,"社区"可以有人为划分的多种形态,比如法定社区、自然社区、专能社区等,其中又可细分为城市社区、乡村社区、政治社区、经济社区、文化社区、军事社区、宗教社区、种族民族社区等等①,但这大多是在现实社会社区区划日益复杂的情况下划分出来的,在研究历史时期的社区时,是否能完全套用这些概念,还要看某一地区历史上的具体情况。另外社区的划分应该是有比较明确的空间界限的,社区内部应该是有比较稳定的社会交往的,不具备这些特点的区划是否应属文化地理学的文化区?跨越一个城市或者乡村的带有更高层次上的共性的区域,还能不能被称为社区?以上那些社区的概念是否一定能在中国的历史上找到对应物?比如宗族或者家族本身是一种"社区",还是构成社区的一种社会实体?墟集或者庙会这些一般不具有长期居民的经济、娱乐场所,是否可以用现代社会学的社区概念来概括?先秦的国、野、都、鄙,隋唐的坊、市,明清的里、甲、图、社等等,如何与"社区"这个概念适当地挂钩?这些问题在社会史研究中都需要特别慎重地对待。而以上所说还只涉及概念的问题,当运用这些概念,特别是社区理论去进行历史研究的时候,就更需要把握历史学学科本位的原则。

其实,国内的一些人类学家,在建构本土人类学体系的时候,就已经注意到了这个问题。他们指出,20世纪支配中国社会人类学研究的理论范式包括社区论、宗族论、区位论、宗教论,它们虽然在一定程度上反映了中国社会与人的生活世界的状况,但大多属于西方人类学概念在中国社会的运用。他们也举出"社区"一词为例,认为传统汉语中的"社"含有社神、乡社、社祭、结社等多重意义,它与"区"(place)一起并不能构成英文community这样的功能一体的分离性空间。此外,用非洲研究发展出来的概念lineage(宗族)来描述中国的亲属组织,也把中国丰富的"家""房""宗""族"等内容简化了。因此他们主张,应该充分讨论人类学中"社会""文化""个人"等概念在本土文化中的运用限度,发展出对中国社会与人文景观的独特理解。②

---

① 张研:《试论清代的社区》,《清史研究》1997年第2期。
② 王铭铭:《社会人类学与中国研究》,生活·读书·新知三联书店,1997,第251–253页。

这样说起来，如果在一个学科内部，由于一般概念、方法与本土的实际生活之间存在距离，便导致了立足于本土立场的，对所应用的概念、模式、方法的反思检讨的话，那么，当社会史参考和借用其他学科的概念、模式、方法的时候，特别是考虑到历史研究主要借助的文献资料本身就含有自己的一套概念、话语和思维结构的时候，我们在这个问题上究竟应该采取什么态度，就不言自明了。

综上所述，笔者认为，关于社会史是什么的问题虽然可以见仁见智，各抒己见，但如能在广泛讨论之后取得包容性极大的、相对可取的共识，对于中国社会史研究的发展，特别是对初学者的引导来说有着重要的意义。因此，我们首先应该把社会史理解为一种新的史学范式，而不是一开始就将其理解为一个学科分支，这才能使我们的社会史研究具有新的面貌，避免"新瓶装旧酒"和研究庸俗化，同时发挥它在改造整个史学方面的积极作用。这样的理解并非已经过多，而是远远不够，因此需要大声疾呼[1]。其次，社会史作为一种整体研究，是作为新史学范式的具体表现。它既不应被误解为"通史"或"社会发展史"，也不是可望不可即的幻想，而是我们努力追求的目标。第三，把社会史视为历史学与社会学的联姻，是尤须警惕的倾向。如果仅把社会史汲取养料的兄弟学科限于社会学，社会史不仅会有概念误用，即历史学的社会学化的危险，而且把自己的边界限制得太狭隘了。除社会学的概念和方法之外，社会史拒绝接受其他，于是，社会史变成了社会学建构其理论体系的资料库及其概念、方法的实验场。这样的前景，想起来就让人不寒而栗。

（原载于《历史研究》1999 年第 2 期）

---

[1] 有的学者是完全了解社会史作为新范式的意义的，但又认为"作为史观的'社会史'已完成了它的使命，只有将其视作专史，才能将前此开辟的新的史学领域的研究推向系统、深入"。这种观点虽无可厚非，但却不可避免地造成自身的逻辑矛盾。因为作者接着指出，"社会史与其他专史……的交叉之处，这主要表现在其研究对象或约略相同，而研究视角、方法以及想说明的问题却各异"，等于否定了自己的专史说而趋同于视角说。参见孟彦弘《社会史研究刍议》，《史学理论研究》1998 年第 2 期，第 38-144 页。无独有偶，另有学者认为，社会史"是历史学的一个分支学科"，但其显著特点"即是从社会学的视角来观察人类历史上的社会"，等于也强调了视角，而非研究内容的意义。参见朱汉国《关于社会史研究的若干问题》，《史学月刊》1998 年第 3 期，第 82-91 页。

沟通中国史和世界史
——走出国别史的模式

王晴佳

2015年美国加州大学洛杉矶分校的讲席教授、以倡导新文化史研究而闻名遐迩的林恩·亨特(Lynn A. Hunt)出版了《全球时代的史学写作》一书,颇受关注。但许多读者可能没有注意到的是,亨特教授在书中还从跨文化的角度,比较了一下当代历史系的建制,而且还以中国北京大学历史系作为例子之一。她这么写道:"民族国家依然是世界各国历史教学的重头戏。在美国,39%的高校历史系教师教美国史。位居第二的是欧洲史,有超过25%的历史教师讲授。法国、英国、德国教本民族国家史的教师比例则更高,就德国来说,已接近50%。……北京大学(Peking University)从事本国史研究的比例要比印度的德里大学低一些,但主攻中国史的比例也超过了半数。"①亨特教授举北大为例,可能因为在20世纪80年代,她曾应北大教授、中国法国史的前辈张芝联先生的邀请,访问过北大和北京。

不过亨特教授不是第一个注意到北大抑或中国大学的历史系教师队伍编制的西方学者。早在1990年,时任加拿大维多利亚大学的中国史教授拉尔夫·克洛泽尔曾发表了《中华人民共和国的世界史》一文,其中提到在中国各大学的历史系,世界史的教师在总人数的40%左右。② 换言之,在过去的三十年里,中国大学历史系的教师编制,至少就世界史和中国史的比例而

---

① 林恩·亨特:《全球时代的史学写作》,赵辉兵译,大象出版社,2017,第3—4页。
② Ralph Croizier, "World History in the People's Republic of China," *Journal of World History*, 1: 2 (1990), p. 158.

言,没有出现很大的变动。

　　但作为外观者,这两位西方学者似乎都不一定了解,虽然教师们同在一个系,但如同夏伯嘉等人指出的那样,中国史和世界史的教师之间,互动和交流很少。也许为了克服这一点,北大的彭小瑜教授几年前曾尝试与中国史的老师如邓小南教授合作,在系里开设中西中古历史比较的课程。本人几年前也曾尝试与李隆国老师一起在北大讲授"中外史学比较"一课,但选课者不多,效果远不如预期。

　　颇为吊诡的是,在中国的学术界和社会上,却又十分推崇学兼中西的学者,特别是能说一点外语的人士。比如笔者少时听人崇敬地说到周恩来,便有周能熟练运用七种外语的美谈。而学界提到史家陈寅恪,则动辄会指出陈懂十多种外语,等等。于是便出现了一个颇有意思的现象,那就是虽然从事外国研究和中国研究的人士之间很少交流,但如果某一位人士能展现两方面的学识,则又会轻易得到诸如"学贯中西"或"国学大师"等光荣称号。北大季羡林先生便是一例。他一辈子学习外国文字,以掌握吐火罗文闻世,但喜好散文的创作,晚年又对中西文化的交流及其前景发表了一些看法,于是获得"国学大师"的美誉而不顾他老人家自己似乎并非出于谦逊的坚辞和婉拒。

　　对于上述这一吊诡的文化现象,我们可以有多种不同的解读和解释,此处无法一一赘述。本文只想以近代学术建制形成,特别是历史学这一学科在近代转化及其成型的角度,强调指出其实现在流行于世界各国大学的学科分野,本身是一个西方近代历史的产物。而在当今的情势下,这一西方近代史学的模式,虽然仍有全球的影响,但同时已经在——并且必然会——走向式微,为跨学科、多视角的学术风气所取代。而这一取代和发展,并非追逐时髦、刻意翻新,而是近几十年来国际学术界挑战、质疑和扬弃西方中心论的一个有机组成部分。值得一提的是,开展这一讨论,也似乎需要同时牵涉中国史和世界史两方面的知识。笔者不揣浅陋,愿意在此处借助本人之前的一些研究,就此主题提出一些浅见和心得,以求证于方家读者。

一、学科分野与国别史的兴起

也许我们的讨论可以从一百多年前的"五四"运动谈起，因为正是在"五四"运动的时期，中国的学术沿着近代化的方向，跨进了一大步。"五四"运动的领袖之一胡适以提倡白话文而一夜成名，但他在中国学术界的成功立足，还在于1918年出版的《中国哲学史大纲》一书。此书虽然与其在哥伦比亚大学完成的博士论文（中文版以《先秦名学史》为名出版）有关，但又有着明显的不同。而这些不同，笔者认为恰恰展现了胡适在推动中国近代学术转型上的重大贡献。因为胡适他从该书的起始，便强调史料的考订，讨论考订史实的方法，将先秦的史料做了梳理，并以他认为比较确实的史料讲述中国古代哲学。胡适在书的起始，便介绍了查理·朗格洛瓦（Charles Langlois）和查理·瑟诺博斯（Charles Seignobos）合著的《史学原论》（*Introduction to the Study of History*）的思想。同时他也指出，德国思想家文德尔班（Wilhelm Windelband）在其《古代哲学史》（*History of Ancient Philosophy*）中挑明了哲学史研究的目标，因为文德尔班曾对哲学史家的任务作了如下界定："第一，哲学几乎就是历史的科学。因此，必须仔细检讨传统，利用文字学的准确性构建哲学学说的内容，不偏不倚地进行研究。"[①]胡适的这一做法，让他的许多学生大吃一惊，因为根据这样史料批判的原则，中国上古的许多神奇故事和传说便一并从中国哲学史的课程中剔除了。更重要的是，胡适将史料批判视作哲学研究的首要工作，也即像他所引述的文德尔班的话那样："哲学几乎就是历史的科学。"胡适的这一取径，最终得到了比他小不了几岁、国学根底深厚的学生顾颉刚、傅斯年的认可，而后者的认可和支持，不但有助于胡适个人在北大的立足，更为中国学术的近代转型，提供了一个新的出发点。以胡适而言，他之后在这方面做了许多努力，比如帮助建立北大的国学门这一研究机构，并创办《国学季刊》等。他所提出的"整理国故、再造文明"的口号，虽然与章太炎之前的研究有些关系，但还是有明确的不同。这一不同还是可以从他引述的文德尔班的话中看出；

---

① Wilhelm Windelband, *History of Ancient Philosophy*, trans. by Herbert E. Cushman, New York: Charles Scribner's Sons, 1898, p. 6.

文德尔班说要"用文字学的准确性"构建哲学研究的对象,这个"文字学"的德文原文是 philologie,英文是 philology。

在胡适的鼓励下,顾颉刚开展了"古史辨"的讨论,引起了学界的广泛注意。而大学毕业之后去了欧洲留学的傅斯年在 1926 年回国之后,建立了历史语言研究所,其英文名字便是 Institute of History and Philology。虽然译名不同——胡适译 philology 为"文字学"——而傅斯年则译为"语言学",现在的学者也有译为"语义学""文献学"和"语文学"的。① 但不管如何,胡适、傅斯年对这一学科的提倡,影响十分深远。20 世纪 30 年代主持北京大学、也曾留学哥伦比亚大学的蒋梦麟(1886—1964)在《国立北京大学史学系课程指导书》中说道:"史学的研究往往与语学的研究分不开;同一研究,文字方面是语学,事迹方面是史学。所以在欧洲大陆上,特别是在德国,史学语学皆总称之曰 philologie。"② 这里蒋梦麟径直将历史学与他所谓的"语学"也即文字学视为一体了。其实,傅斯年之前建立在中国近代学术史上扮演重要角色的史语所,基于大致相似的理念,也即认定通过文字学的方法来考订、批判史料,应该是历史书写的基础。

二、近代欧洲对史学传统的革新

走笔至此,也许有必要回顾一下文字学在欧洲的发展历史及其对近代历史学转化的重要作用。至少在欧洲文艺复兴之前,世界上的所有传统文明界定历史的功用,都往往注重其"镜鉴"的、实用的功能。顺便提一下,中国古人将历史视作镜子,中东的阿拉伯史学曾有一种"王侯之鉴"(Fürstenspiegel)的体裁,而在中世纪欧洲博韦的文森特(Vincent of Beauvais, c. 1190—1264)也曾著有题为"镜鉴"的系列著作,其中也有《史

---

① 傅斯年对 philology 还有其他译法,比如在《诗经讲义稿》中,他将其翻译为"言语学",而在《性命古训辩证》中,他又将其翻译为语言学或语学。笔者此处采用胡适的译法,是因为 philology 的研究,既注重文句、语法,又考订字、词的用法及其变化,所以"文字学"比较能表达其含意。当代的相关论著可以参见沈卫荣:《回归语文学》,上海古籍出版社,2019;张谷铭:《Philology 与史语所:陈寅恪、傅斯年与中国的"东方学"》,《"中研院"史语所集刊》(台湾)2016 年第 2 期。对于德国和欧洲学术对近代中国学术的影响,张一博的论文值得参考:《语文学与中国近代史学的科学化:以傅斯年与西学的关系为中心》,《史学史研究》2019 年第 3 期。

② 引自尚小明:《北大史学系早期发展史研究》(1899-1937),北京大学出版社,2010,第 193 页。

镜》(Speculum Historiale)一书。易言之,各地文明都希望通过汲取历史知识来对现实有所帮助。中国的成语如"温故知新"和"鉴往知来",都明确表达了这样的意思。而古代罗马的智慧之士西塞罗则有这句名言:"历史是人生之师"(Historia est Magistra Vitae.),也即历史的智慧对人类的繁衍、发展有指导的作用。这句话在此后一直流传,在中世纪也为人所尊奉。直至近代早期,中国人更为熟悉的英国科学家弗朗西斯·培根(1561—1626)还这么界定历史学的功用:历史使人明智。

但也就在培根的年代,历史学的性质开始发生明显的变化。而培根本人还参与促成了这个变化。这一变化的一个主要特征就是有人开始强调学科之间的明确分野。培根指出,人的知识可以分为三类:历史、诗歌和哲学,分别对应人的记忆、想象和理性。而他的做法只是当时许多尝试的一种。比如与他差不多同时代的法兰西人让·博丹(Jean Bodin, 1530—1596)写了《理解历史的方法》,将历史作为一门单独的学问加以考察。博丹同时又强调,历史大致分为三类:自然史、人类史和神圣史(也即基督教会的历史),这显然是另一种分法了。

为什么在培根和博丹的年代,也即文艺复兴后期会出现这些知识分类的企图呢?这显然与文艺复兴对欧洲传统文化的复兴和革新有关。培根与博丹两人的分法,似乎各具千秋,前者其实沿袭了古典时期的传统,因为古代欧洲人的所谓"三艺"便是"文法、修辞和逻辑",与培根的归纳颇有可比之处。文艺复兴的起始目的是复兴古代希腊和罗马的文化,所以培根的方法接近古代,顺理成章。不过众所周知,文艺复兴的开展,又逐渐开创出了一种新的学术和文化。博丹的分类法,则在一定程度上反映了文艺复兴的成就和结果,其意义颇为深远。首先他将人类史与神圣史(也即教会的历史)加以区分,与文艺复兴时期世俗主义的开展相关,其实质就是不再承认教会是人世活动的主宰或主导。其次,他指出的自然史与人类史的区分,又在一定程度上展现了文艺复兴时期"博古研究"(antiquarianism)的成果。之前地理大发现也影响了历史观,让欧洲人看到了自然界存在新的奥秘,等待人们的进一步探究。下面我则想侧重博古研究如何推动历史学的近代转化,略作讨论。

20 世纪中期,为逃避希特勒纳粹主义而到了牛津大学任教、意大利籍

的犹太教授阿诺尔多·莫米利亚诺(1908—1987)对博古学和历史学之间的联系,做了富有启发性的探讨。他曾这么形容:

> 我一生都对一种人特别好奇:他们与我的职业相近;我可以清楚地知道他们的志趣,也能分享他们的热诚,可他们的最终目标,又让我感到神秘莫测。这一种人对历史的事实充满兴趣,但对历史学却兴味索然。①

毋庸赘言,莫米利亚诺此处所指的那种人,就是博古学家(antiquarian)。他指出历史学和博古学的区别,其实已经表明博古学在那时是十分重要的学问。博古学的兴起,与文艺复兴时期商业经济的发达存在密切的联系,发财的商人出于保值、增值的欲望,收集古董和文物,包括古典的文本。比如意大利博学家伯吉奥·布拉乔利尼(Poggio Brocciolini,1380—1459)以其古典学问闻名于世,他不但复原了不少古典时代的文本,而且还靠出售他找到的罗马史家李维的一部手稿,换得了佛罗伦萨附近的一所别墅庄园。但既然有需求,便有人制作赝品,加上前代就流传的伪书、伪作等,使得考证研究变得必需。② 为了考订这些文物、文本真伪的需要,博古学家必须掌握尽可能多的知识,而1453年君士坦丁堡陷落之后,又有不少拜占庭的学者逃亡到意大利半岛。他们带来了希腊语的古典文本,可以与拉丁文本比较,于是从事古典学问的研究、力图恢复古典文化,又需要掌握多种文字及其演化,也即从事词源学、古文字学、音韵学等方面的研究。广义地理解,这些研究可以笼统地被称为"文字学"。但出于研究古代的需要,博古学家的治学兴趣可以称得上永无止境,上至天文、下至地理,都需要涉猎。傅斯年在《历史语言研究所工作旨趣》中形容"上穷碧落下黄泉,动手动脚找东西",非常贴切。具体而言,博古学家不但研究古典文本和文物,而为了鉴定其真伪,又需要地理学、天文学、纹章学、钱币学等各方面的

---

① Arnaldo Momigliano, *The Classic Foundations of Modern Historiography*, Chicago: University of Chicago Press, 1990, p. 54.
② Anthony Grafton, *Forgers and Critics: Creativity and Duplicity in Western Scholarship*, London: Collins & Brown, 1990.

知识。①

更重要的是,博古研究改变了历史学的性质,从出于经世为目的的"鉴往知来"逐渐演变为一项学术研究。莫米利亚诺指出博古学家对"历史事实充满兴趣",而对于"历史学却兴味索然",他所指的"历史学"是用叙述的方式描述历史事件发生、发展和结局的传统史家的作品。从古代希腊的希罗多德、修昔底德到古代罗马的李维和塔西佗乃至文艺复兴时期的马基雅维利、圭恰尔迪尼等,这一传统在西方的文明中源远流长,被称为"历史之艺"(ars historica)。其目的是叙述史实,寻求历史教训,落实西塞罗所谓"人生之师"的价值。因此并不以研究历史事实为目的,而是从属于古代"三艺"之修辞学,也即以选择列举过去的典范事例、提高作文和演说的说服力作为学习历史的主要目的。②

但是,正如莫米利亚诺所指出的那样,博古研究改变了历史学的性质——人们掌握过去的知识,不仅仅是为了撷取一些有用的事例来增加修辞的魅力,而是希望通过对过去的研究,运用诸如文字学的方法,获得对过去真切和全面的了解。我们还是可以借用傅斯年的《历史语言研究所工作旨趣》中的开场白,对这一转变作一说明。傅斯年这样写道:

> 历史学和语言学在欧洲都是很近才发达的。历史学不是著史;著史每多多少少带点古世中世的意味,且每取伦理家的手段,作文章家的本事。近代的历史学只是史料学,利用自然科学供给我们的一切工具,整理一切可逢着的史料,所以近代史学所达到的范域,自地质学以至目下新闻纸,而史学外的达尔文论,正是历史方法之大成。③

傅斯年这里所说的"著史",便可理解为前近代欧洲所称之"历史之艺"。然后他尖锐地指出,这一"著史"的传统,"每取伦理家的手段,作文章

---

① 笔者曾撰文指出,傅斯年对传统史学的改造,颇多借鉴了欧洲博古学的成就,参见《科学史学乎?'科学古学'乎?——傅斯年"史学便是史料学"之思想渊源新探》,《史学史研究》2007 年第 4 期。

② Anthony Grafton, *What Was History? The Art of History in Early Modern Europe*, Cambridge: Cambridge University Press, 2007; Joseph M. Levine, *The Autonomy of History: Truth and Method from Erasmus to Gibbon*, Chicago: University of Chicago Press, 1999.

③ 傅斯年:《历史语言研究所工作之旨趣》,载《傅孟真先生集》第 4 册,台湾大学,1952,第 169-182 页。

家的本事",所以带有修辞学的特征。而他所谓"近代的历史学只是史料学"的说法,又与莫米利亚诺所形容的博古学家的研究,颇有相似之处,也即运用一切可能的(也即现在所谓跨学科的多种)手段,考订历史事实的真伪。

三、国别史与历史研究的狭窄化

不过,傅斯年指出"近代的历史学只是史料学",其理解虽然真确(其中有夸张的成分,或许为了强调新旧史学的对比),但欧洲学术在18、19世纪之间又有了明显的变化,那就是既采用博古学对历史事实的考订,又继承"历史之艺"的叙述形式,对过去的知识加以重新整理,写作新史。① 这一努力与胡适的"整理国故、再造文明"亦有可比之处,当然欧洲学者是对整个西方文明加以重整,不局限于一国。但饶有趣味的是,他们最终采取的常见做法,则又是以民族国家为单位而重写历史。西方史学史的经典之作《十九世纪的历史学和历史学家》一书由英国史家乔治·古奇(G. P. Gooch, 1873—1968)在1913年出版,他在其中将巴拓德·尼布尔(Barthold Georg Niebuhr, 1776—1831)誉为近代史学的第一人,认为他"把属于从属地位的史学提高到一门庄严的独立科学"②,因为尼布尔的《罗马史》写作,在史料的运用和写作内容上,超越了古代罗马史家李维和塔西佗,堪称重写历史、"再造文明"的典范。

当然古奇也推崇德国史家利奥波德·冯·兰克(Leopold von Ranke, 1795—1886)的贡献,因为兰克不但采用考核过的史料重写历史,而且还以民族国家之间的互动和竞争作为考察过去的基本范畴,在当时具有开创性的意义。自然,以前也有人写作民族史,如中世纪都尔主教格雷戈里的《法兰克人史》、比德的《英吉利教会史》和主祭保罗的《伦巴第人史》等。在文

---

① 西方学界一般认为18世纪英国史家爱德华·吉本所著的《罗马帝国衰亡史》结合了博古学的研究和"历史之艺"的叙述史传统,见Joseph M. Levine, "Edward Gibbon and the Quarrel between the Ancients and the Moderns," *The Eighteenth Century*, vol. 26, No. 1, 1985, pp. 47-62. 。另见安东尼·格拉夫敦:《脚注趣史》,张弢、王春华译,北京大学出版社,2017,第129-166页。

② 乔治·皮博迪·古奇:《十九世纪历史学与历史学家》上卷,耿淡如译,商务印书馆,1989,第92页。

艺复兴时期,圭恰迪尼也写作了《意大利史》。兰克的民族国家史的写作,从某种程度上沿袭了上述作品,比如兰克提倡运用档案史料写作,而圭恰迪尼的《意大利史》写作,也同样采用了他收集的政府档案。

但兰克的取径有所不同,那就是指出了"国家"(Staat; State)的重要性。易言之,他写的是"民族国家史",不单是叙述一个民族、一个群体的历史兴衰,而是考察民族国家在欧洲兴起这一群体现象。① 而兰克在方法论上也有新意。他在写作中尽量使用政府档案,并以此来重构民族国家的兴起过程。兰克出生于1795年,而欧洲第一家国家档案馆于1790年在法国建立,当然兰克并不只是使用政府的档案。而在观念上,兰克成为"近代科学史学之父",还在于他在其成名作《拉丁和日耳曼民族史》中,加了一个附录,题为《近代史家批判》,其批评的对象是文艺复兴史家马基雅维利和圭恰迪尼的历史书写。在实质上,他的批评是向传统的"历史之艺"告别,认为如果史家仍在"著史",那么必然会为了修辞的优美、道德的训诲和政治的目的而有损历史书写的真实性。② 而兰克的立场,在该书的序言中那段著名的话中,表露得十分明白:"人们一向认为历史学的职能在于借鉴往史,用以教育当代,嘉惠未来。本书并不企求达到如此崇高的目的,它只不过是要弄清历史事实发生的真相,按照历史的本来面目来写历史罢了。"③"按照历史的本来面目来写作历史",就是"如实直书"(wie es eigentlich gewesen)。这句貌似普通的话,让当时的史学界印象深刻,因为兰克这个声明替历史研究和书写确立了一个新的目标。当代荷兰学者雅克·博斯在最近的一篇评论兰克史学的文章中指出,"由于做了这么个声明,兰克于是同时摒弃了启蒙运动不加掩饰的道德风格和黑格尔历史哲学的抽象思辨"④。

雅克·博斯这里显然认可兰克提出这个著名的"如实直书"声明之重

---

① 由此之故,写作了最早的史学史著作之一的德国史家爱德华·富艾特(Eduard Fueter)指出,兰克对民族国家的理解,其实与同代人有所不同。参见 Eduard Fueter, *Gechichte der neueren Historiographie*, München and Berlin: Druck und Verlag von Oldenbourg, pp. 475-477.
② 参见利奥波德·冯·兰克:《近代史家批判》,孙立新译,北京大学出版社,2016。
③ 此处译文引自郭圣铭编著《西方史学史概要》,上海人民出版社,1983,第156页。
④ Jacques Bos, "Nineteenth-century Historicism and Its Predecessors: Historical Experience, Historical Ontology and Historical Method", in Rens Bod, Jaap Maat & Thijs Weststeijn, *The Making of the Humanities: From Early Modern to Modern Disciplines*, Vol. 2, eds. Amsterdam: Amsterdam University Press, 2012, p. 141.

大学术意义。可兰克这句话的意思还需要稍加说明,以便我们充分了解兰克史学在当时的"革命"意义。兰克在声明中提到"人们一向认为历史学的职能在于借鉴往史",这个"一向"的确是一个源远流长的传统,中外古今都不例外,但表现形式各个不同。经过了科学革命、启蒙运动的洗礼之后的欧洲,其主要表现为运用理性思维探究历史发展的规律,其内也包括博斯所称的"道德风格",这里可以指坚信人类历史的必然向前和不断向上。而黑格尔的历史哲学则明确地阐明了他所"发现"的理性如何在人类历史的演进中不断扩展。对于这两者取径,兰克都不赞成,尽管他像黑格尔一样,都认可"国家"在近代历史变迁中的关键作用。与他路德教的泛神论信念相关,他认为上帝的意志见于历史活动的各个细节,唯有通过"如实直书"、重建过去方能让后人体会、理解历史演变之终极含义。① 简言之,兰克史学并不如许多人所想象的那样实证、客观,而是体现了一种杂糅了宗教和政治色彩的历史观。

四、走出国别史的呼吁及其必要性

但这一历史观及其实践,自20世纪以来不断受到了质疑。1986年美国的雪城大学(Syracuse University)召开了纪念兰克一百周年忌辰的国际研讨会,由格奥尔格·伊格尔斯和该校的詹姆士·鲍威尔教授主持——雪城大学召开这样的会议是因为其图书馆收藏了兰克的书房家具、藏书和手稿。会上来自剑桥大学的彼得·伯克教授提交了一篇标题鲜明的论文:《兰克:这个反动派》,抑或《兰克:这个保守派》(Ranke: the Reactionary)。② 伯克后来以提倡(新)文化史的流派而闻名遐迩。从他的兴趣和治学出发,他提出了这么一个现象,既有助于我们理解兰克史学兴起的意义,又交代了我们目前突破这一史学模式的必要。伯克的意思其实与上引雅克·博斯的评语有

---

① Leopold von Ranke, *The Theory and Practice of History*, ed. Georg Iggers, London: Routledge, 2011, pp. xi–xiv.

② Peter Burke, "Ranke: the Reactionary," *Syracuse Scholar: An Interdisciplinary Journal of Ideas*, Vol. 9, No. 1, 1988, pp. 25–30. 该期以 "Leopold von Ranke" 为主题,选择发表了1986年会议上的论文。会议的论文集见 Georg G. Iggers and James Powell (eds.), *Leopold von Ranke and the Shaping of the Historical Discipline*, Syracuse: Syracuse University Press, 1990。

可比之处,不过视角不同。伯克指出,兰克注重近代"国家",将之作为历史书写的主要考察对象,便将历史研究的领域大大狭窄化了。而根据西方史学史专家唐纳德·凯利等人的研究,自文艺复兴一直到博古研究的兴起,历史学的发展路向是往广博的方向发展,力求获取"百科全书"式的知识,然后揭橥人类历史的规律和走向。① 所以,伯克称兰克为"反动派"或"反潮流者",展示了史学史、学术史的潮起潮落。而吊诡的是,伯克对兰克这一称呼和界定,又凸显了兰克史学在当时的原创性:从后视的眼光来看,兰克以民族国家为考察视角,树立了国别史的写作模式,主导了世界范围内差不多一个世纪的历史书写。甚至,我们的历史知识也是由此而安排设定的,因为中外图书馆历史书的编目,也大致根据国别而分门别类。本文的起始也指出,今天世界上许多国家大学历史系的建制,不但本国史的研究和教学占据主要部分,而且对外国历史,也即中国史学界所指的"世界史",也同样以民族国家或国别为基本考察单位。

但是,彼得·伯克在1986年便明确指出兰克在史学史的发展历程中,其实扮演了一个"反动派"的角色,具有一些前瞻性的意义,那就是兰克史学的国别史模式,已经与世界历史和学术在现代的发展,渐行渐远,不相符合了。的确,对兰克史学模式的质疑和挑战是一个逐渐发展的过程,这里限于篇幅,只能略加简述。首先,兰克认为史家通过批判史料,可以做到"如实直书",虽然这一信念与上述博古学、文字学的开展相关,认为近代史家可以通过新获得的史料来重写历史,但兰克对"国家"功能的重视,其实又将史家的注意力锁定在文献资料,特别是政府档案的使用,从而远离了博古学对知识百科全书式的追求。② 兰克及其弟子将其历史书写聚焦于政治家、军事家和外交家的作为,受到譬如卡尔·兰普雷希特的激烈批评,认为这类史

---

① 见 Donald Kelley and Richard H. Popkin, eds., *The Shapes of Knowledge from the Renaissance to the Enlightenment*, Boston: Kluwer Academic Publishers, 1991. 特别是 Donald Kelley, "History and the Encyclopedia," pp. 7 – 22.; Donald Kelley, ed., *History and the Disciplines: The Reclassification of Knowledge in Early Modern Europe*, Rochester: University of Rochester Press, 1997. 有关博古学、文字学的联系及"百科全书"式的路径,参见 August Boeckh, *Encyclopädie und Methodologie der Philologischen Wissenschaften*, ed. by Ernst Brautuscheck, Leipzig: B. G. Teubner, 1877.

② 兰克在《近代史家批判》的第二版附注中说:虽然档案已经汗牛充栋,无法"悉数占有,充分利用",但他还是认为"深入研究、广泛利用这些档案资料,正是今日研究工作的使命所在"(第150页)。

学无法展示历史的宏观态势。① 哲学家尼采(Friedrich Nietzsche,1844—1900)也认定兰克史学只是饾饤之学,形同僵尸、毫无活力。② 其次,兰克认为史家需要不偏不倚,通过鉴定、核实史料而客观写史,也在20世纪30年代遭人攻击,认为这只不过是一个"高尚的梦想"。美国史家查尔斯·比尔德和卡尔·贝克尔在那时发表的一系列论著,便是著例。③

二战之后,世界局势发生了显著的变化,促使学界对兰克史学国别史模式从各个方面做了更为全面的批评。首先是重审民族国家的思考模式。战后整个世界进入了后殖民主义的时代,老牌殖民主义国家如英国和法国实力日减,而民族主义独立运动风起云涌,让它们无力招架。整个世界于是进入了一个后殖民的时代,亚非拉国家纷纷独立,建立了自己的民族国家。这一发展表面上有助强化民族国家的思考模式,但之后不久不少非西方地区的学者便发现,西方殖民主义的思维模式仍然在新兴独立的国家延续,而持续的结果则又让他们看到西方模式与自身的社会和文化传承扞格不入,存在明显的差异。现代的印度国家便是一个显例。独立之前印度曾经历英国三百年的殖民统治,由此也让印度学者对西方学术有相对深切的了解。但印度作为一个次大陆,存在多民族、多宗教、多语言和多种性的特点,即使建立了现代的民族国家,这些现象不但持续存在,而且还朝矛盾激化的方向发展。后殖民主义的讨论(以《底层研究》杂志的创办为代表)主要由印度、印裔学者发动和主导,便是一个写照,其宗旨是探讨如何走出西方近代文化的霸权,包括其用民族国家思考历史演化的方式。④

其次,如上所言,兰克史学不但注重国家,而且强调使用档案。但战后,特别是60年代的西方社会,学生运动、女权运动、民权运动、反战示威风起

---

① Karl Lamprecht, *What is History? Five Lectures on the Modern Science of History*, trans. by E. A. Andrews, New York: Macmillan, 1905.
② 尼采:《历史的用途与滥用》,陈涛、周辉荣译,上海人民出版社,2000,第50-53页。
③ Charles Beard, "That Noble Dream," *American Historical Review*, Vol. 41, No. 1, 1935, pp. 74-87; "Written History as an Act of Faith," *American Historical Review*, Vol. 39, No. 2, 1934, pp. 219-231; Carl Becker, "Everyman His Own Historian," *American Historical Review*, Vol. 37, No. 2, 1932, pp. 221-236.
④ 参见王晴佳、张旭鹏:《悖论的力量:后殖民主义对现代史学挑战的双重影响》,《山东社会科学》2009年第5期;王晴佳:《后殖民主义与中国历史学》,载刘东主编《中国学术》第3辑,商务印书馆,2000。

云涌、此起彼伏,让史家看到国家与社会的互动中后者的关键作用,于是社会史蓬勃兴起,俨然成为历史学领域的重镇,而社会史"自下而上"的视角,大大扩大了史料的范围,不再囿于政府档案文献。近年的新文化史、记忆研究、女性史、性别史等新学派,也异曲同工,向人们揭示在历史演化的过程中,政治国家的角色远非决定因素,应更注意各类"它者"的参与、作用和贡献。以年鉴学派的发展为例,年鉴史家挑战兰克视民族国家的兴起为近现代世界历史的主线,特意将研究的关注点大致移到了中世纪欧洲,而不是近代世界的形成及民族国家在其中扮演的角色。

最后,或许也是最重要的,本世纪以来全球史的蓬勃开展,表现为不同的形式。不但社会史、(新)文化史、思想史、妇女史等已经成型的流派渐渐采取了全球、比较的视角,而且全球史的兴盛又带动了一些新流派的强力兴起,如环境史、疾病史、移民史、海洋史、边疆史、大历史等。总体而言,这些新兴流派改变了近代史学的观念和方法。其中的一个重要表现就是,从事、提倡这些全球视角研究历史的人士,尝试突破民族国家的传统视角,从区域、帝国和文明互动、碰撞、交流的角度重写历史。对不少从业人士而言,突破国别史的局限,不但需要而且必要。比如环境史专家约翰·麦克尼尔直言不讳:"对许多种类的历史研究来说,包括大多数的环境史研究,民族国家不是恰当的操作范围。"[1]而突破国别史的局限,注重本国史与外国史之间的异同,又有助于史家比较分析一个文化现象,看到历史发展的共相。这些例子举不胜举,比如华裔美国史家周启荣及其他研究中国史的学者近年对明清书籍、印刷文化的研究,便与年鉴学派的史家罗杰·夏蒂埃(Roger Chartier)对欧洲书籍文化的研究,互可参照;妇女史家如曼苏恩(Susan Mann)、高彦颐、王政、贺萧(Gail Hershatter)等人开展中国妇女史的研究,亦时时与欧美妇女史的研究及作为其背景的女权主义运动,多有互动并对

---

[1] J. R. McNeill, "Observations on the Nature and Culture of Environmental History," *History and Theory*, Vol. 42, 2003, p. 35.

之提出质疑和批评。① 而彭慕兰的《大分流：欧洲、中国及现代世界经济的发展》、王国斌的《转变的中国：历史变迁与欧洲经验之局限》等论著，显然亦是沟通中国史、世界史的佳例。上述这些荦荦大者，当然并不能都归入全球史研究的范畴，但应该为本文的论点提供了很好的论据。笔者就此打住，恭候读者的批评、指正。

（原载《历史研究》2020 年第 4 期，原题是《超越国别史的研究模式》，收入本书时有文字改动）

---

① 参见 Roger Chartier, *The Cultural Uses of Print in Early Modern France*, Princeton: Princeton University Press, 1987; *The Order of Books: Readers, Authors and Libraries in Europe between the Fourteenth and Eighteenth Centuries*, London: Polity, 1994; Chow Kai-wing, *Publishing, Culture and Power in Early Modern China*, Stanford: Stanford University Press, 2004; Chow Kai-wing and Cynthia Brokaw, *Printing and Book Culture in Late Imperial China*, Berkeley: University of California Press, 2005; Dorothy Ko and Wang Zheng, *Translating Feminism in China: A Special Issue of Gender & History*, Malden MA: Blackwell, 2007; Wang Zheng, *Women in the Chinese Enlightenment: Oral and Textual Histories*, Berkeley: University of California Press, 1999; Gail Hershatter, *Women in China's Long Twentieth Century*, Berkeley: University of California Press, 2007; Susan Mann, *Gender and Sexuality in Modern Chinese History*, New York: Cambridge University Press, 2011。

沈长云

Shen Changyun

重庆市人，1944年生。1967年北京师范大学历史系本科毕业，1982年研究生毕业。河北师范大学历史文化学院教授、博士生导师，享受国务院政府特殊津贴。曾担任中国先秦史学会副理事长，现为中国史学理论研究会常务理事、中国社会科学院古文明研究中心学术委员会委员、中华炎黄文化研究会史前专业委员会副主任。出版有《赵国史稿》《上古史探研》《中国古代国家起源与形成研究》等10余部著作，在《中国社会科学》《历史研究》《中国史研究》等刊物上发表专业论文150余篇。多次获得河北省社会科学优秀著作成果一等奖、二等奖和三等奖，并曾获得全国师德先进个人、曾宪梓全国高师优秀教师、河北省首届高校名师等荣誉称号。

酋邦理论与中国古代国家起源及形成问题研究*

沈长云

一段时间以来,在中国古代国家起源与形成问题的研究中,一些学者引入了西方人类学的新进化理论,尤其是酋邦理论,以图解开这项研究中的某些疑难问题。这些学者对人们习以为常的理论与思维模式提出了挑战,也引起了学术界的争议。现在看来,尽管他们的努力还存在着这样或那样的问题,包括他们自己对所引入理论的理解也还存在着一定的问题,但他们造成的影响无疑是越来越扩大了。新理论促进了大家的思考,也开阔了人们的眼界。我认为,这种理论对于解决中国古代国家起源与形成问题有着重要的启示作用。鉴于学术界部分同人对引入这种理论仍旧抱有疑虑,我愿意就以下几个问题谈谈个人最近的一些想法,以与大家切磋、商讨。

一、酋邦理论与马克思主义理论

我想首先阐明的一点是,包括酋邦理论在内的新进化理论不是马克思主义的对立面,而是对马克思主义人类进化理论暨国家起源学说的补充与完善。至少从其主流方面看是如此。这要从传统进化理论与马克思主义理论的关系谈起。

在马克思、恩格斯所处的 19 世纪中后期,主张文化进化的理论在国际

---

* 本文系国家社会科学基金重点项目"中国古代国家起源与形成研究"的阶段性成果。

学术界占统治地位,人们提出了各种不同的有关人的生活方式或社会组织由简单的发展阶段向复杂阶段演进的模式。其中,一种公认最具代表性的进化模式来自美国人类学家路易斯·亨利·摩尔根。他在1877年出版的《古代社会》一书中提出人类社会经历了蒙昧、野蛮、文明三个时代。其中,蒙昧时代与野蛮时代又各自划分为低级、中级、高级三个阶段的演进序列。与之相应,他又排出了各个不同发展阶段在生产与生活技术方面的发明和发现的标志,并认为这各个发展阶段是与各种顺序相承的社会制度或社会组织结构,包括与婚姻、家族制度相适应的。从对婚姻与家族制度的研究出发,他又发现了原始社会普遍存在的氏族组织。这种依靠血缘亲属关系,按族外婚原则结合起来的社会组织不存在私有财产,氏族成员包括氏族首领在内一律平等。只是到后来,生产力的发展,社会分工的出现,促使氏族内部个体家庭和私有制产生,才使氏族的平等原则遭到破坏,社会才开始向文明时代过渡,作为氏族社会对立物的国家由此产生。

在现代人类学者那里,马克思和恩格斯有关人类社会的主张也属于进化理论的范畴,因为"马克思、恩格斯的基本原理之一",也就是"关于人类历史具有一定的发展顺序的思想"[1]。出于这样一种共同的思想主张,马克思和恩格斯很自然地对摩尔根的理论表现出浓厚的兴趣。不过,促使马克思和恩格斯对摩尔根做出比其他人类学者更高评价,并在自己的著作中对其研究成果大量征引的更直接原因,却是摩尔根进化理论所包含的十分鲜明的唯物主义思想,以及他对自己所发现的氏族制度的有关论述。关于后者,恩格斯在致卡·考茨基的信中明确指出:"他(指摩尔根)根据野蛮人的,尤其是美洲印第安人的氏族组织,第一次充分地阐明了罗马人和希腊人的氏族,从而为上古史奠定了牢固的基础。"[2]由于马克思、恩格斯一向主张私有制并非某些人宣称的那样是一种与世俱来的亘古永恒的制度,如今,摩尔根用自己的研究成果证实了人类进化的早期确实存在过一个没有私有制与剥削压迫的完全自由平等的社会,即氏族社会,这自然令马克思和恩格斯感到十分高兴。难怪恩格斯将摩尔根的这本著作比作"在论述社会的原始

---

[1] 莫里斯·布洛克:《马克思主义与人类学》,华夏出版社,1988,第69页。
[2] 《马克思恩格斯选集》第4卷,人民出版社,1972,第443页。

状况方面","一本像达尔文学说对于生物学那样具有决定意义的书"①。当然,从这句话里面,我们也再次感受到了马克思主义创始人有关社会进化的立场。

在马克思和恩格斯之后,有关社会进化的主张遭到不少人的攻击。以美国的博厄斯为首的一批学者抓住传统进化理论,尤其是摩尔根理论的某些缺陷,攻击进化论者试图发现文化进化的规律或将文化发展阶段模式化的做法是建立在不充分的经验证据之上的。这造成了上个世纪前半叶各种反进化理论在西方的泛滥。直到20世纪中叶,随着各地考古新发现和新研究成果的涌现,才又有新的进化理论出来扭转这种局面。

新进化理论是相对传统进化理论而言的,其主张社会进化的思想与传统进化理论一脉相承。他们一方面积极宣传过去摩尔根对人类学和民族学所做的重要贡献,一方面通过自己新的思考,以图弥补传统进化理论的某些不足。作为探索新进化理论的第一人,美国学者怀特于1964年重新编订了摩尔根的《古代社会》一书。他的两位学生塞维斯和弗里德各自提出了有关人类早期社会新的阶段划分的理论。其中,塞维斯将人类早期社会划分为游团、部落、酋邦、国家四个发展阶段,弗里德则提出人类早期应划分为平等社会、阶等社会、分层社会、国家社会四个发展阶段。这些理论根据人类学新的研究成果,对传统进化理论做了重要的补充与修订,从而使他们成为当代新进化理论的代表人物。

塞维斯与弗里德的人类早期社会发展阶段的新划分并没有从根本上否定摩尔根提出的、马克思恩格斯进一步阐明的原始社会进化的理论,相反,他们倒是重申了摩尔根及马克思、恩格斯的许多重要主张。例如,他们都认为人类最初的发展阶段是一个平等的、每个人在政治上及对生活资源的支配上都没有任何差别的社会,这与马克思、恩格斯勾勒的原始共产主义社会的图景基本上是一致的。其中,弗里德称人类首先经历的这样的社会为"平等社会",塞维斯则更进一步将这个社会分作"游团"与"部落"两个发展阶段。这使我们想起了马克思曾经说过在人类社会的第一阶段人们过着一种

---

① 《马克思恩格斯选集》第4卷,第442页。

"原始群团的生活",接下来的阶段又出现了"氏族组织"这样的话语。① 不难看出,"游团"与"部落"同"原始群团"与"氏族组织"二者之间也基本上是对应的。其次,塞维斯与弗里德又都认为,国家的产生远在平等社会之后,并且是建立在某种社会不平等的基础之上的,这与马克思主张国家"只是社会发展到一定阶段才出现的"②说法具有相通之处。其中,弗里德更主张国家是在对基本资源的占有上拥有支配地位的集团为保卫自己的经济利益而使用暴力的结果,这与马克思主义国家起源的学说显然具有更多的一致性。

塞维斯和弗里德对传统进化理论,包括摩尔根、马克思和恩格斯的理论也有着不少重要的补充和修正,这方面显然更受到人们的注意。前述摩尔根的理论确实也包含着某些不足,其中较重要的一点是,他有关氏族制度的描述,缺乏对氏族发展的阶段性分析。根据对世界许多地区的民族学考察,氏族组织并非只有摩尔根所说的那样一种纯粹自由平等的类型。实际上,古代氏族到了其发展的后一个阶段,往往呈现出一种不平等的社会结构。换句话说,人类社会曾有过一个较长的历史时期由不平等的氏族组织所构成。这一点,摩尔根并未顾及,马克思和恩格斯也未顾及。他们的著作倒是更多地强调从美洲印第安人的氏族到古希腊罗马氏族在保持自由、平等、博爱精神方面的一致性。"摩尔根的最大错误之一,就是将易洛魁的氏族(clan)与早期希腊和罗马的氏族(gens)等同了起来",这样,便难免带给人们"从原始社会(societas)到政治社会(ciritas)的政治变迁,相对而言是突然发生的"那样一种错误的感觉。③ 如果说塞维斯与弗里德对摩尔根理论有所修正的话,那么最重要的一点,就是他们都一致在平等的原始社会与国家社会之间加进了一个不平等的社会发展阶段:塞维斯在其所列平等的部落社会与国家之间加进了一个"酋邦"阶段;弗里德在其所谓的"平等社会"与国家之间除加进一个"阶等社会"外,还加进了一个"分层社会"。所谓"酋

---

① 马克思:《摩尔根〈古代社会〉一书摘要》,人民出版社,1965,第47页。
② 马克思:《亨利·萨姆纳·梅恩〈古代法制史讲演录〉一书摘要》,载《马克思恩格斯全集》第45卷,人民出版社,1979,第646页。
③ 塞维斯:《民族学百年争论:1860—1960》,转引自易建平《部落联盟与酋邦——民主·专制·国家:起源问题比较研究》,社会科学文献出版社,2004,第139、151页。

邦",所谓"阶等社会",都是指以不平等的氏族构成的社会。我们认为,这样一种修正,应是完善了人类社会进化的理论,对于马克思主义有关人类进化暨国家产生的学说,也是一种有益的补苴。

当然,我们并非全盘赞同新进化论者包括塞维斯等人的所有主张。我们只是表示,不赞成将塞维斯的酋邦理论在内的新进化理论与马克思主义完全对立起来,只是主张对这些理论中的科学部分大胆地加以吸收。既然马克思主义创始人对摩尔根的传统进化理论进行了大量采纳,我们为何不可以对新进化论者有益的研究成果采取同样的态度呢?

二、酋邦社会与中国前国家社会

目前学者争论的一个焦点,在于酋邦理论是否适合于中国古代社会实际。这首先需要弄清楚"酋邦"这个概念的确切含义。遗憾的是,目前不少学者对"酋邦"概念的把握并不那么准确,甚至在一些倡导酋邦理论的学者那里也是如此。有学者在"酋邦"与过去人们惯常使用的"部落联盟"之间画上等号,或者称之为"部落联合体",这在我们看来是有问题的。既然说"酋邦"已是"部落"之后的下一个进化阶段的社会组织,就不应当再将"酋邦"与"部落"两个名词牵扯在一起。所谓"部落联盟"就字面讲,仍是各个部落之间的联盟,它体现不出这种社会组织与"部落"之间的本质区别,"部落联合体"也是这样的性质。因此,有必要对酋邦的意义再进行探讨。

所谓"酋邦"(chiefdom),就其字面上的意义来说,不过就是酋长所统辖的地域的意思,故"酋邦"又译作"酋长领地"。有关这种社会组织的具体特征,可以参照《简明不列颠百科全书》的解释:

> 首长领地(chiefdom),文化人类学理论上的人类社会的一种组织类型。其特征是社会具有等级性质,领导职位与权力都是世袭的。首长领地有常设的领袖和正式律法,但是在实际管理上,传统习惯、社会与宗教制裁都比政治力量更重要些。首长领地通常是神权政治的社会,个人地位在很大程度上取决于他和首长有何种亲属关系。在文化进化论者看来,首长领地是一种原型社会制度,它代表介于原始社会与原始国家之间的一个发展阶段,或者进化上的连续体。首长领地与原

始社会的区别在于,它是具有等级的社会,而且已有法律的雏形。酋长领地与原始国家的区别在于,它对社会的控制,不是基于暴力,而且它的行政管理机构也不如原始国家的那样复杂。①

以这个解释做基础,再结合其他一些学者的有关论述②,可知酋邦具有以下一些基本特征:1. 它是一个彼此间具有血缘亲属关系的人们组成的社会组织。这个组织有以酋长为中心的常设的领导。这种领导表现为一种神权政治,主要依靠传统习惯与宗教制裁对共同体进行控制与管理,而不是依靠暴力。2. 它在政治上已具有贵族统治的性质,酋长的职位与权力世袭,其下有由贵族组成的行政管理机构,贵族的身份则取决于其与酋长间较密切的亲属关系,并且其他社会成员的地位也取决于他们与酋长血缘亲属关系的远近。这使酋邦形成了一个尖锥形的等级社会结构。3. 酋邦内部已是一个"再分配"的社会,邦主以收取贡品的形式从共同体成员那里将部分产品收集起来,然后按社会等级对产品实行重新分配。这实际上造成了邦内各阶等之间在物质财富占有上的不平等和原始剥削的出现。

综合以上各点,我认为,实际就是前面所提到的不平等氏族结构的具体特征,"酋邦"不过是这种不平等的或有阶等的氏族的另一种称呼。我们还记得最早将酋邦理论介绍到中国的张光直先生的论述:"酋邦的主要特征是其政治分级与亲属制度相结合。"③所谓"政治分级与亲属制度相结合",也是"有等级的氏族制度"的另一种说法。如此说来,塞维斯的酋邦理论,就是讲人类社会在进入国家状态以前有过这样一个由不平等氏族组织为代表的发展阶段的道理。

《简明不列颠百科全书》中还谈到人类学者所调查到的祖鲁人、波利尼西亚人及北美印第安人的社会制度都属于酋邦这种社会类型。而从历史与考古学角度讲,塞维斯更认为,"历史上所知道的原始国家和六个原生的早

---

① 《简明不列颠百科全书》第 6 卷,中国大百科全书出版社,1986,第 699 页。
② 这些论述与《简明不列颠百科全书》基本精神一致,而在具体内容上或有所深化,它们是:克列逊·斯卡尔尼克:《关于早期国家的各种学说和假说》,载《古代世界城邦问题译文集》,时事出版社,1985,第 318 页;童恩正:《人类与文化》,重庆出版社,1998 年,第 163—164 页;谢维扬:《中国早期国家》,浙江人民出版社,1995,第 176—201 页;易建平:《部落联盟与酋邦——民主·专制·国家:起源问题比较研究》,社会科学文献出版社,2004,第 173—207 页。
③ 张光直:《古代世界的商文明》,《中原文物》1994 年第 4 期。

期(archaic)文明,都是从酋邦('等级制')社会中发展出来的"①。这等于宣称,酋邦乃人类进入文明社会前普遍经历的一个社会发展阶段。我们知道,塞维斯所说的六个原生的早期文明中就包括古代中国。那么,古代中国进入文明社会前,是否也经历了这么一个酋邦社会阶段呢?这正是我们要提出的问题:酋邦理论是否适合中国古代社会的实际?答案应该是肯定的。

长期以来,摆在我国学者面前的一个难题是,对于传说中的"五帝"时期的社会性质应当怎样判断。首先是在对于这个时期是否已经进入文明社会,即进入国家状态的把握上,学者的争论十分热烈。多数学者赞成传统说法,认为这个时期尚处于前国家社会,到夏代才正式产生国家。也有部分学者,特别是考古界的部分学者则认为这个时期已进入国家状态。他们称文献所记载的这个时期出现的"天下万邦"中的"邦"(或称为"国")即是早期国家,或以考古发现的这个时期的众多古城址与文献中的"邦"对应起来,称之为"城市国家"(或"都邑国家")。然而,不赞成这个时期已进入国家状态的学者却只承认这些"邦"("国")为氏族部落性质的血缘团体,就像当年郭沫若先生称它们"仅仅是一些大宗或小宗"②式的血缘组织一样。对于各地考古发现的这个时期的众多古城址,则认为它们无论在规模上还是内部结构上都不能与一个国家的都邑相提并论,它们只能被视作一些氏族部落首领的居邑。此外,坚持这个时期已进入国家状态的学者,还强调指出这个时期各地考古文化呈现出的阶级分化、财富占有不均、战争与杀戮等社会现象,认为这些都是已进入文明社会的体现。反对者则把这些现象归结为原始氏族社会向阶级社会过渡的体现,因为根据马克思主义经典著作,这些现象在原始社会末期就已普遍地出现了。

尽管上述两种意见看起来十分对立,但只要仔细分析,仍可发现它们之间有不少共同之处。例如,对这个时期是一个众邦林立的社会,大家的认识便是一致的。其中,多数人又都认识到,这些"邦"("国")组织内部仍旧保持着血缘组织的纽带,其内部且已出现社会分化,有了分层的社会结构和财富占有上的不平等,有了各个邦的权力集中的首领。对于考古发掘所见各

---

① 塞维斯:《国家与文明的起源》,转引自易建平《部落联盟与酋邦——民主·专制·国家:起源问题比较研究》,第340页。
② 郭沫若:《中国古代社会研究》,人民出版社,1964,第38页。

地众多的古城址、以这些城址或其他大型聚落为中心的两级或三级聚落结构,以及一些墓葬材料显示的这个时期的阶级分化或分层等社会现象,大家也都表示认可,并认为它们与文献所记载的上述社会现象是一致的,等等。

在这样一些共同认识的基础上,我看完全可以用一种共同的理论把大家的思想统一起来。这个理论就是国际人类学普遍使用的酋邦理论。不难发现,上述学者共同认可的我国传说时代的那一幅幅基本的社会图景,正符合人类学者勾勒的酋邦社会的基本特征,那些在古文献中提到的"天下万邦"中的"邦"("国"),也即今日治先秦史者屡屡提到的"族邦"、考古学者习称的"古国""古族",就是一个个具体的酋邦。在历史文献中,这些族邦或称作"某某氏",如少典氏、方雷氏、西陵氏、少昊氏、共工氏、高阳氏、高辛氏……正表明各族邦由氏族这类泛亲族组织所构成。各族邦皆有自己的首领,他们在后世文献中称作邦君,即各酋邦具有集中领导权的酋长。邦君作为全体邦民的祖先神的直系后裔对祖先进行祭祀,其职位与权力世袭。围绕邦君有一个由邦君近亲或近亲支系族长组成的邦内执事人员,他们构成了一个邦的贵族,也造成了邦的"尖锥形"等级结构。凡此,皆同于酋邦组织的各项特征。那时各邦皆有一块由自己独自管辖的地盘,且互不统属,由此构成"天下万邦"的格局,也显示了酋邦结构在社会上的普遍存在。这些均与考古发现的情况相吻合。

这就是说,在中国早期社会进程的阶段划分上,中国的情况与人类学者观察到的世界其他一些地区的情况并没有太大的差异。在使用酋邦理论这个问题上,我们完全可以做到和国际学术界接轨。当然,我们并不是为了"接轨"而接轨,而是感到国际学术界这类理论确实有助于对中国早期社会进化的认识,有助于我们的文明及早期国家探源的工作。

这里,我们还必须对使用酋邦理论观察我国史前社会做一个补充说明,就是根据我国考古发现的资料,我国酋邦社会结构开始产生的时期要早于现在人们所称的"五帝"时代。因为按照通常的理解,"五帝"时代仅相当于我国考古学上的龙山时代,但现在大家都看到,早在龙山时代以前,包括中原(及其迤西)的仰韶文化后期、北方的红山文化后期、山东大汶口文化后期、长江中游的大溪-屈家岭文化时期,以及其他一些地方的考古文化中,都已显示出了种种酋邦社会的特征。如属于仰韶文化后期的甘肃秦安大地湾遗址、河南郑州西山古城等显示出的该地遗址作为酋邦结构中心聚落的特征；属于红山文化的辽宁建平、凌源一带的祭坛、"女神庙"及积石冢显示出的该地区的神权政治及社会分层状况；属于大汶口文化的山东泰安大汶口、莒县陵阳河、江苏新沂花厅等遗址墓葬表现出的这地区明显的社会分化及贵族世袭制的痕迹。以上这些遗址的年代都在公元前3500—前3000年左右。至于南方的大溪-屈家岭文化，其显示酋邦特征的文化遗址则比这更早，在已经发现的几座古城中，年代最早的湖南澧县城头山古城的时间竟距今6000年左右。在这座城址里面，还出土了大型祭坛及相关墓葬，也显示了社会分层的迹象①。这些资料表明，远在五六千年前，酋邦作为一种社会组织即已在我国黄河、长江流域乃至长城内外广泛地出现了。设若我们把夏代作为我国形成国家的开始，那么，酋邦社会阶段在我国几乎占到了2000年的时间。

三、从酋邦到早期国家——
中国古代国家产生的具体途径

酋邦作为一种稳定的社会结构，代表着国家产生前的一个社会发展阶段。随着社会的不断向前发展，在人口增长、生产力水平进一步提高的条件下，在具备适宜的地理环境的那些地方，酋邦社会就逐渐演化为国家。

国家与酋邦相比，不仅表现在国家统治的规模更加广大、政治运行更加规范上，也不仅表现在国家最终使用了暴力统治这一点上，更重要的是，国家已不再建立在单纯的血缘亲属关系的基础上，它已经不再是一个单纯的血缘亲属组织，而是一个包含广泛的地区性社会组织。它或是建立在按地区划分人群的基础之上，或是建立在众多具有不同血缘关系的族群的不平等联合的基础之上。

关于酋邦社会向国家的演进，学者们曾提出过多种设想。一般认为，国家是在众酋邦联合的基础之上产生的，或者说，是由一个最强大的酋邦对其他酋邦统一的结果。对于国家产生的机制，则有两种对立的意见：一种强调

---

① 郭伟民：《城头山古城考古又有新成果》，《中国文物报》1999年3月3日。

国家是建立在某种形式的社会契约基础之上的,即认为国家是为了对社会各部分利益进行调节与整合而建立的一套集中管理的机构;另一种意见则强调国家是以社会不平等为基础的,即认为国家是为了维护在对基本资源的占有上拥有支配地位的集团的经济利益而建立的一种压迫机关。至于促使国家政治机构得以建立的具体原因或具体途径,则有战争说、组织贸易说,以及水利灌溉说等不同说法。

  这些说法从不同角度看问题,应当说都有一定道理,对于中国古代国家的产生,也大多能给予一定程度的说明。但是,到目前为止,我们似乎还没有在当代人类学者那里找到一种对于中国古代国家产生具体路径的更为全面合适的理论阐释。看来,在这个问题上,我们还是要请教马克思主义理论。在众多有关国家起源与形成的马克思和恩格斯的论述中,我们认为,还是过去恩格斯在《反杜林论》中所提到的关于历史上统治与奴役关系产生的那段经典性论述最为适合中国古代社会的实际。如果我们辅以现代人类学理论,或用现代人类学中部分适合中国具体情况的理论(例如酋邦理论)对之进行补充的话,那么,有关中国古代国家起源与形成的问题将会得到更加令人满意的说明。

  按我们的理解,恩格斯所说的统治与奴役关系的产生,也就是阶级与国家产生的过程。恩格斯说,这些关系是经过两条道路产生的,其中第一种统治与奴役的关系根植于原始农业公社内部,由于这些农业公社中某些维护公社共同利益的职位"被赋予了全权"而导致出现以后"国家权力的萌芽"。他接着说,这些个别的公社会因为生产力的提高和人口的增长而集合为更大的整体,这些更大的整体又要求建立新的机构来保护其共同利益和反对相抵触的利益。

> 这些机构,作为整个集体的共同利益的代表,在对每个单个的公社的关系上已经处于特别的、在一定情况下甚至是对立的地位,它们很快就变为更加独立的了,这种情况的造成,部分地是由于社会职位的世袭……部分地是由于同别的集团的冲突的增多,而使得建立这种机构的必要性增加了。在这里我们没有必要来深入研究:社会职能对社会的这种独立化怎样逐渐上升为对社会的统治;起先的社会公仆怎样在顺利的条件下逐步变为社会的主人……在这种转变中,这种主人在什

么样的程度上终究也使用了暴力;最后,各个统治人物怎样集结成为一个统治阶级。①

我们认为,恩格斯在这里所说的"单个的公社",实际就是现代人类学者屡屡提到的存在于原始社会后期的社会组织——酋邦,也即我国上古社会普遍存在的一个个独立的邦方(族邦)。恩格斯认为,这些族邦内部的各种执事人员,包括酋长及其他贵族被赋予的"全权",就是"国家权力的萌芽",这与现代酋邦理论的主张是很接近的。如果这个看法成立,那么,恩格斯所提到的由各个公社结成的更大的集合体,应当就是众酋邦的联合了。在我国,即是众族邦的联合。传说中的我国国家产生前的尧舜禹联盟,便是这样一种性质的联盟。尧、舜、禹原本都是自己族邦的首领,他们又都曾分别担任这个联盟的大酋长,但这个职位并不是世袭的。这意味着联盟内部虽然已经有了相对于参加这个联盟的各个族邦而言更为集中的权力,但这个权力还处于游移状态,尚未形成一种具有强制性的凌驾于各个族邦之上的固定的权力中心,"作为整个集体的共同利益的代表"还要在各个族邦之间流转,因而,尧、舜、禹在很大程度上也只能被视作共同体全体成员的"公仆"。这就是我们所说的"禅让制"。但是,随着联盟的一体化进程的加深,联盟为了应对日益繁重的涉及共同体整体利益的公共事业,例如,从事对外扩张或进行防御战争,以及兴修水利之类,需要更多和更经常地集中使用全体盟邦的人力物力,这就难免使得联盟首领所掌握的权力及其社会职能发生越来越严重的"独立化"倾向,并最终使得这种权力固定到联盟内部个别势力强大的族邦及其统治者家族身上。联盟首领的世袭制,也即人们所说的"家天下"制度由此发生,联盟首领的角色也由过去相对而言是各族邦共同的"公仆"转变成"社会的主人"。这意味着我国古代王朝亦即早期国家的诞生。

从文献上看,我国古代第一个王朝即夏代国家的产生,便是走的这样一条道路。夏代国家的建立者夏后氏(原称作有崇氏)原本是尧舜禹族邦(酋邦)联盟中的一个邦,居住在古河济之间。由于善于治水,它的首领鲧和禹被先后推举领导这一带各个酋邦共同治理洪水的工作。这项工作对于共同

---

① 《马克思恩格斯选集》第 3 卷,人民出版社,1972,第 218—219 页。

体来说，无疑是一项有关各酋邦共同利益的公共事业，因而鲧、禹起初的角色都属于"公仆"的性质。文献中有很多赞扬大禹在"公仆"任上尽心尽职的话语，在此毋庸赘述。由于这项工作的长期性和艰巨性，需要组织各酋邦的广泛参与，要对各酋邦的人力、物力进行调配、指挥和统一管理。在这个过程中，禹（包括他的父亲鲧）难免利用联盟赋予自己的职责与权力对各邦施加更多的影响，甚或强制、干预。这就势必使原本比较松散而缺乏约束力的联盟管理机构发生权力集中的倾向，并使之逐渐凌驾于众酋邦之上，以至最终过渡到把各酋邦沦为自己臣属的具有专制权威性质的国家上层建筑。而禹则在长期担任这一要害公职的过程中树立了自己及家族的权威，由原本是夏后氏的酋长，继任为整个联盟的首领，最后发展成君临众酋邦的具有赫赫声威的夏王朝的国王。

关于禹治洪水之事，过去一些人（包括二三十年代一些疑古学者）不大相信，以为那不过是无稽的神话。这种怀疑是没有根据的。如果我们将这个传说中夹杂的某些虚夸的成分除去，而把它视作对古河济一带地势低洼的黄河中下游平原低地所做的泄洪排涝的工作，则其事正如我们日后所看到的这一地区经常发生的事情一样，是完全可以信以为实的。除古文献外，最近发现的青铜器《豳公盨》铭文也记载了大禹治水之事。这件器物属于西周中期，可见禹治洪水的故事流传久远。

根据史籍，禹之获得统治天下的权力还根源于他指挥酋邦联盟军队对敌对的三苗部族进行的战争。这场以维护共同体整体利益为目标的战争同样有利于禹集中控制整个联盟的人力和物力，从而实现其由"社会公仆"向"社会主人"角色的转换。

文献还记载，禹和他的儿子启之间实现了由"禅让制"到王位"世袭制"的转换。我国古代著名典籍《礼记·礼运》篇把它作为由"大同"社会进入"小康"社会亦即国家社会的标志。前引恩格斯的论述在论及古代共同体的社会职能出现"独立化"倾向并"上升为对社会的统治"时，也谈到了"社会职位的世袭"这一现象，看来，经典作家和我国古代先哲们对于中国这类早期国家形成路径的基本看法，实在是不谋而合的。

（原载《天津社会科学》2006年第3期）

关于中国早期国家的几个问题

沈长云

近来,在一些先秦史的论著中,不断出现"中国早期国家"的提法。谢维扬教授还出版了《中国早期国家》的专著,引起了学者的普遍关注。从有关论述来看,这一研究不仅涉及中国古代文明与国家的产生,还涉及中国上古时期国家的政体、社会结构乃至整个社会形态的问题。而众所周知,上述这些问题多是先秦史学界长期反复讨论又未能得到解决的一些难题,因此深入进行中国早期国家这一课题的研究,或可提供解开上述问题症结的契机。笔者也曾提出过中国早期国家的概念①,但语焉不详,今愿借此机会,再就中国早期国家问题提出几点个人的看法,以就教于师友、同行。

一、什么是中国早期国家

据谢维扬教授介绍,国际学术界对早期国家这一课题的研究起码已有二三十年历史,目前已蔚为气候。国内学者对之起步较晚,但也非近二三年的事。据我了解,学者中明确提出"中国早期国家"这一概念,起码也可以追溯到十余年前。80年代中期,林沄先生发表了《关于中国早期国家形式的几个问题》的论文②。不过这篇论文似乎并未从"国家"定义的角度对"中国早期国家"做出界定。90年代初,何兹全先生在其所著《中国古代社会》一书中,曾分别以"早期国家的出现"和"早期国家形成"为题,对中国早

---

① 沈长云:《华夏民族的起源及形成过程》,《中国社会科学》1993年第1期。
② 林沄:《关于中国早期国家形式的几个问题》,《吉林大学社会科学学报》1986年第6期。

期国家进行了论述。这大约是国内学者最早从"国家"角度对中国早期国家进行理论概括的著作。其后,王震中博士在其著作《中国文明起源的比较研究》中亦提出"早期国家"概念,并在随后将自己的有关论点写进李学勤先生主持编写的《中国古代文明与国家的形成研究》一书。谢维扬的专著则是1995年出版的。此外还有一些学者的论文也涉及了中国早期国家问题①,不必一一列举。

人类进入文明社会初期的国家形态与后世国家相比存在着不同特征,中国早期国家与日后的国家形态相比也有着显著差异,指出这一点并对之进行研究是十分必要的。先秦史工作者无疑应当继续深化这一领域的研究。然综观目前该领域研究的状况,却发现学者对所谓早期国家概念的本身存在认识差异,这显然是不利于研究的深化。

按目前学者对中国早期国家概念的认识差距主要表现在以下两个方面:一是关于中国早期国家的主要特征,一是中国早期国家存在的时间范围。对于前者,一些学者主张早期国家的主要特征应是血缘关系尚未被地区组织取代,作为国家政治组织的权力机关也未完全脱离氏族制度的组织形式②。但也有一些学者按照国外一些文化人类学者给予的早期国家定义,认为早期国家不同于以后成熟国家之处,乃在于贸易与市场的有限性、高级职务的世袭、土地私有制的不发达、官员以接受封邑的方式领取俸禄及地方自治势力的强大等方面。对于作为早期国家地方自治势力的社区组织,则认其已基本成为不同血缘关系的人们的结合体,以至最终变为地域性的社区团体了③。还有一些学者虽然也承认中国早期国家阶段地域组织并未建立,但却强调城邑的出现是中国早期国家产生的物化标志,因而称中国早期国家为城邑国家或都邑国家④。对于中国早期国家存在的时间范围,多数学者将其定在中国的夏、商、周(包括春秋)三代,少数学者主张在中国的龙山时代,亦即古史传说中的颛顼、尧、舜、禹时代。此外,林沄先生的论文将我国自龙山时代至战国郡县制出现以前的所有邦(方)国都纳入"早期

---

① 赵世超:《西周为早期国家说》,《陕西师大学报》1992年第4期。
② 何兹全:《中国古代社会》,河南人民出版社,1991。
③ 谢维扬:《中国早期国家》,浙江人民出版社,1995。
④ 王震中:《中国文明起源的比较研究》,陕西人民出版社,1994。

国家"范畴,其说也与王震中博士著作有某些相通之处。

目前,要统一学者对早期国家的认识,无疑是一件困难的事情。但如果从解决学术界长期以来在中国国家产生及上古中国国家政体等问题上的争论出发,我觉得确立中国早期国家是建立在血缘关系尚存的社会上的政治组织这一认识,应具有更为现实与迫切的意义。

长期以来,使学者在中国国家产生问题上产生困惑的一个主要问题是:按照马克思主义关于国家产生的一般观念(包括一些近代文化人类学者的国家定义),国家产生的最基本的标准只有两个,一是按地区来划分它的国民,一是公共权力的设立。① 但是按照中国的实际情况来看,在我国古代国家建立以后的很长一段时间内,地区组织却并未出现。根据目前学术界的研究成果和大多数人的认识,我国夏、商、周三代无疑已进入国家阶段。这个时期不仅有世袭的王权,有旨在对广大地区实行统治的中央政府,还有维持这种统治权威的合法武力、法律和刑狱机构。然而论居民的社会组织结构,则无论是夏、商,还是西周,都仍然主要是一些按血缘关系组成的各种族的组织。他们基本的财产单位或生产劳动单位是家长制大家族,在这之上是宗族(亦称氏族),由许多具有共同祖先的宗族或氏族构成的更大的血缘团体是姓族。三代国家就建立在这样一个族的网络基础之上。直到西周时期,国王对其属民的统治仍是通过"以厥庶民暨厥臣达大家,以厥臣达王维邦君"(《尚书·梓材》)的血缘网络实现的。在这种矛盾面前,学者往往感到无所适从;或机械搬用马克思、恩格斯的论述,就难免把中国国家产生的时间定得太迟;或干脆不顾马克思、恩格斯的论述,仅凭一些"文明因素"或所谓国家产生的"物化标志"来说明问题,又难免给人以理论欠缺之感受;亦有人削足适履,为了"证明"中国已较早地出现了地域组织,不惜对文献资料进行随心所欲的解释。所有这些做法,自然都是错误的。不过在总结这些错误教训的同时,人们自然也会产生一种新的理性思考:在对待像中国这样一类文明古国的国家产生的问题上,是否应当寻求一种更新的理论说明,这种理论应当是马克思、恩格斯关于国家产生途径的一般原理与我国具体历史实际的有机结合。可以认为,所谓"中国早期国家"的概念,便是在

---

① 恩格斯:《家庭、私有制和国家的起源》,载《马克思恩格斯选集》第四卷,人民出版社,1972。

这种背景下提出的。

作为这种设想的例证,我们可以举出张光直先生对于商代国家的分析。张光直原本也承认"国家的必要条件有两个:血缘关系在国家组织上为地域关系所取代,和合法的武力",但他也同时感到若以这二者来衡量商代是否合乎国家的定义,则"前者不适用而后者适用"。对于这个矛盾,他认为可有两种解决问题的方式,一是把商代这种基于血缘关系的国家形式归入特殊的"亚细亚式的国家"类型,另一种方式即是"在给国家下定义时把中国古代社会的事实考虑为分类基础的一部分"①。这里所说的分类,指的是社会进化的分类,亦即将某种社会形态归入"酋邦"还是归入国家状态的选择。张先生显然感到应当使用一种新的国家定义(如亚细亚式的国家),以便把商代这种建立在血缘关系基础之上的国家形式包括进去;或者根据商代社会的实际,在给社会进化进行分类时,对于"酋邦"向"国家"的转化阶段作出某种新的说明。这种认识,无疑与国内学者提出的"中国早期国家"的设想具有相通之处。

由此可见,将中国夏、商、周三代这种已具备国家公共权力,但社会组织仍滞留在以血缘关系为基础的国家形式概括为"早期国家",以与地区组织、公共权力两者都已具备的"成熟国家"区别开来,并将它们作为中国古代国家发展的两个阶段,不仅能更好地说明中国古代社会的实际,而且在总体上说来,仍基本体现了马克思主义关于古代国家产生的一般原理。一些过去在这个问题上无谓的争论,庶几也可以止息了。

其实,在马克思和恩格斯那里,本来就存有古代世界不止一种国家形式的认识。在《〈政治经济学批判〉导言》这篇文章中,马克思曾说道:"有粗野的儿童,有早熟的儿童。古代民族中有许多是属于这一类的。希腊人是正常的儿童。"②对于这里提到的相对古希腊而言的"早熟的儿童",过去学者多解释为"早期奴隶制"或"不成熟的奴隶制",我看不如解释为"早熟的国家"亦即早期国家为好。因为众所周知,包括古代中国在内的东方文明古国的产生都是要早于古希腊人的国家的。它们与希腊国家的区别,也正在于这些古国的内部大多长期存在有较浓厚的氏族组织或以血缘亲属关系为基

---

① 张光直:《中国青铜时代》,生活·读书·新知三联书店,1983,第54页。
② 马克思:《〈政治经济学批判〉导言》,载《马克思恩格斯选集》第二卷,第114页。

础的组织结构,而希腊国家则是建立在氏族组织已被炸毁、地域组织得以建立基础上的。故称古希腊国家是"正常的儿童"。所谓"早熟",就是指氏族组织尚未被破坏,但国家权力机构却已相对早一些地建立起来了。

如果这种解释是合理的,那么上述关于中国早期国家的解说也就更有了理论的依据了。

二、古代城邦是否可以归入早期国家的范畴

目前,学术界有相当部分人持有中国早期国家是所谓城邦,或城市(邑)国家的看法。所谓城邦,按一般人的解释,就是以一个城邑为中心,连同周围村落组成的都鄙结构。其中一些学者(如上举王震中博士)认为,这样的城市国家早在龙山时代就出现了,因而主张龙山时代是中国早期国家产生的时代。王震中博士并不认为按地区来划分它的国民是中国这样的文明古国产生的必要条件。他主张将国家形成的标志修正为:一是阶级或阶层的存在;二是强制性权力系统的设立,而这种"强制性权力系统"设立的标志物或物化形式,即是城邑的出现。

此说是我们不赞成的,主要有以下一些理由。

论者称,龙山时代的这些城邑是由上一阶段各地的中心聚落发展而来的。可是,同时期由上一阶段各种氏族聚落发展而来的居民邑落却多数没有城墙,没有城墙的邑落与有城墙的邑落在内部结构上并没有多大的区别(除一些小的村落外)。不仅在居民的层级结构上没有什么差别,就是在文化水平或文明程度上也不见有多大差异。如作者提到的礼仪性建筑、原始文字、小件铜器、陶窑之类,在有城墙的邑落及没有城墙的邑落中同样都有发现,如果仅以城址为"国家"产生的标志,那将如何对那些没有城墙但文化水平与内部结构相差无几的邑落定性?实际上,在龙山文化分布的中原地区,目前城址的发现多数在豫东鲁西一带,在豫西、晋南以及渭水流域的广大地区,则很少发现什么城邑,有之,规模也是很小的。要是说这些地区的文明发展程度低于豫东鲁西,想必多数人是不会赞成的。然则以城址出现作为进入文明的重要因素,在逻辑上首先陷入不可解脱的境地。考虑到目前发现城邑较多的地区尚有属于老虎山文化分布区的内蒙古高原及河套

一带,以及石家河文化分布区的江汉流域,这些地区的文明发展程度至少都不比上述龙山文化的西部地区高,则单纯以城邑作为进入国家状态的解释就更令人难以接受了。

论者强调城邑的出现之所以可作为早期国家的标志,是因为"在阶级分化的基础上,工程庞大的城墙及城内的庙宇和宫室的建立,充分展示了人力、物力资源的集中,以及行政控制与组织管理的复杂"①。这段论述来自旅美华裔学者杜正胜,其所论述的道理在原则上是可以接受的。然而关键问题在于这些城址在多大规模上集中了人力和物力,从而显示行政控制的规模到底有多大。对此,杜正胜在另一篇文章中明确指出:像王城岗、平粮台、郝家台、边线王、城子崖这类面积不大的城址,它们所处的时代正是《礼记·礼运》篇所讲的"大同"社会,其社会性质和夏朝以后"小康"的三代是有本质差异的。② 实际情况也正是这样。考古发现的中原龙山时代的城邑规模一般都为数万平方米到十来万平方米,如河南淮阳平粮台城址面积3.4万平方米,郾城郝家台城址4万平方米,王城岗城址2万平方米,安阳后岗连城带遗址总面积10万平方米,山东寿光边线王古城4.4万平方米,邹平丁公城址11万平方米。按学者估计的其时每个小家占地160平方米面积计算,它们一般只能居住200—400户人家。要说这样规模的城邑可以构成一个城市国家,或一个国家的政治经济中心,那是很难让人相信的。只有夏商周三代出现的诸如偃师商城、郑州商城、洹北商城那样规模巨大的城邑,我们认为才"充分展示了人力、物力资源的集中,以及行政控制与组织管理的复杂",从而也才可以作为国家产生的标志。至于所谓"阶级分化",我们知道,那也并不是国家出现的标志,这在马克思、恩格斯的著作中早有明确的论述。如恩格斯在《家庭、私有制和国家的起源》中指出,早在野蛮时代中期,随着第一次社会大分工,"就产生了第一次社会大分裂,即分裂为两个阶级:主人和奴隶、剥削者和被剥削者"③。因此,所谓"在阶级分化的基础上"云云,也并不能使论者的论证增加多少分量。

现时人们所称的"城邦"是一个很笼统的概念,它将人类早些时候居住

---

① 王震中:《中国文明起源的比较研究》,陕西人民出版社,1994。
② 杜正胜:《夏代考古及其国家发展的探索》,《考古》1991年第1期。
③ 恩格斯:《家庭、私有制和国家的起源》,载《马克思恩格斯选集》第四卷,第157页。

的一些围有城壕的聚落以及日后发展起来的城市国家都统统纳入这一范畴。实际上,这二者之间是有很大差别的。据说雅典城邦在其初期也就只有卫城周围很小的一块地方,其与日后发展起来的雅典国家实不啻天渊之别。那再早的雅典城邦毋宁说只是一个氏族或部落的居邑。从文献上看,那时文明较为先进的中原地区是一个万邦林立的局面,"万邦"虽不一定是实指,但言其有千数百个之多,总还是可信的。直到周初,这样的邦国还有上千之数。武王伐商,"诸侯不期而会者八百";《逸周书·世俘》记载周武王所伐灭的小邦国有 99 个,而为其所征服的小邦更有 652 个之多。这样的小邦,只能是一些氏族或部落,亦即恩格斯所说的"自然发生的共同体"①。这些小邦有的有城,更多的恐怕没城。古代文献或称之为"某某氏",如夏代前后便有所谓有崇氏、有扈氏、有虞氏、有莘氏、有鬲氏、有仍氏、有易氏、斟灌氏、斟鄩氏、昆吾氏、大彭氏之类,表明它们都是一些单纯的氏族组织结构。要把它们说成是"国家",哪怕是"早期国家",看来是很困难的。

这里还牵涉一个对经典作家提到的作为国家产生标志之一的"公共权力的建立"的理解问题。前面已谈到,中国早期国家仍然广泛存在着以血缘关系为基础的各种"族"的组织,但已具备了"公共权力的建立"这一国家产生的条件。其具体情况便是,以世袭王权为标志的对广大地区实行统治的中央政府,以及维护这种统治权威的合法的武力、法律和刑狱机构等。就中国古代的具体情况而言,这对广大地区实行的统治的具体表现,即是对众多族邦实行的统治。如今一些论者在谈到国家产生的这一条件时,喜欢把"公共权力"中的"公共"二字抽掉,结果使"国家"简化为一种没有领土规模要求或没有居民组织规模要求的可以任意解释的权力形式,"王权"也由对众多族邦行使专制统治的权力变成了仅在自己族邦内行使权力的单纯的氏族首领的权力。大家知道,在氏族社会的末期,在一些分层的酋邦组织中实际早已存在着这样一种酋邦首领的权力,那里也有"居民的自动的武装组织"②,但这类"权力"却是与国家(包括早期国家)的"公共权力"不可同日而语的。权力而称"公共",就意味着不是对一个单独的族邦行使的。总之,我们不赞成将龙山时代那些单个的族邦组织说成是建立了公共权力的

---

① 恩格斯:《家庭、私有制和国家的起源》,载《马克思恩格斯选集》第四卷,第 94 页。
② 恩格斯:《家庭、私有制和国家的起源》,载《马克思恩格斯选集》第四卷,第 167 页。

早期国家,不管它们是有城还是没城。史实证明,我国古代的早期国家,乃是在众多族邦不平等联合的基础之上发展起来的,这就是夏、商、周三代王朝。

剩下一个问题,是三代的所谓诸侯算不算是"国家",抑或"早期国家"。我们的意思是:不算(西周少数封国例外,见下)。学者都清楚,自黄帝、颛顼时代传下来的"天下万邦"的局面,到三代并没有多大改变,直到西周,文献也仍然盛称那时的小邦有成千上万之多,如《尚书·洛诰》:"曰其自时中乂,万邦咸休。"《墙盘》:"曰古文王……匍有上下,迨受万邦。"这些邦的性质仍基本与夏代以前的邦方一样。西周中期的铜器《盠彝》铭文曰:"盠曰,天子不假不其万年保我万邦。"同一个人所作的另一件铜器《盠驹尊》铭文则说:"盠曰,王倗下不其则保我万宗。"可见"万邦"与"万宗"为同位语,一个"邦"就是一个宗族。大约那时的制度,母邦大了,便要不断分蘖出新邦,所以一个邦总维持不大的规模。在这种情况下,看来是不好把这些蕞尔小邦视作"国家"的。尽管它们都有某种"自治"的权力,但在总体上,仍应视作三代王朝的有机组成部分,是三代国家的国土构成单位。

这里稍稍有一点例外而需加以说明的是西周时期的少数封国。它们是西周王室的子弟或姻亲接受王室的分封到被征服地区新建的国家。文献中,它们仍被称作"邦",如"晋邦""鲁邦"之类,但其所包含的内容已与一般邦国有很大的不同。它们不是"自然生长的"共同体。在这些封国里,统治者是周室同姓或姻亲族邦的贵族,被统治者则是被征服地区的夏商旧族人,这就实现了几个不同血缘关系的族邦的混居,并其规模亦大大超过旧时和同时代的小邦水平。它们应是日后领土国家的前身(从这个角度看,也不应称之为"城邦")。不过在西周之时,这类具有国家规模的封国也仍然是作为西周王朝的地方单位出现的。过去对于这一点强调不够,近年出土的一些铜器铭文却越来越清楚地显示了西周封国的这一性质。如80年代出土的《史密簋》铭文谈到周王命史密等人率领齐国等地方诸侯的军队东征南夷卢、虎会杞夷、舟夷;近年出土的《晋侯苏钟》铭文更言及周王本人"亲令晋侯苏"率师征伐宿夷,并在之后给予晋侯苏赏赐,其情形同于周王对待一般王臣。照此看来,西周少数封国或可说具有地方单位与早期国家的双重属性。

三、中国早期国家的产生

我国夏、商、西周三个王朝都属于早期国家性质,这三个王朝亦即三个早期国家是如何产生的呢?目前流行的理论总是按照原始公社内部农业家族的分工引起私有财产的积累,再引起贫富分化,进而促使富裕家庭利用战争中的俘虏和本族破产农民充当奴隶,由此出现奴隶与奴隶主两大阶级的对立,并最终导致维护奴隶主阶级利益的国家机构的建立这样一条线索去进行阐述的。然而,这种解释在多大程度上符合中国的实际情况呢?在由原始社会向文明社会的转变中,我国氏族公社内部各家族之间不能说没有贫富分化,也不能说没有奴隶制剥削现象,但这种贫富分化却首先表现在氏族首领(或氏族上层)与广大族众的分野上,换句话说,氏族内部少数人员之所以拥有较多的财富,首先是他们在氏族公社内部处于权力上层的身份和地位决定的,是他们的"贵"决定了他们的富,而不是由他们的富决定了他们的"贵"(即统治地位)。至于奴隶制剥削,则从来未在我国古代社会中占据过主导地位。我们无法说明当时社会出现了一个主要靠奴隶生产来养活自己的奴隶主阶级,并从而推理说这个阶级为了维护自己对奴隶的暴力统治去建立一个奴隶制的国家机器,说中国夏商周三代是什么"奴隶制王朝""奴隶制帝国"并没有什么依据。

实际上,按照恩格斯的历史理论,上述统治与奴役关系的建立,只是古希腊、罗马经历的历史过程,至于世界其他许多地区,其统治与奴役的关系的建立,却主要走的是另一条路径。他在《反杜林论》这部著名的理论著作中阐述道:

> (在许多民族的原始农业公社中)一开始就存在着一定的共同利益,维护这种利益的工作,虽然是在全社会的监督之下,却不能不由个别成员来担当;如解决争端;制止个别人越权;监督用水,特别是在炎热的地方;最后,在非常原始的状态下执行宗教职能……这些职位被赋予了某种全权,这是国家权力的萌芽。①

---

① 恩格斯:《反杜林论》,载《马克思恩格斯选集》第三卷,人民出版社,1972,第218页。

这里谈到的"原始农业公社",已是原始公社的最后阶段,大致相当于今日一些中外学者所说的"酋邦"。恩格斯认为,在这些原始公社中,有一些为维护共同体整体利益的职务,这些职务不得不由个人来承担,虽然承担这些职务的人员具有社会公仆的性质("社会公仆"的称呼见下引恩格斯文),但由于他们的职位被赋予了某种全权,因而也就产生了国家权力的萌芽。这种萌芽当然还要继续生长,恩格斯接着说:由于生产力的提高和人口的增长,使这些单个的公社集合为更大的整体,并导致建立新的机构来保护共同利益和反对相抵触的利益。

> 这些机构,作为整个集体的共同利益的代表,在对每个单个的公社的关系上已经处于特别的、在一定情况下甚至是对立的地位,他们很快就变为更加独立的了,这种情况的造成,部分地是由于社会职位的世袭……部分地是由于同别的集团的冲突的增多,而使得建立这种机构的必要性增加了。在这里我们没有必要来深入研究:社会职能对社会的这种独立化怎样逐渐上升为对社会的统治;起先的社会公仆怎样在顺利的条件下逐步变为社会的主人……在这种转变中,这种主人在什么样的程度上终究也使用了暴力;最后,各个统治人物怎样集结成为一个统治阶级。①

这里谈到,各单个的公社由于有了共同利益而结成更大的整体(殆相当于现时人们所说的部落联合体或酋邦的联盟),这些更大的整体又有了新的机构作为整个联合体的共同利益的代表。由于它们处于单个的公社之上,处理着更大范围的事情(例如同其他集团的冲突等),使得它们逐渐成为凌驾于各个小公社之上的权力机构,并且担负这些机构的领导职位也逐渐变成世袭的了,这些都意味着上述社会机构的社会职能的"独立化"倾向。正是这种"独立化"倾向使得原本是为维护共同体集体利益的工作变成对社会的统治,同时使得原来承担为集体利益工作的"社会公仆"变成了"社会的主人",即国家的统治者。恩格斯说:"在这里,问题在于确定这样的事实,政治统治到处都是以执行某种社会职能为基础,而且政治统治只有在它执行了它的这种社会职能时才能持续下去。"国家的统治是以执行某种社会

---

① 恩格斯:《反杜林论》,第218—219页。

职能为基础的,而这些社会职能原本都是由为维护共同体整体利益发展而来的,这就是结论。

恩格斯明确指出,上述统治与奴役关系的产生与古希腊、罗马奴隶制国家统治与奴役关系的产生是并行不悖的"两条道路"。

从恩格斯的论述中还可以体会到,由这样的途径产生的国家中,国家权力的执行者同时也就是社会的统治者阶级。并且,由于在这样的国家形成的过程中,过去的公社,也就是氏族血缘组织并未受到破坏,因而也可以理解为国家权力的执行者也仍然是过去氏族和氏族联合体中的各级大大小小的首领。不难看出,这样的权力结构同中国早期国家的情况是很相似的。

我们认为中国早期政治组织的建立,走的也正是这样一条由氏族社会的"公仆"蜕变而成的"社会主人"亦即统治者集团的道路。那些邦君或部族联盟的首领最初的角色都往往是以共同体"公仆"的身份出现的。谈到他们最初为维护社会共同利益而履行的"公仆"的职责,则传说中的那些古代"圣贤"的事迹最能说明问题:

> 黄帝能成命百物,以明民共财;颛顼能修之;帝喾能序三辰以固民;尧能单均刑法以仪民;舜勤民事而野死;鲧障洪水而殛死;禹能以德修鲧之功;契为司徒而民辑;冥勤其官而水死;汤以宽治民而除其邪,稷勤百谷而山死……(《国语·鲁语上》)

上述贤明的君主们实际都是传说时代一些氏族部落(或部落联合体)的首领,文献称他们有对共同体的经济生活尽心管理的,有为共同体的农事活动而制定历法的,有为共同体的和睦安宁而进行协调或制定刑法礼仪的,有为共同体去除外敌和强暴的,还有领导共同体成员抗御水害以保护人民身家性命安全的……他们是那样的恪尽职守,以至有许多圣明的共同体的首领都死在他们任职的官位上,这显然都是一些原始共同体的"公仆"的形象。然而,他们以后的身份或他们后世子孙的身份却一个个发生了变化,变成了凌驾于众民之上的拥有无上权威的不可拂逆的"君""王"。这种变化当然不可以用他们个人品质的优劣或致力于道德修养的勤惰来加以说明,想来最终促使这种变化的秘密原因还在于各位圣贤所承担的社会职能本身发生了对于社会的"独立化"倾向,是这种"独立化"导致了他们或他们的子孙由社会公仆变成为社会的主人。

这里不妨以我国第一王朝夏朝的建立为典型，来看看它是怎样由共同体职务的"独立化"转化为早期国家的。

历史记载，夏王朝国家权力的获得，首先即是与夏后氏祖先鲧、禹在以尧、舜为首的部落联合体担任公职相关的。这项公职，众所周知，是他们受部落联合体各部酋长的共同推举所从事的领导治水的工作。关于禹治洪水的传说，有人（包括二三十年代的某些疑古派）不大相信，以为那纯粹是无稽的神话。如果摒弃了其中夹杂的有关大禹"导江""导河"等后人添加的内容或凭后人的观念想象的成分，而把它视作对古河济一带地势低洼的黄河中下游平原低地所做的泄洪排涝的工作，则其事正有如我们日后所看到的这一地区经常发生的事情一样，是完全可以信以为实的。[①] 这项工作，对于尧、舜时代居住在古河济地区的广大部族来说，无疑是一项有关共同体利益的公共事业，鲧、禹负责这项公共事业，因而他们起初的角色都属于"公仆"的性质，这在上引《国语·鲁语》中已明确谈到了。后人对鲧，尤其是对大禹的赞扬（如《墨子》《韩非子》《史记·夏本纪》所记），也都是赞扬他们在"公仆"的任上尽心尽职，这是毋庸多述的。说到禹后来取得共同体最高首长的职位以至最后变为夏王朝的首位国王，我们认为，这并非仅仅出于民众对他治水成功而给予的拥护。由于这项工作的艰巨性和长期性，也由于治水之事牵涉各氏族部落的切身利益，须要组织各氏族部落的广泛参与，要对各部族的人力、物力进行调配、指挥与统一管理，在这个过程中，禹（包括他的父亲鲧）难免要利用联盟所赋予自己的职位与权力对各氏族部落施加更多的影响，甚或强制、干预，这就势必使原来松散而较为缺乏约束力的部落联合体机构发生权力逐渐集中的倾向，并使之逐渐凌驾于众氏族部落之上，以至最终过渡到把各族邦沦为自己臣属的具有专制权威性质的国家上层建筑。而禹则在长期担任这一要害公职的过程中树立了自己及自己家族的权力与威信，由原本是有崇氏（后改称夏后氏）族的首领，继任为整个部落联合体的首领，最后发展成为君临众族邦的具有赫赫声威的夏王朝的国王。文献记载这一变化过程说，由于禹治水的成功，"皇天嘉之，祚以天下，

[①] 沈长云：《论禹治洪水真相兼论夏史研究诸问题》，《学术月刊》1994年第6期。

赐姓曰'姒',氏曰'有夏',谓其能以嘉祉殷富生物也"(《国语·周语下》)。这不正表明禹作为氏族共同体的首领,由于他领导治水保护了部落联合体的共同利益,从而取得了共同体的广泛信任,并由此获得了统治"天下",建立"有夏"王朝的权力吗?文献又称,"尧遭洪水……使禹治之,水土既平,更制九州,列五服,任土作贡"(《汉书·地理志》),是亦将禹获得宰制九州和使诸侯臣服的权力与其平治水土的事迹联系在一起的。

根据史籍,禹之获得统治天下九州的权力还根源于他指挥部落联盟的军队对敌对的三苗部族进行的征伐。这场以保护部落联合体共同利益相号召的战争同样属于共同体"公共事务"的范畴,当然,战争的进行同样也有利于禹集中控制整个部族的人力和物力,以及有利于提高禹及其家族的威信。有学者研究,禹可能还是一个巫师,若然,这也便利了禹利用执行宗教职能来达到神化自己统治权力的目的。

总之,禹个人身份的变化来源于所承担的社会公职的权力越来越集中和越来越不受制约,来源于他在承担这一公职的过程中社会对他的越来越没有条件的普遍服从、顶礼膜拜与神化。禹最后在文献中的形象已成为一个具有专制权威的君主,《左传·哀公七年》记禹在平定三苗之乱后"合诸侯于涂山",前来表示臣服与朝贡的诸侯,即所谓"执玉帛者"达"万国"之多。又《国语·鲁语下》说:"昔禹致群神于会稽之山,防风氏后至,禹杀而戮之。"学者解释说,所谓"群神",也就是众诸侯。其中的防风氏,乃"汪芒氏之君名也"(《国语·韦昭注》)。禹能在大会诸侯的场合,因一位诸侯的后至,便拿他开刀示众,说明他已经蜕变为一个专制君主式的人物。禹前后身份的这一变化,十分形象生动地表现了一位氏族首领由"社会公仆"转化为"社会主人"的历程。当然,历史实际绝不会如此简单,或许这一过程当体现在禹前后几代人身上,但传说总是把这样的过程"故事化"在一个著名人物的身上,人们总不致因此而否认它所包含的历史真实的内容。

现在,学术界普遍承认夏朝是我国进入文明社会后出现的第一个王朝,同时多数人也不否认大禹治水在历史上确有其事,但是在谈到夏代国家的形成时,不少人却不愿意将它与禹治洪水之事联系起来,再有一些人则干脆根本否认禹治洪水与夏代国家产生的关系。我看,这则深入人心的古代传说的重要意义是不好被人轻轻带过的。近读考古兼古史学家童恩正先生的文章，发现他在这个问题上的看法尚不失正视历史事实的勇气，他说：

> 虽然我们不同意卡尔·威特福格尔过分强调水利的需要性的意见，但是从大量的历史记载来看，中国的第一王朝——夏王朝的建立，确实与水利有密切的关系……从史实看来，中国国家权力的形成，极可能与防御和集体的水利事业有关，亦即与控制集体劳动的人力有关，而与土地所有制没有直接的关系。①

我不知道童先生是否注意到了本文上面引用的恩格斯的那段论述，但我认为他的分析是合乎恩格斯论述的精神的。

文献还记载，禹和他的儿子启之间实现了由"禅让制"到王位世袭制的转变。我国古代著名经典《礼记·礼运》篇把它作为由"大同"之世进入"小康"社会的标志。无独有偶，前引恩格斯的论述在论及古代共同体的社会职能出现"独立化"倾向并"上升为对社会的统治"时，也有过"社会职位的世袭"这一经历。看来，禹确实实现了由"社会公仆"到专制君主的转变。在以王位世袭制亦即"家天下"制度的确立作为中国早期国家建立的标志这一点上，不唯我们的前哲持有这种看法，就是经典作家也有这个精神的。

（原载《史学月刊》2001年第2期）

---

① 童恩正：《中国北方与南方古代文明发展轨迹之异同》，《中国社会科学》1994年第5期。

李华瑞

Li Huarui

四川省绵竹人，1958年生。浙江大学敦和讲席教授，教育部长江学者特聘教授，中国宋史研究会会长，享受国务院政府特殊津贴。兼任全国哲学社会科学规划中国历史评审组成员、西北大学宋辽金研究院学术委员会主任，湖南大学岳麓书院"朱张讲座教授"等。

主要从事宋史、西夏史和中国古代经济史的教学与研究。主要论著有《宋代酒的生产和征榷》《宋夏史研究》《王安石变法研究史》《宋代救荒史稿》《宋型国家历史的演进》等。

唐宋史研究应当翻过这一页
——从多视角看"宋代近世说(唐宋变革论)"

李华瑞

20世纪初期由日本学者内藤湖南提出的"宋代近世说",至二战后经他的学生宫崎市定等人发展总结为"唐宋变革论",在相当长的时间内对国际唐宋史学界产生重要影响,而在中国却遭到冷遇。进入21世纪,该说才引起国人的重视并形成相当大的热点,如葛兆光先生所说:"学术界已经普遍以'宋代近世说'或'唐宋变革论'为基础讨论宋代问题。"[1]笔者在10多年前承担北京市人才强教工程的一个项目"'唐宋变革论'的由来与发展",并邀请学界的12位师友共同来做这个题目的主要原因,就是有感于大多数人对于"唐宋变革论"的"由来与发展"知之甚少,不免对概念、问题、范式的理解和解释出现混乱状态,有必要从学术史的角度给以适当的梳理,以便作为今后深入研究的一个新的起点。2010年,该项目顺利结项,并出版了《"唐宋变革论"的由来与发展》一书。在此前后,学界也有相当数量的介绍性论著问世。但是毋庸讳言,迄今我们的初衷并没有达到,"唐宋变革论"在很多人眼中依然是不证自明的"公理","唐宋变革论"仍旧像个什么都可以装的筐,其混乱状态不仅没有改变,而且愈加严重,并且由此衍生了一系列新的"变革论",如唐中叶变革论、两宋之际变革论、宋元变革论等等。如果再从进入21世纪以来唐宋史学界欲通过打通唐宋断代界限来提高唐、宋史研究水平近20年的实践来衡量,"宋代近世说"("唐宋变革论")在其间所起

---

[1] 浙江大学宋学研究中心编《宋学研究集刊》(第一辑),浙江大学出版社,2008,第3页。

的作用,不仅收效甚微,而且弊大于利。是故笔者大胆提出,唐宋史研究应当翻过纠缠于"宋代近世说"("唐宋变革论")这一页,该说已经完成了它的历史使命。下面从 6 个方面对此加以申述,不妥之处,敬请批评指正。

一、学说史视角下的"宋代近世说"("唐宋变革论")

对于内藤湖南、宫崎市定的"宋代近世说"("唐宋变革论"),学界已有很多介绍,也多知道这是依照欧洲历史分期方法提出的假说,但是为了廓清问题的来龙去脉,笔者还是选取学界对这一假说理论依据和范式渊源的研究要点做以下析述。

(一)"近世"概念的演变

"近世"一词在先秦典籍中已经出现,秦汉以后典籍中出现更多。作为一个时间定位和区分概念,它以"当世"为原点,并随后者的位移而变化,模糊地指向一个较近的时代,但这个时代的长短、起止并不固定。譬如南宋末年文天祥曾感慨:"自魏晋以来至唐,最尚门阀,故以谱牒为重,近世此事寝废,予每为之浩叹。""族谱昉于欧阳,继之者,不一而足,而求其凿凿精实,百无二三。原其所以,盖由中世士大夫,以官为家,捐亲戚,弃坟墓,往往而是,虽坡公不免焉。此昌黎公所以有不去其乡之说也。"[①]这里的"近世"和"中世",是指文天祥、欧阳修说话之时向前延伸较近或较远的时代。

1840 年以后随着西学东渐,对中国历史发展脉络的分期不能不打上西学"历史分期"方法的烙印。西学的历史分期方法对清末民初史学影响较大的,主要是西方文艺复兴以来按"上古(或上世)""中古(中世)""近古(近世)"划分历史的方法。1917 年,傅斯年先生说:"西洋历史之分期,所谓'上世''中世''近世'者,与夫三世之中,所谓(Subdivisions)在今日已为定论。虽史家著书,小有出入,大体固无殊也……日本桑原骘藏氏著《东洋史要》(后改名《支那史要》),始取西洋上古中古近古之说以分中国历史为四期。近年出版历史教科书,概以桑原氏为准,未见有变更其纲者。"[②]可见 20

---

① 文天祥:《跋吴氏族谱》《跋李氏谱》,载《文天祥全集》卷 10,中国书店,1985,第 248、250 页。
② 傅斯年:《史学方法导论:傅斯年史学文辑》,中国人民大学出版社,2004,第 52—53 页。

世纪初期西学分期方法在国内影响甚巨。但照搬西洋历史分期法而不顾中国历史发展实际的做法,也引起有识之士的批评并提出新的分期方案。首先,傅斯年不同意桑原骘藏根据汉族盛衰对中国历史的分期。桑原骘藏分中国历史为 4 期:"一曰上古,断至秦皇一统,称之为汉族缔造时代。二曰中古,自秦皇一统至唐亡,称之为汉族极盛时代。三曰近古,自五季至明亡,称之为汉族渐衰,蒙古族代兴时代。四曰近世,括满清一代为言,称之为欧人东渐时代。"傅斯年以为:"所谓汉族最盛时代,蒙古族最盛时代,欧人东渐时代者,皆远东历史之分期法,非中国历史之分期法。"①尽管清末民初,中国史学引进了西方的分期方法,包括日本学者运用西方的分期方法划分中国历史"断世",但是尚没有按西方历史发展轨迹来看待中国历史。即便是梁启超借鉴西方史学上古、中古、近世之分期,将国史划分为"中国之中国""亚洲之中国""世界之中国",明确提出"近世史,自乾隆末年以至于今日,是为世界之中国……"其近世观仍未彻底摆脱"较近时代"的含义,因而"近世"只不过是一种辅助性的时间概念。②

真正按照以西方文明为尺度建构的"世界史"体系来划分中国历史发展大势的,是日本京都学派代表人物内藤湖南提出的"宋代近世说"。20 世纪初,内藤湖南在《支那论》《支那近世史》《概括的唐宋时代观》等著作中陆续阐释了宋代是中国近世开端的假说,认为中国中古到近世的大转变出现在唐宋之际。

(二) 内藤湖南"宋代近世说"的理论、范式来源

内藤湖南对于"宋代近世说"的把握有两条主线。其一是明显受到法国人基佐(F. P. G. Guizot)《欧洲文明史》(*Histoire de laCivilisation en Europe*)的影响,在分析汉魏、唐宋历史时,多使用西方的古代社会、中世社会、近世社会特征作为衡量时代发展的标准。对此,日本学者葭森健介结合明治维新以后日本学习西方文化的大背景,讲述了内藤史学受到西方文化史学影响的具体史实,为我们提供了许多新认识。

---

① 傅斯年:《史学方法导论:傅斯年史学文辑》,第 53 页。
② 宣朝庆、陈旭华:《从社会时间到社会形态:"近世"概念中的学术共同体意识》,《河北学刊》2016 年第 2 期。

在西方诞生的近代历史学中,具有探讨世界历史发展规律重要意义的,有黑格尔的《历史哲学讲演录》,书中叙述了那种以欧洲从自由价值观发展到获得个人精神自由之基督教为内容的世界史。曾席卷战后日本史学的马克思、恩格斯的历史唯物主义,所重视的也是由原始公社制、古代奴隶制、封建制阶段直至近代资本主义社会的总体过程。换言之,试图以现在为起点分析历史发展过程的方法是西方近代史学的特征。

明治政府为了促进日本的近代化,曾积极推进西方书籍的翻译。同时,在民间也开始出版发行译著。在这些译著中,基佐的《欧洲文明史》对史学的发展起到了很大作用。此书在 1874 年由荒木卓尔、白井政夫等日本学者将其一部分翻译为《泰西开化史》,翌年又由室田充美翻译为《西洋开化史》。不过,影响更广泛的还属英国学者亨利(C. S. Henry)的英译本 *History of Civilization in Europe*。永峰秀树将其译为《欧罗巴文明史》。由此可知,明治维新以后日本学界是以基佐所论为基础来看待日本历史进程的,所以他们认为日本直至江户时代,是有着欧洲中世纪封建制色彩的社会,至明治维新才开始转变成为绝对王政体制。然而,在日本还有另一派持不同意见的学者,他们认为日本绝对主义的成立是在江户时代,所以江户已是日本的近世了。这一派的主张即是内田银藏、内藤湖南等人的京都文化史学。内田与内藤都认为,日本、中国的近世特征在于政治上的绝对君主政体的中央集权以及文化的庶民化(文艺复兴)。内藤湖南持有一种视西方封建政治为贵族政治的观点,而若将贵族政治与封建政体相互置换的话,又与基佐《欧罗巴文明史》中的由封建政体发展为王权政体之图式一致。进而,内藤湖南在 1914 年出版的《支那论》中,又概括了从贵族政体到君主独裁,再由君主政体到共和政体的中国史基本趋势。而这种由王权政体引起国家(君主)与人民的两极分化,再由此对立引发革命的见解,也正是被翻译的基佐著作所揭示的观点。基佐的观点得到日本学者福泽谕吉的大力提倡,他 1875 年编撰了《文明论之概略》,在日本知识界有很大影响。

如此看来,内藤湖南与内田银藏等代表的京都文化史学,有其从基佐《欧罗巴文明史》到福泽谕吉《文明论之概略》等源流始末之形成经过和以西方封建制与绝对君主政体等概念为依据的历史观。葭森健介就曾指出:"的确,湖南是力戒简单地进行历史比较的,他认为中国是有其独自历史发展途径的。然而,我们毕竟无法否认他的观点也是将西方历史学作为文明论来学习的事实。现在日本及欧美的六朝隋唐史学者都持贵族制观点,可是任何历史分期理论都没有贵族制历史发展阶段。这种六朝隋唐贵族制的概念就其起源于基佐《欧罗巴文明史》的可能性而言,不也是有必要重新予以探讨的吗?"①

另一条主线是明显受到欧洲文艺复兴时代历史模式和特征的影响。内藤湖南曾将宋代比拟为西洋的文艺复兴时代,宫崎市定则对之做了全面系统的论证,认为"东洋(宋代)的文艺复兴比西洋的文艺复兴早三个世纪",甚至前者还"启发和影响"了后者。简单地说,就是仿照欧洲文艺复兴、宗教改革、启蒙运动的历史模式,用单线历史观念,找出一个复线历史,在东亚各国寻找比欧洲更早的"近代"。内藤湖南、宫崎市定的"宋代近世说"("唐宋变革论"),就是对东亚历史的重新叙述,也可以说,是超越欧洲历史模式的尝试。在这一意义上说,内藤、宫崎的假说,就是在日本自己的近代历史新论述的背景中,加上对中国唐宋史的理解而产生的。他们认为,中国在宋代已经走出(汉魏晋南北朝隋唐)中世纪,出现了文艺复兴(宋代文化繁荣)、宗教改革(理学取代佛教成为主要信仰)、城市市民(宋代商业发达)、民族国家(贵族衰落,王权强化)。毫无疑问,一个多世纪以来,无论在日本还是在中国,有关文艺复兴的记载、研究、批评,都极为丰富。葛兆光先生就曾选取学术史上的若干例子做了梳理,指出以下3点:(1)对"文艺复兴"历史意义的理解差异,曾引起两种不同的近代中国变化路径的思路;(2)对于"文艺复兴"以及欧洲近代历史的认识,曾经成为东亚历史书写的标准模式;(3)民族主义或国家主义的崛起,也曾引起东亚历史学家为超越西方近代而重新书写历史,以寻找东亚的"文艺复兴"。②

但必须指出,内藤湖南的"宋代近世说"虽然运用了西方史学方法和视角,甚至也比照了欧洲以及日本的近代国民国家形成时的历史背景——君主与逐渐抬头的平民联手打倒贵族势力,从而构筑了中央集权体制,但是与他的后继者在二战以后发展的"宋代近世说"("唐宋变革论")还是不尽相

---

① 葭森健介:《唐宋变革论于日本成立的背景》,马彪译,《史学月刊》2005 年第 5 期。
② 葛兆光:《一个历史事件的旅行——"文艺复兴"在东亚近代思想和学术中的影响》,《学术月刊》2016 第 3 期。

同的。内藤湖南的"近世"确切地讲是指清代,他认为清朝时期所呈现的中国社会、政治、经济和文化等方面的形态早自宋代已经开始形成,亦即形成了君主独裁政治体制。内藤湖南对于中国 17 世纪以来的著名史学家、思想家顾炎武、黄宗羲、戴震、章学诚有精深的了解,尤其推崇《日知录》和《明夷待访录》。他的"宋代近世说"的核心观点是唐宋之际贵族政治的崩溃、君主独裁政治的诞生,以及"平民主义"的抬头,深受顾炎武和黄宗羲对君主独裁政治批判的启示。正如傅佛果(Joshua A. Fogel)所说:"内藤湖南指出的君主独裁政治的 4 个特征,即天子超越于臣子的无上地位、对君主权的不掣肘、高级官吏的重复设置以及官僚的无责任心等,无一不是从黄宗羲在《明夷待访录》中的议论中生发而来的。"而内藤湖南对清代地方社会和政治弊端的批判,亦多源自顾炎武、黄宗羲对宋明地方政治的看法。有意思的是,内藤湖南在首次提出中国史时代划分法的《支那论》初版时,"在卷头登载了顾炎武、黄宗羲、曾国藩、胡林翼、李鸿章、冯桂芬、熊希龄等人的墨迹。在他看来,这些是继承了中国经世思想传统的人物,也是他在研究上作为重要依据的人物"①。当然,内藤虽受顾、黄等人的启示,但往往是反其意而用之。顾炎武、黄宗羲批判宋明以来的君主独裁政治是为了回归古代的"封建"政治,而内藤以社会、文化结构变化为基准来审视君主独裁政治出现的"进步性"。内藤是反对专制主义君主独裁的,他早年深受站在国民立场上的明治维新史学对中国历史上专制主义的抨击的影响,这种史学主张秦朝统一之前的 1000 年是"埋没于封建割据祸害之中的时代",而接下来的 2000 年是"沉沦于专制政治腐败之中的时代"。所以内藤湖南认为,晚清残破国度"皆二千年郡县制之余弊也,实令人无限痛惜也"②。1928 年,内藤湖南在论述近代中国的文化生活时谈到历史分期的划分,认为:"在中国,平民发展时代就是君主专制时代。"③对于这样的表述,为内藤湖南作传的傅佛果表示疑惑:"湖南指出'近世'特征之一是平民抬头,这是我们可以接受的。不过,湖南指出'近世'的另一个特征是君主独裁政治,这与我们的理

---

① 傅佛果:《内藤湖南:政治与汉学(1866—1934)》,陶德民、何英莺译,江苏人民出版社,2016,第 203、194 页。
② 傅佛果:《内藤湖南:政治与汉学(1866—1934)》,第 22、114 页。
③ 内藤湖南:《东洋文化史研究》,林晓光译,复旦大学出版社,2016,第 116 页。

解是恰恰相反的。"① 显然内藤湖南参照西方史学方法和视角,但并不雷同。所以内藤的近世说讨论的重点是从宋代形成一直延续到晚清的君主独裁专制社会。正如傅佛果所指出的,"湖南从研究清末中国的立场出发,考虑到必须阐明中国历史中'近世'的起点。他试图搞清楚清末所见到的政治、经济、文化诸形态开始形成于中国历史的哪个时代。他所得出的结论是这些形态始于北宋"②。这与宫崎市定等人把内藤湖南的"宋代近世说"指向,由偏重讨论中国现实社会状况的起始,转向侧重讨论按西方近代社会发展模式比附中国历史近代的起始有很大的不同。众所周知,在内藤提出"宋代近世说"之时,日本人因甲午战争的胜利和"脱亚入欧"论甚嚣尘上,在军事、政治以及道义方面自豪感空前膨胀,举国上下蔑视中国,把中国人视为不懂礼仪的低等动物。在这样的历史背景下,提出中国优于日本进入类似于西方的近代社会,是一件匪夷所思的事情,尽管内藤湖南对中国文化抱有足够的"敬爱之心"。

(三) 内藤湖南后继者由"宋代近世说"向"唐宋变革论"的转变

二战结束,日本成为战败国,特别是中华人民共和国采用社会主义制度,使得内藤湖南所提出的辛亥革命之后共产主义在中国没有未来的结论破败,加之日本学界对内藤湖南观点的反省和批判,宫崎市定、佐伯富等后继者的"宋代近世说"有了与很大不同,甚至质变。内藤与宫崎的共同之处在于研究历史时最重视文化因素,差异是,宫崎的关注面比内藤更为广泛,尤其是关注了内藤不大涉及的社会经济史,特别是在宋代经济史方面做过长期的研究。③ 内藤湖南从社会、文化的观点提出"宋代为中国近世"的主张,宫崎市定从经济、制度的角度补足内藤湖南的学说,使"宋代为中国近世"成为京都中国史学的重要主张之一。内藤湖南的"宋代为中国近世"着眼于中国历史的发展而立论,宫崎市定则立足于世界史的通观而强调宋代

---

① 傅佛果:《内藤湖南:政治与汉学(1866—1934)》,第 8 页。
② 傅佛果:《内藤湖南:政治与汉学(1866—1934)》,第 239 页。
③ 傅佛果:《内藤湖南:政治与汉学(1866—1934)》,第 225 页。

的新文化是"东洋的近世"。①

宫崎市定丰富了内藤湖南关于唐宋之间存在变迁的论说,开辟出东洋近世史的领域。然而,宫崎在《东洋的近世》中所论与内藤说是不尽相同的。内藤在说明唐宋之间社会形态差异时,没有将中世与近世的表述与西方封建制向近代资本主义的表述作直接类比,而宫崎则将唐宋的变革作为从中世社会向近世社会的变革,从社会经济史的意义方面加以掌握,在承认差异的同时,发展出明确的目标取向,将由唐至宋的转变与西方封建制向资本主义转变作相似性类比,提出"东洋近世的国民主义"这一概念。在宫崎市定看来,在世界史的视域下,东洋与西洋有着相似的发展脉络与结构形式,反对所谓以西方为中心,从而影响边缘地区的模式。宫崎说将东洋各国历史作整体性研究,发展出一门东洋史学科,以期与西洋史学科加以区别。宫崎重视东洋近世社会自身的发展,将其视作日本近代化产生的主要资源,中国文化资源的地位,尤其是唐宋之际变革的历史地位被置于东洋史研究十分核心的位置。② 由此,"宋代近世说"由关注清代政治文化渊源转向关注由唐宋社会变革带来的历史"进步",即"宋代近世说"转变为"唐宋变革论"。

毋庸讳言,"宋代近世说"("唐宋变革论")是按西方分期法划分中国历史,又按西方的话语来诠释中国历史的文献资料,把中国的发展列入西方文明发展的大链条中,以为西方的近代化是人类世界共同的发展道路。必须指出,当西方近代化成功并成为人类发展的主导模式以后,世界各国因模仿学习或被迫而走上西方式近代化道路,与在西方近代化之前世界各国各自走自己的发展道路是不能混淆的。也就是说,世界文明史的发展是多元的,基督教文明、伊斯兰教文明、印度文明和以儒家文化为核心的中国文明,在西方文明确立霸权地位的300年前都是按照自己的不同发展道路发展着。所谓中国资本主义萌芽,或宋朝近世化都是按西方模式来诠释中国历史。

《中国历史研究手册》的作者魏根深(Endymion Wilkinson)指出:试图将中国历史塞入欧洲三时代划分的一个主要缺点是,古代、中世与近世这些标

---

① 连清吉:《内藤湖南与宫崎市定——日本京都中国学者的史观》,载淡江大学中文系语献所合编《昌彼得教授八秩晋五寿庆论文集》,台湾学生书局有限公司,2005,第325-344页。
② 熊伟:《唐宋变革论体系的演化》,《电子科技大学学报》2008年第5期。

签已经与特殊的属性和假定密切相连,这些均与欧洲史无法分开。这些特性过去被认为是普遍的,眼下已受挑战。关于使用何种分期方法以及断限应落在何处有诸多争论,不过分期并非科学。经济的分水岭常常与政治的分水岭出现在不同时期,因为在中国如在其他地区,经济的变化快于政治体制的变化。不论选择何种方式呈现故事,目的是使分析明确,刺激与其他文明、国家和人民历史经验的比较,帮助记忆,而不是削足适履以适应某一类型的政治解释。①

正如武汉大学历史学院的课件《"唐宋变革论"》所概括总结的那样,"宋代近世说"("唐宋变革论")本身存在着诸多不符合中国历史的理论缺陷:其一,"唐宋变革论"不符合中国国情,已为近代中国反帝反封建的政治斗争所否定;其二,"唐宋变革论"中提出的"贵族制政治时代""君主独裁政治时代"是一组较为模糊的概念;其三,"唐宋变革论"对"近世"概念的界定缺乏客观清晰的判断;其四,"唐宋变革论"只是揭示历史表象,始终无法揭示唐宋变革的动力或原因是什么;其五,研究对象是整个中国,忽略中国历史的地域性和复杂性;其六,重视后半段,对秦汉以前的夏商周等朝代缺乏理论关注。笔者以为这些概括总结是切中要害的。如果再从欧洲中心的现代化理论的内涵(包括科学技术革命、工业革命、农业革命;个人主义、自由竞争、市场经济、合理的企业组织、民主政治、法治社会;由农业社会向工业社会、传统向现代过渡构成一个进步的系列②)来衡量"宋代近世说"("唐宋变革论")所谓宋代向近世社会的变革,其理论范式就更加显得苍白和不足。

二、政治视角下的"宋代近世说"("唐宋变革论")

笔者几年前在编写《"唐宋变革论"的由来与发展》时,曾根据多位研究内藤湖南学者的观点指出,"把历史与现实结合起来进行观察的方法才是内藤史学的活力所在"。内藤的近世说不仅是就中国历史分期的学术问题展开的,也与他关注当时中国政治走向以及日本对华政策分不开,是与他为辛

---

① 魏根深:《中国历史研究手册》上册,北京大学出版社,2016,第4页。
② 马克垚:《困境与反思:"欧洲中心论"的破除与世界史的创立》,《历史研究》2006年第3期。

亥革命前后中国政治走向开出的"贵族政治→君主独裁政治→共和政治的社会发展趋势"方案一致的。按照这种说法,中国的辛亥革命不是从旧体制、落后社会到新体制、先进社会的转换,而是"可以追溯到从唐代中叶到五代、北宋亦即离现在约一千年前到八百年前之间,已逐渐形成了我们所说的近世纪"①。如何保障这种缘于历史"早熟"必然出现的"共和制"呢?内藤提出:"日中共存的方向:即以先进国家日本的经济输入激活中国社会,由此达到国家自立的进程。"②可见内藤湖南的"宋代近世说"不能简单地从学术层面来理解。对此,研究内藤湖南的专家钱婉约指出:"无论是"宋代近世说"还是文化中心移动说,都说明内藤学术的社会关注程度和现实干预感相当强烈……进一步说,内藤湖南从事中国学研究的出发点及终极目标,始终在于对日本民族及日本文化之命运和前途的深切关怀,这是牵动他情感至深处的毕生理想。研究中国,喜爱中国文化,但这一切都是为了日本!因此,我们最终看到,这样一个理解并喜爱中国文化的人,却终于在日本国权扩张主义的时代思潮中,走上了在本质上背叛中国文化的道路。'宋代近世说'貌似一个赞美中国文化光辉灿烂、发达领先的历史理论,但它却是内藤湖南现实的中国观'国际共管说'的思想依据,是与一个明显具有殖民色彩的对华设想联系在一起。内藤湖南通过'宋代近世说'向读者说明,中国文化在进入近代以后已是高度发达的文化,但是正是这个'早熟'的、高度发达的辉煌文明,导致了当前衰老的、政治经济困难重重,亟待寻求出路的现实中国,对此内藤提出了所谓'国际共管'的理论。"③

近期有人在评论《内藤湖南:政治与汉学(1866—1934)》一书时说:"虽然后世的不少评论将内藤这种对于中国的热情,特别是其对中国历史的相关理解,视为一种与日本军国主义不乏合谋的学说,但是内藤的史学家气质始终制衡着他的现实主义的政论家角色,以简单的'智库'式的视角看待其学术内涵,显然难免顾此失彼的偏颇。"④对这样的评论是有必要澄清的。因为,二战以后经过内藤湖南的学生和京都学派丰富和充实的"宋代近世

---

① 见内藤湖南研究会编著《内藤湖南的世界》,马彪等译,三秦出版社,2005,第139页。
② 内藤湖南研究会编著《内藤湖南的世界》,谷川道雄《序说》,第29页。
③ 钱婉约:《从汉学到中国学:近代日本的中国研究》,中华书局,2007,第171、239-240页。
④ 王鸿:《内藤湖南何以提出"唐宋变革论"?》,《中华读书报》2016年5月25日,第09版。

说"可以说主要是讨论中国历史的分期及社会性质问题,而内藤湖南最初提出的"宋代近世说"是一种与日本军国主义不乏合谋的学说则是有确凿证据的。傅佛果在《内藤湖南:政治与汉学(1866—1934)》一书中就指出:"迄今为止对于内藤湖南的研究,或者关注他作为记者的一面,或者关注他作为学者的一面,总不免令人觉得失之偏颇。""为了明确湖南在学术上的主要业绩和基本弱点,并深刻理解其有关中国史方面的最为著名的学术观点等等,就必须从一个整体性的角度把握湖南的学问。"①从傅佛果的叙述来看,有4点值得注意:

其一,内藤湖南是军国主义侵华政策的拥护者。在甲午战争爆发后的数月间,内藤写了4篇歌颂日本军取得胜利的文章。在这些文章中,他做了如下论述:"尽管日本在中国有着应当承担的使命是确定无疑的,但是这一使命归根结底必须以中国长期的历史文化发展为其基础。"②1897年4月,内藤作为《台湾日报》的主笔被派往台湾。在离开台湾之前,他写了一篇由7节内容组成的评论《革新杂识》,把自己在"经由殖民化的改革"方面的思想做了一番整理,内容包括"淘汰官吏""地方行政组织""移民措施""司法制度""财政规划""剿匪抚藩之方略"。③ 傅佛果书的译者陶德民在导言中明确指出:"内藤在1932年3月1日'满洲国'成立当日起在《大阪每日新闻》开始连载题为《关于满洲国建设》的长篇谈话,主张利用以西方模式完成改革的近代日本的政治经验(包括对殖民地台湾的统治经验),来设计其统治方针和理念。"④"他同情印度的反英斗争和中国的统一运动,但却视统治台湾和朝鲜以及建立'满洲国'为日本的当然权益。"⑤

其二,内藤湖南首先是一个政论家,其次才是以史学为主的汉学家。这不仅是指内藤湖南的前半生是一位记者和评论家,后半生才开始他的学者生涯,而且是指他的学术服务于他的政治见解。换言之,他在学习中国文化过程中,深受17世纪以来顾炎武、黄宗羲、钱大昕、戴震、章学诚等人的影响,尤其是对经世致用精神心领神会,故"对于确信学问必须以实用为目的

---

① 傅佛果:《内藤湖南:政治与汉学(1866—1934)》,第4页。
② 傅佛果:《内藤湖南:政治与汉学(1866—1934)》,第82-83页。
③ 傅佛果:《内藤湖南:政治与汉学(1866—1934)》,第102-104页。
④ 傅佛果:《内藤湖南:政治与汉学(1866—1934)》,"导言"第20页。
⑤ 傅佛果:《内藤湖南:政治与汉学(1866—1934)》,"导言"第24页。

的湖南来说,日本的亚洲政策不应该任由职业政治家与军国主义者来制定。就这样,湖南以自己独特的中国文化和历史传统学识为基础,始终就中国的改革与近代化问题,以及日本在其中的作用等现代的政治课题发表着自己的评论"①。"当湖南将中国历史、中日关系以及自身的学养背景等因素结合起来之后,最终构想出关于中国社会与政治制度改革的四种模式,并指出日本在任何一个模式中都能起到或多或少的作用。具体而言,这四个改革模式就是:经由战争的改革;经由殖民地化的改革;通过中国人自己实行的改革;经由中日'文化'协作的改革。正如有人评价的那样,在1893年至1900年间,湖南自身也发生了很大变化,从一个对同时代中国问题感兴趣的汉学者转变为一位学识兼备的'支那'学家。""湖南写作《支那论》的目的并不是为了全面地探讨中国史,而主要是为了阐明应该如何应对辛亥革命后的混乱局面这一现实问题。"②

其三,内藤湖南对中国文化确有"敬爱"之情,也是研究中国文化的卓越大家,但这种"敬爱"是以日本的利益高于一切为前提。内藤湖南说"日本文化是东洋文化、中国文化的延长,是和中国古代文化一脉相承的"。内藤湖南对中国历史、文化的研究,也正是基于"了解日本文化的根源",从而关注日本文化的未来命运这一观念而展开的。③ 在甲午战争期间,内藤先后写就了《所谓日本的天职》《地势臆说》和《日本的天职与学者》3篇社论,以"文明论"来阐释他的"天职论"。傅佛果指出,内藤湖南的"天职论"是以这样的认识为基础的:"即中日两国在以中国为中心的东亚文化圈中拥有共同的汉学传统。从某种意义上而言,对于在这一认识前提下的中国,湖南已不再将其当作一个拥有国民的国家,而只是一个生产'文化'或'文明'的国家而已。因此他得出了这样一个结论,即为保护这一'文化'或者'文明',日本必须保护甚至统治中国。"④"内藤湖南一直在寻求最适合日本的发展道路……他在近代化方面的观点与文化民族主义十分类似——日本要实现近代化,但是绝不能以牺牲日本的固有文化为代价。只不过对湖南来说,由

---

① 傅佛果:《内藤湖南:政治与汉学(1866—1934)》,"序章"第11页。
② 傅佛果:《内藤湖南:政治与汉学(1866—1934)》,第194页。
③ 钱婉约:《内藤湖南研究》,北京:中华书局,2004,第135页。
④ 傅佛果:《内藤湖南:政治与汉学(1866—1934)》,第86页。

于他的汉学背景以及对中国文化的深沉迷恋,在他所谓的日本固有文化中其实隐含着一个前提,即这种文化与中国同属一个文化传统。"①"站在中日文化同一论的立场,湖南认为日本的对华政策与欧美诸国相比,应该以更深刻的中国理解为基础,因此其重要性也应该更大。出于其强烈的民族主义意识,即在明治、大正、昭和时代的日本所流行的普遍意识,湖南甚至在行文中把本应当用'我'的地方都以'我们日本人'的措辞来表述。在他提出与当时中国有关的各种主张时,都以'我们日本人(不管是否为官方人士)应该(对中国)如何去做'的语气来描述。"②

其四,文化中心移动说的本质。日本文化脱胎于中国文化。中国文化的中心在南北朝以前与政治中心相一致,南北朝以后文化中心开始向南方拓展,至北宋初期,中国的政治与文化不再是一个统一的整体,尽管政权在中国的北方交相更迭,但是文化却在江南地区获得了稳固而持续的发展,至元明以后南方成为中国文化的中心。其后广东与福建等地文化得以与江浙并驾齐驱。元清以来中国政治上受异族统治,加之君主独裁政治,使得中国失去政治权力,中国国民专心致力于发展新文化也就是艺术之类,由于政治经济的衰退,中国只能接受其他国民的管理。这个"其他国民"中最适合中国的就是日本。因为日本与中国国民处于同一领域之内,具有形成文化中心的资格。日本现在既采用了古代的中国文化,也采用了新兴的西洋文化,正在逐步形成日本文化,然则从这一现状来看,日本文化成熟之际,或者将会对中国文化施加比今天更大的影响,成为东亚世界整体领域的中心,也并不是没有可能的事情。③ 若由于某些因素,日本与支那在政治上成了一个统一的国家的话,文化中心移至日本,那么,日本人在支那的政治社会上再活跃,支那人也不会看得特别的不可思议。这就是内藤湖南的东洋文化中心移动论。在内藤看来,经过了明治维新的日本,已经有了代表东方文明与西方文明抗衡的实力,因此它不但要取代中国成为东洋文化新的中心,而且中国文化也终将为日本的独特的文化特性所消融,并以此确立东方文明"新极致",他指出这就是日本未来的文化"天职"。内藤之所以会产生这种轻

---

① 傅佛果:《内藤湖南:政治与汉学(1866—1934)》,第 72 页。
② 傅佛果:《内藤湖南:政治与汉学(1866—1934)》,"序章"第 4—5 页。
③ 内藤湖南:《东洋文化史研究》,第 154、157 页。

忽中国文化错觉,就在于他的"宋代近世说"。"在内藤看来,中国早在八百到一千年之前的宋代就进入了近世,它虽然超迈世界近世历史进程有四五个世纪,但正是因为它过早成熟的社会形态,导致了时下中国弊政丛生,即在近世君主独裁政治下,造就了朝廷官员与政务的脱离,从而产生了胥吏、民众缺乏对国家的责任心和政治德义心等社会治理上的弊政,从而制约了中国迈向文明社会的步伐,对此内藤以为这需要外部力量对它进行所谓的'刺激',就如同中国历史进程中那种外部力量反作用于中国内部那样。在这里,内藤以文化的同质性消弭了民族的差异,为日本的对外侵略穿上文化的伪装,使得他的文化论失去了道义存续的基础,也使得人们更加珍视守护学者的良知。"①

"宋代近世说"使内藤湖南明确了对一些历史重大问题的看法,如中国的君主独裁制度以及与之相配套的官僚制度自宋以来历史悠久,已走到了尽头;如中国的平民主义倾向自宋以来有长足的发展,这是中国必然走上共和制的政治基础;如中国文化早熟,自宋以后,社会精英的热心关注已不在政治、经济、军事等实际事务上,而在"更高层次"的文化、艺术的创造上;等等。换言之,老迈腐朽的中国除自我欣赏儒佛道思想和琴棋书画等文学艺术外已经失去了自我复兴的能力,只有借助于日本的引导和提携,他后来甚至提出需依靠日本的武力介入,方能再生。

最后看看傅佛果先生是如何回答"自宋代以来持续了一千多年的'近世',究竟是否意味着中国的停滞性"这一问题的。宫崎市定继承了内藤湖南的时代划分法并曾提到,"中国文化的停滞"是"近世"经济停滞的一种反映。"中国的近世在宋代几乎达到了接近完成的地步,此后便显示出稍为停滞的倾向。"傅佛果先生认为这一观点虽然与内藤湖南的表述不完全一致,所涉内涵也有一定差异,但是"如果把当时中国所存在的政治、财政上的诸问题看作'近世'发展停滞的产物——从湖南的定义来看这种解释也可以成立"②。明乎此,内藤湖南的"宋代近世说"的政治动机昭然若揭。

由上不难看出,内藤湖南虽然尊重中国文化,但是当他站在当时的日本国家利益立场之时,他的"宋代近世说"在理论上为日本"温情"入侵中国张

---

① 杨永亮:《内藤湖南"宋代近世说"文化探赜》,博士学位论文,东北师范大学,2015,第1页。
② 傅佛果:《内藤湖南:政治与汉学(1866—1934)》,第225-226页。

目也是不能回避的。

明治维新以后确实有少数为学术而学术的日本学者,但是更多的日本学者为军国主义披上学术的外衣,也是尽人皆知的事实。战后,日本历史学界曾将战前日本汉学的遗产定罪为日本政府的帝国主义政策的羽翼。在战后日本对战前汉学进行重新评估与反思时,内藤湖南经常被视为一位帝国主义者,有时甚至被指责为以其学术为日本帝国主义侵占亚洲大陆进行美化粉饰。现今距日本侵华战争结束已有70余年,而日本政府和极右翼势力矢口否认侵华的历史,在学界也有重新认识内藤湖南的史观及汉学成就的呼声。为此,笔者想说,对于内藤湖南的汉学成就应当加以总结,但是不要打着为学术而学术的旗号,不仅不反思,反而还要对其服务于政论的学术溢美。我们在抗议日本政府和极右翼势力否认侵华倒行逆施的同时,自己千万不要为日本侵华毁灭罪证。我们说不忘记历史,不是为了延续仇恨,是要从历史汲取真正的教训。

三、性别视角下的"宋代近世说"("唐宋变革论")

无论是内藤湖南提出宋代是中国近世开端的假说,还是宫崎市定以欧洲式近代道路诠释"宋代近世说"而为"唐宋变革论",都没有涉及占人口总数差不多一半的女性,这是当时男性一统史学历史背景之使然,无可厚非。既然内藤湖南和宫崎市定将宋代文化类比为欧洲的文艺复兴时代,并将其作为进入近世社会最为明显的标志,而一般又认为"文艺复兴是对人类历史的反省","是中世的自觉、古代的发现、同时还是近世的创造",①从性别的视角来观察宋代到 20 世纪初叶女性社会地位变化的历程,来与西方文艺复兴至 20 世纪女性地位的变化进行对比,对于理解宋代是否是中国近世开端或近世社会就会是有裨益的。

西方学术界对文艺复兴时代女性地位是颇有争议的。19 世纪,布克哈特(Jacob Burckhardt)在《意大利文艺复兴时期的文化》一书中单列一章探讨妇女地位问题。他认为,文艺复兴时期的上层妇女经历了与贵族男子一

---

① 宫崎市定:《东洋的近世》,载刘俊文主编《日本学者研究中国史论著选译》第 1 卷(通论),黄约瑟译,中华书局,1992,第 236 页。

样的重大变化,她们接受了相同的文学和语言学教育,个性得到充分的发展,并在文化和政治生活中扮演着重要角色,总之,她们处于和男子完全平等的地位。① 布克哈特的这个观点长期保持影响,直到上世纪70年代美国妇女史家和女性主义者琼·凯莉-加多尔(Joan Kelly-Gadol)发表《妇女有一个文艺复兴吗?》一文,才发生改变。凯莉认为,文艺复兴在思想上所取得的主要成就,并没有使妇女在理论、法律和社会方面的地位和作用有所改善;霍夫曼(P. Hoffmann)也认为,启蒙运动也许摒弃了上帝、罗马天主教、神权、父权制和帝王特权,但仍然保留了女子低人一等的观念,女人仍受到"自然"法则(与神的法则相对照)的禁锢。因此,文艺复兴和启蒙运动都谈不上是妇女史的转折点。② 近二三十年来的研究表明,前述两种截然相反的观点都失之偏颇,"文艺复兴时期妇女在俗世的生活状况是复杂多面的,但至少有一点可以肯定:她们并没有摆脱父权制的压制和束缚,更没有处于'和男子完全平等的地位'。当然也不应过分夸大父权制的压迫,文艺复兴时期的妇女并未一味消极屈从,而是表现出了相当大的能动性,因此,断言妇女没有一个文艺复兴也欠妥当。只有将父权制的压迫与女性的积极能动结合在一起,才能描绘出一幅关于文艺复兴时期世俗妇女生活经历和处境的完整画面……在关注文艺复兴妇女在教俗两界实际处境的同时,学者也注意到文艺复兴时期妇女自我意识的变化。中世纪的消极妇女观在文艺复兴时期仍大有市场,但在文艺复兴时期也出现了敢于挑战男权妇女观的女性,她们为自己的性别辩护,宣扬妇女的美德。这种现象引起学者的浓厚兴趣,他们称此为'文艺复兴女性主义'"③。

实际上文艺复兴时代及以后妇女的社会地位在逐渐提高,尽管提高速度缓慢。15世纪以后,欧洲妇女除较为广泛地参与经济生活外,还开始广泛参与政治活动,基层妇女主要是参与粮食暴动、关于民众权利的暴动、议会请愿及宗教抗议活动等。16世纪,英国妇女虽然没有直接选举权,但是可以推举代理人参加选举,表达自己的意志。上层妇女则已开始攫取政权统治权力,有的是合法"继承",有的是径直"夺取"。在欧洲历史上,无论是

---

① 参见刘耀春:《文艺复兴时期妇女史研究》,《历史研究》2005年第4期。
② 参见侯建新:《西方妇女史研究述评》,《天津师范大学学报》1991年第5期。
③ 刘耀春:《文艺复兴时期妇女史研究》,《历史研究》2005年第4期。

古希腊、古罗马,还是中世纪,皇帝、国王这些身份从来都是男人的专利。从14世纪开始,一个又一个的女王(皇)在欧洲断断续续地出现,累计到当代,已有30来位。妇女史家沙龙·詹森(Sharon Jansen)对这些"被湮没"的女统治者的历史做了专门研究,详细论述了15世纪后期法国、英格兰、苏格兰、西班牙、意大利一些著名女统治者的事迹和主政模式。詹森注重性别因素,从女统治者的视角对近代早期欧洲政治史做了分析。①

虽然欧洲女性获得政治选举权是在一战以后,但是从文艺复兴时代以来,女性在与父权制相抗争的过程中不断改进自己的社会地位,而父权统治者也在一点点地放弃对女性的歧视和管控,妇女的社会地位在这种抗争中与近代社会的进步同步向前。相比之下,宋代以后妇女的社会地位却与社会的"进步"背道而驰。

关于宋代妇女的研究也经历了不同的认识阶段。"五四"运动以后,妇女要求解放的呼声越来越高,对于宋代以来的妇女史进行了严厉的批判。1928年,陈东原著《中国妇女生活史》认为,二程以后理学成为正统,儒学在贞节观念上日趋严苛,男性的处女嗜好亦产生于宋代,"遂使宋代为中国学术思想以至于风俗制度的一个转变时代"②。由于这部书在史学界有广泛影响,自此,理学贞节观、禁欲观成为认识宋代妇女地位问题的出发点,故20世纪90年代以前,论婚姻史或妇女史者,大都认为中国妇女地位之急遽下降,始于宋代。上世纪90年代以后,随着西方妇女史和女性主义思潮传入中国,学界对宋代妇女的认识有了很大变化,一些学者甚至断言:宋代女性不仅社会地位没有下降而且有所提高,拥有比前后时代更为宽松的社会环境。当然,大多数较为客观的研究还是认为宋代妇女的地位自前代以来呈下降趋势。这里有3点值得注意:

第一,唐末五代礼崩乐坏,世族瓦解,入宋以后至仁宗时期随着儒学复兴运动的兴起,关于妇女地位的理论强化了儒家的阴阳学说。如司马光所言:"为人妻者,其德有六,一曰柔顺,二曰清洁,三曰不妒,四曰俭约,五曰恭

---

① 参见侯建新:《西方妇女史研究述评》,《天津师范大学学报》1991年第5期;刘耀春:《文艺复兴时期妇女史研究》,《历史研究》2005年第4期;王素平:《西方学界关于近代早期英国妇女史的研究》,《经济社会史评论》2010年第00期。

② 陈东原:《中国妇女生活史》,商务印书馆,1928,第129页。

谨,六曰勤劳。夫,天也;妻,地也;夫,日也;妻,月也;夫,阳也;妻,阴也。天尊而处上,地卑而处下,日无盈亏,月有圆缺,阳唱而生物,阴和而成物。"①同时,敬宗收族的流行,恢复了被破坏的宗法制。宋代家族制度的重建及完善,对女性社会地位产生了直接影响,儒家文化所提倡的伦理也融入家法族规。因而,宋代是一个非常强调男女大防、男女区隔的时代,也比此前任何时代更警惕女主政治的发生。

第二,科举制度虽然始于隋唐,但是真正进入平民化阶段,即不论官员、平民,任何人都允许应举,使"以文取士"和"学而优则仕"的原则付诸实践是在宋代。从性别视角来看科举制度,占人数差不多一半的女性被排斥在外,被剥夺了参与取士的权利,同时也被剥夺了受教育和个体发展的权利。科举制度强化了社会的性别分工,也强化了女子的依附性。女性的命运与丈夫、儿子的科举生涯直接联系在一起,女性的职责就是相夫教子,帮助夫、子博取功名,女性自身被进一步排斥在公共生活之外。从根本上来说,科举制度是性别等级制度的体现,扩大了男性对女性的歧视。

第三,唐宋之际是中国历史上继春秋战国之后的又一社会大变迁时代,但是从社会阶层和结构中的官与民、士与庶而言,女性被严格排除在外,在这一差别对待的前提下,只要有能力和机会,几乎所有的男子——贱民及一部分被轻贱的职业者除外——都有改变身份阶层的可能。而女性的从属地位,只能随男性身份的改变而改变,自身没有改变的任何可能。②

另外,五代南唐、宋代出现的缠足现象,是妇女史研究中的一个大问题。北宋晚期、南宋初期妇女缠足已经较多,在南宋中期,至迟在宁宗时期,则已由一种时尚演变成一种民俗。宋代缠足经过了一个对脚无损害到对脚有损害的过程,有损害的缠足行为是在无损害缠足行为流行的过程中发展起来的。"宋末缠足已演成民俗,较为普遍,但是否从俗,在己抉择,与道德、行为规范无涉,不缠足人也不以为非。元人立国,本族妇女不缠足,但统治者对汉族女性缠足并不反对,文人有时还以缠足为题唱和。"③缠足由民俗向礼

---

① 司马光:《妻上》,载《家范》卷8,《景印文渊阁四库全书》第696册,台湾商务印书馆,1986,第708页。
② 参见杨果:《性别视角下的宋代历史》,《华夏文化论坛》2015年第2期。
③ 邱志诚:《国家、身体、社会:宋代身体史研究》,博士学位论文,首都师范大学,2012,第165页。

俗转变的开始时间是元末,这一转变到明代才真正完成。

程朱理学统治地位在元代确立后一直是官方主流意识形态,明人贞节观念较元继续强化,用缠足管束妇女身体"防闲"的需求更其迫切。女性在父权、夫权制社会中无时不受男性权力的控制,身体和精神都依附于男性,她们接受缠足只不过是要在由男性设定的性别秩序中找到被指定的位置。明代守节妇女人数激增,以致清编《明史》"掇其尤者"已"视前史殆将倍之。然而姓名湮灭者,尚不可胜计"。① 除了理学思想对妇女精神上的牢笼,明代缠足也较宋元更为普遍,客观上减少了男女之间接触的机会。结果就是,由审美驱动的缠足民俗变成男女防闲的礼俗,再变而为带有玩物畸形的女性特征,最终女性沦为男性奴役的对象。

妇女缠足现象引起了日本和欧美学者的关注。日本学者桑原骘藏就对日本文化没有学习中国文化中的三大陋俗——凌迟、太监、缠足,引为自豪。费正清(John K. Fairbank)也对此做过专门的讨论:妇女一直依附于男子,而在上流阶层集中的城市里妇女的劳动不像农村那样重要,可能使得妇女的地位进一步下降。这种变化表现在当时纳妾制度的发展和反对寡妇再嫁以及上流阶层妇女缠足的习俗中。"当女孩很小时,就用布紧紧地缠足,脚逐渐弯曲直至脚弓被扭坏,除大脚趾外其余脚趾都向下弯曲。这就使之成为只有正常脚一半大小的'金莲',实际使女孩终身走路不便也就因此要求男子有钱能养得起这样的玩物。外国人看到中国妇女缠足和蹒跚行走的样子很反感,而中国男子却因缠足产生出强烈的性联想。这一习俗逐渐为整个社会所接受,一直延续到本世纪。"②"妇女被'阳''阴'对称的原则固定在社会和宇宙秩序(它们是一个连续的统一体)中";"这种看来像昼夜更替、日月轮转似的二元论,是一种把妇女牢牢束缚起来的现成模型。像中国其他许多成就一样,使妇女处于屈从地位是一种高明和完备的制度";"在这种理论和风俗的复合体——中国人的世界由此获得了持久和稳定的秩序——中有一个最受到忽视的现象,就是妇女缠足制度";"宋代哲学家强调妇女地位低微是社会秩序的一个基本因素……朱熹在福建任官时曾提倡缠足为保存妇女贞操之'本',并将其定位男女间之'大别'";"到了明代汉

---

① 张廷玉等:《列女一》,载《明史》卷189,中华书局,1974,第7690页。
② 费正清、赖肖尔:《中国:传统与变革》,陈仲丹等译,江苏人民出版社,2012,第125-126页。

族妇女绝大部分有人为的小脚";"最后,男人笼络着妇女,使她们残伤了自己,表面上达到性的满足,实际则永远实行着男性的统治,这真是一种独出心裁的创造。新嫁娘离开她们自己的家,以最低的身份进到她们丈夫的家,做婆婆的仆役。丈夫是从未见过而由别人替她们选择的。他们可以干婚外冒险的浪漫事,并且如能办到,可另娶妻妾。但是一个妇女,只要许配给人,哪怕丈夫夭亡时还是个孩子,也要守一辈子贞节。毛泽东说,'妇女能顶半边天',但是在旧中国,她们连抬起头来都不行。像人们今天看到的中国妇女,她们的才华,过去是没有机会成长和施展的,这使现代社会的基础非常脆弱。"①鲁迅《祝福》所塑造的祥林嫂形象,就是明清以来在夫权、父权、族权、神权、政权束缚下的广大妇女的一个缩影。

在20世纪60、70年代妇女史研究风起云涌之前,内藤湖南、宫崎市定提出"宋代近世说"("唐宋变革论"),尚没有考虑占人口半数的女性在东西方历史中的不同命运,那是时代之使然,而现今女性的地位是衡量社会进步与否的重要标准,故而现今学者讨论中国历史问题时就不能疏忽性别视角。实际上,宋以后妇女地位的下降及其命运从一个侧面折射出宋以后中国历史根本不同于西方文艺复兴后出现工业革命的近代社会的历史走向。

值得深思的是,日本学者不论是内藤湖南把宋代作为清代政治、社会模式的起始,还是宫崎市定将世界现代化理论推衍在宋代以降的中国历史上,都有其各自的政治和学术考量,那么为何相当多的国人不细究这个理论范式的渊源,就坚信"宋代近世说"("唐宋变革论")为"公理",坚信早在宋代中国就走上了与世界大同的道路?恐怕深层次的隐情就是不愿面对因"落后就要挨打"造成的1840年以后中国近代的惨痛历史。其实,以牺牲占人口半数女性"行动自由"来换取统治秩序稳定的做法,不仅仅是父权制或男权制社会的延伸,更是缺乏进入西方文艺复兴启蒙运动以后至工业革命建立的对民主、自由的追求及理念的明证。

---

① 费正清:《伟大的中国革命(1800—1985年)》,刘尊棋译,世界知识出版社,2000,第82、84、88页。

四、多民族国家视角下的"宋代近世说"("唐宋变革论")

张国刚先生在讨论唐宋变革与中国历史分期时说:"对于中国历史发展阶段的划分,应该确立一个基本史实,即中国历史是一个多民族组成的现代中国版图内的中国的历史,不只是汉族中国的历史。这样一个中国有两个特征:第一,华夏文化是中国历史发展的主体,同时,周边地区还有一个相对落后的地区;第二,从第一特点派生出来的第二个特点就是,中国长期都是一个'一国两制'乃至'一国多制'的帝国。中华帝国以华夏文明为主体,同时,通过朝贡体制、册封制度以及羁縻府州制、土司制等等控制着周边相对落后的广袤地区。这些地区属于今天中国版图之内,其地区政权,比如五胡政权、契丹、党项、蒙古和满洲政权等在历史上与中原王朝的复杂关系影响了华夏文明的发展,进而形成了中国历史发展进程的一个不可分割的组成部分。于是,中国历史分期要考虑两个因素的影响:一是华夏文化形成、定型和以及近代转型的发展阶段性;二是中原王朝与周边地区(特别是北方游牧民族政权)的关系起伏。后者对于前者的发展进程也会有所影响。假如不考虑第一种因素,中国历史发展的分期就没有了主线;假如忽视第二种因素,中国历史分期就会失真失实。"① 笔者非常赞同张国刚先生的见解,这也是笔者一直在思考的问题。若不从中华整体历史来观察"宋代近世说"("唐宋变革论"),很难得出符合中国历史发展实际的分期,甚或在某种程度上是割裂和曲解中国历史。

显然,从中国自古便是一个多民族国家的视角来观察"宋代近世说",就不难发现内藤心目中的中国,是只限于"中国本土"的汉民族政权。内藤把金元清视作异族统治,"中国人将逐渐失去的阶级文化转交给了其他民族,这也就是权力屡屡入于北方民族之手的原因所在。实际上蒙古人也好满洲人也好,最初都是因为拥有比中国人更合适的统治力,所以才在政治上统治了中国。因此在元朝、清朝,中国人虽然被异民族夺去了政治权力,却

---

① 张国刚:《"唐宋变革"与中国历史分期问题——以中古士族为中心的考察》,载北京论坛(2005)组织委员会编《"历史变化:实际的、被表现的和想象的"历史分论坛论文或摘要集(上)》,第240—241页。

未必就是什么可悲的事情"①。许多学者经常将元朝与清朝一并看待,统称为"征服王朝",而内藤湖南则认为这两个王朝不能相提并论。他认为二者有如下相异点:蒙古族在征服中国本土之前,已经支配了拥有高度文化的中亚地区国家,并接触到其中的先进文化;而满族之前只统治过蒙古。结果,满族的领导者们很快被中原的伟大文化与繁荣所折服,其汉化的速度要比蒙古族快得多。而了解中亚地区文化的蒙古族则并未被文化所压倒,这是因为他们能够以相对化的眼光看待中原文化。因此,元朝对汉民族采取了屈辱性的统治政策,蒙古族也没有像满族那样汉化。② 由于有这种差别,内藤只把统治时间不长的元朝作为一个短暂复古的特殊情况而一笔带过。

二战以后,宫崎市定、佐伯富等人发展"宋代近世说"最重要的表现是注入了社会经济史的内容,尤其是对宋代近世的社会经济发展诸特征做了实质性的补充。这就出现了宫崎市定与内藤湖南关注重点的分离。换言之,内藤的"宋代近世说"关注重点着落在辛亥革命之前的清代政治、社会发展上,只是认为清代的诸多特征从宋代开始形成而已;宫崎市定发展的"宋代近世说",则主要是讨论宋代的中国比欧洲走向欧洲式的近代还要早几百年,但他对宋以后的历史走向没有做过细致慎重的考察。不过如前所述,虽然宫崎与内藤的论证方法不尽相同,但是在认为宋以后至晚清1000年中国社会发展停滞这一点上,则是殊途同归。于是,欧美学界将"宋代近世说"理所当然地理解为宋以后中国没有进入近世社会的主张:"最早提出唐宋转型说的学者内藤湖南认为自唐至宋的转型标志着中国'近世'的开端——而这一早熟的近世性,在宋以后亦不复存在。内藤认为这早来的近世性在余下的帝制时代已演变为政治和思想的停滞。"③ 受内藤假说的影响,欧美学界在相当长时间内也认为经过宋的高度发展后,中国社会便处于停滞或只在数量上有所增加的状况。而这种状况的出现是中国"与中国之

---

① 内藤湖南:《东洋文化史研究》,第156页。
② 内藤湖南:《清朝史通论》,载夏应元选编《中国史通论(下)——内藤湖南博士中国史学著作选译》,钱婉约译,社会科学文献出版社,2004,第539—540页。
③ 史乐民:《宋、元、明的过渡问题》,张祎等译,载伊沛霞等主编《当代西方汉学研究集萃·中古史卷》,上海古籍出版社,2012,第249页。

外世界的日益隔绝——元朝尤其是明朝统治下限制对外贸易的结果"①。

德国学者傅海波(Herbert Franke)也提出了倘若没有"征服王朝"的介入宋朝在11世纪的迅速发展与理性模式能否持续的疑问。萧启庆就此指出:"整体而言,'唐宋变革'与'明清变革'之间缺乏连续性与征服王朝的统治颇有关联。"②这个问题也引起日本史学界的关注。由于唐宋变革说的存在,"宋代近世说"的后继者不能不关注宋元的延续问题,特别是"宋代近世说"与日本学界提出的另一个有关中国史分期的"明清交替期"说之间的关系问题。这里仅就1996年日本学界编辑出版的《中国史学的基本问题》第一卷《宋元卷》为例予以说明。该书的中译本《宋元史学的基本问题》(以下简称《宋元》)2010年由中华书局出版,共收12篇文章③,代表了日本学界20世纪70年代至90年代的"宋代近世说"。该书有4个特点:

第一,继承内藤和宫崎的学说。"从宏观上来看,可以说这些社会(笔者按:指日本、韩国、中国、印度及中近东的社会)与正在形成资本主义体制的西欧社会有着长期的、基本对等的并存关系。这样,说得极端一些,可以这么认为,这两种事态得以保障的原因,是由于这些社会已经自律地确立了广域性的社会关系,本稿将把这种社会状况看作是世界史意义上的近世阶段。""站在上述立场上,笔者想继承由内藤湖南开始、由宫崎市定全面确立的体系,也就是将宋元时代作为世界史意义上的近世社会的学说体系。""由农村时代向城市时代转变的过程中诞生出来的世界史上的近世社会,对于其特征中的文化状况,如上所述,可以看到由宗教时代转向知识时代的变化过程。在先进的亚洲周边地区,在与先进的亚洲的密切关系中步入近世社会的欧洲,将近世社会的特征表现得最为明显的可以说是文艺复兴和宗教改革。"④

第二,在宫崎市定学说基础上继续丰富和充实支持"宋代近世说"的两

---

① 史乐民:《宋、元、明的过渡问题》,载伊沛霞等主编《当代西方汉学研究集萃·中古史卷》,第251页。
② 萧启庆:《中国近世前期南北发展的歧异与统合——以南宋金元时期的经济社会文化为中心》,《台湾师大历史学报》2006年第36期。
③ 实际似应是17篇,总论提到寺地尊、梅原郁、草野靖、丹乔二、金文京等人的论文,但未见收录。
④ 佐竹靖彦:《总论》,载近藤一成主编《宋元史学的基本问题》,中华书局,2010,第3、5页。

宋史实。所收 7 篇有关宋代问题的文章分别从政治结构、中间社会层、货币价格、地方政治、士大夫、佛教社会及社会思想等方面细化近世社会的特征。

第三,不能完全回应金元时期与近世社会的关系问题。自明治维新以来,日本学界的中国历史研究中存有一些意见长期分歧的问题。杉山正明就曾指出,"一般来说,'中国'在日本的研究中大部分意味着所谓的'中国本土'。将事物限定在'中国本土'中来看宋代史研究和元代史研究的差异,这个众人皆知"。"本来'中国'历史上就没有单一的汉族社会。可是日本的研究人员中有一个共同的特点就是'纯中国世界'和'非中国世界','中国本土'和'边境地域'等过分单纯地分割为两大图示化的倾向。有时'万里长城'(当然在蒙古时代不存在)以外是'荒野'和'沙漠'的异象也偶尔出现。"①竺沙雅章也指出,关于宋代的研究虽多,"但说到宋代只论述北宋与南宋,对于南宋时金所统治的华北则不包括在内。对于华北的社会与文化只以北宋时期为对象,由北宋到金的演变则不追究"。这个时代前后之研究者,将"征服王朝"视为周边民族史的范畴,而未深入研究。"一般也有用宋元时代这种区分,但严密地说,这也有北宋—金—元与北宋—南宋—元的两个潮流,也就是说有北流与南流,对于各演变的不同以及王朝交替导致的流向之变化,也由于金元治下的社会不明之故,而不能贯通。"②"元代史研究的比重究竟能够占有多少,恐怕这才是日本'宋元史学的基本问题'中的最大问题。"③所以《宋元》一书的总策划人佐竹靖彦先生只能做这样的表述:"其中并未完全弄清其结构的问题是,这种征服(笔者按:指金元统治)实际上是与农耕社会一方的经济发展相辅相成的现象。对这个大问题,这里不可能做出充分的回答。只有一个想提起注意的事实是,当时的汉族在基本保存了自身社会统一的情形下,接受了北方民族的入侵和统治。不难想象,该事态的基础中有汉族社会的经济发展,尤其是流通经济方面的发展

---

① 杉山正明:《蒙古时代史研究的现状及课题》,载近藤一成主编《宋元史学的基本问题》,第 287、289 页。
② 竺沙雅章:《征服王朝的时代:宋・元》,吴密察译,稻乡出版社,1998,第 5—6 页;并请参看萧启庆:《中国近世前期南北发展的歧异与统合——以南宋金元时期的经济社会文化为中心》,载《清华历史讲堂初编》,三联书店,2007,第 200 页。
③ 杉山正明:《蒙古时代史研究的现状及课题》,载近藤一成主编《宋元史学的基本问题》,第 287 页。

和能够接受它的社会体制蜕变。而且,可以推测,这种事态是通过宋朝的成立而得以确立的,宋朝克服了唐朝中末期经济发展带来的动乱,实现了王朝的建立。"①

第四,侧重北宋—南宋—元的"南流说"。竺沙雅章在《征服王朝的时代》中明言,宋代以后的"中国"历史有北宋—金—元的北流和北宋—南宋—元的南流两大流。《宋元》主要是讲南流,但是必须指出这种南流说有日本学者的发现和论述,但更多的是受美欧学界"宋元明"过渡论的影响。

当欧美学者接受"宋代近世说"并讨论宋以后中国历史发展停滞问题之际,20世纪50年代中期以后中国学界关于明清资本主义问题的讨论对之产生很大影响。罗威廉(William T. Rowe)指出:"20世纪70年代西方学者开始依据日本尤其是中国学者的研究来想象第二次社会经济转型——该转型从明代晚期一直延续到20世纪。"②

既然唐宋变革空前绝后,北宋以后进入近世社会的趋势被打断,而明中叶以后又出现了不亚于唐宋变革的社会巨变,那么如何解释从元到明中叶的停滞期,唐宋变革与明中叶以后的变革之间又是如何过渡、连接的,成为欧美和日本学界讨论南宋以后中国历史的一个大问题。1997年,在加利福尼亚召开了主题为"宋元明过渡期:中国史的转折点?"的研讨会,哈佛大学亚洲中心于2003年出版了论文集《中国历史上的宋元明过渡期》。③ 该论文集包括史乐民(Paul Jakov Smith)的绪论及此次会议报告中的9篇论文,主要是围绕唐末以降长期的社会变化,讨论"宋元明过渡期"的历史位置及该时期国家与社会的相互关系。史乐民就这些研究做了总结:"对于广泛运用各种研究方法的宋史学者而言,南迁不仅是领土的变化,它还标志着中国政权结构和精英类型、倾向、政治远见的重大改变。尽管大多数史学家都把它看作唐、宋转型的最后一幕,但有一些学者已试着把南宋认定为历史发展新阶段的开始,其社会、政治、文化的发展线索贯穿元朝,甚至延伸到了明清……这种假说与我们的观点是一致的,我们认为南宋的建立就是宋、元、

---

① 佐竹靖彦:《总论》,载近藤一成主编《宋元史学的基本问题》,第31页。
② 史乐民:《宋、元、明的过渡问题》,载伊沛霞等主编《当代西方汉学研究集萃·中古史卷》,第249页。
③ Paul Jakov Smith and Richard von Glahn, eds., The Song-Yuan-Ming Transition in Chinese History, Cambridge: Harvard University Asian Center, 2003.

明过渡的开端。""12世纪至15世纪标志中原与草原地区关系的周期性战争造成了宋、元、明过渡最显著的特色:人口和技艺集中到中国的一个区域——长江下游地区,尤其是核心的长江三角洲,所谓江南。假如我们用地域视角来看宋、元、明过渡,江南就是这一时期中唯一免遭战争破坏的地区。这样,我们就不妨把宋、元、明过渡看作是唐、宋转型时期那些最重要的社会、经济、文化发展趋势在江南的地域化。江南在过渡时期独一无二的地位可以从最易受战争破坏的两方面看出:人口变化趋势和地区发展周期。"①

杉山正明在《蒙古时代史研究的现状及课题》中,大致也得出与美欧学者相似的认识:"内部的变化是通过宋代到元代中的'中国'本身的重心,期间为止的以华北为重心的状况开始向江南和南方移动。南宋的成立和前后的华北人口的向南方移动为开端,真正意义上的江南的开发和汉化开始深化,江南各地域的人口、社会、经济、文化的比重增大。这个南北逆转现象被元代直接继承下来(严格地来说到了元代才真正开始展开),与明代的状况直接相连。这可以说是和现在有关的中国史上的大现象。""为了能够彻底洞察明代中国,有必要主动进行南宋、元代的江南研究。从欧亚规模来看,蒙古经过吸收南宋的遗产,当时的江南是世界首屈一指的充满富有的'生产社会'(当然是彻底和当时其他地域比较后),以陆海两种方式向世界开放。可以说蒙古时代与同时代的欧亚和非洲相比,江南社会的优势是明显的。"②

虽然日本学界得出与欧美学界大致相似的看法,但是必须指出这种相似中有两点质的区别。其一,欧美学界所谓的宋元明过渡,主导思想并不是如日本学界想要打通北宋以后至明清的近世社会走向。因为,美欧学界普遍对"断言在西方影响中国之前,中国就按照与西方相同的演进阶段在发展,而且这些演进阶段是普遍的"③观点提出质疑和否定。其二,欧美学界的宋元明过渡论将研究视角转向宋以后形成的地域特征,即以江南为代表

---

① 史乐民:《宋、元、明的过渡问题》,载伊沛霞等主编《当代西方汉学研究集萃·中古史卷》,第252、254页。
② 杉山正明:《蒙古时代史研究的现状及课题》,载近藤一成主编《宋元史学的基本问题》,第287—288页。
③ 包弼德:《唐宋转型的反思:以思想的变化为主》,刘宁译,载刘东主编《中国学术》(第3辑),商务印书馆,2000,第66页。

的地域基层社会势力、地域社会结构、地域经济发展模式、地域文化特色,即"那些最重要的社会、经济、文化发展趋势在江南的地域化"。① 而这一视角又深深影响了上世纪 80 年代以来青年学者的研究:"地域社会史研究的最大特色是从'地域这一场所'来看历史,而不是从国家或首都的立场。由国家编纂的中国古代史史料中有对政治动态和政治制度的详细记载,但少有对地域情况的详细记载。因此,搜罗私撰史料等各种资料,探究'地域这一场所'中经济和文化等诸要素是如何交集对研究地域社会是很重要的。"②

显然,宋元明过渡论并不能支持"宋代近世说"的延伸。而且这种研究把中国多元的历史发展局限到狭小的江南一隅之地。这是极其典型的削足适履式地将自己的主观意志强加在丰富多彩的中国历史之上的做法。

五、国际宋史研究视角下的"宋代近世说"("唐宋变革论")

"宋代近世说"自内藤湖南提出后,在 20 世纪国际汉学界产生巨大影响。但是,在 20 世纪中叶以后,特别是在西方中心论遭到质疑和修正以来,国际汉学界基本放弃了欧洲式的"宋代近世说"。下面分别论之。

(一)"宋代近世说"在日本中国史学界的发展变化

笔者在《"唐宋变革论"的由来与发展》一文中就二战后"宋代近世说"的变化做了论述,基本观点是:一、宫崎市定等人将"宋代近世说"由指向清代独裁政治的起点转向早于欧洲式的近代社会发展轨迹;二、宫崎市定等人将"宋代近世说"关心辛亥革命前的近世,转向关注唐宋之际的历史变革,故而将"宋代近世说"总结为"唐宋变革论";三、以新生"历史学研究会"为代表的东京派,提出否定内藤湖南的"宋代近世说"的说法,主张宋代中世说。③

近期日本青年学者清水浩一郎在介绍远藤隆俊、平田茂树、浅见洋二所

---

① 史乐民:《宋、元、明的过渡问题》,载伊沛霞等主编《当代西方汉学研究集萃·中古史卷》,第 254 页。
② 清水浩一郎:《近 30 年日本宋代江南区域史浅探——以〈日本宋史研究的现状与课题〉为中心》,《中国史研究动态》2014 年第 4 期。
③ 李华瑞:《"唐宋变革"论的由来与发展》,《河北学刊》2010 年第 4、5 期。

编的《日本宋史研究的现状及课题》时说:"该书在'前言'中将日本的宋代史研究划分为三个时期。第1期(1945年以前)是日本的中国史研究的开拓阶段,这一时期为后来的宋代史研究奠定了基础。'唐宋变革论'就是在这一时期提出来的。第2期(1945—1980年)在第1期研究的基础上,主要进行了地主佃户制、农民斗争和民众叛乱等扎根于历史唯物史观等方面的研究。进入第3期(1980年至今)后,拘泥于某些特定观念的研究及观点被摒弃,取而代之的是与民俗学、社会学、人类学等学科相结合的研究。在第3时期中,自1980年以来,日本宋代史研究的手法逐渐多样化,并且对既定概念、思考方式,以及研究框架的重新探讨也开始活跃起来。"① 显然在这里,"唐宋变革论"并不是单指"宋代近世说",而是包括宋代中世说。事实上,日本学界在总结和回顾20世纪宋史研究发展历程时也是将"宋代近世说"与宋代中世说以及用唯物史观研究宋代历史分期的研究放在一起讲述的。如山根幸夫主编的《中国史研究入门》关于宋元时代的第六章,由著名的宋史专家柳田节子执笔。柳田节子虽不赞成"宋代近世说",但她在"第三节 研究史"中分别介绍了内藤湖南、宫崎市定"宋代近世说""认为宋代以后是中国的近世文艺复兴时代"的主张,也介绍了前田直典、石母田正、周藤吉之的"宋以后为中世农奴社会"的看法。同时,该节还介绍了中国封建社会分期的讨论,提到"中国历史学界把唐宋之际看作是封建社会体制内从前期向后期的过渡期,这已是定论"。此外还涉及了日本学界以马克思主义唯物史观分析宋代封建国家形态、亚细亚的封建制、宋代国家农奴制等情况。②

东京学派认为晚明为近代的开始。"中国史研究会"成员反对京都、东京两派的分析,根据专制国家的兴衰来看待战国以来的中国史,认为专制国家最终受到明末清初出现的小商品生产经济的侵蚀,但未能产生资本主义社会。③

另外值得注意的是,到了1970年代后半期,日本学界在反思西方的历

---

① 清水浩一郎:《近30年日本宋代江南区域史浅探——以〈日本宋史研究的现状与课题〉为中心》,《中国史研究动态》2014年第4期。
② 山根幸夫主编《中国史研究入门》,田人隆等译,社会科学文献出版社,2000,第348-350页。
③ 魏根深:《中国历史研究手册》上册,第2页。

史分期法得失时,看到西方史学和社会学的"近代"是根据西欧社会发展经验总结出来的架构,将西欧的历史发展模式奉为世界历史发展的普遍规律,并以此作为研究中国历史分期的预设进行的东西比较一旦流于牵强,必然造成歪曲和混乱的后果。具体说来,西方的奴隶制度和封建制度模式难以套用于中国,中国前近世资本主义萌芽的探讨也证明不了中国会自发地迈入资本主义。进入新世纪以来,日本学界在坚持"唐宋变革论"的同时,也在改变内藤湖南的基本判断,如斯波义信说:"还有另外一个问题:唐宋变革期和西洋的文艺复兴是很不一样的。西洋历史上的重大变化都是在动荡后发生的,而中国史的变化(唐宋)是在一个世纪的繁荣后发生的。西方学者认为西洋历史是在战争、叛乱、动荡中度过的,中国则是和平稳定的。为什么会如此差异?因为中国先有文化的统一,虽然春秋时期有纷争,但都是建立在共同的文化基础上的。比方说西洋和印度的哲学对彼岸的东西和个人的东西比较有兴趣,而中国的哲学对社会和政治更加关心。这是东西方不同之处。虽然用隔绝的地理环境可以解释,但我更愿意用不同的文化,尤其是汉字来解释。唐宋变革之后,社会经济发生了很大变化,但是政治形态却一直持续下来。这一点我和日本京都学派(内藤虎次郎)的看法很不同。内藤湖南脑子中先有西洋的王权概念再来考虑中国问题,无法解释明清稳定的王权。不管是政治还是文化都是非常稳定的。"①

日本著名明清史专家岸本美绪注意到中国与日本自 19 世纪后期使用"近代"和"近世"之间的差异。她认为,"近代"一词跟"近世"相比带有更多受到西方影响的意思。而中国后来渐渐用"近代"一词取代了"近世",以鸦片战争为"近代"开始的看法在 1930 年代以后普及起来。对于中国学者来说,外国帝国主义的入侵和传统体制的动摇才是中国现代性的标志。20世纪五六十年代日本学界发生的所谓"历研派"与"京都派"之间围绕中国史上"近世"的争论,可说是上述两种现代性观念之间的冲突。日本虽然在史学中沿用了"近世",但"近世"一词的处境比较尴尬。因为按照内藤湖南等京都派史学家的说法,近世是强调东亚文明的内生性变化。但现在日本

---

① 《斯波义信谈"唐宋变革"》,"博雅好书"微信公众号 2014 年 6 月 18 日推送文章 https://mp.weixin.qq.com/s?__biz=MzA3MTM4MDQwNQ%3D%3D&idx=1&mid=200446585&sn=58478d40eefbff2662d10aba4fd97294。

史学中的分期已经变成了古代、中世、近世、近代和现代。近世放在中间有些不清不楚的感觉。所以岸本美绪想用"近世"一词来表示16世纪后期至18世纪东亚乃至世界大部分地区面临的共同问题：在商业持续发展、人口交流和地区冲突逐渐增多的情况下，如何管控商业、市场、多民族、宗教等种种问题。"面对共通的问题各地域各自进行回答"的过程，可以将其命名为"近世"。因为各个地域的回答各不相同，这个"近世"没有其固有的内容，可以说存在着多种多样的"早期现代性"。①

可见，对于"近世"的定性在日本学界有了不同于以前的解释。日本的中国史研究和东亚史研究提出的"传统社会"形成等于"近世化"论是20世纪90年代中期以后日本学术界具有代表性的系统性认识之一。探究与现代相通的秩序、结构、原理，视16世纪以后为"传统社会"的看法，在今天的日本已经广泛存在于以明清史为中心的中国历史研究者之间。所谓东亚共通的"传统社会"，是指根据朱子学理念构建的以中央集权的官僚制为支配性国家体制，并与接受该体制的基本上只靠自己及家族劳动力进行独立农业经营的小农生产结合的社会。当中国于16世纪，朝鲜与日本于16—18世纪确立这种"小农社会"的时候，家族、亲族制度等在各地域被视为"传统"的事物也逐渐形成，而其形成即被视为"近世化"。

由此不难看出，20世纪90年代中期以后，日本中国史学界大多已放弃了内藤湖南和宫崎市定所主张的欧洲式"宋代近世说"。当然这种放弃是以重新解释唐宋之际社会变革的历史意义为转移，即明清时期形成的传统社会始于唐宋变革。熊本大学的伊藤正彦在讨论中国专制国家形态是如何形成的，以及如何认识从唐宋变革时期至明末清初这段历史发展的过程这两个问题时指出："北宋后期以后经过摸索而产生了对策，在明代初期，'唐宋变革'所创造的原理获得全面的、彻底的实施。被视为与现代中国相通的'传统社会＝近世'特质的柔软的社会编制、竞争的社会环境，也是以这个明初体制为前提而形成的。虽然因为从战国时期到清末为止专制国家结构一直存续的情况使其历史意义受到了相对化，但笔者认为可把'唐宋变革'定

---

① 岸本美绪：《从新思考中国"近世"史》，载北京论坛（2005）组织委员会编《"历史变化：实际的、被表现的和想象的"历史分论坛论文或摘要集（下）》，2005，第323页。

位成是开始创造中国'传统社会'原理的一次重大变革。"①显然,这里的"传统社会"与宫崎市定论证的欧洲式"近世社会"是不尽相同的。

由此可见,欧洲式的"宋代近世说"在日本已受到各方面的质疑和重新解读。

(二)"宋代近世说"在欧美的发展变化

由内藤湖南提倡、经宫崎市定发展的"宋代近世说"或"唐宋变革论"对欧美学界的影响较为复杂。欧美学界对于内藤湖南将形成清代政治、经济、社会、军事诸特征的起始定在宋代,特别是对唐宋作为划分中国历史的重要坐标表示赞同,同时对宫崎市定笔下宋代社会经济、文化取得的巨大成就表示认同,但是他们并不认同宫崎市定把宋代作为欧洲式的中国近世开端的观点。

法国著名汉学家谢和耐(Jacques Gernet)的《中国社会史》把宋代称作中国的文艺复兴时代。他说:"11—13世纪期间,在政治、社会或生活诸领域中没有一处不表现出较先前时代的深刻变化。这里不单单是指一种社会现象的变化(人口增长、生产的全面突飞猛进、内外交流的发展……),而更是指一种质的变化。政治风俗、社会、阶级关系、军队、城乡关系和经济形态均与唐朝贵族的和仍是中世纪中期的帝国完全不同。一个新的社会诞生了,其基本特征可以说已是近代中国特征的端倪了。"②但是谢和耐所言的中国近代并不是宋代,而是 1644—1900 年。宋代是 1644 年之前的官僚帝国。③

美国宋史学界一度曾倾向于认为唐宋之际中国历史从中古转向了近世。但是在上世纪 60 年代初,美籍华裔学者刘子健先生明确反对"宋代近世说"。他在全汉昇主持的宋史座谈会上对日本"宋代近世说"提出质疑:"还是机械地借用或沿用西洋史的分期,上古、中古、近代、现代。还是机械地在时间上切成段落,而并不能够画龙点睛地,直截了当地指出每一个段落

---

① 伊藤正彦:《"传统社会"形成论="近世化"论与"唐宋变革"》,载姜锡东主编《宋史研究论丛》第 14 辑,河北大学出版社,2013,第 224-225 页。
② 谢和耐:《中国社会史》,耿昇译,江苏人民出版社,1995,第 257 页。
③ 谢和耐:《中国社会史》,第 24-25 页。

的主要特色。所以还应当另辟途径来讨论。"①他在《中国转向内在:两宋之际的文化内向》序言中说:本书的"理论前提是:不同文化的演进并没有一个放之四海而皆准的模型,不是沿着单一的轨道、经过相同的特定步骤前进的。相反,不同的文化常常有着不同的发展重心"。② 研究中国问题最著名的美国学者费正清更是认为中国的近代开始于 1840 年的鸦片战争,中国走上西方式的近代化道路是在 1840 年以后受西方经济文化冲击下才开始的,而且中国近代化因传统文化的巨大影响,仍保留着十分鲜明的中国特色,并不因日本、欧美的侵略而改变。到 20 世纪 70 年代,美国的宋史学界已基本否定日本学者的唐宋变革观。包弼德(Peter K. Bol)认为:"应当对内藤说的传统理解进行更新,即认同内藤的时代分期,但要抛弃内藤说以宋代与西方近世相比拟,以欧美式近代为趋归的目的论。"③值得注意的是,欧美学者在否定日本"宋代近世说"的同时,将议题转向地域社会、文化、思想,年限也降至两宋之际。从一个偏向走向另一个偏向。这个问题此前已有论述,不赘。

  新近出版的哈佛大学中国历史丛书之四《儒家统治的时代:宋的转型》进一步发挥了美国的两宋之际变革说。笔者在《西方学人眼中的宋代历史——以〈儒家统治的时代:宋的转型〉为中心》评论道:美国学界新的"唐宋变革观"是贯穿本书的另一条主线。该书秉承了美国学界新的"唐宋变革观","宋的转型"从唐代后期宪宗朝开始至五代贵族政治走向没落——北方士族靠着谱牒的政治优势而形成的"旧世界",在延续了几百年后,不得不放弃他们在政治和社会生活中曾经占有的统治地位,而让位给士大夫官僚阶层及其家族,贵族家族式的统治彻底走向了历史的终结。不过不同于日本学界的看法,贵族政治的没落至宋代不是走向君主独裁政治,而是由贵族政治向士大夫官僚阶层与统治者同治天下的方式转型:"从前的朝代的统治依靠世家大族、贵族官僚、儒士和军人,只有在宋代,思考和写作、政府

---

  ① 全汉昇:《中国经济史研究》(下),稻乡出版社,1991,第 554 页。
  ② 刘子健:《中国转向内在:两宋之间的文化内向》,赵冬梅译,江苏人民出版社,2002,第 1-2 页。
  ③ 张广达:《内藤湖南的唐宋变革说及其影响》,载荣新江主编《唐研究》第 11 卷,北京大学出版社,2005,第 7 页。

和行政行为都降格为一种共有的特性,这是包弼德在把儒家术语'斯文'翻译为'我们的这种文化'时总结出来的。在宋代,认同自己为汉人后代的人们当中,一种新的自尊和自觉形成了。宋代形成的这套社会制度,成为20世纪中国和西方人所说的'传统中国'的典范。"①这个传统典范的形成表明真正的儒家统治时代的到来,换言之,也就诠释了该书所言"宋的转型"的确切指向。②

最近,西方学界发展出了"早期近代范式"(early modern paradigm)。这种研究认为早期近代与晚明社会的日益商品化同时,且以此为特点。早期近代范式的支持者与秉持中国史研究会观点的学者均受到1940年代首先在中国提出的以明代为资本主义萌芽出现时代的观点影响。另一种为许多西方教科书所接受的思路是,将欧洲的三分框架直接应用到中国历史上。据此,先秦被视为中国的古代,秦至宋为早期或中古帝国,宋至清为晚期帝国或早期近代。③

(三)"宋代近世说"在20世纪中国学术界的影响

笔者几年前在《"唐宋变革论"对国内宋史研究的影响》一文中曾提出这样一个问题:"内藤湖南的'唐宋变革论'经他的学生宫崎市定等人的发挥和展开,至第二次大战结束以后,中国近世说在国际唐宋史领域产生了深远而广泛的影响",但是"这个关于中国历史研究的'假说'从其问世直到改革开放前,却在中国遭到冷遇,竟很少有人过问,对中国的唐宋史研究几乎没有产生什么影响。"即便是到改革开放之后,虽然"唐宋变革论"开始引起中国学者的关注,但在80年代到90年代对国内宋史研究影响依然很有限。譬如2002年出版的《二十世纪唐研究》在经济卷概论中单列"外国学界的唐代社会经济概观研究"一节,较全面地介绍了日本"唐宋变革"讨论和唐代经济概观研究,但未见国内学者有关日本唐宋变革说的讨论。而出版于2006年的《二十世纪宋史研究论著目录》中,也未见大陆论著中有唐宋变革

---

① 迪特·库恩:《儒家统治的时代:宋的转型》,李文锋译,中信出版社,2016,"导言"第2-3页。
② 李华瑞:《西方学人眼中的宋代历史——以〈儒家统治的时代:宋的转型〉为中心》,《光明日报》2016年10月29日,第11版。
③ 魏根深:《中国历史研究手册》上册,第2页。

的条目。

台湾地区在二战后虽有受内藤湖南"唐宋变革期"学说影响的讨论者,但相关论著也比较稀少。邱添生1974年至1979年发表系列论文5篇,后结集出版《唐宋变革期的政经与社会》①。高明士有《唐宋间历史变革之时代性质的论战》一文,收入氏著《战后日本的中国史研究》②。此外,香港学者赵雨乐专研唐宋政治军事制度,有《唐宋变革期军政制度史研究(一)——三班官制之演变》③、《唐宋变革期之军政制度——官僚机构与等级之编成》④二书。后书基于赵氏1993年在日本京都大学完成的博士学位论文。⑤

从上可知,"宋代近世说"(唐宋变革说)在日本只是众多研究中国历史分期和唐宋史研究之一家之说,并不代表日本学界对中国历史的主流看法,更不被国际宋史学界所认同。换言之,"宋代近世说"在20世纪70年代以后迄今只有日本京都学派一家在坚持,国际学界,包括日本东京学派、马克思主义唯物史观派以及相当多的新生代已普遍放弃或否定该说。

六、问题意识下的"宋代近世说"("唐宋变革论")

以上从多角度考察了"宋代近世说"("唐宋变革论")的提出、演变、特点、影响及瓶颈,现在再把镜头聚焦21世纪以来国内唐宋史的研究上,看看"宋代近世说"("唐宋变革论")到底起了什么样的作用。

根据对中国知网的检索,21世纪以来,有关唐宋之际的论文大致有近千篇,其中有"唐宋变革"关键词的论文有80余篇,有"宋代近世"关键词的论文20余篇,有"内藤湖南"关键词的论文70余篇,有"宫崎市定"关键词的论文10来篇,其中部分为硕士或博士学位论文。⑥ 按照论文的主旨,大

---

① 邱添生:《唐宋变革期的政经与社会》,文津出版社,1999。
② 高明士:《战后日本的中国史研究》,东昇出版事业公司,1982,第104—116页。
③ 赵雨乐:《唐宋变革期军政制度史研究(一)——三班官制之演变》,文史哲出版社,1993。
④ 赵雨乐:《唐宋变革期之军政制度——官僚机构与等级之编成》,文史哲出版社,1994。
⑤ 高明士主编《战后台湾的历史学研究(1945—2000)》(第四册)《宋辽金元史》,韩桂华、王明荪编著,台湾大学出版中心,2004,第14页。
⑥ 王秦:《十年来"唐宋变革"研究述评》,《长江师范学院学报》2010年第4期。按:该文收录和评述了58篇论文,8部著作。

致可分为 5 类：

第一类是介绍性的，比较有代表性的有张其凡《关于"唐宋变革期"学说的介绍与思考》、李华瑞《20 世纪中日唐宋变革观比较》和《"唐宋变革论"的由来与发展》、张广达《内藤湖南的唐宋变革说及其影响》、柳立言《何谓"唐宋变革"？》、罗祎楠《模式及其变迁——史学史视野中的唐宋变革问题》、李庆《关于内藤湖南的"唐宋变革论"》、熊伟《唐宋变革论体系的演化》、代珍《从"唐宋变革说"到"宋元明移行期"略论》等。此类还包括翻译日本学者的介绍性文章，如谷川道雄《"唐宋变革"的世界史意义——内藤湖南的中国史构想》《斯波义信谈"唐宋变革"》、宫泽知之《唐宋社会变革论》、葭森健介《唐宋变革论于日本成立的背景》等相关文章。著作有日本内藤湖南研究会编《内藤湖南的世界》。应当说，经过众位学者的不懈努力，"宋代近世说"（"唐宋变革论"）的基本范式和特色已为大多数从事唐宋史研究的学人所了解。至于了解得是否全面，或是真正理解其作为一种历史分期方法所具有的内在含义，可能还存在因人而异的不小偏差。

第二类是研究性的，如黄艳《内藤湖南"宋代近世说"研究》（博士学位论文，东北师范大学，2015 年）、杨永亮《内藤湖南"宋代近世说"文化探赜》（博士学位论文，东北师范大学，2015 年）、刘腾蛟《内藤湖南的中国观研究》（硕士学位论文，吉林大学，2014 年）。另有前文提到过的钱婉约著作《内藤湖南研究》，新近翻译美国学者傅佛果 30 多年前的作品《内藤湖南：政治与汉学（1866—1934）》。前 3 篇硕博论文主要是聚焦内藤湖南提出"宋代近世说"的学术文化背景，特别是其当时的政治背景和为日本军国主义服务的用意做了较为深刻的揭示，后两部专著则对内藤湖南的一生及其学术思想做了全面论述，当然也对内藤湖南的政治观点与学术之间的密切关系有深刻的剖析。此外也有极力赞成"宋代近世说"的。如牟发松《"唐宋变革说"三题》提出："内藤湖南不仅对中国古代文化有全面系统的把握，而且曾于清末民初多次到中国考察，他认为'宋代形成的中国新文化，仍旧延续到现代'，'宋代人的文化生活与清末的文化生活几乎没有什么变化'，则是基于他对中国历史、对中国当代的深切了解，而这对于他创立'宋代近世说'具有重要的意义。"①新近又有论者以为:"宫崎的中国史论基于世界史的立场,重视各个历史时期中国与其他地域的文化交流,而诞生于宋代的中国近世文化就是这种文化交流的结晶。"②

第三类是按照日本"唐宋变革论"的基本范式对唐宋变革期的问题进行研究,这类论著寥寥无几。③ 在这里特别值得注意的是,在宋代文学史、思想史、艺术史领域倡导用"宋代近世说"("唐宋变革论")作为研究唐宋之际以后宋元明清文学、思想史和艺术史的指导理论,比较有代表性的是王水照在《重提"内藤命题"》中提出,"我们重提'内藤命题',从某种意义上说,不仅仅为了求证'宋代近世说'的正确与否,其个别结论和具体分析能否成立,而主要着眼于学科建设的推进与发展。一门成熟的学科,既要有个案的细部描述与辨析,更需要整体性的宏观叙事,其中蕴含有一种贯穿融会的学理建构,即通常所说的对规律性的探索。由于对'以论带史''以论代史'学风的厌恶,'规律性''宏观研究'的名声不佳,甚至引起根本性的怀疑。但不能设想,单靠一个个具体的实证研究,就能提升一门学科的整体水平。纲举才能目张,'内藤命题'关心宋代社会的历史定位,关心其时代特质,关心社会各个领域的新质变化等等,就为宋代研究提供了这样一个'纲'。对于我们宋代文学研究而言,也是这样一个'纲'"④。对此有学者呼应说:"宋代文学进入近世这一论断","已经渐成学界的共识。"⑤还有学者说:"到今天,'唐宋变革期'理论几乎成为一种新的范式,被学者们普遍遵用,而中国大陆今天的历史学界对此似乎并未予以足够重视。"⑥

---

① 牟发松:《"唐宋变革说"三题——值此说创立一百周年而作》,《华东师范大学学报》2010年第1期。作者近期又发表《文化接受视野中的唐宋变革述论》,《历史教学问题》2013年第1期;《"唐宋变革说"诸问题述评》,《历史教学问题》2014年第4期。前一篇从文化接受角度进一步证实唐宋变革期;后一篇对先前的观点有所补充,主要是从反思历史的角度提出:"时代呼唤着历史学对今天与历史之间的连续性或者断裂性关系,作出有实证基础的说明,以便更好地把握现在,展望未来。"

② 李济沧:《"宋朝近世论"与中国历史的逻辑把握》,《中国经济史研究》2017年第5期。

③ 赵雨乐:《唐末五代阵前骑斗之风——唐宋变革期战争文化考析》,《西北大学学报》2005年第6期;刘后滨:《政治制度史视野下的唐宋变革》,《河南师范大学学报》2006年第2期;曹泽铨:《唐宋变革以来中国传统法制二元格局研究》,硕士学位论文,华南理工大学,2013;张错祥:《唐宋变革视角下绘画艺术的嬗变》,《美术教育研究》2016年第1期。

④ 王水照:《重提"内藤命题"》,《文学遗产》2006年第2期。

⑤ 焦宝、李承:《论文学传播在唐宋之际走向近世化——"宋代近世说"下的唐宋文学传播变革》,《长春大学学报》2008年第4期。

⑥ 张岂之、朱汉民:《中国思想学说史》,广西师范大学出版社,2007,第15页。

第四类是从打通唐宋史研究的角度,将讨论唐宋时期的地理、交通、文化、经济、法律等方面历史发展和变化,归结在"唐宋变革"名义之下,如《江汉论坛》2006年第3期刊登了以"唐宋变革"为主题的5篇文章,分别为张国刚《论唐宋变革的时代特征》、孙继民《唐宋兵制变化与唐宋社会变化》、李天石《中古门阀制度的衰落与良贱体系的瓦解》、杜文玉《唐宋时期社会阶层内部结构的变化》、严耀中《唐宋变革中的道德至上倾向》,从文化、军事、社会阶层等方面就"唐宋变革"阐述了各自的观点。其中一些论著虽然冠以"唐宋变革",但讨论的是唐宋时期或唐宋之际,而非日本学界的分期说"唐宋变革期"。如葛金芳《唐宋变革期研究》①、卢向前主编《"唐宋变革论"》②、戴建国《唐宋变革时期的法律与社会》③、林文勋《唐宋社会变革论纲》④亦不是从日本"唐宋变革论"的范式讨论唐宋之际的法律和社会经济问题。另外,有的论著是借用日本学界为宋代历史地位所下的"是中国近世开端"这一定位,如陈来《中国近世思想史研究》⑤、朱鸿林《中国近世儒学实质的思辨与习学》⑥、葛金芳《中国近世农村经济制度史论》⑦。

第五类将"宋代近世说"("唐宋变革论")视作不证自明的"公理"。凡是论述到唐宋时期或之际的问题时,都是必言"社会变革",笼统地使用"宋代近世说"("唐宋变革论")来谈论唐宋时代社会经济、政治制度、科学技术、思想文化、产权、土地制度、市场管理、官僚体制、专卖方式、农业技术、佃农亩产量、商品经济中的涉法事件、官职以及机构设置等方面的变化,其特

---

① 葛金芳:《唐宋变革期研究》,湖北人民出版社,2004。作者虽冠以"唐宋变革期",然从收录作者自80年代以迄2004年关于唐宋时期社会经济变化的论文14篇来看,其论文主旨没有超出唐宋作为封建社会内部前后期转变的讨论范围。新近作者另外撰文《略说中国本土的唐宋经济变革论》,《史学集刊》2017年第3期。
② 卢向前主编《唐宋变革论》,黄山书社,2006。该书收录以"唐宋变革"为主题的30篇论文,但内容均属广义的唐宋政治、经济、文化、社会、军事等领域的变化、变迁、转型等议题,并非日本学界所论的"唐宋变革论"。
③ 戴建国:《唐宋变革时期的法律与社会》,上海古籍出版社,2010。
④ 林文勋:《唐宋社会变革论纲》,人民出版社,2011。
⑤ 陈来:《中国近世思想史研究》,商务印书馆,2003。
⑥ 朱鸿林:《中国近世儒学实质的思辨与习学》,北京大学出版社,2005。
⑦ 葛金芳:《中国近世农村经济制度史论》,商务印书馆,2013。

点是概念宽泛而多元化。① 此类论著不一定直接关涉唐宋变革,但是在文章叙述中或结尾处往往使用唐宋社会由贵族向平民化、精英化转变的结论为自己的研究张目。这类文章最多,文繁不赘。

对以上5类情况简略分析可见:1.介绍性的论著持续不断发表,表明21世纪以来"宋代近世说"("唐宋变革论")一直受到关注,且热度不退。2.由于"唐宋变革论"热度不退,从而引发国内学界特别是宋代文学史学界、思想史学界、艺术史学界对唐宋之际巨大社会变化的高度重视,并试图从这些社会变化中为宋以后的文化思想发展定位和寻找发展轨迹。3.宋代文学界、思想史学界、艺术史学界倡导用"宋代近世说"("唐宋变革论")作为指导理论,但观察其对"宋代近世说"("唐宋变革论")的诠释尚处在高度礼赞和崇尚的阶段,缺乏历史的理性思考,故不加辨析而全盘接受。但实际上这种提倡并未对思想史、宋代文学史、艺术史的研究起过多少有益的作用,因为这与过去的研究相比,最多是新瓶装旧酒。4.前述第四、五类论著说明,"宋代近世说"("唐宋变革论")实际上对于唐宋史的研究只起到了一个贴标签的作用,于实际研究并无所推进和补益。

为什么21世纪以来,"宋代近世说"("唐宋变革论")被学界高度关注,但却在实际研究中特别是对国内唐宋史研究的推进影响甚微呢? 笔者以为主要原因有以下几方面:

第一,笔者在《"唐宋变革论"对国内宋史研究的影响》一文中指出,"唐宋变革论"之所以在世纪之交成为热点话题有两个原因:一是与世纪之交对宋代历史的重新定位分不开;二是大陆研究宋史的理论范式在20世纪五六十年代基础上一直没有新的发展,特别是苏联和东欧剧变,使得用唯物史观、五个社会形态说构建的中国历史分期说被边缘化。80年代中后期,在中国史坛占据中心地位的古史分期及相关问题就已开始受到质疑,这是"唐宋变革论"在世纪之交成为热点话题的一个大背景。迄今用这两点原因来

---

① 参见高德步:《唐宋变革:齐民地主经济与齐民社会的兴起》,《学术研究》2015年第7期;李健:《唐宋时期科技发展与唐宋变革》,《中州学刊》2010年第6期;邱鹏飞:《唐宋变革视野下的唐西州、沙州的乡村制度演变》,《许昌学院学报》2010年第1期;孙小迪:《基于唐宋变革论的音乐思想史研究反思》,《当代音乐》2016年第24期;毕巍明:《"唐宋变革论"及其对法律史研究的意义》,《上海政法学院学报(法治论丛)》2011年第4期;张楷祥:《唐宋变革视角下绘画艺术的嬗变》,《美术教育研究》2016年第1期。

解释对唐宋变革说关注热度不退的现象依旧有说服力。

第二，从问题意识的视角来观察"宋代近世说"（"唐宋变革论"），在议题的选择上所剩空间甚小。这是因为，日本京都学派对"唐宋变革论"的架构、范式已完全形成，所谓的八大核心要点已得到较为充分的论证，再无新的拓展空间，唐宋变革说的重点转向由宋元过渡至明清变革的交替。因而国内学界对唐宋变革说的关注，多是关注其所取得的结论，即定性，而不是结论形成前的论证过程。

第三，"宋代近世说"（"唐宋变革论"）对21世纪以后国内宋史研究的影响，如同对21世纪之前的影响一样极其有限。从2000年开始，国内宋史学界每两年举行邓广铭学术奖励基金评审，评审对象主要面向50周岁以下的中青年学者，迄今已评审9届，共评出34部获奖论著（不包括论文）。这些获奖作品在相当大的程度上代表着21世纪以来国内中青年研究宋史的取向和水平，但其中无一部受唐宋变革说的影响。即便是针对"唐宋变革论"所做的回应，也不是按"唐宋变革论"的范式来讨论唐宋间的历史变化和变迁，而是与"唐宋变革论"拉开了距离。2005年《文史哲》第1期刊登了以"唐宋时期社会经济变迁"为题的4篇笔谈，即杨际平《唐宋土地制度的承继与变化》、林文勋《商品经济：唐宋社会变革的根本力量》、黄纯艳《经济制度变迁与唐宋变革》、谢元鲁《唐宋制度变迁：平等与效率的历史转换》，分别对唐宋时期的土地制度、商品经济、经济制度、制度变迁等问题展开讨论，推动了唐宋社会变迁的研究。2005年第5期的《史学月刊》刊登了以"中古社会变迁"为题的6篇笔谈，即张国刚《汉唐"家法"观念的演变》、王永平《唐宋时期文化面貌的局部更新》、王利华《文化与环境互动作用下的中古经济与地理变迁》、吴丽娱《中古书仪的型制变迁与社会转型》、谷川道雄《从社会与国家的关系看汉唐之间的历史变迁》、葭森健介《"唐宋变革论"于日本成立的背景》，从不同角度研究了"唐宋变革"。2006年第2期的《河南师范大学学报》以"多元视野下的唐宋社会"为题，刊登了6篇论文，即王永平《从汉学向宋学的转变看隋唐儒学的地位》、宁欣《唐宋城市经济社会变迁的思考》、刘后滨《政治制度史视野下的唐宋变革》、李鸿宾《唐代社会的转型与民族的互动》、王赛时《海洋探索与唐宋社会》、勾利军《唐宋分司机构与社会变迁》，从儒学、城市经济、政治制度、民族问题等方面对

"唐宋变革"进行了讨论。2006 年第 3 期的《江汉论坛》刊登了以"唐宋变革"为主题的 5 篇文章,即张国刚《论唐宋变革的时代特征》、孙继民《唐宋兵制变化与唐宋社会变化》、李天石《中古门阀制度的衰落与良贱体系的瓦解》、杜文玉《唐宋时期社会阶层内部结构的变化》、严耀中《唐宋变革中的道德至上倾向》,从文化、军事、社会阶层等方面就"唐宋变革"阐明了自己的观点。2010 年第 4 期《中国史研究》从宋史研究的角度刊登 5 篇文章,主要就"唐宋变革"的首倡、"唐宋变革论"对中国宋史研究的影响,即宋代政治制度、城市、赋役等变化或转型,做了简要评述和反思。另外,2000 年 8 月 11 日至 14 日,南开大学和中国唐史学会主办了"中国中古社会变迁国际学术讨论会";2002 年 10 月 18 日至 21 日,厦门大学举行了"唐宋制度变迁与社会经济学术研讨会";同年 11 月 9 日至 13 日,浙江大学举办了"唐宋之际社会变迁国际学术研讨会";2003 年,厦门大学和浙江大学再次召开了"唐宋变革"学术研讨会;2004 年 5 月 15 日至 17 日,湖北大学召开了"唐宋经济史高层研讨会";2004 年 7 月 25 日至 28 日,云南大学举办了"中国唐史学会第九届年会暨唐宋社会变迁国际学术研讨会"。很显然,这些刊物组织的笔谈和唐宋史学界组织的会议,其讨论主题形式虽与唐宋变革有关,但是主题的内容绝大多数都是从打通唐宋断代史的角度分析唐宋史间的大问题,与"唐宋变革论"的范式无涉。由此也可看到唐宋史学界主流不受"唐宋变革论"影响之一斑。

第四,20 世纪以来迄今 100 多年间影响中日研究中国宋史的理论和方法主要来自西方的社会科学方法和历史理论。"宋代近世说"("唐宋变革论")本身即是最先受其影响的成果,而 20 世纪 50 年代以后日本史学界和中国史学界同受马克思主义唯物史观的影响,虽然"宋代近世说"与封建社会下行阶段说在分期问题上不一致,也就是说运用西方的方法和理论对宋代社会性质认识不同,除此之外讨论的领域和问题大致相仿。① 只不过在中国改革开放之前,日本学界不论是问题研究的深度和领域的广度远超中国宋史学界,国内的宋史研究大致只在王安石变法、农民起义、土地制度、资本主义萌芽、思想通史等几个少数领域能够与日本学界抗衡或较为突出。

---

① 山根幸夫:《中国史研究入门》,社会科学文献出版社,2000,第 504-589 页。

改革开放以后,特别是 20 世纪 90 年代中期以来,国内宋史学界迅速发展,迎头赶上,并在许多领域实现超越。与此同时,日本学界的宋史研究由于种种原因远不如 20 世纪 70 年代以前的研究,出现下滑趋势。所以抛开用西方分期方法研究宋代社会性质,中日之间的宋史研究你中有我,我中有你。如前揭《宋元史学基本问题》,虽然以"宋代近世说"为标志,但是具体到问题研究,基本都是在引述日本和中国学者及欧美学者的论著。笔者在《"唐宋变革论"与唐宋之际的变革》一文综合日本、欧美和中国学者对唐宋之际社会变革的讨论提出,从唐代中叶开始至宋代,在经济、社会结构、政治、军事、文化思想以及社会生活诸多方面大致发生了 8 个显著的变革。而且指出,不论是说宋代进入近世社会还是说宋代仍属于封建社会,其理论都源自西方历史分期方法,是把中国历史比附在西方历史发展的羽翼之下,这可能与实际的中国历史不尽相符。笔者以为,抛开把中国历史比附西方历史发展的偏见,唐宋之际出现的诸多重大变化对宋至晚清的民族文化、民族性格、政治制度、社会风貌、生活环境等起到了与此前的中国划出分界线而更接近于现代的巨大作用。是为对唐宋时期社会变迁或转型评价的正解。①

七、余论

以上从 6 个方面论证了一个主题:唐宋史研究应当翻过"宋代近世说('唐宋变革论')"这一页,下面再强调 6 点:

第一,历史分期问题目前在中国史学界和西方汉学界都不再是热点问题。但是自 20 世纪 30 年代以来,它的确一次又一次地推动了中国的史学研究并吸引西方学者加入了相应的讨论。但是西方分期理论不适合中国古代历史,中国没有从神本走向人文、人的觉醒那种文艺复兴,只有一些貌似资本主义社会的特征,从总的运行规制和轨迹来看是两种文明两股道上跑的车。"长时段"研究取向提醒研究者不囿于某一个朝代,注意打通唐宋、宋元、明清、宋元明清,而不是简单用像公元纪元、公元时段(所谓上古、中世、近世等)来表示历史变化。用公元时段并不易把握中国历史的丰富内

---

① 参见李华瑞:《"唐宋变革"论与唐宋之际的变革》,《文史知识》2012 年第 4 期。

容,因为中国的每一个朝代都有鲜明的不同于他时代的特点和气质。举凡大的事件和人物都与朝代浑然一体不能分隔开。譬如说科举制度,起源于隋唐,发展于两宋,完善于明清,清清楚楚,若用公元时段反而不能反映中国历史发展的特点,因为被人为剥去时空概念。试想内藤湖南不用唐宋,而是径直用公元时段来讲他的"近世",对于中国人来说恐怕是模糊的。公元时段和纪元对于中国古代史而言最大的功能是便利于西方学者从西方历史发展轨迹定位中国的朝代。

第二,"宋代近世说"("唐宋变革论")的实质是中国文明至宋代没有再进步,停滞论,更是为日本帝国主义侵华张目,这一点不能因为今天讨论学术问题就回避。有一个有趣的现象值得注意,当"因为我们的整部世界史都是以西方至上论及其历史的进化特征以及其他文明相对的停滞性为基础的"①之时,中国从宋以后至晚清的文明发展史是长期停滞的,但是当在中国发现历史中国观兴起之时,特别是进入 21 世纪中国成为第二世界经济大国后,中国历史上的停滞又被转换成为一个"稳定"的褒义词。② 这里不仅再一次诠释了"一切历史都是当代史"论断的前瞻性,而且更加说明用西方的价值判断划分中国历史进程到底有几成的学术含量?

第三,"宋代近世说"(唐宋变革说)立足于"中国本土",从北宋的 260 万平方公里转到南宋 150 多万平方公里,再转向元明江南更狭小的地区,历史的空间一步步缩小,在这样日趋狭小的疆域空间内又被侧重于君主、士大夫和科举制,即"精英"文化、地域重心及其相关的议题所主宰,这不能不在相当大程度上局限了人们的视线,中华民族及其疆界形成的丰富多彩的历史内容被历史工作者所忽略,邓广铭先生几十年前提倡的"大宋史"也被人们淡忘了。唐宋史研究的这样一页应当被翻过去。

第四,自新世纪以来,"宋代近世说"("唐宋变革论")成为热门话题,但是有一个奇怪的现象,即直接与"宋代近世说"("唐宋变革论")对话的著作较少。实际上,内藤湖南论说涉及的两个主要话题,一是唐朝士族门阀是否仍占统治地位?隋唐,尤其是唐前期,是否仍是贵族政治?二是唐宋间农民人身自由问题是否发生重大变化?部曲制到佃户制的转型发生于何时?在

---

① 谢和耐:《中国社会史》,第 255 页。
② 参见前文提到的斯波义信的看法。

上个世纪的国内魏晋隋唐史学界均引起相当多的讨论①,而内藤湖南的观点并不能得到中国大多数学者的支持,甚或动摇了日本学者"宋代近世说"("唐宋变革论")的立论依据。如田余庆先生说:"从宏观考察东晋南朝近三百年总的政治体制,主流是皇权政治而非门阀政治。"②唐长孺先生说:"从南北朝后期以来,旧门阀的衰弱是一种历史倾向,尽管有的已经衰弱,有的正在衰弱。"③但是国内的唐宋史研究者特别是宋史研究者在使用日本"宋代近世说"基本观点时很少会考虑中国学者的相反或反对意见。这是造成"宋代近世说"虽然被炒作得很热,但是对于唐宋史研究的实际推进却收效甚微的主要原因。这样的研究不值得提倡,应当扬弃。

第五,笔者在主编《"唐宋变革论"的由来与发展》一书的后记中说:"日本学者提出的'唐宋变革论'是一个有国际影响的'假说',从其提出至今也已走过100年的历程。100年来,'唐宋变革论'对推动国际宋史研究起了非常巨大的积极作用,今天对其进行总结和梳理既是对过去'以启山林'的很好纪念,也是为期待国际宋史研究出现新范式、新理论的一种寄托。"④现在笔者依然坚持这一点。但是学术是要发展的,要不断推陈出新,不能故步自封,更何况从20世纪70年代以来国际学术界已经普遍放弃和否定"宋代近世说"(唐宋变革说),为何我们中国人自己非要固守呢?为何不翻开新的一页,去探求更符合唐宋历史的范式?这也从另一个侧面说明,我们对国际宋史学界的研究动态反应太迟钝,只是闭门造车,国际学界早已在唐宋史研究中翻过了"宋代近世说"("唐宋变革论")这一页,我们却仍然在炒几十年前的旧饭,吃别人嚼剩下的馍。

第六,由此也想到另外一个话题,即从改革开放以来,国内宋史研究在主要议题上,除了典章制度和文献整理研究,往往是跟在美日提出的议题后面,也就是有些学者所说的总是慢半拍,并且是从美、日议题研究已得出的结论来审视和规范我们自己的研究。这是为什么?究其原因估计可以罗列许多,其中有一点值得深思,即我们研究宋史往往是就宋史研究宋史,而美

---

① 详见胡戟等主编《二十世纪唐研究》,中国社会科学出版社,2002,第799~829页。
② 田余庆:《秦汉魏晋史探微》,中华书局,1993,第380页。
③ 唐长孺:《魏晋南北朝隋唐史三论》,武汉大学出版社,1992,第378页。
④ 李华瑞主编《"唐宋变革论"的由来与发展》,天津古籍出版社,2010,"后记"第508页。

国、日本学界往往是从当下的中国来观察中国历史的演变,另外就是把观察总结现代社会的新的理论应用到观察今天的昨天。日本最为敏感,日本对中国历史的认知很受辛亥革命、新中国成立、改革开放和世纪之交中国崛起等几个重大历史事件的影响,进而展开论战和改变认识的理路。美国人则是在挑战应战模式下观察中国因19世纪中叶受西方影响而进入"近代"之前的传统中国是在什么时候形成的,以及与现今中国的关系。

理论是灰色的,生活之树常青。我们不完全赞同"一切历史都是当代史"的说法,但是由现今的角度观察历史,对历史的认识就永远是常青的。换言之,认识中国历史的立足点,必须建置在中国社会的现状与课题之上。从这个角度而言,我们应当翻过由旧价值观支撑的旧范式所形成的那一页历史,去追寻符合时代发展的新范式。

(原载《古代文明》2018年第1期)

历史哲学与中国社会的历史人类学

赵世瑜

陈新:今天很荣幸请到北京大学的赵世瑜教授,参与这场何兆武先生逝世一周年的纪念讲座。赵老师今天所讲题目是《历史哲学与中国社会的历史人类学》。赵老师对于我来讲是前辈,我原来不知道赵老师是做明清史研究的,因为我们学史学理论、史学史的时候,更早看到的是伊格尔斯编写、赵老师翻译的《欧洲史学新方向》(*New Directions in European Historiography*)。赵老师很早就在外国史学理论和史学史方面很有造诣,后来我知道赵老师师从国内民俗学的——即使不算鼻祖也绝对是前一两位的老先生——钟敬文老先生,读民俗学方面的博士。我们所说的民俗学,在海外很多方面其实跟人类学是相关的,在我们国内是民俗学。赵老师原来在北京师范大学历史系工作,他一方面有理论素养,一方面又有偏向于人类学、民俗学方面的素养。他从事的历史研究大大丰富了我们国内史学研究的内容。同时,华南那边的历史人类学研究也在慢慢兴起,我个人认为赵老师和华南的历史人类学实际上有不同来路,后者受科大卫、萧凤霞的影响。而赵老师,我个人认为他人在北方,偏向于自己的一种理论素养和学术的静悟,而开辟了一个新方向,为中国,尤其是北方的历史人类学研究开辟了一个新的方向。赵老师和何兆武先生原来也是有些交往的,今天作为纪念讲座,赵老师是非常合适的人选,感谢赵老师能够参与。下面有请赵老师开始他的讲座。

赵世瑜:各位朋友周末晚上好,夏天非常热,辛苦大家晚上还来参与纪念何兆武先生的系列讲座。首先应该感谢清华大学彭刚教授,还有上海师范大学陈恒教授,还有商务印书馆,当然更感谢陈新教授邀请我来参与这样一个讲座,跟大家分享一点随感。我接受这个邀请时心里还是非常惶恐,如果大家近几年参加过我的讲座都知道,这几年都是讲的一些地方性的小故事,但是今天我想这个系列讲座是为了纪念何兆武先生逝世一周年而举办的,大家都知道何先生是非常著名的史学理论研究者,我想这个系列讲座的目的是继承和发扬何先生的志业,使史学理论或者历史哲学研究领域,能够在中国不断受到重视和发展,所以我今天这一讲,其实挺斗胆的,来讲一点比较抽象的或者是相对宏观的题目,所以只能是一些随感,也不系统,也不是自己有多少新的发明。

今天我讲的题目是《历史哲学与中国社会的历史人类学》,试图把我们最近这些年来所做的一些具体工作背后的一些理论思考向大家做一点汇报。刚才陈新教授也提到何兆武先生和这次讲座的关联,我与何先生没有私人交往,长期以来也没有在史学理论领域深入耕耘。但非常有幸的是,大约在 20 世纪 80 年代末或 90 年代初,何先生在中国社会科学院世界史研究所开设"西方史学理论"系列讲座时,我得知消息后去旁听了,当时的笔记还留了下来。之所以有这个机缘,是 80 年代中期,世界史所于沛教授帮助华夏出版社的张宏儒总编组织"二十世纪文库"的翻译出版时,我翻译了《欧洲家庭史》(*The European Family*)和伊格尔斯的《欧洲史学新方向》,后者主要涉及史学史,但也与史学理论有关。那套丛书都是翻译作品,与四川人民出版社的"走向未来丛书"都是那个时代思想启蒙的产物,我读雅斯贝斯、哈多克都是从那套书中的译本开始的。何先生后来翻译了伊格尔斯的《二十世纪的历史学》,和《欧洲史学新方向》差不多是姊妹篇,所以也算是和何先生的另一种缘分了。

大概也是在 20 世纪 80 年代末 90 年代初,我在北京师范大学创设了"史学理论"的课程,当时全国高校里几乎没有多少开设史学理论课程的,但是有史学概论课程,一直到今天都有。史学概论课是一年级本科生的入门课,其中有理论的部分,也有一些中外史学史的部分,还有文献学等一些基本的常识性内容。我当时就提出,是不是还应该在高年级开设一门专门讲史学理论的课程,结果当时北师大历史系就同意了,所以在三年级就开设了和史学概论课程并列的一门理论课程。因为刚刚开设,所以也没有特别多的经验可以借鉴。一开始有好几位老师一起来上,到后来隔了三年,由我独自承担。应该说在当时高校历史系里面,北师大历史系还算是较早开设史学概论之外的史学理论课程的。

可能今天的年轻学者、学人没有特别深刻的体会,我们那时候几乎看一点书都很难,想写点东西发表出来也很难。但是我们做了一些基本的工作,就是给很多工具书写词条。这个工作现在可能年轻人都不会去做,一个词条只有几百个字,可能现在也不算什么研究成果。涉及史学理论的很多方面,包括像西方史学流派等,对于那时候的国内史学界都非常陌生;也有些基本概念在一些工具书里面,我们新编了一些工具书来介绍。所以那时候就写了很多跟史学理论有关的词条,也没有太多成器的文章。

20世纪80年代中叶之后,出现了一些今天耳熟能详的史学杂志。其中,《史学理论》这个刊物大概在20世纪90年代初改叫《史学理论研究》了。这个刊物在世界史所创刊之后,我也担任了很多年的编委。在当时的编委当中,从事中国史研究的还有当时中国社科院历史研究编辑部研究先秦史的王和教授,河南大学研究秦汉史的李振宏教授,以及社科院历史所研究秦汉史的彭卫教授等,他们都研究比较具体的问题,但同时又非常关注理论,是对史学理论感兴趣的学者。

这种情况现在好像不太多见,那个时候学术界是不是很重视理论呢?在表面上看起来是这样的,但背后的深层动因是20世纪80年代后改革开放、思想解放的大背景,它是对此前教条主义的历史解释的"反动"。从19世纪末开始中国知识界对史学理论加以关注的热潮,在我看来大致就是三次:一次是晚清西学的传入和西方哲学社会科学作品的译介,它们深刻影响了中国知识界。比如1900年前后梁启超的系列作品,当然后来就集合成他的《新史学》,主要是一部历史理论的作品,当然也有史学理论的内容。第二次相距的时间并不久,20世纪初,马克思主义传入,在国内各界产生了热烈反响,催生了李大钊的《史学要论》等许多史学概论性著作,并引发了20世纪30年代的社会大论战。中华人民共和国成立后,有被比喻为"五朵金花"的讨论,其中有很强的理论性,但这些讨论实则是30年代社会大论战的延续。第三次就是20世纪80年代。80年代出现了好几套重要的书,对当时的青年人产生了很大的思想启蒙作用。可能今天我们看国外的译作非常方便,即使没有这些译作,很多年轻的同人外语都很好,比我们这代人要好很多,他们能够相对方便地理解国外理论作品,所以可能对那个时代学人的如饥似渴没有那么深刻的体会。但如果没有这股浪潮,现在大家耳熟能详的法国"年鉴学派"、英国和法国的马克思主义史学就不会为人所知。

当然,我们知道像大家都非常熟悉的"年鉴学派"第一代领袖之一布洛赫,有很多作品,他的《为历史学辩护》(Apologie pour l'histoire)和英国马克思主义史学家霍布斯鲍姆的《论历史》(On History),拥有比他们的《封建社会》(La societe feodale)或者"年代四部曲"更多的读者,因为它们面对的问题更加多元,不仅限于历史学这个职业。

近年来国内有一些学者批评业内历史学研究者不太重视理论,也有一些学者批评中国的历史学者中有一些盲目套用西方理论而罔顾中国的历史实际。这些批评当然有它的针对性,但是,我们在面对这些议论时,还是要始终保持独立思考的清醒头脑。像何兆武教授这样以历史哲学作为自己主要研究领域的,毕竟是少数。何兆武教授以前在中国社科院历史所(也就是现在的中国社科院历史研究院的古代史所)工作的时候,是在思想史研究室,所以他对明清时期,特别是明清之际的思想史非常熟悉。他算是较多讲历史哲学,且终其一生对历史哲学始终关注并且有浓厚兴趣的人。现在从事历史哲学或者史学理论研究的学者,绝大多数都是研究世界史出身。20世纪80年代,研究中国史的同时关注史学理论的还有不少,但是好像现在越来越少,但是这也不奇怪。我们知道,历史哲学研究的一些名著以及主要的思想成果来自欧洲哲学,并不是主要来自欧洲史学界,而是哲学界,我想这大概是一种常态。

另一种做法是把理论性与中国历史或世界历史的宏大叙事画等号,或者把理论性与社会科学理论的借用联系起来,这多少有些片面,其实历史学的理论性应该主要体现为历史哲学,而不只是作为工具的理论。

最近我在"澎湃"上面读到一位比较年轻的著名学者谈重读瞿同祖的文章,瞿同祖先生是一位非常著名的学者,以前在海外,后来回国,在近代史所工作。这位学者认为从20世纪七八十年代以后无论国内还是国外历史学界都越发"去理论化":

> 在这种思路里,理论体系的建构只会干扰真正的历史研究,阻碍客观叙事的形成。与此同时,历史叙述的维度逐渐从宏观降到微观,从高

层政治降到基层社会。新一代的历史学者们不遗余力地质疑传统的主流叙事,批判其各种来源于政治、文化、种族或性别因素的偏见,并试图重新正视那些被传统史学所遗弃的边缘人群或边缘事件。

我对这一段话有点对号入座,因为后面他讲的这种情况恰恰就是我最近二三十年来做的工作,但是这样一种变化是不是因为去理论化,我个人有点不同看法。首先,我认为根据刚才的表述,关于20世纪七八十年代国内的情况,特别是改革开放以后情况的判断,是不太准确的。我个人认为在20世纪90年代也不完全是这种情况。那个时候,与之前和之后相比,中国史学界还是有对理论的热情。我不知道如果何兆武先生在世的话,会不会同意这种判断。但至少像我们当时的老师辈,像陈启能先生、张广智先生、瞿林东先生、庞卓恒先生,他们都还健在,我相信他们可能不会同意。至于后面那个批评,我下面再谈。

包括下面提到的两段话里头,讲到上面的那种变化,实际就是所谓新史学,这个概括也没有大错,即"在成功打破那些陈旧且充满偏见与盲区的既有范式之后,却出于某种对理论建构的本能恐惧,并没有成功建构起自己的新范式,而更多停留在批判层面上。在这种环境下学者们出于趋利避害的本能,越来越回避了历史重要性和因果这种传统的分析命题"。应该说这位学者讲到的这个现象并不是完全不存在,包括就国际史学的发展来讲,20世纪以后,特别是20世纪后半期,就是60年代以后,破和立的关系可能显现的确实是破多于立,不能说"年鉴学派"不是立,因为如果不是立的话,我相信大概没有多少学者会将这群人称为"Annales School"。既然叫"Annales School",它成为一个"school",就是说有相当多的学者,即便不能要求所有学者都有共同的观点,但其中一定有立的成分,至于立得成功不成功那是另外一个问题,这个问题见仁见智。至于说回避了什么东西,是不是因为趋利避害,或者是不是真的回避,我想也有很多值得讨论之处。

我引的第三段话,讲的人类社会这种需求,如果新史学没有办法满足的话,"就等于在变相为那些似乎已经被历史学界抛弃了的传统历史叙事强行续命",这个挑战很有刺激性,历史学的同人,特别是年轻同人,一定要面对。文章最后还告诫史学界"亡羊补牢,犹为未晚",我希望史学界的朋友们好好面对。

从国际史学的情况来看，批评似乎是对以第一、二代"年鉴学派"为代表，被伊格尔斯所概括的"社会科学史学"（social science history）的反动，或者是劳伦斯·斯通所说的"叙事的复兴"，包括后现代对宏大叙事的挑战，其实背后都有历史哲学层面的思考，我不认为这是纯粹的趋利避害。当然，我自己不是这方面的专家，我相信陈新教授或者在座很多史学理论研究者，或者年轻朋友，比我更有发言权。也就是说，他们对历史本体论和认识论的思考，导致了 20 世纪后半叶的一系列变化。人们有时候大多只是看到了由具体作品表现出的那些表层现象，但如果说，我们所知的微观史的作品，像《屠猫记》等，不管它的作品叙事是什么样的，是以什么方式，如果说它们背后没有某种历史哲学，我个人是不能苟同的。

也许与此相关，同时也很凑巧，前两个星期在朋友圈看到明天上午有一场北京大学主办的学术会议论坛的海报，主题是"人文社会科学的历史感与理论感"，似乎让我感觉历史感与理论感作为一个会议主题或者论坛的主题，好像成了相互对立的概念。我也能从海报里面一些发言者、报告人的题目中非常清晰地看到针锋相对的意见。我猜这可能是由社会科学的学者或是具有历史学背景的社会科学学者倡导召开的会议。因为据我的一些微末了解，在近年来的社会科学的学科当中，出现了某种对所谓历史性或者历史感的重视或强调，而在以往的社会科学研究当中，它并不是首先需要关注的话题。反过来历史学界也的确从来就有一种对"理论性"的轻蔑，历史学者对"概念"存在着先天的警惕甚至反感。我们知道，历史哲学主要是哲学家而非历史学家讨论的话题，因为前者基本不关心个别事实，而后者主要关心甚至只关心个别事实，这没有什么优劣或者正确与错误之分，他们的使命和基本工作方法是不同的，为此所受学科训练也是不同的，而他们的表述，即使是对历史的表述形式，也肯定是不同的。

但如果从一些基本原理来讲，无论是对社会科学家来说还是对历史学家来说，理论性和历史性都不是对立的，也是不由这些学者所能够选择的。表达方式可以选择，但就对二者的追求和研究来讲，是不由学者们自己来选择。所谓的对立，不过是有些人自以为的那样而已。我们想想司马迁说"究天人之际，通古今之变，成一家之言"，做到这三句里面哪一句，我相信都是一种理论性的工作。晚一点到司马光的《资治通鉴》，一开篇讲三家分晋的时候，司马光就评论，之所以出现这种情况，"非三晋之坏礼，乃天子自坏之也"。就是说，礼仪秩序被破坏掉，不是原来晋国的三个大夫给搞坏的，而是周天子自己搞坏的。这里面的礼就是一整套概念，如果加上"仪"字，从礼到礼仪，就是从理论到实践都包括在里面了。我最近看到有学者讨论以史为鉴的效用限度问题，这是个史学理论问题，实际上就点出了司马光这部大书《资治通鉴》的理论性特点。

我们换一下思考的角度，有没有批评文学作品，比如小说或者诗歌，缺乏理论性的呢？好像没有，至少是比针对历史学提的少。因为如果小说或者诗歌充满理论性，可能就没人读了，虽然并不排除一些非常出色的作品，不时闪耀着思想睿智的光辉，但是它的表述方式不可以是哲理性非常强的，这样的文学作品即便有也肯定不是主流，正如歌德所说："理论是灰色的，生命之树常绿。"因此，要求历史学重视理论性，更多的是社会科学的想法，而未必是人文学或者人文和艺术学的想法。所以在听到社会科学家关于历史学去理论化的批评雷声隆隆时，还要想到其实多数人认为历史学是属于人文和艺术学。作为人文和艺术的历史学，应该具有怎样的理论性，这是个值得讨论的很重要也有趣的问题。

我们回到何兆武先生。何兆武先生对当代的实践历史学家只"低头拉车"，不"抬头看路"，也是持批评态度的。不过在我看来，他是对职业历史学研究的一般状况提出自己的看法。就是说，与社会科学相比，历史写作缺乏"理论性"是一种常态，而不是一种特殊状态。何先生在一篇为张耕华著作所写的序言中说：

> 如果学术的目的是在于追求真理，而不仅是要弘扬经义，代圣贤立言，那么学者就不应该单纯局限于找材料来充实自己的观点，而应该同时不断地反思并批判自己所据以立论的根据。

他主张：

> 学者必须在自己的思想上经历一番逻辑的洗练或自我批评，借以检验自己立论的可实证性(或可证伪性)。

显然何先生是在讲历史学家的"理论自觉"，这也就是他为什么强调批判的或说分析的历史哲学，更甚于思辨的历史哲学的原因。像我刚刚讲的，如果我们不走批判的历史哲学这条路,而先建立一个形而上学体系,不经一番批判的洗礼,这个体系就是一个空架子。所以他说第一步应该是做分析批判的工作,他特别强调他是从学科建设的角度讲。我们历史学的学科建设,首先应该做自我批判,要进行自我反思。不假思索地沿着前人的脚步,其实也就是在同一个形而上学体系内,往里面一步一步补充材料,只能越走越窄。从这个意义上来讲,何先生是非常强调批判的、分析的历史哲学。关于历史哲学的几种不同路数,我在这里就不详细讲了,因为相对来讲大家对这个领域是比较熟悉的。

其实在我看来,何先生不是在倡导一种理论性的表达方式或历史书写方式,而是在强调理论思辨的素养。更重要的是何先生认为"历史学并不是(或者基本上并不是)一门实证的科学",这个挑战很厉害。并不是说这个想法是何先生自己独有的,在西方哲学中它是一个相对普遍的认识,尽管不能说是共识。倘若认为历史学并不是一门实证科学,就形成了对19世纪科学主义的反思。如果知道这样一个前提的话,那么实际上就和今天很多,像刚才提到的倡导历史学要注重理论性的社会科学家划清了界限,因为社会科学家将历史学视作实证科学,他们希望用一些工具性的理论,帮助历史学提升其实证功能。

何先生的基本思想是:"人文世界则是人的创造,而不是(或不单纯是)自然的创作,或者借用一位哲学家的话来说:历史乃是自由人所创造的自由的事业。"这是何先生一个非常重要的看法。在我看来,何兆武先生并没有说,历史学的本质不是叙事性的,他反而更强调其非实证性。他反对的是不加反思地为某种先定的历史模板提供经"考据"得来的"历史事实"。今天反对"理论性"的历史学家往往把这种先定的历史模板(或宏大叙事、主导性叙事)当作"理论性"的表现,而倡导"理论性"的社会科学家则为使历史学的实证性更加"可靠"而强调作为工具的"理论性",都多少进入了某种误区。我个人的体会是,何兆武先生强调的理论性主要是指人的批判性思维,而并不在意人如何写历史。

再回到讲题后面半句,关于中国社会历史人类学的学术渊源,我写过一篇文章,在里面谈到顾颉刚先生的重要性。大家都知道他和古史辨运动的关系,也知道他的"层累地制造古史"的论断,更知道他的研究较多体现为具体史事的考辨。何兆武先生曾谈道:"尽管它(指历史学)并不排斥有其实证的一方面,但从根本上却决不可把它限定在实证的范围以内。'五四'的功绩在此,'五四'的缺点也在此。它力图把历史学拉到朴素的事实的层面上来,但事实本身却并不构成为历史学。"尽管并未明说,但我猜何先生对五四学术的这段评价包括古史辨运动,甚至可能主要针对这种情况,当然并不只是古史辨。在我看来,尽管何先生说事实本身不构成为历史学,但是,"事实"毕竟是历史学的重要组成部分,也许它比许多研究现实的社会科学学科更重要,为什么这么说?比如,吃饭在现实生活中几乎是不言自明的,但是对历史上人如何吃饭,可能绝大多数人都是完全无知的。所以我们作为研究历史的人,又的确需要了解吃饭这个事实,因为吃饭都不了解,那就没有人了,人活不下去,哪有历史、社会,什么都没有。所以吃饭可能是非常重要的,至少在马克思主义看起来是这样的。

即便我们的了解未必一定是历史上吃饭的全部事实,但有10%的事实也比全然不知好,这就是历史学的职责。顾颉刚的意义在于,他质疑的是前人的"宏大叙事"或者"历史模板",也就是我们熟知的层累的历史,层累的历史用今天的话来讲就是建构的历史。大家都熟悉他的"四个打破":打破民族出于一统的观念,打破地域向来一统的观念,打破古史人化的观念,打破古史为黄金世界的观念。我想这个是史观,也就是理论层面的,这不仅仅局限于历史,更是一种思想解放。前些年有人说"古史辨派"破旧有余,立新不足,今天来看,这话真是"站着说话不腰疼"。顾颉刚所破的东西是多么顽固,百年后的今天还有人在拼命维护,你说它顽固不顽固。如果我们熟悉顾先生的后半生或者晚年的生命历程的话,我们知道他的确是有立新的计划,但是能让他去做吗?

为什么我说顾颉刚先生和我要讲的历史人类学研究有渊源,其实并不因为他是最早开展田野调查的现代历史学家,可能很多人会强调这个,而在于他所具有的史观,即他的理论性。我以前也讲过,历史人类学最关心的是人的生活实践,大概也是我们这个圈里人的共识,甚至可能多数历史学家都能同意这个看法,其实这也是唯物史观的核心思想。恩格斯《在马克思墓前的讲话》中的这段话,大家都非常熟悉,说"马克思发现了人类历史发展的规律,即历来为繁芜丛杂的意识形态所掩盖着的一个简单事实"。一个简单事实被掩盖,就说明它本身看起来简单,实则是非常之不简单,那它是什么呢?它就是"人们首先必须吃、喝、住、穿;然后才能从事政治、科学、艺术、宗教等等;所以,直接的、物质的生活资料的生产,从而一个民族或者一个时代的一定经济发展阶段,便构成基础,人们的国家设施、法的观念、艺术以至宗教观念,就是从这个基础上发展起来的,因而,也必须由这个基础来解释"。而我们的一些历史学实践,恰恰把恩格斯所说的首要部分,包括前面我所引的批评,看成没有理论性的、碎片化的、不重要的。而把恩格斯或者唯物史观所讲的其次的东西当成最主要的东西来研究。为什么说顾颉刚先生做的是思想解放呢?他提出这些东西是和当时的研究主流反向而行的,甚至和现在很多研究实践也是反向而行的,却和恩格斯所说的话是一致的。所以,只有以人的生活实践为出发点,而不仅仅是以传世文献作为历史研究方法,才有可能选择田野观察,才有可能去怀疑上古圣王身上的光环,这就做到了何兆武先生说的"反思和批判自己立论的依据"。

我从来都倡导读顾颉刚先生那篇简称为"古一序",即《古史辨》第一册自序的文章。那篇文章写得非常轻松,但是里面蕴含着顾先生的深刻思考,其中就提到顾颉刚小时候对"文王百子"的怀疑,这种怀疑是从生活经验中来的,不是从文献中读来的。等他的疑问出现之后,才去找文献证伪,最后发现《诗经》的说法本是一句吉祥话,后来被历史层累地制造成了"事实"。这个例子在某种意义上也证明了何先生讲的"事实本身并不构成其为历史学"的说法。我们要从这个意义上来理解何先生,不是说要否定事实在历史学当中的意义,而是说明,很多所谓的事实是如何被制造出来的、最原初的事实是怎样的。

除了这个例子,我们要多说几句,在"古一序"里面,顾先生有一段话,同样是讲小时候的事情。他少年时,读到顾氏的族谱(可能大家都知道,做我们这行的特别注重读族谱这类的文献),顾先生是苏州人,他说我们家的族谱记载他们顾家的这个支脉怎么只是从明朝成化年间开始的,心里就非常不满意,因为历史太短了。他看到,同宗的另外一部顾氏族谱就不得了,这个族谱把祖先一直追到了越王勾践,越王勾践还不是最古老的,又从勾践追到大禹。如果我们去看司马迁的《史记》,就可以发现,只要追到勾践,按照司马迁的说法,就肯定可以追到大禹,甚至可以再从大禹追到少典。发现了这个逻辑，顾先生小时候就特别兴奋，就跟同学吹牛去了，说你看我们顾家多厉害，起码可以追到勾践，再往上按司马迁所说可以追到大禹和少典。顾先生兴奋得忍不住在族谱旁边用笔写下一段批语，这段批语这样说："甚哉，谱必以大宗言也！"就是说族谱一定要按照大宗谱法来写，绝不能按照小宗谱法来写。熟悉族谱的都知道，北宋时候欧阳修开启的欧氏谱例，就是大宗的谱法，就是讲祖先一直要追到很古老，他们的子孙全中国遍地都是，追到几千年以前，神话时代都可以，能追到哪里就追到哪里，包含无数的名人。而苏洵开创的苏氏谱法，提倡小宗谱法，就是从始迁祖开始讲起。所以当时的顾颉刚说编族谱，一定要按照大宗谱法来编。后来，我真的没有想到顾先生居然发生了一个如此巨大的转变，他后来的做法就是把小时候的想法彻底推翻掉，他知道这种大宗谱法讲始迁祖以前的部分全都是建构起来的。其实他也非常清楚，他小时候的那种想法正是大多数普通人的非常朴素的想法，希望自己的祖先非常荣耀，不能去否定它，不管这是现实生活中的需要也好，还是心理需要也好，都很重要。但后来他反其道而用之，做疑古工作，则是一个学者的做法，并不一定要否定生活当中普通人态度的合理性。他后来关于疑古、层累地制造古史的那套说法，讲的就是后人为什么要建构一个古代祖先的序列。

从这样一个小小的故事当中，既可以看到今天宗族研究的学术渊源，也可以看到顾先生的学术革命性如何来自自己的生活经验。当然，我们也应该充分地注意到，在这篇自序当中顾先生蜻蜓点水般讲到的几句话，在我看来却很重要。包括为什么他到北大上预科之后，选择的是哲学系，而不是历史系，虽然我们大家都认为顾先生是历史学家，北大哲学系的人可能也不把他当成杰出系友，但人家选的是哲学系，又对心理学和社会学感兴趣。当我们理解了这些事情之后，再来理解他是如何通过历史叙事的方式来体现他的理论关怀，我觉得就会对顾先生有一个全面的理解。

刚才陈新老师也提到"华南研究"的先驱，像厦门大学的傅衣凌先生和中山大学的梁方仲先生等，他们两位都以注意搜集和利用地方民间文献著称，这就是中国社会的历史人类学研究源头之一的社会经济史取向。我们应该注意到，傅先生先就学于福建学院经济系，后转入厦门大学历史系，再后来去日本留学进入法政大学学习社会学，归国后，在福建省银行经济研究室工作。梁先生毕业于清华大学经济系,然后在清华研究院钻研财政学,陈春声和刘志伟曾提到他当时受过西方地租理论和农业区位论的影响。晚一辈的香港中文大学科大卫先生则是普林斯顿大学的社会学博士。我们需要去理解他们为什么转而研究历史学,还要理解他们的历史叙事和曾经有的社会科学的学科背景之间的关系,这其实是一件非常有趣的事情。所以我并不认为"历史叙事的维度逐渐从宏观降到微观,从高层政治降到基层社会"是一种摒弃理论性的表现,或说是摒弃了社会科学的影响。"新一代的历史学者们不遗余力地质疑传统的主流叙事,批判其各种来源于政治、文化、种族或性别因素的偏见,并试图重新正视那些被传统史学所遗弃的边缘人群或边缘事件",就意味着他们彻底摒弃了社会科学的影响,并不说明他们缺乏对历史的哲学思考,这样的看法实际上完全否定了人类学甚至社会学的学科意义。

说到历史学与人类学的渊源关系,在 19 世纪之前,人类学知识只不过是历史知识的一部分。新航路开辟之后,人们在不同的地方发现了很多不同的文化传统,就渴望了解其他人群的历史和文化,但是,在了解这些群体的历史文化的过程中,他们发现原来所受的学科训练即主要通过阅读文献来了解研究对象的方法,已经完全用不上了,因为此时的研究对象时常是无文字的社会。为了了解无文字社会的历史和文化,于是发明出了所谓的参与观察,包括访谈等具体方法,并就此书写民族志,于是逐渐诞生了一个新的学科,即我们所说的人类学。所以,历史学和人类学的出发点是一样的,人类学从出生的时候就带有先天血脉,即对历史是关注的。其实没有任何一个学科对人的历史是不关注的,哪怕是数学和物理学。因此,如果说历史学和人类学之间有区别,但同时又有共性的地方,就在于历史学可能更多关注的是有史人群。按传统来讲,有史人群的历史,就是有文字书写的人群的历史,而人类学主要关注的是"无史人群",也就是无文字记录的那些人群的历史。

今天这样一种区分渐渐模糊了,人类学也开始关心有文字社会,历史学也开始关心那些边缘的人群,或者无文字的社会。正是在这样的基础上,双方有了互相的交流和合作。但是二者毕竟是两个不同的学科,它们的方法也非常不同,同时又有共性,就是这两者都以他者,一个以时间上的他者,一个以空间上的他者为研究对象,既有相同之处,也有不同之处。它们同时都以叙事作为学科知识的主要呈现方式,这和很多理论性的,比如像哲学这样的学科是不太一样的。同时它们既然依据文本,虽然一个主要依据文字文本,另一个依据口述文本或者是表演等其他文本,因此必然要关注文本与语境之间的关系。除此之外,无论是文本还是语境,对其意义加以解释,二者都会将其作为归宿。我们说司马迁刚才讲的三句话,就是对意义的解释,否则干吗要通古今之变,尤其要究天人之际,看起来很形而上,很玄学,但这就是历史学。

若说与传统史学相比,中国社会的历史人类学有不同的知识论,那么后者就是在生活世界发现历史,而前者是在传世文献中发现历史。在这样两种知识论前提下,具体的研究方法就会有差别。其实不仅仅是方法,还有所研究的课题。因为究竟是在生活世界当中发现历史,还是在传世文献当中发现历史,决定了我们提出的问题。我们寻找证明的时候,也不仅仅是在传世文献当中寻找证明。当然,对文献的解释是非常多元的,其中不仅有传世文献的作者,还有文献以外的作者。在对其他文本的作者进行历史解释之后,才能进行我们自己的解释。

当然在这样的知识论或认识论前提下,当我们面对研究对象,也就是历史本体的时候,也有我们自己的看法。当我们把一些很小的问题提到研究日程上时,是不是一种无聊?是不是一种很俗的趣味?其实不是。比如,人类学者试图了解无文字社会时,当他们关注那些边缘群体或是那些从来没有人知道的文化或文明的时候,要去了解这些人群从宇宙观到生死仪式,从个人行为到社会组织等内容,其实这背后蕴含着很多不同于以往认识的历史因果,当然也发现了很多不同的历史重要性。对于一个法律史的研究者来说,巫术重不重要呢?我相信多数法律史研究者要说它重要也只是停留在口头上,不会真的认为如此或者真的去研究。巫术这样一种跨文化的延续千万年的制度,基本上不在某些论者的历史重要性之内,对此我也只能抱歉地说,道不同不相为谋,因为这个东西好像真的没必要做什么解释。当人们试图把某些具有历史重要性的主题垄断起来时,当这种被垄断的历史重要性成为某种排他性的、金字塔式的五指山时,才是为那个早已被史学界,至少从梁启超那个时代起,就已经抛弃了的,但在某些层面上还阴魂不散的传统史学续命。

在我看来,历史写作从来不是以概念、理论,而是以叙事为表征的。多数人终生以考订事实为业。近年来所谓的去理论化,即便不完全是这样一种常态的表现,也未必是出于本人的恐惧和趋利避害。比如说关于历史中的因果律,在历史哲学里面讨论得很多,在国内,很多非历史学界的人,也非常喜欢谈"黄宗羲定律""李约瑟定律",但好像历史学家谈得很少,基本是非历史学家在谈。这些都是历史中的因果律,但人类社会是不是真的有因果律,也不是所有人都相信的。何兆武先生就说,借用一个哲学家的话讲,"历史乃是自由人所创造的自由的事业",所以有些所谓的理论问题,对于史学来说,非不能,是不为也。正如我们所知,几乎所有重要的历史哲学作品都是哲学家写的,而不是历史学家写的。

不过有一个问题值得在这里说一下,新史料与传统历史学叙事之间的关系的确值得说明,因为有学者也提到这个问题。我觉得它们之间并不是像论者所说的是甲容纳乙,或者乙取代甲的关系,因为史料无所谓新旧,但是史学却有新旧。史料无论新旧,无非一直在那里,只不过是有人用和没人用而已。殷墟卜辞在 20 世纪初是新史料,但是它比二十四史古老得多,只是此前人们没有把它当作史料而已,只有史观或者史学发生了变化,它才成了史料。所以你不能说利用殷墟卜辞或者甲骨文为史料进行研究,只是一种事实层面的,没有理论性的研究。因为没有理论性,没有这种史观和史学,它们几千年来就根本没有成为大家特别关注的史料的机会。其他很多所谓的新史料,墓志、碑铭等也是如此。此前有很多人都用过,但是用它们来做出的研究未必是新史学,因为史观和史学没变化,任你用了什么史料,它还是旧的史学。所以我们要看历史人类学是不是一种新史学,就要看它是不是具有不同的历史哲学。

最后试图为大家谈一点自己的体会,比较抽象,可能会听睡着。为什么历史人类学要以人的生活世界为出发点,在方法论上强调它是实践的历史学呢?正如有些学者所指出来的,历史学家对于理论的蔑视或者警惕,具有现代性批判和科学主义批判的背景,在史学实践上,其破坏性往往大于建设性。不过,在我看来,胡塞尔所开启的现象学却一直进行着建设性的工作,尽管开始时可能也是破坏性大于建设性,但是慢慢地,到晚年,胡塞尔都在做建设性工作。他认为作为经验实在的客观生活世界,是近代科学产生的基础,也是造成科学危机与人的危机的根源。因此需要回到前科学的经验或者实践,作为纯粹先验现象的主观生活世界,或者是具有一定的超验性的主体生活世界当中去。他说,人并不总是具有科学的兴趣,科学家自己也不总是在做科学的工作。按照历史学所说的,在世界中也不总是存在着习惯的、在长期以来被赠与的科学兴趣中生活的人类。这话很有意思,科学兴趣是后来被赠与人类的,但今天依然有很多人类,还生活在那个不是被赠与的科学世界当中。我们到乡下去看大量的游神赛会,直到今天还有,那不是科学的生活世界。他的话看似很抽象,但有的时候还是不大难理解。因此对人而言,生活世界总是在科学之前就已经存在了,在科学的悬置中,仍然继续着它的存在。

如何回到前科学时代的生活世界?或者,前科学时代人们的生活世界是怎样的呢?胡塞尔提出了所谓主体间性的概念,认为各个认识主体之间是具有共识的,也就是说认识主体就是每个人,具有普遍性,只不过这种共识是先验的。到了海德格尔,他就把主体间性发展为来自认识主体之间的交往关系,以此为中介才会发生主体与客体之间的关系。我们平常往往谈的是主体与客体之间的关系,没有谈在此之前已经存在的认识主体之间的关系。

舒茨比胡塞尔更强调经验,但是他强调的是主体经验,强调在社会环境中发现主体间的差异,所以他用日常生活世界来指称具有主体间性的社会。日常生活世界是与科学世界相对的,作为科学世界基础的每个人面对着日常生活现象。日常生活世界的意义是人所赋予的,离开这个主体不可能存在,意义只存在于人的感受之中,因而它是人的主观经验所组成的意义的世界。

当胡塞尔把历史这样一个因素置于现象学的框架当中去考量的时候,他认为需要揭示出处在每个当下或者过去或将来的历史的当下本身之中的一般结构。总的说来,只有对我们整个人类生活于其中的具体历史时间的揭示,就其整个本质性的一般结构方面的揭示,只有这样一种揭示,才使真正的理解的历史学,明晰的、在本真意义上的科学历史学成为可能。有学者就认为胡塞尔的这样一种现象学的认识揭示了结构的生成,这就是历史性。

他强调主体的能动性和创造性,这就是有主体的交往造就的主观世界,对它的揭示应该先于对科学世界的揭示,而且在科学世界出现之后依然存在。在历史学看来,这种结构的生成是反复地、无休止地出现的。

可能我们圈子里面的很多人都读过刘志伟教授和孙歌教授对话的一本小册子,叫作《在历史中寻找中国》。不知大家有没有注意到这段话,它说:

> 当你建立起一样新的确定性,就意味着在你的主观世界里制造了新的时空结构出来,这个时空结构马上就会影响研究者的下一个研究实践。在客体方面也是如此,当历史中的行动者在既定的结构下可以采取行动实施某种行为的时候,他就已经创造或改变了自己下一个行为时制约着他行动的那个结构出来。当这个结构一出来,他整个的行为就会发生变化,这是一个永无止境的过程。

虽然这段话更多强调客体结构的变动性或者非确定性,但也始终强调无论作为历史学家的主体,还是作为研究对象的历史主体,它的能动性和创造性,他们的行为都不是被某种科学定律限制死的。如果我们继续往下深究,这些行为就必然包括主观生活世界的创造,这就是为什么刚才说的人类学或者也包括历史人类学,会关注巫术,会关注民间信仰,并认为它们也同样具有历史重要性,尽管它们不属于科学世界。经过三四十年的发展,我们的社会史研究也出现了从社会经济史到社会文化史的转向。

刚才引的话,所谓处在当下之中,而后是处于每个过去或者将来的历史的当下本身之中的一般结构,也就是生活世界。之所以一般,就在于它始终存在于各个历史时间的当下,这就是历史人类学仍然以研究过去为取向的哲学基础。这既是认识论,也是本体论。我经常会发现,我们的学生在理解现实生活当中的各种现象的时候,都非常敏锐。比如在这两年的疫情中,出现很多社会情况,有的和疫情有关,有的无关,但是都很重要,大家的分析都很到位。但是有时候在读几百年甚至上千年前的史料的时候,就比较难理解到位,会出现这样一种强烈的反差。我想除了文字障碍,就是因为当下的认识主体与过去的认识主体之间存在着断裂,而这种断裂的存在又在于它们没有意识到存在这样一种一般结构。我们都很熟悉一本非常重要但是并不厚重的史学理论方面的书,就是英国人卡尔的《历史是什么》。我大学本科快要毕业的时候这本书刚刚出版,我当时买了,读了好几遍,那时候读一遍读不懂。那里面有一句名言,说"历史就是现在与过去之间无休止的对话"。我们有没有思考,这种对话如何可能呢?如何成为可能呢?如果按照胡塞尔的表述,按照我的理解,不一定对,就在于有这样一种一般的结构。

当科大卫教授提出"中国社会的历史人类学"这个名称时,我们都感受到了其中的野心。这里面包括了不同的区域、制度、人群,特别是现在年轻一代的学者,他们的关注已经溢出了中国社会或者中国的版图,扩及东南亚、印度洋,而且体现出独特的认识论和方法论。我们不会经常将我们的历史叙事呈现为一种历史模型,我想这些工作应该主要是历史社会学家或者社会学家的工作。就像论者指出的那样,瞿同祖先生始终更愿意将自己的精力投入到某种历史社会理想型的建构中,为后人提供纲领层面的指引,的确如此,而且我非常认同这种伟大的追求和实践。当然,做类似工作的,在西方还有更为出名的,像我们熟知的马克斯·韦伯、本尼迪克特·安德森以及沃勒斯坦等知名学者。但是我也相信,如果瞿同祖先生大量阅读了如今才广泛整理出版的清代及民国地方档案,一定会觉得对他的《清代地方政府》大有裨益。研究边疆民族史的中国学者几乎都会对拉铁摩尔的《中国的亚洲内陆边疆》加以讨论,研究清代市场的中国学者也很少无视施坚雅模式,但他们绝不会放弃自己的历史书写方式,因为没有历史叙事,也就没有历史。在这个意义上,我们会永远对古老的史诗传统表示敬畏。

多年来我们这群朋友总在私下里抱怨,我们一直在两线作战:一方面,希望我们的学生能有理论关怀,能有开阔的视野,能够有能力和社会科学的朋友们展开对话,展现我们历史学者的独特贡献。如果你自己不具备这种能力,对他们提出的一些概念、理论完全不明白、不懂,你也没有办法对话。但是另外一方面又希望我们的学生能够继承和发扬传统治史的文献功夫。我们的文章要说人话,而不要充斥着大量似是而非、简单套用的概念。但是这种两线作战,往往会两边不讨好,差不多是"猪八戒照镜子"。我不知道今天我所讲的是不是讲明白了。要言之,中国社会的历史人类学始终是向所有哲学社会科学理论开放,但是又有自己的学科坚守的历史学。

谢谢大家。

陈新:谢谢赵老师,我先谈谈自己的感受。我觉得赵老师这个演讲是他对理论和实践数十年思考的集中表述,我听后很有感触,整个过程就像欣赏一件艺术品一样。我看到已经有 700 多位听众,我相信其实多数是一些初学者,后面我们还会将视频放到网络上,我建议大家可以把赵老师这个视频多看几遍。

赵老师的演讲在结构上很完美,他的推演非常缜密。我请赵老师做演讲的时候,他也是很严肃很认真地考虑了好长时间才接受,所以可以发现他的准备是非常细腻的,他非常重视这件事情。举个例子,他的演讲从实际的历史经验介入,谈到何先生对理论问题的分析,理论问题里面又涉及何先生生活经验对理论的支持。然后再谈顾颉刚先生古史辨的破局和对中国历史学的启蒙。从这个路数向历史人类学发展,其中又反思一些小问题和对社会科学所谓的历史感和历史学批判的一些讨论。实际上他所谈的一些小问题的区别和意义,需要一些理论素养才能够理解,这一点就让历史人类学和理论产生了一种强关联。完成这种强关联以后,他再呈现思维上最顶尖的思想家,像胡塞尔,他们对于生活世界的一些哲学解释,还有舒茨对生活世界的和胡塞尔另外一个层面的阐释,这是两个层次,这个结构一步一步推进,经历了从经验到理论,再到经验的过程。像何先生是偏理论,顾颉刚又偏经验,胡塞尔、舒茨又偏理论,再到历史哲学与人类学的关系。这样一个结构搭建得非常完美,这背后恰恰体现了赵老师的个人观点,就是要在作为一种思维方式的理论的支撑下,进行自己的历史学实践。因为赵老师很注重结构的搭建和叙事的吸引力,所以他在演讲中,在搭建这样一个演讲结构的时候,又加入了很多小故事,小的、具体化的叙事来吸引大家,这样就完成了对一个看似抽象的主题的探讨。这个主题是与历史哲学和中国社会的历史人类学有关的历史性反思。他讲的是一段历史,同时又把理论和经验,把自己的个人理论反思和经验,把学术界在这个问题上的理论、反思和经验吸纳进来,同时对其他社会科学表示出包容和对历史学的自信,这是难能可贵的。

我自己是研究理论的,很反感一些人对碎片化的批判。因为我们理解的碎片化很可能跟过去的碎片化是两码事情。我有一个深刻印象,在研究历史哲学或者史学理论之前,我从史学史上已经接触到劳伦斯·斯通叙事的复兴这种说法。后来我自己做叙事研究的时候发现,绝大多数在国内传播的所谓的叙事复兴,并不能理解劳伦斯·斯通关于叙事复兴的内涵,因为这样一个叙事的复兴背后,是以 20 世纪 50 年代到 70 年代末的史学理论或历史哲学里面关于叙事的深厚研究作为基础的。所以讲故事为什么是历史学最重要的事情,很多时候科学家是不理解的,这里面涉及比喻,涉及隐喻的类比,引导对人的一种意识层面的建构。这种潜移默化、春风化雨式的建构,是很多社会科学家不能够理解的。我们如果不关注经验,不关注事实被一种叙事方法建构的话,就很难理解这一点。

赵老师很多观点我非常赞同,我跟赵老师是朋友,所以经常关注他的微信朋友圈,我们很多人可能不了解,赵老师一年有很多时候在(进行)田野(调查),真正的田野,所谓的脚踏实地,经常在乡间跑。我在浙江大学的时候,知道赵老师可能一年去浙江好几次,都是去乡间,探访各地的宗教和民俗的信仰习惯。不只是浙江,还有河南、河北、四川、贵州这些地方,经常看到赵老师在发布一些信息,在那里看到了什么,找到了什么,有什么理解。我觉得,这是一个历史学家的典范,因为他在理论方面的认知,包括对哲学方面的认知,有着数十年的关注,又有数十年在田野的调查、自己的研究。我觉得对后辈的学生来讲,如果把这样的学者作为典范的话,事实上我们知道我们永远不可能超越,最多能够做到并列的高度,我觉得这是难能可贵的。

赵世瑜:其实我在讲座过程当中有很多页 PPT 跳过去了,因为我发现时间已经来不及了,后面讲的相对抽象的部分应该更通俗地或者深入浅出地来讲,不像陈新老师说得那么好,不好意思。至于两位听者提的问题,一个问题提到关于我讲的观点和克罗齐的"一切历史都是当代史",是不是差不多一样?我不能和克罗齐相提并论,因为那是历史哲学方面的大师。当然我只能说年轻的时候读他的《历史学的理论与实际》,以学生的身份来读。他的话,一切历史都是当代史也好,还有其他的像科林伍德类似的表达也好,经常为我们大家所用。我想背后的出发点都是一样的,这点是没错。但是我以为,克罗齐在他书里面所表达的,其实并不主要是说用今人的日常生活经验来帮助理解古人的行为,好像主要不是这个意思,他主要强调的应该是,所有历史都是今人通过理解和解释资料,然后呈现出来的,因此不纯然是一个事实,何兆武先生跟他表达的意思是基本一致的。尽管史家提供了大量的文献材料,但是,经过当代人主观因素的影响,已经不是简单的过去真实发生的历史了,我想克罗齐表达的意思主要是这个。

我想讲的东西稍微超越了一点,我在其他讲座和文章里面提到过,今天没有再提。有一些朋友并不接受我的看法,但是就我个人来讲,我首先非常重视的是我的历史研究主题是在现实生活世界当中发现的,而主要不是从文献当中发现的,而多数历史学者是从历史文献当中发现他们的历史研究课题,问题的产生是通过读文献。我没有说哪个对或者哪个不对,我只是说我个人的做法。而且我个人认为,从现实生活当中发现出来的这些历史课题,对于今人来讲,它的意义可能要大于只是从古书里面发现问题,这当然是第一步,我想后面不能花太多时间来展开。

当然,你提到的古今结构的问题,是可以拿来比较,但是要看你说的结构是一个什么样的结构,拿来比较并不是说一定是一致的。当我们用文化结构或者社会结构的时候,大概所指是非常不同的。当我们说是否有共同结构的时候,大概也有一些特别的说明,这个我们另外再说。

第二位听者提的问题。第一个问题是说社会科学的写法,先建立一个理论模型,理论分析框架,然后给一个例子,然后再去假设。第二个问题是说,中国社会科学有一种转向历史的趋向,怎么看。我前面也提到了第二个问题所说的情况。

你说的这个做法在社会科学当中是存在的。其实按道理说,历史学者怎么来看社会科学家的历史研究方法,其实有一点不太公平。我们不应该从我们的学科角度去评价人家的方法,人家有自己的学科传统和自己的路数,在某种意义上讲并不是非此即彼,我只能说我自己是不是愿意采取这样的方式,或者其他的历史学者、多数历史学者是不是愿意采取这种方式。只能是这样,看你在哪样一个学科体系内吃饭,或者你个人是不是愿意突破这种做法。

第一点,无论历史学者是否先有一个历史分析框架,还是上来就是从史实、从历史叙事讲起,我个人认为都无法排除脑子里事先已有的先定框架。传统的历史学教给我们,需要把有关这个问题的资料都搜集齐备了,或者尽量齐备了,然后我们再加以分析解释,这个时候实际上脑子里并不是一片空白,是已经有了无数的先设的东西在里面。一方面有受到的各种各样的教育潜移默化的影响，不论你是否自觉意识到了，它都存在于你脑海里。其次，你所利用的资料，不管距离研究问题时间远或近，史料作者的身份如何，他们的表达背后的预设和理论框架都已经存在，是不能排除的。这就是何先生和前面那位听者说的道理，也是胡塞尔在现象学中谈论的那个问题，是主观的，甚至是超验存在的。

有人会说，既然这样，是不是就是非常主观的了，研究历史非常主观就离客观的事实越来越遥远了？其实不是。即便是你脑海里头的以前存在的那些东西，不管是以理论的形式还是概念的形式出现，或是以史料的形式，这都是人为划分的。哪些是叙事的，哪些是理论抽象的，做这样的区分是为了研究。但可能在古人那里一大箩筐混在一起，既有事实，也有后来说的概念。但不管怎么说，在你脑子里先有这些东西，其中都有事实的部分存在，你不能说它都是胡说八道，不能说它不是某种事实的反映。当然这些东西要经过你的判断，因为你要超过前人，总会有新的东西跟他们去对话，所以有时候看起来是前人的理论框架，这是因为我们按现在"八股文"的写法，都写学术史，学术史就是前人的理论框架，不光是事实。我们在讨论学术史的时候，不会拿事实对话，而是拿其中的理论和方法来对话，那才叫学术史，否则论文还有什么意义。所以已经有一个前人的东西在，然后才有后面你自己的，你总是在这个对话当中。我个人觉得你只要不是说空对空的，完全不假思索地沿袭，就像何兆武先生批评的那种，以往建立起来的那种形而上的理论框架，只要不是这种，而是在经过了对以前研究的批判性反思的前提下，再去面对你所看到的经验事实，我觉得都是可以的。只不过我们历史学的叙事方式，是不太会用刚才讲的社会科学比较常见的这种方式。

第二问是说历史的趋势，其实我也不知道是不是真的，还是历史学者自己在做广告。我看到，除了社会科学以外，包括文学界也有这种倾向，不光是从现在开始，从前些年起，我们很多知名的文学研究者都非常关注历史。比如说像北京大学中文系的陈平原教授，像清华大学的汪晖教授，他们也有很多作品涉及历史，但是这属于人文学内部的现象。社会科学里也存在这种现象，比如，我的同事里面北大社会学系、人类学的一些学者对历史学，甚至对文献的传统的关注，我们都能清晰看到这一点。

我觉得这很好，不管叫它什么，叫它历史社会学也好，叫它历史政治学也好,有很多名著,我们也看他们的书,也不光是中国学者,国外学者也有很多。保罗·肯尼迪的《大国的兴衰》,严格讲不是历史学著作,可能就是历史政治学著作。这说明各个学科从来都没有放弃过把历史视为他们学科问题当中的一个非常重要的尺度,或者是非常核心的概念。就拿我刚才说到的胡塞尔来讲,他早期的作品当中很少把历史纳入现象学的解释当中。到后来就有欧洲学者问他说:历史在你的体系当中是否有位置,是否有意义?他说有。但是实际上他对历史的表述相对晚一些。我刚才提到的那几段话,都是来自他的晚年,可能是生前最后的书,能看得出来他有很好的思考。我们看到的很多,不管是哲学还是其他社会科学学科的学者几乎都会讨论历史,只不过在我们国内是最近这些年的问题,是稍微新一点的现象。要说老一点的现象,费孝通先生多年前就和吴晗合作过,一起写过《皇权与绅权》。有很多例子,这里不一一列举。毕竟中间有一些其他原因导致了主流部分可能过去没有把历史的维度和历史作为一门时间的学科的时间性问题,纳入他们各自学科的考量中。当然我们也不是说人家都要去考量,都要用,人家还有自己学科内部的工作要做,那是有一些客观原因的,和一些学科发展相对滞后有关系。在西方,这些重视历史的学者,在他们各自学科里也依然不是主流,这是非常正常的,就像我今天整晚讲很少有历史学者讲理论是相对正常的现象一样。

陈新:谢谢赵老师。我看提的问题里面还有不少是很值得探讨的,各位听众如果对于这些问题有兴趣的话,可以在网络上就问题本身查找一些文献,很多问题都有不同的论文做出回答,这是基本的学术史梳理和自己学术思想的基石。很感谢赵老师今天给大家的分享,他个人的经验,他基本的观点,他的学术诉求和他的学术理想,其实都已经在这里面体现出来了。谢谢大家,也谢谢陈玲老师在后台的技术支持。赵老师的演讲我们会整理成文字发表出来。建议视频可以再仔细听听,里面的信息含量和学术积淀太多了,很多人很难一时领悟,经典的东西总是要多听、多看几遍的。

赵世瑜:刚才有一些问题,因为没有时间给大家回答,非常抱歉。有些可以再看一些文章,另外也希望后台可以把问答区里面的问题存一下,到时候反馈给我,也许未来有文字稿的话,我会把简要的回答融到文字稿里,弥补我今天没有特别多时间的遗憾。

问题另有：

1. 赵老师，您认为人类学是社会科学，还是人文学？

答：在我个人看来，人类学是具有强烈人文学关怀的社会科学。

2. 请问像列维-施特劳斯这样的人类学大家是否有一种反历史的倾向？

答：简单地说，结构主义人类学是比较反历史的。

3. 请问赵老师，在做区域史时，如何能避免只是叙述一个细节史实，而且还有一定的理论创新？

答：在几乎所有历史研究中，研究细节都是题中应有之义，不应该去"避免"。同时，几乎所有的历史研究都不应只满足于说是什么，还应努力说为什么，也就是进行历史解释。任何人的历史解释只有超越前人的历史解释才是有意义的，为了做到这一点，发现新材料，在旧材料中发现新的意义，探索新的研究方法，更新观念，都是有益的途径。比如说，历史人类学就是使区域社会史研究具有理论创新意义的尝试。

4. 请问赵老师，历史研究的目的，是发现一种因果规律吗？是还原某些历史场景或了解某些生活方式吗？或者是别的什么呢？

答：关于历史研究的目的，古往今来，有各种各样的角度，比如"究天人之际，通古今之变，成一家之言"，再如"以史为鉴，可知兴替"等，没有什么对错之分。对我来说，研究历史就是为了更好地了解和认识我们自己。

5. 感谢赵老师的精彩讲解！请问老师，文学研究者在研究文学作品时会避免"理论先行"，那么历史研究者在解释还原历史现象时，应该如何处理与中国社会的历史人类学、与理论的关系？谢谢老师。

答：这个问题在前面已经讲过。

6. 老师，能谈谈历史人类学和历史社会学的关系吗？

答：这可能要从人类学与社会学的关系谈起，这就是个很大的问题了。我想可以去直接阅读历史社会学和历史人类学的概论性著作，前者可能更多一些，具体的专题性研究也有不少，比如，人们也会将马克思视为历史社会学家。

7. 老师，晚上好，我是一个历史人类学的门外汉，想问老师，我要是想做这方面的研究，可以看哪些入门书籍呢？谢谢老师。

答:关于历史人类学,有不同的理解。张小军教授、张佩国教授在他们的介绍性文章中都提到过不少国外的研究,可以参考。

8. 赵老师好,我想问下您,在"逆推顺述"的过程中出现衔接中断/断裂时,如何去处理?

答:由于历史资料的局限性,"断裂"在任何历史研究中都会出现。历史学者不能指望在任何主题的研究中资料都是连续的,或者说,任何历史资料展现的都是碎片化的过往。把这些"断裂"连接起来的是历史学者根据材料建立起来的历史逻辑。没有一种万能的方法,它们都是个别的。

9. 请问老师,历史学本科毕业论文如果要对西南地区尤其是云南大理地区做历史人类学的田野调查,可以从哪些方面着手?

答:一般而言,你首先需要阅读相关学科对云南大理地区的研究,不管它们是不是历史人类学的;其次,你需要阅读和理解该地区的概括性介绍,包括地方志和田野民族志;第三,你就要在选定的区域搜集各种民间文献、进行访谈,并根据所有这些确定你的研究问题。

10. 中西方学者(如中国的顾颉刚与西方的卡尔·波普尔等20世纪80年代现代主义、解构主义兴起年代的学者)对历史理论性和宏大叙事的反思是否有相互影响?

答:忽略掉问题中举的这些有点混乱的例子,答案是否定的。我认为中国史学界对宏大叙事的反思主要是来自西方历史哲学的影响,而中国史学界对西方的影响几乎可以说是微乎其微。

11. 赵老师好!我是外行。曾经听一位马列学者说,对"历史"这一概念的定义只能是《关于费尔巴哈的提纲》里的某个小脚注,不知道是否得到历史学界公认?谢谢。

答:马克思《关于费尔巴哈的提纲》强调了人的实践性,即人的能动性,我在《历史人类学的旨趣》中也提到了这一点。当然,对于历史的定义人言人殊,每个人根据自己的理解可以有不同的表达。

12.(1)尊敬的赵老师,您好!您提到的"两个历史主体"(今人与古人)之间的互通,背后存在"历史一般"。那么,如何理解这里的"历史一般"?谢谢老师。

(2)赵老师,您好,请问您所讲"当下认识过去依据一般性结构",这里的"一般性结构"怎么理解？一定需要借助社会学的概念和观念吗？

答：这里借用的是胡塞尔等人的概念。现象学所谓的"一般"，也就是先于和外在于科学的"生活世界"，而生活世界是生活在这个世界上的人们在相互关系中形成的共同认识，是理性的表现。我想这不仅包括共时性的人，也包括历时性的人。所以海德格尔说："'一般过去'正随着这殿宇的遗迹在'当前'。"这里说的不是社会学意义上的"结构"，而是哲学意义上的"结构"，或者说，在历史现象学看来，存在一个"历史本质结构"，通过现象学方法，这一"历史本质结构"可以得到认识。正是因为"生活世界"最为切近人的自然本性，所以当下的人才有可能理解古人。

13. 如何处理历史本质主义和所谓十分形而上的观念性的宏大叙事、理论建构的关系？历史研究与社科研究交叉研究是否有被削弱倾向和对理论性的抽离是否有加强的倾向？

答：如果从一般的、历史哲学的意义上去讨论这个问题，那太大了。如果从具体的历史研究实践的某些现象来说，它们未必存在必然的关联。

14. 请问，新学历史的学生应该怎么去学习？结构应该怎样去构建？

答：可以去阅读几部好的中国通史和世界通史，先从最基本的史实开始，而不要好高骛远。

15. 赵老师，您好，您讲到古人与今人有着相似的一般结构，这是否和克罗齐所主张的"一切历史都是当代史"有着异曲同工之妙？毕竟，好像两者都可以借助今人日常生活经验来检讨过去古人的同类行为的正确与否，虽然时代有古今之分，但其间的一般相似结构我们却可以拿来互相比较。

答：前面对此已有所回应。

16. 主持人好！赵老师好！听完讲座，学生受益匪浅，有两个问题想冒昧地请教赵老师。一是，社会科学中有一种写作手法：开篇建立一个理论分析框架，中间部分则以叙事的手法呈现一些历史案例，最后对理论假设进行总结，想请问赵老师您怎样看待这种写作手法？二是，当前中国社会科学有一种转向历史的趋势，兴起"历史政治学""历史社会学"，等等，不知您如何看待此类学科？

答：前面对此已有所回应。

陈春声

Chen Chunsheng

广东省揭西县人，1959年生。现为中山大学党委书记、历史系教授、历史人类学研究中心研究员，兼任教育部历史学科教学指导委员会主任委员。主要从事明清史、中国社会经济史和历史人类学的教学与研究，在历史学计量研究和历史人类学研究方面有较多成果。主持多项重大研究课题和国际合作计划，重点进行族群与区域文化、民间信仰与宗教文化、传统乡村社会等领域的研究。曾获一项教育部人文社会科学研究成果一等奖、一项教育部人文社会科学研究成果二等奖、两项广东省社会科学成果一等奖。

以史学为业，求内在超越

陈春声

■：陈老师，您好！我受《历史教学问题》杂志社的委托，很荣幸能和您做一期访谈。前阵子您刚拨冗出席了我们中大历史系2000级本科班毕业十周年的聚会，想想我们班当时入学听的第一个讲座，就是您的《史学与以史学为业》，十多年过去了，大家都记忆犹新，包括我在内的好几位同学，后来走上了史学研究和教学的道路。

●：当时因为中大珠海校区刚建立，学校和系里担心你们远离本部，缺乏与老师交流的机会，变成"高四、高五"的学生，所以特意为你们开设了"历史学教授系列讲座"，我之前负责《史学概论》课程，充当了第一讲主讲人。那次是我头一回讲这个题目，自己印象也很深刻。我当时也说了，这个演讲题目是模仿了Max Weber于1919年在慕尼黑大学的讲座题目，主要是和同学们谈谈历史学专业教育的特质，也讲讲历史学的学科特点，以及"以历史学为业"的含义，希望刚步入历史系的同学能够喜欢上历史学这门古老而又富有生机的学科，努力在大学专业学习中提升通识、锤炼思想、塑造人格，养成某种精神贵族的人格特质。很高兴你们2000级的同学都在历史系学有所成，找到了自己的人生理想。

学有所本，史无藩篱

■：当时在讲座中您提到学术职业在某种意义上是一场不知结果成功与否的冒险。您能否和读者们分享一下您从求学阶段到从事史学研究的经历?

●:我当时引用的韦伯的原话:"学术生涯是一场鲁莽的赌博。"那是为了让正在考虑是否要步入学术之门的年轻同学,从一开始就明白职业生涯要面对的严峻挑战。其实,马克思也曾经将科学的入口处比喻为地狱的入口处,道理是一样的。至于我个人从事史学工作的道路,实际上没有这么戏剧性的。1982年春天,我刚大学毕业,就幸运地考上了中山大学历史系中国古代史专业的硕士研究生,在汤明檖教授指导下学习明清经济史。当时汤老师要求在阅读基本史料和了解学术史的基础上,重点注意清代银、钱、米、布四个问题。我的硕士论文关注了前三者,这成为我后来一系列工作的起点。1984年硕士毕业后,我曾到外地求学两年半,其他时间里我就长期在汤明檖老师的指导下进行研究工作,我从他那里深深地感受到一种尊师敬业、平实谨严的学术精神,以及对学术、对人生、对社会的带有超越感的负责态度。1986年秋天,在几位老师推荐下,蒙傅衣凌教授错爱,我来到厦门大学历史系,跟随这位著名的明清史和社会经济史学家攻读博士学位,当时身染重病的傅先生把最后的心血倾注到我们几个学生的培养上,在宝贵的两年中,我学到了许多社会经济史研究的理论和方法,并开始注意传统农村基层社会的研究,学术价值观有了很大的转变。傅先生渊博的学识和开阔的眼界,令我受益良多。傅先生去世后,杨国桢教授继续指导我完成了博士论文的写作,并一直指点我为人治学的发展道路。我能顺利地走进以史学为业的职业生涯,完全是受惠于以上三位诲人不倦的老师的教泽。

■:许多人说起您的博士论文,都会称赞那是用计量史学方法研究中国社会经济史的杰出范例,不知您当年是如何将计量史学方法引入清代广东米价研究的?

●:那应该算是我在硕士阶段结下的缘分。1983年底,我在上海见到了复旦大学伍丹戈教授,在两个小时的谈话中,他指点我如何在物价研究中运用数理分析方法,以后半年里又多次来信指导并惠赠统计学著作,正是由于他的教诲,我才注意到历史学的计量研究问题。

当我从事清代物价史研究时,深受香港新亚研究所的全汉昇教授和美国肯特州立大学的王业键教授这两位大学者的影响。全先生对唐代以后历朝的物价做过精湛的研究,因此他关于清代物价史的分析具有一种人所不及的通识，而且他还把清代物价置于同时代国际贸易的大背景下进行考察，展现了一种世界性的眼界。王先生是第一个在研究中系统运用台北故宫博物院和中国第一历史档案馆所藏清代粮价清单的学者，他在粮价资料的搜集和整理方面做了大量工作，对于18世纪至20世纪初期中国粮价变动的长期趋势，还利用电子计算机进行数据处理和分析，他在考察18世纪福建米粮供需与粮价变动时，较多地运用了数理统计方法，并对地方社会状态也给予了较多注意。

1987年底深圳举行了清代区域社会经济史国际学术讨论会，几位来自美国的学者李中清、王国斌、濮德培、马立博对清代粮价的研究，带有明显的计量历史学的色彩，他们都在第一历史档案馆做过较长时间的粮价资料搜集工作，研究中大量运用电子计算机进行数据处理，并发展起一套被较多人采用的研究粮价变化的数理分析方法。

正是上面提到的学者的成果，启发我运用计量史学方法来研究社会经济史。

■：计量史学在很多人看来是挺科学化的研究路径。近年来随着计算机和互联网技术的发展，许多人对所谓大数据、云计算等新事物颇为热衷，对于人文社会科学如何运用新的技术手段和方法理念也有不少争论。不知您当年从事这项研究时，是如何看待计量史学方法的？

●：说起来也挺巧，当时我利用电子计算机处理分析物价资料的工作，得到了当时正在中山大学计算机系跟随李岳生校长攻读硕士学位的许跃生同学的指导和帮助。许跃生与我都是饶平二中的毕业生，1978年春天我们坐同一部长途汽车到中山大学报到入学的。他后来赴美留学，在美国多所大学任教，是雪城大学终身教授，以"千人计划"特聘教授身份回到中大数计学院，如今是中山大学应用计算科学研究院院长。回想起1983年我们一起处理并录入米价数据的情形，那时的计算机设备和运行水平和现在相比简直是天壤之别。当时研究生可以向学校计算中心免费申请"机时"，但要自己编程序，再请程序员帮忙在纸带上穿孔，一旦程序或数据打错了，就要自己在纸带上一节一节查找出来，再手工修改。那时我还不太会写程序，大量米价数据的相关分析、回归分析和计算长期趋势，都是许跃生帮忙编程的。现在看来，其实都是很简单的工作。你们年轻人大概无法想象那台"老爷机"的模样,但当时它帮了我大忙。

■:不少读者只是比较直观地看到您书中关于米价季节差价和各时期逐年平均米价的相关分析的结果和图示,但细看书中的注解和附录,就知道这些表格和统计结果背后的数据量是惊人的。您在注记中提到,光是乾隆三年(1738年)至嘉庆五年(1800年)的广东米价数字,就超过了45000个。以此估算,当时您从原始档案中提取和整理的数据想必数以十万计。

●:前期的资料整理和数据录入工作确实比较辛苦。物价史研究往往必须处理大量的数字型材料,历史学家们在理解和使用电子计算机、数理统计等分析手段时可能会遇到一些困难。另一方面,我们长期实行国家以行政手段控制物价的政策,主要生产资料和生活资料的价格多年不变,价格变动对社会生活和经济生活的影响和调节作用被削弱到几乎被人忘却的程度。价格史研究被忽视与这种情况有很大关系。

由于学术传统和学术背景的差别,以往关于清代物价史的研究大概有两种不同的学术风格:一部分学者注重计量研究,大量运用清代粮价单所提供的数以万计的粮价数据,注重对市场机制的探求,其研究有着较为科学化、非人格化的特点,但这类研究比较少关注基层社会的状况,较少注意定性资料的分析利用,其结论往往有较明显的推测性;另一部分学者重视公私文献中各种记载的分析利用,注意利用物价变化来说明阶级关系、租佃关系、基层社会组织、权力结构、雇佣劳动等中国史研究普遍关注的问题,但对大规模的计量分析缺乏兴趣,对与物价直接相关的市场问题的考察,大多是定性的描述,对史料的解释有较明显的随意性。我当时就觉得,至少在我们考察的范围内,只有把这两种风格统一起来,才能有助于研究的深入,有助于我们对社会经济过程的整体理解。

■:您选择通过米价变动来探究18世纪广东市场机制,主要是基于怎样的考量呢？

●:清代"康乾盛世"的一百多年里,中国社会从自身内部产生过一些新的因素,当时社会经济空前繁荣、市场交换活跃,进入市场的产品大大增加,社会组织和社会控制出现了一些新的方式,社会流动性加强,在某些地区、某些行业出现了与过去不同的生产组织形式。如果仅仅从经济关系考察,这些现象可能会被看作商品经济发展到一定阶段的产物或共生物。问题在于,这种具有明显"中国特色"的商品经济有着什么样的导向性,为什么中国传统社会最终不能依靠自身力量完成近代化变革呢？对这个困惑中国史研究者长达半个多世纪的问题,必须综合考察政治、经济、社会等各种因素,从文化价值层面上提出新解释。然而,在这个层面上,所有的经验性检验都是片面和力不从心的,这种解释被接受的基础,不是一件两件事实或几条史料,而是建立在大量个案研究、区域研究、计量研究基础上形成的历史感。

首先,价格是一种市场现象,它不但反映了市场上商品的供需状况和货币流通情形,而且潜在地表现了市场发育的程度及其有效性。我根据对18世纪广东省内各地以及邻省的米粮地区差价的分析,勾画了一个以广州、佛山为中心的联结数省的多层次的区域性米粮市场的运作情况,揭示了同时期米价的上升趋势与乾隆初年以后广东货币流通量加速增长的联系,分析了对米粮季节差价的变动方式和各地区间米价变动的同步性,从而在可比性较高的定量分析的基础上,研究当时两广区域市场的有效性和整合程度。

其次,对米价的分析,让我们可以从一个新的角度理解传统中国晚期与市场运作有关的其他经济情形。例如,在粮食短缺压力下广东人所做的经济选择以及各级市场上各类商人的经济活动等。

另外,传统社会中实际的经济发展,并非一个纯粹的经济过程,经济运作是在整体社会结构中,在特定的政治体系和文化传统的制约下进行的。所以,物价研究的视野不能局限于市场或经济领域,而应同时关注范围更广的社会文化层面的内容。这就是我关注广东粮食仓储制度的演变,政府与士绅的行为,乃至社会流动、社会心理变化、社会生产组织形式等方面的问题的考虑所在。

我曾归纳了清代的经济运作中存在"农户经济活动的非市场导向性""整体市场活动的非经济导向性"两个与市场机制有关的特点,主张在更深的层面上揭示市场发展与各种社会文化因素的复杂联系,才能更好地理解市场的基本矛盾及其动态。

总之,不但要分析米价变动的方式、规律及其市场背景,还要尽可能揭示其社会和文化内涵。从逻辑上说,我的基本构想是以米价剖析市场,通过市场反映经济,再透过经济理解社会。不过,我很快意识到,实际的历史发展是不按逻辑上各种因素的先后顺序来进行,而是表现为一种复杂的互相纠缠、互为因果的形式，社会历史本身就是一个整体。

■：是的，要做一项好的计量经济史分析的确不易，其中涉及的社会经济过程也要从总体上去把握，才能使计量分析有助于我们更好地理解历史。您鼓励年轻人继续从事这一类的经济史研究吗？

●：目前来说，好的经济史研究成果还是不多，有待更多的人去实践和开拓。当然，史学研究也应该百花齐放，没有必要特意强调某一学科、方法或理论。

在历史研究中运用现代统计学方法和电子计算机，是1950年代后期开始在美国首先发展起来的，几十年间其影响遍及西方和东欧各国，并形成了颇为引人注目的计量历史学派。关于历史学的计量研究，一直存在着两种不同的看法：提倡者就强调，计量分析从形式上更适宜反映基层社会和大众生活，更加科学化，有助于排除史学研究者"先入为主"的主观偏见；而反对者则批评说，计量研究适应的领域有限，人在这种研究中成为一种符号而失去人性的特点，某些研究者对计算机的兴趣大于对历史本身的兴趣，而且计量分析还可能使史学著作失去其作为艺术品被鉴赏的价值，从而使历史学失去众多的读者和听众。

科学研究的方法实际上是科学工作者提出和检验假说，并说服别人的一种被从业者集团共同认可的程序，其扬弃和发展既是由于科学进步内在的动因，也是科学研究者学术信仰转变的结果。从严格的意义上说，并没有哪一种方法是尽善尽美的，计量历史研究也是这样。一方面，我们注意到它反映了历史学研究方法的创新趋势，确实具有某些其他分析方法所未有的优点；另一方面，也要清楚地知道计量分析本身存在许多弱点和局限，它不可能取代史学研究最传统的手段与方法。

在我近年从事的韩江流域区域史研究和讨论中，我曾主张，研究者可以通过爬梳更多的文献数据，掌握更多的分析工具和技术手段，多做一些更具经济学色彩的区域经济史，这一点我想目前你们年轻人的条件真的非常好。当然我还是要强调，一定要在深刻了解制度的基础上去做这项工作，传统的史学训练和制度史研读是不可或缺、不会过时的。只有了解数字产生的机制，才能更好地将经济史放在鲜活的地域场景中去理解。

地域史脉络及其机制

■：刚才您谈到地域社会史的实践与经济史研究的关系，也阐述了在整体社会史中理解市场机制的重要性。记得某一次学术探讨会的圆桌讨论环节，大家都热议您经常提起的两个关键词"脉络"和"机制"，您愿不愿意就地域历史的脉络及其机制谈谈您的研究心得？

●：我知道那一次你们是在调侃我。不过这两个所谓关键词确实牵涉地域历史研究的基本视角，而且，关于历史机制问题，也是我在各项研究中比较强调的探索方向。

1991年以来，我一直在广东省东部汕头市澄海区（1994年以前为澄海县）的樟林乡进行实地调查、文献收集和研究工作，特别着重于明清史上的海禁、倭乱、迁界复界等大事件对樟林聚落社会的影响，讨论海上贸易对樟林社区内部格局的影响，以及民间信仰、乡村神庙系统与社区历史发展的关系。我这里无法详细介绍我的具体研究。只是想说，所谓的地域史脉络和机制，是要在细致的专题性的、社区性的考察中去感知和感悟的。

比如，以往的研究也已经表明，在华南乡村社会中，围绕着村庙的活动，往往深刻地反映了地方文化资源和权力结构的历史变迁与存在实态，庙宇在地域社会和信众心目中的"力量"，除在各种仪式性行为中得以表达和强化之外，也常常依赖于带有强烈象征意味的一系列"灵验传说"的存在。我通过对樟林乡民有关三山国王、火帝和天后等神祇信仰的研究，说明有关神明传说的流播实际上是一个成千上万次被"重复"的过程，"重复"不但使社区关于自己历史解释的"集体记忆"被保留下来，而且，通过这类传说的流播而得以"建构"的乡村关于自己历史的"故事"，实际上与从文字记载到意识形态不同层次的"国家"的历史，有着极为密切的关系，而乡村的故事与国家历史的关系，又常常是通过超越乡村的更大范围的地域关系来表达的。我们也发现，这种对于乡村故事或国家历史的"集体记忆"的"保留"，在漫长的历史发展过程中，实际上也不断经历着被"选择"的过程。

■：我对您所说的"乡村故事与国家历史的关系，常常是通过超越乡村的地域关系来表达"这一观点很感兴趣，这是否就是探寻"脉络"的途径呢？

●：大致如此。通过对樟林这个村落的考察，我是希望表达有关中国乡村社会研究方法的思考。

首先，研究者的责任不在于指出传说中的"事实"的对错，而是要通过对百姓的历史记忆的解读，了解这些记忆所反映的现实的社会关系，是如何在很长的历史过程中积淀和形成的。正是这个意义上，"口述资料"和本地人的记述，可能更深刻地反映了乡村历史的"事实"和内在脉络。

其次，当研究者在与"国家制度"相对应的意义上使用"乡村社会"这一概念的时候，有必要考虑在什么样的前提下或程度上，"乡村社会"可以作为一个具有"均质性"的分析概念被使用的问题。在运用这类概念时，能多一点自觉，我们对乡村社会生活的理解要丰富和深刻得多。此外，在樟林这类在地域社会中有重要地位的乡村中，可以见到地方官员直接干预乡村事务的大量例证，而更重要的是，乡民观念中关于来自国家的"正统性"的理解，如何在乡村的组织结构和日常事务中有意无意地表达出来。所以，要用"整体历史"的观念去理解地域社会的历史脉络，而将乡村置于地域社会的脉络之中，更深刻地理解乡村故事与国家历史的关系。

这也许就是我强调的方法论的重要意义。

■：您所强调的传统的史学训练和制度史研读，与地域史脉络的机制性探索是何关系呢？

●：我的想法是这样，深化传统中国社会经济史和区域研究的关键之一，在于研究者是否自觉去探寻和理解区域社会发展内在脉络。时下大量的区域研究作品中，具有严格学术史意义上的思想创造的还是凤毛麟角，许多研究成果在学术上的贡献，仍然主要限于地方性资料的发现与整理，以及对某些过去较少为人注意的"地方性知识"的描述。更多的著作，实际上只是几十年来常见的《中国通史》教科书的地方性版本。除有一些作品仍旧套用常见的通史教科书写作模式外，还有许多作者热衷于对所谓区域社会历史的"特性"做一些简洁而便于记忆的归纳，这种做法似是而非，偶尔可见作者的聪明，但却谈不上思想创造之贡献。对所谓"地方特性"的归纳，一般难免陷于学术上的"假问题"之中。用便于记忆但差不多可到处适用的若干文字符号来表述一个地区的所谓特点，再根据这种不需下苦功夫就能构想出来的分类方式，将丰富的区域历史文献剪裁成支离破碎的片段粘贴上去,这样的做法再泛滥下去,将会使中国社会经济史研究的整体水平,继续与国际学术界保持着相当遥远的距离。

我以为,要理解特定区域的社会经济发展,有贡献的做法不是去归纳"特点",而应该将更多的精力放在揭示社会、经济和人的活动的"机制"上面。我们多明白一些在历史上一定的时间和空间条件之下,人们从事经济和社会活动的最基本的行事方式,特别是要办成事时应该遵循的最基本的规矩,我们对这个社会的内在的运行机制,就会多一分"理解之同情"。当然,要达到这样的境界,"回到历史现场"的追求,就不是可有可无的了。这就是我所表达的"机制"以及机制性探索的意思。

那么为何还要强调传统史学训练和制度史研读的重要性呢?那是因为,在传统中国的区域社会研究中,"国家"的存在是研究者无法回避的核心问题之一。在提倡"区域研究"的时候,不少研究者们不假思索地运用"国家—地方""全国—区域""精英—民众"等一系列二元对立的概念作为分析历史的工具,并实际上赋予了"区域""地方""民众"某种具有宗教意味的"正统性"意义。对于中国这样一个保存有数千年历史文献,历代王朝的典章制度记载相当完备,国家的权力和使用文字的传统深入民间社会,具有极大差异的"地方社会"长期拥有共同的"文化"的国度来说,地方社会的各种活动和组织方式,差不多都可以在儒学的文献中找到其文化上的"根源",或者在朝廷的典章制度中发现其"合理性"的解释。区域社会的历史脉络,蕴涵于对国家制度和国家"话语"的深刻理解之中。如果忽视国家的存在而侈谈地域社会研究,是难免"隔靴搔痒"或"削足适履"的偏颇的。

既然要求研究者在心智上和感情上尽量置身于地域社会实际的历史场景中,具体地体验历史时期地域社会的生活,力图处在同一场景中理解过去,那么,历史文献的考辨、解读和对王朝典章制度的真切了解就是必不可少的。包括对所谓"民间文献"的解读,如果不是置于对王朝典章制度有深刻了解的知识背景之下,也是难免有"差之毫厘,失之千里"的阙失的。

也就是说,在具体的研究中,不可把"国家—地方""全国—区域""精英—民众"之类的分析工具,简单地外化为历史事实和社会关系本身,不可以"贴标签"的方式对人物、事件、现象和制度等做非彼即此的分类。传统中国区域社会研究的目的之一,就是要努力了解由于漫长的历史文化过程而形成的社会生活的地域性特点,以及不同地区的百姓关于"中国"的正统性观念,如何在漫长的历史过程中,通过士大夫阶层的关键性中介,在"国家"与"地方"的长期互动中得以形成和发生变化的。在这个意义上,区域历史的内在脉络可视为国家意识形态在地域社会的各具特色的表达,同样的,国家的历史也可以在区域性的社会经济发展中"全息地"展现出来。只有认识了这一点,才可能在认识论意义上明了区域研究的价值所在。

■:您的这番表述,也顺带回答了许多讲座上的"常见提问"——比如国家与地方的关系、精英文化与社会文化的关系之类的疑问。不过,要像您所说的保持对"地域"或"区域"的如此弹性的理解,好像也挺不容易的。

●:所以我才主张,在追寻区域社会历史的内在脉络时,首先特别强调"地点感"和"时间序列"的重要性,不能过于虚泛。在区域社会历史的叙述中,只要对引用资料所描述的地点保持敏锐的感觉,在明晰的"地点感"的基础上,严格按照事件发生的先后序列重建历史的过程,距离历史本身的脉络也就不远了。在谈到地域社会的空间结构与时间序列的关系时,应该注意到,研究者在某一"共时态"中见到的地域社会的相互关系及其特点,反映的不仅仅是特定地域支配关系的"空间结构",更重要的是要将其视为一个复杂的、互动的、长期的历史过程的"结晶"和"缩影"。"地域空间"实际上反映了多重迭合的动态的社会经济变化的"时间历程"。

这些年我研究明清之际中国东南海域的政治局势与社会变迁,讨论韩江流域地方动乱及其对社会组织、聚落景观及文化传统的影响,都是希望通过"再现"和重建"地域空间"历时性的过程和场景[①],倡导流域整体史研究、地域社会脉络中的村落研究,以及跨国视野下的人群海上网络研究,我想从这些角度切入,就有可能去把握区域社会历史脉络及其机制,并对社会史理论的建构有所贡献。

[①] 参见陈春声:《从"倭乱"到"迁海"——明末清初潮州地方动乱与乡村社会变迁》,《明清论丛》2001 年第 2 辑;陈春声:《16 世纪闽粤交界地域海上活动人群的特质——以吴平的研究为中心》,载李庆新主编《海洋史研究》第 1 辑,社会科学文献出版社,2010;陈春声、肖文评:《聚落形态与社会转型:明清之际韩江流域地方动乱之历史影响》,《史学月刊》2011 年第 2 期。

理解和践行大学精神

■:您在《历史·田野丛书》总序《走进历史现场》中特别提到,在中国近代人文社会科学的奠基时期,岭南大学和中山大学的前辈们所开创的跨学科综合研究,具有深厚的传统和深远的影响,也十分强调在继承这些传统的基础上进行有方向感的探索。对于史学乃至人文学科的发展,您有怎样的寄望?

●:我曾在《开放时代》杂志上发表过一篇文章,讨论了学术评价与人文学者的职业生涯问题。

我的大致思考是,三四十年来,中国学术研究的制度发生了翻天覆地的变化,不仅表现在高考制度、研究生培养制度、院系扩展、大学与科研机构转型等比较"内在"的方面,更重要的是,也包括了公共资源的投入与分配、出版发行、学术评价、公众对学术研究的态度等似乎较为"外部"的内容。我们必须深思的是,尽管有了如此巨大的制度性变化,真正可以在学术史上留下痕迹的思想发明似乎并未如预期般地同步增长。对于这一现象,除可以从政治环境、文化氛围、意识形态、国民素质等方面继续分析其缘由之外,可能更本质的理由还是在学术从业者本身。在研究工作中,如果"小题"的背后没有大的问题意识,也没有与前人对话的冲动,就会沦为自言自语。真实的情况是,由于年轻一代学者步入学术之门时,大都在从事这样的缺乏问题意识的个案的、地域的、微观的研究,目前中国人文学科的发展,带有"终极关怀"意义的方向感实际上已经相当薄弱。新的学术时代如何拥有超越学科、地域和个人生活经验的共同的问题意识,如何通过这种解构的、碎片的研究,辩证地培养起把握整体的"中国文明"的意识和雄心,是他们这一代人终究要直接面对的沉重的问题。

面对着学术外部环境的这种变化,人文学者要不厌其烦,反复强调学科的特质和"无用方为大用"的道理,努力说服公众和官员理解人文科学的发展对于维系、守护民族文化的意义。但更重要的是,人文学者自己要心存定见,面对任何迁就、适应环境的要求,都要保持学科的自觉,守护人文的精神,超越个人的日常经验。

■：在中山大学这所有着一百多年办学传统的大学，你觉得中山大学有哪些精神内核对人文学科的教学和科研工作有重要意义？

●：在一个大学里生活，从事教学和科研工作，总会感觉到不同的大学有不同的文化底蕴和精神气质，但是很难凭三言两语概括一所大学的精神，这一类的术语都显得不够。我们这所大学，是许多在近代中国学术史上作出过奠基性贡献的学者传道授业之所。正如黄达人老校长说过的，所有的大学都会有其办学特点，不过，并非所有大学都拥有"大学精神"。如果在中国近现代历史上，没有清华、没有北大、没有南开、没有中山大学，那么，我们国家的历史就得重写。我们相信只有这类承载了重大历史使命的大学，才真正有其精神。我们深深相信，拥有这种精神的大学，才可能是永恒的。

在我们历史系，一位我很景仰的前辈学者说过，中大的可贵之处，不在大，而在中。这是一句朴素而非常深刻的话。他的意思是说，中大的可贵之处在于一直是沿着一条比较正常的、比较符合教育规律的路线发展的。这是他对中大的理解，也是一种期待。其实，"中"和"大"在这里不是字面上的差别，而是说的两种不同的发展思路。这句话背后表达的是"大中至正"的概念，也就是说，只要是"中庸"的、"中允"的，就是正常的、正规的。我们生活在一个整天强调要"做大做强"、要"跨越式发展"的时代，常常忘了中国人思维方式中这些最宝贵的思想要素。相对于国内其他大学来说，我也相信中山大学的最动人之处，就在这个"中"字。因为这样的一种精神因素，让这个大学始终对校史上许许多多"敢为天下先"的创举保持着足够的宽容和理解，让这个校园始终充满了浓浓的人情味，让我们这些在其中生活的人，在面对社会和自己内心的种种煎熬时，更容易保持一种平衡的心态。在中国近代以来各个知名的大学里面，中山大学是循着一个比较正常的道路在发展的大学，我们也希望她会继续这样发展下去，不要大起大落。

又如老校长黄达人教授所提出的"学校以善待学生为办学的核心理念"，其中包含了三个与其他大学不太一样的理念：一、大学是一个学术共同体；二、教授就是大学；三、善待学生。我们在讲大学核心价值的时候，就是反复强调这三句话。因为大学是教书育人的地方，对学生我们说"善待学生"比较多，其"善"字不仅是友善的意思，更重要的是"臻于至善"的意思，就是说我们用最好的方法来培育我们的学生。我们相信，为学生提供优秀的师资和良好的求学环境，在关爱学生的前提下，严格要求，在预设的人才培养目标下，使学生既成人，又成才，为他们的人生指明方向，对他们的一生负责，这样才是体现在根本意义上的"善待"。我们认为，"善待学生"是一个"知易行难"的命题，若能"小题大做"，将其作为大学的核心理念，使其真正"润物细无声"地融化落实于学校工作的方方面面，就有可能全面改变和塑造一所大学的精神与品格，从而直接地影响所培养学生的面貌与气质。这么多年来，中大也一直在努力这样做。许宁生校长所提出的"人心向学"的理念，也是着眼于中山大学的传统和未来。

我在分管学校本科教学期间，参与了围绕创新人才的培养系列举措的实施过程，其中较大的举措有校区布局的调整、实行三学期制、推进通识教育等。调整校区布局，简单来说就是让同一个专业的本科生跟研究生在一个校区里生活学习，低年级的学生和高年级的学生能互相交流。从2009学年开始，我们实行三学期制，把秋季和春季两个长学期变短，腾出的四周半时间作为夏季学期，夏季学期和暑假相连，有将近三个月的时间，我们利用这段时间鼓励学生的实践教学，推动跨校区选课等。我们还努力推动博士生担任本科生的教学助理。在海外的大学，博士生、硕士生做本科生的教学助理很普遍。我们规定所有的博士生都要做本科生的教学助理。这样做的好处，不仅本科教学质量能获得提升，博士生也增加了工作经验。在海外的大学，博士生做本科生的教学助理，是很重要的资历，对他们毕业后到大学和学术机构求职，是必要的经验。

我们始终认为提高教育质量的关键，在于提高教学质量，提高课堂教学的含金量。我们刚刚制定了新的课堂教学规程，参照国际一流大学的教学方案，重新修订了每一个专业的教学大纲。还有，我们在学生的教学评价里面，增加了对老师导修、布置作业、参加讨论、批改读书报告的评价，更加严格要求学生，实质上也是对老师提出了更严格的要求。我也相信，教学相长的道理不会过时，中山大学的人文科学研究水平也会在这一整体改革进程中逐渐得到提升。

■：在您的许多学术兼职中，"广东省民间文艺家协会主席"的头衔在很多场合引人瞩目。近年来，您在广东的文化事业发展进程中也着力甚多，在听您讲述关于地域社会史研究理念的同时，我们也很想听听您对当下民间文化遗产保护、区域文化建设等问题的看法。

●：老实说，大家选我当这个主席，可能是希望以此加强民间文艺界与学术界的联系，我觉得任务很重大。实际上，民协的工作有很多已经超越了普通意义上的文学艺术范围，比如深度参与了广东古村落保护的研究和评定，以及许多非物质文化遗产的研究保护项目，这些本身已经有很好的学术性，应该继续把它做好。

民间文化艺术的传承，民间文艺产生更大的影响力，并不只是政府的责任，也不能完全只靠政府去推动。该政府做的，政府要好好去做，该交给民间做的，就该相信民间的力量，放心地交给民间。广东这个地方最大的好处，就是政府和民间的力量比较和谐，政府做了很多好事，民间自发地也做了不少有益的东西。对于这些民俗，或者说民间文艺、文化遗产的保护与推广，最重要的是要避免炒作，地方官员不要把它当成政绩工程来经营，不要短线作业。对于政府来说，重要的是应该首先努力保护民俗的传承人，然后在当下市场化的社会环境中，找到民间文化进一步发展的机制。

文化是慢慢积累、形成，慢慢培育出来的，没有非常快速的方法。对于一个国家来说，重视文化比不重视文化要好得多，而且中国正成长为一个世界大国，提出要建设文化强国，是好的目标。老百姓重视日常生活体验，因此城市建设要尽量贴近老百姓的日常生活，让百姓感觉到生活在一个有文化的氛围里面。比如说到广州城市最大的魅力，我个人认为突出体现在人情，广州做城市的文化建设，就是要让这个城市的人，包括新广州人、老广州人，都真正感觉到人与人之间的情感，这就是广州的味道。

■：您刚才提到了民间文艺界与学术界的联系，那么学术界可以从哪些方面对当前区域城乡文化建设有所贡献呢？

●：我在中山大学的同事们，还有广东社会科学界的同行们都与海外同行有很好的学术联系，也与台湾、香港、东南亚的民间文艺界有很好的联系。我觉得以后可以进一步加强联系，多合作做一些展演、展览、学术论坛、研讨会、田野考察等活动。我们还要面对公众多做一些关于民间文化的公益论坛，多出版一些学术专著，进而在更广的层面上让广东民众对民间文化有更深的了解和热爱。对于年轻人，更重要的还是要对他们进行现代的、具有国际性眼界的公民教育，在这个过程中，其实很多传统的文化行为就会被他们自然地继承下来。

通过多年的乡村社会研究实践，我们也体会到，要从更深刻的意义上理解乡村和谐社会和农村文化建设。在乡村社会生活中，文化具有其他社会要素无法替代的作用，其中包含了凝聚、整合、同化、规范社会群体行为和心理的功能。建设社会主义新农村，要求乡村地区在加快经济发展、改善自然和社会环境的同时，建立起一种适合于新农村建设的文化观念。

近代以来，深受西方思想和学术影响的先进人物和知识分子，大多抱有"改造乡村"的理想，他们的努力，推动了乡村的近代化，改善了乡民的物质生活。但与此同时，在如何处理乡村文化传统的问题上，却一直面临着比较尴尬的境地。改造乡村的努力，一旦遇到文化传统的问题，常常就变成"无根"的"文化输入"或"文化行销"，一旦处理不好，就可能处于民众的对立面。从事基层工作的干部常常会遇到的情况是，为达到某种平衡，有时不得不因地制宜地对乡村社会某些"合情"但不"合理"的传统习惯做适当的妥协，但如果过于执着意识形态的正确性，这样的妥协就可能不具有合法性的理据。

其实，中国传统乡村的文化传统，与建立在科学理性和民主制度基础上的近代社会理想，是可以和谐相处，相得益彰的。文化传统可以转化为政治资源，在建设社会主义新农村、保持农村和谐稳定发展的努力中，尊重乡民的风俗习惯，保护并善于利用乡村固有的文化传统，自然可以收到事半功倍之效。而且，新农村的文化建设，也只有植根于本土深厚的民间文化土壤，才可能真正达到稳固国家长治久安根基的目标。

我还想说的是，中山大学人文学科至今能保持在国内外学术界的重要影响和地位，在于中大的人文学者能在这个重视包装、重视计量，工具理性占据主导的时代，仍然保持清醒的学科本位意识，继承老一辈学者的传统，按照人文学科内在的发展要求从事学术工作的结果。我常以冼玉清教授的工作为例证，冼玉清教授所从事的文献考订、文史考证、金石鉴赏、文物保护等工作，都是学有所成、独具匠心、朴实而能够传诸久远的，这就是地方文化建设的正途，我们只有以冼玉清教授等卓越人文学者为榜样，踏踏实实、勤勤恳恳地做好这些最基础的学术积累的工作，广东的文化建设才不会成为昙花一现的无本之木、无源之水。

■：访谈到此，我又回想起您的《史学与以史学为业》的讲演，通过您对以上诸多问题的阐述，我想我们也能慢慢地理解您所说的人文科学从业者的"内在超越感"的深意。

●：是的，大学的职业生活也充满矛盾和挑战，如何保持一种带有超越感的平衡心态，将是职业生涯能否平顺而成功的关键所在。陈寅恪先生讲过，"士之读书治学，盖将以脱心志于俗谛之桎梏，真理因得以发扬"。也就是说，读书人要脱俗。"脱心志于俗谛之桎梏"，这是一个难以企及的境界。在现代中国的大学里面，我们对大学有很多期盼和理想，但这些期盼和理想的达成，有待于用一种带有宗教感的态度去提升。这也是我们这些选择任职于大学的人，所要面对的可能备受内心煎熬的难题。

在大学任职的外部条件，特别是与个人职业生涯顺利与否相关的部分，并未达到这样理想化的境地。大学是人类的组织，也就具备了社会组织的所有弱点，人性的弱点也必然导致大学职业生涯要面对的种种不公。代表了人类未来、良知、公正、平等和其他各种追求的大学理想，是由生活在充满了短视和不公的环境中的大学领导者、教师和其他同事的具体活动来达成的。这是每一位刚刚步入大学之门的同事，从一开始就要准备面对的。

在现代的学术体制下，学术越来越变成一个从业者集团内部的自足的行为，衡量一个学者学术贡献的大小，成为学术共同体内部相互承认的过程，而这个共同体的评价，决定了我们能否当一个好学者。要当一个好学者，一定要有好的学术思维的能力，而学术思维的本质，就是在深刻理解学术史和严格遵循学术规范基础上的知识创造。从这个角度讲，学术就是"反常识"。证明自己是一个好学者的标志，是看一位学者在学术上有没有思想的创造，有没有"反常识"的发明。而另一方面，作为一位大学教师，其基本的任务之一，就是要把常识教授给学生。这样一来，在做一个好教师和当一个好学者之间，存在着非常大的、不容易克服的鸿沟。学术创造与知识传授，需要的是两种很不相同的秉性，一个人是很难同时完美地具备这两种秉性。客观的事实是，在现代大学里，绝大多数教职员只是中才而已。我们的内心、我们周围亲近的人们，甚至我们的社会，并不真正明白这一点，常常对我们怀有很高的期望，都希望我们能够取得大的成就。内在和外部的期望，与实际能力之间的差距，对每一个就职于大学的人来说，都可能会成为压力和煎熬的根源。所以，我们在选择大学职业生涯的时候，一定要扪心自问，听从自己内心的召唤。

另一方面，只有在严格遵守既有制度，在现有体制下做得比周围的人更好的前提下，我们才有资格讨论改革体制和改善制度的可能。只有遵循目前的规矩而取得令人信服的成绩，我们提出的改变现状的愿望和方案，才会被正确地得到理解，大家才会相信，我们提出这样的要求，真的是出于对教育、文化和学术长远发展的责任，是为了守护大学这个人类精神生活的家园，而不是出于一己之私。在这个校园工作了几十年，我看到的情况是，对各种不合理的制度和举措提出批评建议，且能被接受并取得成效者，往往都是在原有的体制下就做得比别人更好的人。由于社会的迅速转型，我们的价值观、行为方式和思维模式正日益多元化，大学的职业生活也因此有了更多、更深刻的矛盾和困惑。真正的解决之道，是要让我们的视野更加博大，思想更加深刻，心灵能够容纳更多的矛盾，是自我的超越。

从这个意义上说，学术创造不是源于外在的行为规范的约束，而是植根于建立在科学理性基础上的对人的内心召唤的遵从。一个人之所以成为一个好的学者，不仅在于他遵守了这些外在的道德和社会规范的约束，还在于他能够在更理性的基础上感受到学术创造的魅力，在因为各种外在的动力而埋头读书的时候，懂得自觉地倾听自己内心的声音。

侯建新

Hou Jianxin

1951年生于天津，天津师范大学资深教授、校学术委员会副主任，欧洲文明研究院院长。历任东北师大、南开大学教授，南京大学特聘教授。国务院学位委员会第七届世界史学科评议组召集人，国家社科基金评委，全国世界中世纪史荣誉会长。曾任剑桥大学、斯坦福大学、哥本哈根大学等校客座教授或访问学者。主编教材获国家基础教育类特等奖。主要研究英国史、中西现代化进程比较、史学理论。主要著作有《现代化第一基石：农民个人力量增长与中世纪晚期社会变迁》《社会转型时期的西欧与中国》《农民、市场与社会变迁：冀中11村透视并与英国乡村比较》《资本主义起源新论》等。

中世纪与欧洲文明元规则

侯建新

历史是国家之根,文明乃民族之魂。由于生活环境不同,人类很早就创造了不同的区域文明,任何一个文明体系都相当繁复,不仅有物质层面,还有精神层面,它规范着人们的心理、观念和社会行为,是社会制度和社会架构的内在指导原则。历史反复表明,长期积淀的文化传统对一个民族的发展有着巨大影响和制约。当人们还不能反省自己,不能识别和吸收其他文化,也就是说还不能主动创造历史的时候,这种影响和制约愈加显得坚韧和强大。西方文明即历史上的欧洲文明,是当今人类社会的主要文明之一,对其做系统、深入的研究,探讨其核心内涵和本质特征,实有必要。

文明如同生命体一样,也有产生、成长和成形的过程。成形后的文明意味着文明的内核已经长成,其特征更加鲜明和确定,其中最基本、最具全局性影响的特征,本文称之为文明"元规则"[①](meta-rules)。元规则在本文中的定义是:某种特定文明的首要、起始和关键的规则,被社会广泛认同并被明确定义,成为社会生活的基本准则,以至渗入法律和政治制度层面;它们是决定规则的规则。文明元规则的内涵高度稳定,外在表现形式随着不同文明的交流和借鉴而变换,更随着时代和空间变换而变换,有时看上去甚至面目全非,然而仔细观察就会发现每一种文明都保留着其独有的原始特征。不同文明有着不同的元规则,对这些元规则的锁定和剖析,无疑是我们探索

---

① "元规则"是借用宪法经济学等学科的一个概念,例如,在宪法经济学里,"元规则"意为公认的、决定规则的规则,参见 Geoffrey Brennan and James M. Buchanan, *The Reason of Rules*: *Constitutional Political Economy*, Cambridge: Cambridge University Press, 1985, p. 105.

特定文明本质的关键着力点。

一、欧洲文明的时空维度

"文明"的定义相当繁复,"文明"与"文化"的关系也论述颇多。在此本文不纠缠复杂的定义,关于文明与文化之间的关系仅强调两点:其一,文化与文明有着极为密切的关系,然而文化不等同于文明。其二,文明是达到一定历史阶段的高级文化,文明有国际学界公认的标准,例如具备了金属冶炼技术,出现了城池和文字等。有文字的历史才是文明史,之前的历史则被称作"史前史"。关于文明与文化的关系,一个世纪前就有学者指出,"文明是文化的不可避免的归宿……文明是一种发展了的人类所能做到的最表面和最人为的状态"①。有学者说得更为简练明确:"文明是放大了的文化","文明是最广泛的文化实体"。②

先从西方文明的时间维度说起,这是一个没有完全形成共识的话题,在国内尤其这样。历史学家认为,最初的文明诞生于 5000 年到 6000 年之前,自此人类历史上曾先后出现数十种文明形态,其中有上古时代基本独立形成的文明,被称为"原生型文明"。随着时光的流逝,一些文明凋零了,一些文明得以延续或再生,当今世界的主要文明不过七八家,其中再生文明居多,它们又被称为"次生型文明"。次生型文明采纳一种或若干种原生型文明的某些成分,但已然是不同质的文明。笔者认为西方文明是次生型文明,与古希腊、罗马文明有本质不同,尽管与它们有着某种联系。

然而,西方学界曾长期将西方文明与古典文明混为一谈。15 世纪初,处于中世纪末期与资本主义社会临界点的人文主义者,对强势的基督教教会及其文化深感压抑,希望获得更自由的空间;随着更多希腊、罗马古籍被发现,他们被其典雅富丽的文风所吸引,希望早已衰败湮没的古典文化得以复兴,"文艺复兴"(Renaissance)由此得名。其实,人文主义者对古典世界缺乏深刻认识,也没有能力把握罗马灭亡后的社会演化性质,殊不知,他们

---

① 奥斯瓦尔德·斯宾格勒:《西方的没落》上册,齐世荣等译,商务印书馆,1991,第 54 页。
② 塞缪尔·亨廷顿:《文明的冲突与世界秩序的重建》,周琪等译,新华出版社,1998,第 24-26 页。

所处时代已是传统社会的尾声。他们自觉或不自觉地误判时代,将罗马覆亡后的历史认定为千年沉睡与愚昧,直到文艺复兴时人文精神才重新觉醒,因此"黑暗时代"(Dark Ages)、"中世纪"(Medieval Ages)以及"文艺复兴"等欧洲人话语和概念,传播至世界各地,塑造了人们对欧洲和欧洲历史的认知。只要你使用那些概念,就是在重申相应的历史认知,以欧洲与古典文明为一体,不过中间停滞千年而已。

尽管该话语高调持续500年后出现拐点,然而对全球学界的影响却不可小觑。中国史学界亦不例外,但也有不同声音。据笔者所知,最早提出不同观点的国内学者是雷海宗先生,他在20世纪30年代即指出:欧西文化自公元5世纪酝酿期开始直至今日,是"外表希罗内质全新之新兴文化"。[1] 近期我国也有学者明确指出,西方文明不是古典世界衣钵的承袭与延伸,而是新生文明。[2] 当下国际学界,传统看法依然存在,然而文艺复兴时期的话语不断被修正、被颠覆!尤其进入20世纪后,越来越多的学者认为,西方是中世纪的产物,它与古典文明是两个不同的个体。

活跃在19世纪中期的法国学者弗朗索瓦·皮埃尔·基佐是早期代表人物之一,他在《欧洲文明史》中明确切割了欧洲文明与古典文明,而且作了至今看来也不失深刻的分析。基佐敏锐地发现中世纪形成的欧洲文明有着"独特的面貌",不同于古典文明,也不同于世界上的其他文明。[3] 与基佐大约同时代的黑格尔和稍晚的马克思都明确表达了相近观点。黑格尔的《历史哲学》,将西方文明称为"日耳曼世界","有着一个崭新的精神,世界由之而必须更生"。[4] 马克思则把西方文明称为"日耳曼的",与"亚细亚的""古典古代的"等并列,都是独立的文明。[5] 让这样的历史观进入职业历史学家领域,早期史学家当属斯宾格勒和汤因比。在他们那里,古典文明和西方文明都是独特的、等值的、自我本位的,斯宾格勒特别指出"西方文明是

---

[1] 雷海宗:《西洋文化史纲要》,王敦书整理导读,上海古籍出版社,2001,第3页。
[2] 参见侯建新:《欧洲文明不是古典文明的简单延伸》,《史学理论研究》2014年第2期;侯建新:《交融与创生:西欧文明的三个来源》,《世界历史》2011年第4期;侯树栋:《断裂,还是连续:中世纪早期文明与罗马文明之关系研究的新动向》,《史学月刊》2011年第1期;田薇:《关于中世纪的"误解"和"正名"》,《清华大学学报》2001年第4期。
[3] 基佐:《欧洲文明史》,程洪逵、沅芷译,商务印书馆,1998,第20-40页。
[4] 黑格尔:《历史哲学》,王造时译,上海书店出版社,2001,第339-340页。
[5] 《马克思恩格斯全集》第30卷,人民出版社,1995,第465-510页。

最年轻的文明",是中世纪形成的新生文明。

约 20 世纪中叶以后,西方文明始于中世纪的观点得到更多的认可。一批历史教科书系统性恢复了早期欧洲文明的历史原貌,布罗代尔撰写的《文明史纲》是代表作之一。该书出版于 1963 年,不仅是一部教科书,亦是堪称经典的学术著作。布罗代尔是法国年鉴学派——20 世纪最重要史学流派的集大成者,其以一系列奠基性研究成果蜚声世界。他在该书的"欧洲文明"部分,首个黑字标题即是"欧洲发展成形:5 到 13 世纪"。他认为,欧洲的空间是在一系列战争和入侵过程中确定下来的,成形于 5 到 13 世纪;其中他特别重视欧洲封建制的确立。他认为,封建制的确立和推广使欧洲成为欧洲,以至于称早期欧洲文明为"封建文明"。布罗代尔说:"封建主义(Fedualism)打造了欧洲。11 世纪和 12 世纪,在封建王朝的统治下,欧洲达到了它的第一个青春期,达到了它的第一个富有活力的阶段。这种封建统治是一种特别的和非常具有原创性的政治、社会和经济秩序,建立在一个业已经过第二次或第三次发酵的文明之上。"①

同样问世于 20 世纪中叶亦广受欢迎的教科书《欧洲中世纪史》,由时任美国历史学会主席查理·霍利斯特主编,至 2006 年,该书已再版 10 次,成为美国数百所大学的通用教材。该教材最新版本的开篇标题醒目而明确:"欧洲的诞生,500—1000 年"。作者认为新的欧洲文明在公元 1000 年左右臻于成熟,欧洲文明与古罗马文明有着亲属关系,然而却是"迥然不同"的文明。② 布莱恩·蒂尔尼等学者在其再版 6 次的大学教材《西欧中世纪史》中指出:"'罗马帝国的衰亡'不仅仅可以被视为一种古代文明的终结,而且还可以被视为一种新文明的开端。"③它与罗马时期的社会图景完全不一样,先前的经济、宗教和政府管理体制都瓦解了,一去不复返。

塞缪尔·亨廷顿是当代政治学家,因其世界文明研究而名噪一时,他确认西方文明诞生于中世纪,是再发酵的文明,他说:古典文明"已不复存

---

① 费尔南·布罗代尔:《文明史纲》,肖昶等译,广西师范大学出版社,2003,第 294 页。
② 朱迪斯·M. 本内特、C. 沃伦·霍利斯特:《欧洲中世纪史》第 10 版,杨宁、李韵译,上海社会科学院出版社,2007,第 5-7 页。
③ 布莱恩·蒂尔尼、西德尼·佩因特:《西欧中世纪史》第 6 版,袁传伟译,北京大学出版社,2011,第 2、79、131 页。

在",如同美索不达米亚文明、埃及文明、拜占庭文明等文明一样已不复存在。① 比利时历史学家亨利·皮雷纳,终生探求西方文明的形成时间与条件,因而这个问题被国际学界称为"皮雷纳命题"(the Pirenne Thesis)。他确认古典文明是地中海文明,西方文明终结了古典文明,不过新文明的形成和旧世界的衰退皆为一个历史过程。而且,皮雷纳强调伊斯兰世界对西方文明诞生的刺激作用。② 不只皮雷纳,不少西方学者都看到了伊斯兰世界对西方文明形成的刺激作用,如《西方文明简史》作者杰克逊·斯皮瓦格尔指出,在700年到1500年之间,与伊斯兰世界的冲突帮助西方文明界定自身。③

哈佛大学哈罗德·J.伯尔曼教授是著名法律史学家,他最重要的贡献是出色地论证了西方法律传统的形成,深入辨析了西方文明与其他文明的关系。伯尔曼认为,人们习惯上将西方文明看作古希腊、罗马全部文化继承者,实为一种误读。他指出:"西方作为一种历史文化和文明,不仅区别于东方",而且区别于"以色列""古希腊"和"古罗马",它们是不同质的文明。④

至于"欧洲"一词,据奥地利历史学家希尔考证,最早见于罗马帝国后期,"最初,它只是用以表明一种区别"。罗马历史学家卡修斯发现,罗马皇帝的军队中,"来自帝国西部的'欧罗巴人'与东方的'叙利亚人'有显著不同"。甚至5世纪初的《奥古斯都历史》中还在交替使用"欧罗巴人"和"欧罗巴人军队"这两个词。这是"欧洲"一词能查到的最早的文献记载。⑤ 随着蛮族入侵,先后出现了一系列蛮族王国,法兰克是蛮族王国的主要代表。加洛林王朝开始正式使用"欧洲"这个概念。布罗代尔认为,公元751年法兰克王国建立的加洛林王朝就是第一个"欧洲",标示为"欧罗巴,加洛林王朝的统治"(Europa, vel regnum Caroli)。加洛林王朝的著名统治者查理大

---

① 塞缪尔·亨廷顿:《文明的冲突与世界秩序的重建》,第29页。
② Henri Pirenne, *Mohammed and Charlemagne*, New York: Meridian Books, 1959, p. 234.
③ Jackson J. Spielvogel, *Western Civilization: A Brief History*, Vol. I, Wadsworth: Cengage Learning, 2010, preface xxiv.
④ 哈罗德·J.伯尔曼:《法律与革命:西方法律传统的形成》,贺卫方等译,法律出版社,2008,第2—3页。
⑤ 弗里德里希·希尔:《欧洲思想史》,赵复三译,广西师范大学出版社,2007,第1页。戴奥·卡修斯(Dio Cassius),2—3世纪罗马著述家。

帝,被后来的宫廷诗人赞誉为"欧洲之父"(pater Europae)。① 后来十字军东征,在与阿拉伯穆斯林的冲突中,"欧洲"概念也曾浮出水面。不过,一直到文艺复兴初期,该词仍然很少出现在人文主义者的笔下。"欧洲"一词进入欧洲所有的语言并且较频繁地出现,则是15—16世纪的事情了。

欧洲人统一的身份意识,似乎比"欧洲"一词的普遍使用更早地进入中世纪生活。公元1000年以后,欧洲发展进入关键时期,到12世纪,封建采邑制遍布欧洲大地。伴随着社会秩序的相对稳定,人口、贸易和文化复苏,城市和大学逐渐兴起。当时绝大多数人都生活在庄园-村庄共同体内,有着相近的经历和感受,诉说着同样的话题,诚如布罗代尔所描述的那样,"在欧洲文明和文化中出现了一种聚合"。他说:

> 一位到圣地朝圣的香客或为了贸易四处走动的人,在吕贝克像在巴黎那样,在伦敦像在布鲁日那样,在科隆像在布尔戈斯、米兰或威尼斯那样,都有一种在家的感觉。道德、宗教和文化的价值,以及战争、爱情、生活和死亡的准则,在各地都是一模一样的,从一个采邑到另一个采邑,不管那里出现了什么样的争执、反叛和冲突,都没有什么区别……出现了一个真正的单一的基督教民族和基督教世界。②

关于西方文明的空间维度,也有复杂性一面,其边界有明显的时间性,随文化而变动。西欧无疑是欧洲文明的核心地区,地理与文化是重叠的;南欧、中欧和北欧大体亦然。然而,一部分东欧国家以及俄罗斯,虽然地处欧洲却不被认为属于这个意义上的欧洲国家。西欧个别地区也是这样,如阿拉伯人长期统治的西班牙半岛。罗伯特·罗伊指出:很难说土耳其或俄国以及"东欧"属于真正的欧洲;西班牙被穆斯林统治8个世纪,其间西班牙的穆斯林统治者从不认为自己是欧洲人。③ 所谓欧洲,基本是文化意义上的欧洲,近代以来更加明显。"大航海"以后欧洲移民在美洲和大洋洲建立起来的国家如美国、加拿大、澳大利亚和新西兰等被认为是西方国家,虽远离

---

① 费尔南·布罗代尔:《文明史纲》,第294-295页。
② 费尔南·布罗代尔:《文明史纲》,第294、296页。
③ Robert Royal, "Who Put the West in Western Civilization?" *The Intercollegiate Review*, Vol. 33, No. 2, 1998, p. 5.

欧洲本土,依然同根相连,叶枝相牵。很明显,西方文明的空间维度有一定的时间性和扩张性,未必与自然地理上的欧洲合一,虽然其文化边界是确定的。

二、采纳、改造与创生

西方文明诞生于中世纪,它虽然采纳和改造其他文明包括古典文明的某些元素,却很难说承袭了哪个特定文明。伯尔曼指出,西方文明与古典文明之间不是继承关系,"主要的不是通过一个保存或继承的过程,而是通过采纳的过程,即:西方把它们作为原型加以采纳。除此,它有选择地采用了它们,在不同时期采用了不同部分"。① 他又说,不难发现,某些罗马法幸存于日耳曼习惯法之中,幸存于教会法律中,希腊哲学也是一样,不过即使某些古典学问没有被打断而存活下来,"这种学问也不可避免地要受到改造"。人们可能看到,12世纪意大利比萨自由市的法律制度,采用了一些罗马法的规则,可是,"相同的准则具有极不同的含义"。所以,西方不是指古希腊、罗马和以色列民族,而是西欧诸民族吸收古典世界的一些文化元素,并且予以改造的结果,并且"以会使原作者感到惊异的方式"予以改造。② 伯尔曼用平实、贴切的语言明辨了西方文明与古典文明的关系,具有融会贯通的穿透力。麦奇特里克也指出,探究早期中世纪社会,重要的不是争辩不同文化元素的来源,而是具体考察各种元素怎样整合成一种新文明。③

欧洲采纳的对象不单单有古典文明,还有以色列,更有日耳曼和基督教文化元素。西方文明不可能与古典文明衔接,一个最基本事实是文明主体变更,有着不同传统文化的日耳曼人,踏着罗马帝国的废墟入主欧洲,如萨拜因说,从此"西欧的政治命运永远地转移到了日耳曼侵略者之手"④。

日耳曼人来自欧洲北部多雾的海边,分为不同的部落,却有着大致相近的传统和制度,最重要的是马尔克(Mark)村社制度。在整个中世纪,它浸

---

① 哈罗德·J. 伯尔曼:《法律与革命:西方法律传统的形成》第1卷,第2—3页。
② 哈罗德·J. 伯尔曼:《法律与革命:西方法律传统的形成》第1卷,第3页。
③ R. McKitterick, ed., *The Early Middle Ages: Europe 400 – 1000*, Oxford: Oxford University Press, 2001, p. 27.
④ 乔治·霍兰·萨拜因:《政治学说史》上册,盛葵阳、崔妙因译,商务印书馆,1986,第242页。

透了全部的公共生活,如同孟德斯鸠所指出的,欧洲一些优良的制度"是在森林中被发现的"①。人们通常认为庄园是乡村社会的唯一中心,近几十年来欧洲学者认为村庄组织更重要。笔者认为,二者都不可忽略,事实上,中世纪乡村社会实行庄园-村庄双重管理结构,村社组织并非"残余形式"。②

即使在庄园农奴制下,村庄也没有丧失集体行为,一些村庄共同体还有自己的印章、标识,节日场合还悬挂当地旗帜。③ 庄园法庭明显地保留了日耳曼村民大会的古老遗风。一切重大安排、村民诉讼以及与领主的争端,都要由这样的法庭裁决。在乡村公共生活中,"村规"享有很高的权威,长期保持旺盛的生命力,受到乡村社会的高度认同。④

上层统治架构也深受日耳曼传统的影响。按照日耳曼人的观念,政府的唯一目标就是保障现存的法律和权力。⑤ 德国学者科恩指出,中世纪的政治思想与其说是中世纪的,不如说是古代日耳曼的,后者也是欧洲封建制得以创建的重要政治资源。⑥ 即使法律本身也导源于日耳曼传统,生活中的惯例在法律中具有排他性和独占性。不难发现,不论是乡镇基层还是上层政治架构,日耳曼的法律、制度与历史为早期西方提供了社会组织胚胎。

基督教是塑造欧洲文明的重要力量,但它也必须经过中世纪的过滤和演化,才能使其潜在要素得以显现。首先,它以统一的一神信仰,凝聚了基督教世界所有人的精神,这一点对于欧洲人统一的身份意识、统一的精神归属意识,具有无可替代、空前重要的意义。而这样的统一意识,对于欧洲人的身份自觉、文明自觉,又发挥了重大作用。"在欧洲的整个历史上,基督教一直是其文明的中心。它赋予文明以生命……一个欧洲人,即使他是无神论者,也仍是深深植根于基督教传统的一种道德伦理和心理行为的

---

① 孟德斯鸠:《论法的精神》上册,张雁深译,北京:商务印书馆,1995,第165页。
② 侯建新:《西欧中世纪乡村组织双重结构论》,《历史研究》2018年第3期。
③ Werner Rösener, *The Peasantry of Europe*, trans. by Thomas M. Barker, Cambridge, Mass.: Blackwell, 1994, p. 160.
④ J. A. Raftis, *Tenure and Mobility: Studies in the Social History of the Medieval English Village*, Toronto: Pontifical Institute of Mediaeval Studies, 1981, pp. 111–112.
⑤ Fritz Kern, *Kingship and Law in the Middle Ages*, translated with an introduction by S. B. Chrimes, New York: Harper & Row, 1970, p. 185.
⑥ Fritz Kern, *Kingship and Law in the Middle Ages*, Introduction, p. xviii.

俘虏。"①

其次,它为欧洲人提供了完整的、具有显著的文明高度的伦理体系。基督教早期是穷人的宗教,其所谓"博爱"观念在理论上(在实际上受很多局限)突破了家庭、地域、身份、种族、国家的界限。耶稣的殉难,以及他在殉难时对迫害他、杀死他的人的宽恕,成为所谓"博爱"精神的象征。"博爱"精神既为信徒追求大的超越、神圣,实现人生价值、生命意义提供了舞台,也为信徒践行日常生活中的道德规范提供了守则。基督教出现之后,千百年来折磨人、迫害人、摧残人、杀戮人的许多暴虐传统,才遭遇到从理论到实践的系统的反对、谴责和抵制,以对苦难的同情为内容的人道主义才开始流行。它广泛分布的教会组织,对中世纪动荡、战乱的欧洲社会秩序的重建,对于无数穷人苦难的减缓,起过无可替代的作用。

最后,它关于"上帝面前人人平等"的观念,包含无论高贵者还是低贱者皆有"原罪"的理念,势必导致对世俗权力的怀疑,为以后的代议制度孕育预留了空间。权力制衡的实践在罗马时代已出现,但基督教的原罪说提供了坚实的理论依据,开辟了真正广阔的前景。上帝救世说中,个人是"原罪"的承担者,而灵魂得救也完全是个人行为,与种族、身份、团体无关;个人的宗教和道德体验超越政治权威,无疑助长个体观念的发展。② 这些是古典世界所不曾发生的,梅因说:"'古代法律'几乎全然不知'个人',它所关心的不是'个人'而是'家族',不是单独的人而是集团。"③

中世纪基督教会的消极影响也无可讳言,他们在相当长的时间里、相当严重的程度上用愚昧的乌云遮蔽了理性的阳光,诸如焚烧女巫运动,对"异端"的封杀,对"地心说"的顽固坚持,等等。自身的腐败是教会更为严重的问题,随着教会政治、经济势力的膨胀,教会也不能避免权力和财富的侵蚀,甚至较政府权力部门而无不及。作为近代早期宗教改革的重要成果之一,基督教会卸载其社会管理功能,淡出世俗,完全回归到心性与精神领域。

古典文明最终走向衰落,然而它的一些文化元素却为西方文明提供了

---

① 费尔南·布罗代尔:《文明史纲》,第311页。
② R. W. Carlyle and A. J. Carlyle, *A History of Medieval Political Theory in the West*, Vol. 3, London: W. Blackwood, 1928, p. 8.
③ 梅因:《古代法》,沈景一译,商务印书馆,1996,第146页。

一定的资源。古典文明的理性思考,对中世纪神学和经院哲学产生深刻影响。雅典无疑开创了多数人民主的先河,不过也应清楚地看到雅典民主有以众暴寡的倾向①,不具备现代民主的气质。古典时代没有个体的独立,看不到个人权利成长的轨迹,个体融于城邦整体中,最终融于帝国中。古罗马对于欧洲文明最重要的贡献是罗马法。高度发达、极其精致的罗马法律体系与日耳曼民俗法差异极大,距罗马最后一位皇帝被废黜很久以前,"罗马文明在西部就已经被哥特人、汪达尔人、法兰克人、撒克逊人以及其他日耳曼人的原始部落文明所取代"②。12世纪欧洲出现了罗马法的复兴和传播,助力于欧洲文明的成形。

罗马法的主要贡献是为欧洲法律提供许多概念和范式,罗马法在被采纳过程中也被改造,气质大变,所谓12世纪欧洲罗马法复兴就是这样一场运动。人们对罗马法复兴充满热情③,但与其说是复兴,不如说是再造。教会法学家热衷于探讨罗马法的真谛和有价值的基本元素,尤其是更新了罗马法中的个人权利概念,功莫大焉。表面上他们在不停地考证、厘清罗马法的本意;其实也在不断输入当时的社会共识,表达一种全新的见解。意大利的博洛尼亚大学作为引领性的研究中心,格外引人注目,法学家伊尔内留斯等人的研究成果,被认为"代表着中世纪欧洲学术和知识分子最杰出的成就,甚至是唯一成就"④。人们发现,在他们的《注释集》里,罗马法的思想原则、精神内核发生了很大变化。特别值得注意的是,"权利"本来是罗马私法中的概念,现在则进入公法领域,逐渐彰显个体权利和自然权利,为建构欧洲文明的政治框架提供了重要元素。

欧洲文明表现出了人类各个文明都有的精华与糟粕并存的特征。无论如何,公元5世纪罗马帝国覆亡特别是8世纪以后,上述文明的各种元素熔于一炉,或者一拍即合,或者冲撞不已,更多是改造和嫁接,形成了一种新的

---

① 英国史学家阿克顿称其有"多数人的暴政"的倾向,参见阿克顿:《自由与权力:阿克顿勋爵论说文集》,侯健、范亚峰译,商务印书馆,2001,第38—40页。
② 哈罗德·J. 伯尔曼:《法律与革命:西方法律传统的形成》第1卷,第117页。
③ J. H. Burns, *The Cambridge History of Medieval Political Thought c. 350–c. 1450*, Cambridge: Cambridge University Press, 1988, p. 47.
④ Hastings Rashdall, *The Universities of Europe in the Middle Ages*, Vol. I, Oxford: Clarendon Press, 1895, p. 255.

文明源泉。罗马帝国千年演化过程不会戛然而止,西方文明形成要比通常认为的时间晚得多,其过程也漫长得多。经过长期痛苦的磨合,至中世纪中期,西方文明内核基本孕育成形。中世纪奠基性的贡献不容置疑,倘若将西方文明理解为是对古典文明传统的回归,是片面的,也是不真实的。

中外学者不断努力,试图对西方文明内核作出概括性阐释。例如,亨廷顿认为西方文明的主要特征是:古典文明的遗产,天主教和新教,欧洲语言,精神权威和世俗权威的分离,法治,社会多元主义,代议机构和个人主义。① 西方文明所有重要的方面,他几乎都涉及了,不过这些"特征"缺乏逻辑联系,甚至因果混淆,未能揭示西方何以成为西方的根本所在。梅因注重文明形成期研究,他认为每一种文明都有其不变的根本,他称之为"胚种",一旦成形,它的规定性是穿越时空的。他说:"因为现在控制着我们行动以及塑造着我们行为的道德规范的每一种形式,必然可以从这些胚种当中展示出来。"② 欧洲文明是不断变化的,然而也有不变的东西:"胚种"是不变的,它所具有的原始特征,从初始到现今,反复出现,可是万变不离其宗。奥地利学者、欧洲思想史学家希尔指出了同样的道理,他说:"最值得注意的一些思想在欧洲的精神地图上像重叠的光环那样铺开。……这些题目在欧洲历史中反复出现,直到今天,还未失去它们的意义。"他这句话说得更明了:如果哪位读者首次看到它们时,它们已经穿着现代服装,那么我们不难辨认它们在历史上早已存在,虽然穿着那个时代的服装。③

笔者认为,理解西方文明的钥匙就在中世纪,中世纪中期形成的"元规则"乃是西方文明不变的内核,而主体权利(subjective rights)则是其文明之魂④,大概也就是梅因所说的"胚种"。自然权利在一定意义上相当于主体权利,只是角度不同而已。人们通常认为自然权利观念"如同内燃机一样是现代社会的产物"⑤,所幸20世纪中叶后西方学界不断推出的研究成果正

---

① 塞缪尔·亨廷顿:《文明的冲突与世界秩序的重建》,第60—63页。
② 梅因:《古代法》,第69页。
③ 弗里德里希·希尔:《欧洲思想史》,"作者前言"第1页。
④ 参见侯建新:《从主体权利看中西传统社会之异同》,《社会转型时期的西欧与中国》,济南出版社,2001,第7章;《论题:主体权利与西欧中古社会演进》,《历史教学问题》2004年第1期;《"主体权利"文本解读及其对西欧史研究的意义》,《史学理论研究》2006年第1期。
⑤ Kenneth Pennington, "The History of Rights in Western Thought," *Emory Law Journal*, Vol. 47, 1998, p. 239.

在刷新传统结论,将其追溯到 14 世纪。20 世纪末叶,以布莱恩·蒂尔尼为代表的学者则追溯得更远,认为自然权利观念产生于 12 世纪,其作品因其杰出贡献而获嘉奖。①

在那个时期,"自我意识的成长的确从独立的个人扩展到了社会本身。……从民众心灵深处产生的观念,与神职人员的虔诚追求交汇在一起"②。基于多元的文化交流和灵动的现实生活,在上至教皇、教会法学家、中世纪思想家,下至普通乡镇教士踊跃参与的讨论中,欧洲社会形成了颇有系统的权利话语及其语境,阐明了一系列权利观念,被称为一场"语义学革命"(semantic revolution)。③ 12 世纪早期一位意大利教士格拉提安(Gratian),将罗马法注释学家的成果以及数千条教会法法规汇编成册,后人把它称作《格拉提安教令集》(*Decretum of Gratian*,简称《教令集》)。在这部《教令集》中,格拉提安重新解释了罗马法中 ius 的概念,启动了这一概念中主体、主观的含义阐释。④ 继而,12 世纪若干法学家不断推进,教会法学家鲁菲努斯(Rufinus)是自然权利语言发展的关键人物,大约 1160 年他指出:"ius naturale 是一种由自然灌输给个人的力量,使其趋善避恶。"⑤当时关于自然权利的这种定义变得很普遍。被称为 12 世纪最伟大的教会法学家休格(Huguccio)也指出:"ius naturale 是一种行为准则……在其最初的意义上始终是个人的一种属性,'一种灵魂的力量',与人类的理性相联系。"⑥至此,自然权利概念逐渐清晰起来。

这场革命,第一次确认了自然权利(natural rights)和实在法权利(positive rights)两大法律体系的并立。进入 14 世纪,著名学者奥卡姆的威廉(William of Ockham)明确将罗马法中的 ius 阐释为个体的权能

---

① Brian Tierney, *The Idea of Natural Rights: Studies on Natural Rights, Natural Law, and Church Law*, 1150-1625, Cambridge: Scholars Press, 1997.

② Marc Bloch, *Feudal Society: The Growth of Ties of Dependence*, Vol. I, New York: Routledge, 1989, pp. 106-107.

③ Takashi Shogimen, *Ockham and Political Discourse in the Late Middle Ages*, Cambridge: Cambridge University Press, 2007, pp. 30, 154.

④ Brian Tierney, *The Idea of Natural Rights: Studies on Natural Rights, Natural Law, and Church Law*, 1150-1625, pp. 62, 66, 178.

⑤ Brian Tierney, *The Idea of Natural Rights: Studies on Natural Rights, Natural Law, and Church Law*, 1150-1625, p. 62.

⑥ Kenneth Pennington, "The History of Right in Western Thought," p. 243.

（potestas），并将这种"源于自然"的权利归结于个体,因此被誉为"主体权利之父"。他说："这种权利永远不能被放弃,因为它实际上是维持生命之必需。"①自然权利的出现,突破了以往单一的法律体系,在各个领域产生广泛影响,成为深层次的社会规则系统生成的原点。

在欧洲中世纪语境下,"自然权利"无异于"生而自由",因为中世纪书面语言拉丁文中的"权利"(libertas)既表示权利也表示自由,中世纪的"自由"有特殊含义,它相对于拘禁的、依附的状态而言,具有摆脱束缚、实现自己意志的指向。② 因此,剑桥大学布雷特教授认为,从法律思想史而非神学意义上,自然权利可以被解释为"生而自由"。③ 总之,元规则是权利,也是自由,而且是消极自由。同样值得关注的是,中世纪"语义学革命"产生的自然权利被归结于个人——不是普遍的、抽象的人,而是具体的、单个的人,正是在这个意义上,自然权利又被称为主体权利。一般认为,"个人"与近代、"市场经济"或资本主义联系在一起,可事实是,到资本主义在欧洲产生并形成强大社会冲击力之前,权利和自然权利已形成一定的话语体系,并且对其研讨已达数世纪之久。早在中世纪中期,在人们通常认为的传统社会里,他们已经在"试探性地表达权利,并首先聚焦于个体",颇为独特。彭宁顿指出,由此可见,主体权利不是资本主义社会的产物,它早已是西方思想的一部分。④ 这也颇令蒂尔尼感叹,他说："所有早期文明社会无不珍视正义和合理秩序,然而他们通常不会以个人自然权利(individual natural right)概念来表达他们的理想",欧洲中世纪形成的这些观念"难道不是西方文化的独特产物吗"?⑤

一些欧洲学者对此并不感到惊讶,艾伦·麦克法兰将英国及西欧个人

---

① Brian Tierney, *The Idea of Natural Rights: Studies on Natural Rights, Natural Law, and Church Law*, 1150-1625, p. 122.

② R. E. Latham, D. R. Howlett and R. K. Ashdowne, eds., *Dictionary of Medieval Latin from British Sources*, Fascicule. Ⅴ, Oxford: British Academy, 1997, pp. 1600-1601.

③ Annabel S. Brett, *Liberty, Right and Nature: Individual Rights in Later Scholastic Thought*, Cambridge: Cambridge University Press, 1997, Introduction.

④ Kenneth Pennington, "The History of Right in Western Thought," p. 240.

⑤ Brian Tierney, T*he Idea of Natural Rights: Studies on Natural Rights, Natural Law, and Church Law* 1150-1625, pp. 1-2.

主义追溯到 1200 年;①戴尔认为,英国自 13 世纪就启动了向现代社会的"转型",诸如从共同体中心到个人本位等。② 他们的研究与蒂尔尼等自然权利追踪者的探索似殊途同归。这些在古典世界都不曾发现,在那里"几乎全然不知'个人'"。③

三、作为欧洲文明内核的"元规则"

自然权利是西方文明出发点。12 世纪仅是权利语言演化的一部分,如同埋下胚种,一定会开枝散叶一样,12 世纪和 13 世纪法学家们创造出许多源自自然权利的权利,发展出一种强有力的权利话语体系,构成西方文明内核。这个体系包含五个方面的基本内容,即"财产权利""同意权利""程序权利""自卫权利"和"生命权利"等,它们是欧洲公共生活中深层次、始基性规则系统。这些元规则根植于自然权利,不可剥夺,也不可让渡;并且明确而透明,有着广泛的社会共识,从而奠定了西方文明的基础,使西方成为西方。元规则是应然权利,消极自由权利,却深刻影响着社会走向,一旦转化为实定法权利即受到法律保障,因此与实际生活过程并非无关。到中世纪中期,法律具有高于政治权威的至高性这一观念被普遍接受,"虽然直到美国革命时才贡献了'宪政'一词,但自 12 世纪起,所有西方国家……在某些重要的方面,法律高于政治这种思想一直被广泛讲述和经常得到承认"④。

(一) 财产权利(rights to property)

国际学界近几十年的研究表明,基于自然权利的西方财产权理论产生于中世纪中期。⑤ 随着罗马法复兴,教会和法学界人士掀起了一场关于财产权的讨论,而且财产权分析总是与自然权利联系在一起。方济各会"使徒贫困"的讨论,引发了私人财产权的话题。13 世纪初方济各会在意大利创

---

① A. Macfarlane, *The Origins of English Individualism*, Oxford: Basil Blackwell, 1978.
② Christopher Dyer, *An Age of Transition? Economy and Society in England in the Later Middle Ages*, Oxford: Clarendon Press, 2005.
③ 梅因:《古代法》,第 146 页。
④ 哈罗德·J. 伯尔曼:《法律与革命:西方法律传统的形成》第 1 卷,第 9 页。
⑤ 侯建新:《思想和话语的积淀:近代以前西欧财产观的嬗变》,《世界历史》2016 年第 1 期。

建,他们仿效基督,宣称放弃一切财产,衣麻跣足,托钵行乞,周济穷人,一反之前教会的严厉面孔,实为一次早期教会改革。教皇英诺森三世察觉该做法对教会有一定的冲击,但考虑抑制奢侈之风,改善传教方式,还是批准了该会资格。其后历届教皇一直鼓励方济各会的修为,但是约翰二十二世成为罗马教皇后,却公开挑战"使徒贫困"论的合理性。他认为,方济各标榜放弃一切所有权是不可能的,行不通的,当一位方济各使徒吃下一片面包,说他对这片面包没有权利是不可理喻的,换言之,如果他消费了什么物品,他一定要有相应的法定权利。显然,该教皇只是从实在法权利角度否定"使徒贫困"理论,他无视的是,方济各会虽然放弃了实在法意义上的财产权,但是仍然拥有自然权利意义上的财产权。① 不久,约翰二十二世颁布法令,将那些认为基督及其使徒一无所有的说法视为异端,实际上推翻了"使徒贫困"的原则,遭到方济各会士的激烈反对。奥卡姆,这位在西方历史上第一个勾勒出主体权利的思想家,热情为方济各会士辩护。奥卡姆虽是英格兰人,但长期旅居德意志,正是在慕尼黑的住所里,阐发了他的财产权观念。奥卡姆承认会士们不具备实在法权利,但是他们有来自上帝的自然权利,即不可放弃的主体权利,因此他们可以享用和消费必需生活品,不管这些物品是否属于他所有。② 结果,奥卡姆成功地捍卫了"使徒贫困"原则,维护了方济各会的合法性,同时彰显了财产观念中的自然权利。

教会法学家的自然权利观念不是孤立的。《爱德华三世统治镜鉴》(*Speculum Regis Edwardi* Ⅲ)是一部劝诫统治者的作品,写于 14 世纪上半叶,作者帕古拉的威廉(William of Pagula)反复强调一个原则:财产权是每个人都应当享有的权利,任何人不能违背他的意志夺走其物品,这是"一条普遍的原则",即使贵为国王也不能违反。国王在世间有足够的权威,有可能对普通人的财产权形成最大威胁,故此他告诫国王不得染指他人财物,否则"必将受到现世和来世的惩罚"③。社会底层人的财产权最易受到侵害,

---

① Brian Tierney, *The Idea of Natural Rights*: *Studies on Natural Rights*, *Natural Law*, *and Church Law*, 1150-1625, pp. 94-96.
② Brian Tierney, *The Idea of Natural Rights*: *Studies on Natural Rights*, *Natural Law*, *and Church Law*, 1150-1625, pp. 121-122.
③ Cary J. Nederman, "Property and Protest: Political Theory and Subjective Rights in Fourteenth-Century England," *The Review of Politics*, Vol. 58, No. 2, 1996, p. 332.

所以威廉认为,王室官员强买贫苦老农妇的母鸡是更严重的犯罪。作者排除侵权行为的任何华丽借口,"不存在基于共同福祉就可以违反个人主体权利的特殊情况"①;一旦侵犯臣民财产,统治者必须承担臣民反抗的全部后果。② 这里提及了臣民的合法抵抗权,可见西方文明元规则是相通的。

伴随主体权利和独立个体的普遍发展,臣民财产权利保护的观念进入实际生活。13世纪初的《大宪章》是一份权利清单,其中超过一半的条款直接关涉臣民的财产权利,其余条款大多关乎臣民的人身权利。财产权利条款,主要规范国王的税收和军役,严禁随意增负,严禁任何形式的权利侵夺;另一边则明确规定,任何自由人,如未经依法审判,皆不得被逮捕、监禁、没收财产。财产权与人身权互为依傍,如果没有人身不受侵犯和免于恐惧的权利,就不可能存在不可侵犯的财产权。

《大宪章》里的臣民不包括普通佃农,然而,在实际生活中,佃农的土地权利并非空白,即使农奴也依照保有条件拥有一定的土地权利,并且受到习惯法保护。佃户对土地的占有权如此稳定,已超出一般意义上的"占有"(hold),以至创造了seisin一词来表示,被译为"依法占有"。保有土地的佃户对任何"侵占"他土地的人甚至他的领主,都享有一种诉权。伯尔曼评论说:"西方封建财产产权体系在其有关各种对抗的权利的相互关系的概念上却是独一无二的。"③所以我们看到:因某个采邑的归属,伯爵可以与国王对簿公堂;普通农民即使是农奴,如果领主试图非法剥夺他的持有地,他也可以凭借法庭有效对抗领主;同样,国王未经允许不能踏进其他领主的庄园,也不能拿走1便士。在拿破仑法典宣布私人财产神圣不可侵犯的500年前,不论在话语体系还是在实际生活中,法定的私人财产权已经有了几分"神圣"的味道。有保障的臣民财产权,有利于社会财富的普遍积累。到中世纪晚期平民中产生"第三等级",并逐渐形成现代产权体系,不是偶然的。

17世纪中叶,以英国立法废除封建采邑制为标志,土地所有权取得了纯粹经济的形式,导致严格的私人所有权(absolute ownership)的确立。现

---

① Cary J. Nederman, "Property and Protest: Political Theory and Subjective Rights in Fourteenth-Century England," *The Review of Politics*, Vol. 58, No. 2, 1996, p. 343.

② Cary J. Nederman, "Property and Protest: Political Theory and Subjective Rights in Fourteenth-Century England," *The Review of Politics*, Vol. 58, No. 2, 1996, p. 341.

③ 哈罗德·J. 伯尔曼:《法律与革命:西方法律传统的形成》第1卷,第307页。

代私人财产权利,不仅仅是原告针对被告的权利,而且是对整个世界都有效的权利,一种严格的、不妥协的权利。① 1804 年的《拿破仑法典》,标志着现代欧洲私人所有权的最终确立。

(二) 同意权利(rights to consent)

"同意"作为一个独立的词开始出现在法律文献中,大约在罗马帝国晚期,后来作为"格言"被收入查士丁尼法典,成为罗马法的私法原则,"关涉大家的事要得到大家的同意"(quod omnes tangit, ab omnibus approbetur)。② 进入中世纪,"同意"概念被广泛引申到公法领域,发生了质的变化,成为西方文明极为重要的元规则。

其一,"同意"概念进入日常生活话语,表明社会正在普遍接受这样的观念。进入 12 世纪,出现了对个人意愿、个人同意的关注,由于婚姻在个人生命中的特殊含义,婚姻同意的原则成为典型。按照日耳曼传统,合法的婚姻首先要经过父母同意,但至 12 世纪中期,年轻男女双方同意更为重要,并且成为一条基督教教义。大约 12 世纪 80 年代,这些教义也传入挪威、冰岛等北欧王国。现存挪威古老法律档案表明,男子欲娶妻,需征求女子父母的同意,更要紧的是必须询问女子本人的意愿。③ 时任教皇的尼古拉斯强调,缺少男女任何一方的同意,都不可缔结婚约。同理,为摇篮里的孩子订婚是一种恶习,即使父母同意也无效。④ 同意原则高于一切,以至于冲破更深层次的社会禁忌:以往蛮族法和罗马法都严禁自由人与奴隶缔结婚姻,但当时的教会婚姻法规定,只要男女双方同意,上述婚姻就有效,奴隶之间的婚姻亦然。德国大诗人海涅不无欣喜地说:"在他们(指中世纪日耳曼诸蛮族——引者注)过于暴烈的野蛮身躯里,注入了基督教的精神;于是欧洲文

---

① W. S. Holdworth, *A History of English Law*, Vol. VII, London: Methuen, 1925, p. 458.
② *Code of Justinian* (5.59,.5, par. 2-3), 转引自 M. V. Clarke, *Medieval Representation and Consent: A Study of Early Parliaments in England and Ireland, with Special Reference to the Modus Tenendi Parliamentum*, New York: Russell & Russell, 1964, p. 264.
③ Angeliki E. Laiou, ed., *Consent and Coercion to Sex and Marriage in Ancient and Medieval Societies*, Washington, D. C.: Dumbarton Oaks Research Library, 1993, pp. 276-277.
④ Emily Amt, ed., *Women's Lives in Medieval Europe: A Source Book*, New York: Routledge, 1993, p. 80.

明开始诞生。"①

其二,"同意"原则被广泛延伸到公法领域,成为公权合法性的重要依据。日耳曼诸蛮族入主欧洲后,颁布新法典,无不经过一定范围的协商或同意程序。法兰克王国著名的《萨利克法典》、盎格鲁-撒克逊诸王国法律,都须经过国王与贵族、主教等相关人士的协商和表决过程,梅特兰说,未经贤人会议以及相关人士的同意,国王不能独断立法。② 加之教会法学家推波助澜,"同意权利"成为欧洲文明的政治元规则。

中世纪思想家也有专门论述,特别要指出的是意大利的马西略(Marsilius,约1275—1342),他"强调了民众同意的原则,以此作为所有合法政府——无论是世俗的还是教会的——的基础"③。他们认为,上帝授予人类拥有财产和选择统治者的双重权利,因此,皇帝或教皇的权力,都要受到臣民同意权利的限制。11世纪教廷颁布的《教皇选举条例》,13世纪规定教皇拥立须经一定范围内多数人同意,13、14世纪之交又产生"收回同意"的权利,等等,无不渗透着这样的理念。虽然教皇经过信众推举,但是如果教皇成为异端,他一样要受到基督教世界主教会议的审判。④ 世俗君主亦然。只有借助相关人士的同意,国王才能具有足够的权威和合法性。英王亨利一世加冕后再次承诺保障封臣的权利,他在写给安塞姆主教的信中说:"蒙上帝恩典,英格兰国王亨利,向他最尊敬的神父、坎特伯雷大主教安瑟姆问候,并表达所有的友好情义。我最亲爱的神父,请您知悉,吾兄威廉国王去世,在上帝的许可下,我已被英格兰的教俗两界民众推举为国王,并不情愿地在您不在场的情况下加冕为王。……我恳请您,不要为此——没有得到您的祝福就接受了国王头衔——而不高兴。"⑤ 所谓教俗两界民众(people)即指教俗贵族。对国王的忠告是封臣的义务,也是权利,其中蕴含

---

① 海涅:《论浪漫派》,载张玉书选编《海涅文集·批评卷》,人民文学出版社,2002,第13页。
② F. W. Maitland, *The Constitutional History of England*, Cambridge: Cambridge University Press, 1946, p. 6.
③ 哈罗德·J. 伯尔曼:《法律与革命:西方法律传统的形成》第1卷,第269页。
④ Paul E. Sigmund, *Nicholas of Cusa and Medieval Political Thought*, Cambridge: Harvard University Press, 1963, p. 97.
⑤ D. C. Douglas and G. W. Greenaway, eds., *English Historical Documents, 1042–1189*, Vol 2, New York: OxfordUniversity Press, 1953, p. 673.

着同意的原则。

同等重要的是,司法审判并非王家独揽,国王可能是原告也可能成为被告,发生诉讼时国王也要接受相关法院的裁决,所以国王或国王代理人出庭受审并败诉的案例绝非罕见。① 显然,"同意"规则不仅在观念上被广泛接受,在实践上也得到一定范围、一定程度的实施。

乡村基层社会亦如此,庄园领主不能独断专行。佃户们定期举行村民会议,讨论村庄共同体中的相关问题,任命或罢免村官,而且不断颁布新村规,历史学家沃伦·奥特称这些"村规"为"共同同意的村规"(Village By-laws by Common Consent)。② 庄园领主宣布决定或法庭判决时,一定宣明业已经过佃户全体同意,以彰显权威,而这些过程确实有佃户的参与。原始文献中总是以下列词语开头,口气不容置疑:"所有领主的佃户,不论自由佃户还是惯例佃户,同意……";"全体土地所有者一致同意……";"领主和佃户达成协议,命令……"或"所有佃户意见一致并命令……"。③

其三,特别值得关注的是,在确立同意原则的同时,提出对"多数人同意"的限制。由于同意元规则因个人主体权利而生发,因此该规则有这样的内涵:多数人同意不能以损害个人或少数人合法利益为代价,至少理论上是这样的。其表述相当明确:"民众持有的整体权利不比其个体成员的权利更高",还进一步指出,对个人权利的威胁可能来自统治者,也可能就来自共同体内的多数派。④ 这实际上排拒了"多数人暴政"。中世纪即发出这样的警示难能可贵,不过实践起来却实属不易,所以该规则确立伊始就不平静。

以特鲁瓦教堂案例为证。根据惯例,每一个教士享有平等的生活津贴,可13世纪初该教堂多数派教士发动一场"财政政变",试图强占少数派的葡萄园,少数派多为新来的教士。结果,多数派的这一做法遭到教皇英诺森三

---

① Fritz Kern, *Kingship and Law in the Middle Ages*, pp. 189-192.
② Warren O. Ault, "Village By-laws by Common Consent," *Speculum*, Vol. 29, No. 2 (Apr. 1954), pp. 378-394.
③ W. O. Ault, *Open-field Farming in Medieval England: A Study of Village By-Laws*, London: Allen and Unwin, 1972, pp. 81-144; Mark Bailey, *The English Manor: c. 1200-c. 1500*, Manchester: Manchester University Press, 2002, pp. 70-74; J. Z. Titow, *English Rural Society: 1200-1350*, London: Allen and Unwin, 1969, pp. 145-150.
④ Brian Tierney, *The Idea of Natural Rights: Studies on Natural Rights, Natural Law, and Church Law*, 1150-1625, p. 184.

世的否定,"多数票决不能剥夺教士共同体中少数派的个人权利(individual rights)"。该原始文献的旁注进一步阐明这一观点:多数人的票绝不是无条件的。① 由此可见,"同意"规则的精髓,不仅是一种民主程序,更是个人权利,后者不可让渡。这桩中世纪的案例,让现代人不无惊骇,不过这并不意味着西方已经解决了"同意"规则中的悖论,即如何坚持民主又限制多数人的权威。

(三) 程序权利(rights to procedure justice)

西方法学家把坚持正当程序看作一个具有独立价值的要素,在他们的各种权利法案中,程序性条款占据了法律的中心地位。威廉姆·道格拉斯指出:程序性条款占据了权利法案的中心,其意义决不可低估,法律程序地位的高低是法治与人治之间的基本区别。② 西方学者发现,西方的法律规则大多产生于中世纪中期,法学家梅特兰盛赞12世纪欧洲法律,称该世纪是"一个法律的世纪"。③ 当古代罗马法范式与中世纪封建法、教会法程序结合在一起,形成"程序正义"元规则时,人们没有意识到正当程序对西方文明的前途竟有如此重大的意义。通常所说的法律程序,主要包括选举、立法、审判等类型,其中最通常、最典型的是审判程序。

正当审判程序原则最早见于1215年英国《大宪章》。《大宪章》规定:对于国王的封臣,如未经审判,皆不得被逮捕、监禁、没收财产、流放或加以任何其他损害。《大宪章》还决定推举25名贵族组成委员会,监督国王恪守《大宪章》,并对国王的违法行为作出制裁。这些高度权威性的法条,从程序上明确规约政府公权力,使臣民免于被随意抓捕、监禁的恐惧,体现了程序正义的本质,与《大宪章》其他内容一起筑起西方法治的基石。元规则一旦确立就有无限蔓延之趋势,1354年,另一法律文件《伦敦自由律》规定,审

---

① Brian Tierney, *The Idea of Natural Rights: Studies on Natural Rights, Natural Law, and Church Law*, 1150-1625, p. 184.
② "Justice William O. Douglas's Comment in Joint Anti-Facist Refugee Comm. v. Mcgrath," *United States Supreme Court Reports* (95 Law. Ed. Oct. 1950 Term), New York: The Lawyers Co-operative Publishing Company, 1951, p. 858. 转引自季卫东:《程序比较论》,《比较法研究》1993年第1期。
③ P. Pollock and F. W. Maitland, *The History of English Law before the Time of Edward I*, Vol.1, Cambridge: Cambridge University Press, 1923, p. 111.

问中须有被告的辩护过程,从而进一步完善审判程序。程序正义的规则与法律实践结合在一起,其实质在于防止政府专制。

　　学界普遍认为,英国实行陪审制的普通法,更有利于"程序正义"要素的落实。原因是刑事审判属于"不完全的程序正义的场合",换言之,正当程序不一定每次都导致正当的结果,作为弥补,引入陪审制成为必要的举措。据此,陪审制被称作"一种拟制的所谓半纯粹的程序正义",成为英美法系和大陆法系差别的重要标志。① 陪审团一般由 12 人组成,他们与被告人身份相当,即"同侪审判";罪与非罪以及犯罪性质全由陪审团判定,而且必须全体陪审员一致通过,法官不过根据陪审团作出的性质判定量刑而已。陪审团是真正的法官。英语 jury 一词本义是"审判团",而且是终审裁决,当事人只能就量刑问题提起上诉。陪审制几经变化,使程序不断规范。最初起诉和审判一体化,后来控、审分离,另成立一个陪审团,称大陪审团,专门负责起诉。大约 14 世纪初,在程序上又经历了知情证人和陪审员的分离,陪审团不再负责查证取证,成为更加超然和专一的审判机构。② 笔者认为,陪审团(jury)可被称为"法官团",他们来自普通民众,针对特定案例临时组成,审判后解散;判决后的案例(case)却成为此后类似案件审理的依据,所以他们不仅是法官而且还是创造法条的法学家! 陪审制使得一部分司法权保留在社会手中,司法与民情始终保持同步有效沟通,减少了司法权的官僚化和法律的僵硬化。

　　中世纪英国的"令状制"也有强化司法程序的功能。令状是国王发布的一种书面命令,经历了从行政化到司法化过程,梅特兰说"令状的统治即法的统治",因为令状的基本性质是程序性的,法官必须按照既定程式审案,因而培育了普通法注重程序的气质。例如,在 12 世纪末的一份令状中,国王知会郡长:原告指控某人,"在我上次去诺曼底旅行期间,我在某村庄的自由持有地被剥夺了,未经任何法律程序",据此,国王命令郡长首先复归土地原状,再开庭审理,以论曲直。令状还要求,审理后 12 名陪审员须查验现

---

① 在纯粹的程序正义的场合,如赌博,只要游戏规则不偏向某一赌客且被严格遵守,那么无论结果如何都被认为是公正的。John Rawls, *A Theory of Justice*, Cambridge, M. A.: The Belknap Press of Harvard University Press, 1999, pp. 73-77.

② Julius Stone, *Evidence: Its History and Policies*, London: Butterworths, 1991, pp. 19-20.

场,并将结果禀报王室。① 这就是所谓"程序先于权利"。

在欧洲大陆,审判程序也趋向理性化,逐渐形成规范的诉答制度和完整证据制度,被称作纠问制(inquisitorial system)。法官是"纠问制"的中心,在采取证据和听取法庭审讯后,法官决定案件性质和如何处罚。在13世纪以后的三四个世纪,该制度逐渐走向成熟,产生了代表国王行使公诉权的检察官制度,理由是刑事犯罪侵害个人,同时也威胁公共安全。另一个重要发展是,进一步规范纠问制程序,如法官如何讯问、法庭上如何对质、书记员如何制作记录以及刑讯实施条件等。为防止滥用逮捕权,他们不断强化程序上的种种限定,例如,不允许在被告个人住所实施逮捕,除非重罪或在公众场合犯罪;未获无条件逮捕令不能实施逮捕。后又作出补充,只要在白天并有证人在场,不使用过分暴力,避免屋内财产损失,"也可以在其住所逮捕"。② 这不是说欧洲中世纪法庭没有暴力,纠问制法庭的暴力倾向尤其明显。由于僵硬的证据要求,为获取口供以弥补证据不足,刑讯逼供成为法官的重要选项,法官权力又较大,其残忍程度不逊于宗教裁判所。总的来看,欧洲大陆纠问制诉讼同样体现着正当程序的一般观念,如实施惩罚必须通过审判、判决必须以证据为基础、审判主要为解决纠纷而不仅仅为惩罚等。一些案例,如遇重要犯罪判决,还有征求一定数量的庭外资深人士意见的惯例。

尽管大陆法系颇受诟病,比之普通法系,二者并非云泥之别,它们取自同样的文化资源,都不同程度地秉持程序正义的理念,所以近代以后有逐渐接近的趋向。当然,英格兰法系影响更大。"程序正义"从程序上排拒权力的恣意,强调"看得见的正义"、最低限度的正义以及"时效的正义"等,对当事人而言则是最基本的、不可让渡的权利。程序权利规则不断地提示我们,人们往往热衷于结果的正义,而真正的问题在于如何实现正义以及实现正义的过程。

---

① Joshua C. Tate, "Ownership and Possession in the Early Common Law," *The American Journal of Legal History*, Vol. 48, No. 3 (Jul. 2006), p. 297.

② A. Esmein, *A History of Continental Criminal Procedure*, trans. by John Simpson, Boston: Little, Brown and Company, 1913, p. 151.

（四）自卫权利（rights to self-defense）

自卫权，即防御强权侵害的权利，在中世纪，一般指臣民或弱势一方依据某种法律或契约而抵抗的权利，一种名副其实的消极自由权。自卫权观念主要萌芽于日耳曼人传统中。鉴于中世纪早期西欧王权的软弱、分散，科恩指出：该时期"国王和日耳曼村社首领之间没有天壤之别，仅仅是程度上的差异"。抵抗权利观念可谓中世纪最有光彩的思想之一，也与古代日耳曼人的惯例无法分割。那时人们就认为，有权利拒绝和抗拒违反法规的部落首领。①

笔者认为，自卫权作为西方文明元规则的确立，是与欧洲封建制连在一起的。② 欧洲封建制的核心是领主附庸关系。附庸为领主提供军役和劳役，领主为附庸提供土地和安全，其中的政治行为不仅取决于物质利益，也取决于普遍奉行的规则和理念。③ 西方学者普遍认为，封君封臣之间相互的权利与义务关系，含有契约因素。梅因写道："把封建制度和原始民族纯粹惯例加以区分的主要东西是'契约'在它们中间所占的范围。"④在这种"准契约"关系中，"与其臣属一样，封建主也负有义务，违背这些义务同样构成一种重罪"。⑤

这不是说欧洲封建制没有奴役和压迫，而是说奴役和压迫受到一定限制；双向的权利与义务不仅有道德说教，更有法律约束。布洛赫指出，附庸的臣服是一种名副其实的契约，而且是双向契约。如果领主不履行诺言，他便丧失其享有的权利。⑥ 自己有权利，才有维护权利的抗争。附庸的权利

---

① Fritz Kern, *Kingship and Law in the Middle Ages*, Introduction, p. xviii.
② 侯建新：《抵抗权：欧洲封建主义的历史遗产》，《世界历史》2013 年第 2 期。
③ J. L. Watts, "Ideas, Principles and Politics," in A. J. Pollard, ed., *The Wars of the Roses*, Basingstoke: Macillan, 1995, pp. 234–247; Anthony Musson and W. M. Ormrod, *The Evolution of English Justice: Law, Politics and Society in the Fourteenth Century*, Basingstoke: Macmillan, 1999; Anthony Musson, *Medieval Law in Context: The Growth of Legal Consciousness from Magna Carta to the Peasants' Revolt*, Manchester: Manchester University Press, 2001.
④ 梅因：《古代法》，第 205 页。
⑤ 查尔斯·泰勒：《市民社会的模式》，载邓正来、J. C. 亚历山大编《国家与市民社会：一种社会理论的研究路径》，中央编译出版社，1999 年第 12 页。
⑥ Marc Bloch, *Feudal Society: Social Classes and Political Organization*, Vol. II, New York: Routledge, 1989, p. 451.

得到法律认定,逻辑上势必导致附庸的合法自卫权,后者是检验附庸权利真伪的试金石。

801—813 年法兰克国王的一份敕令明确规定,如果证明领主有下列罪行之一,附庸可以"背弃他的领主":领主不公正地奴役他;领主谋害他的性命;领主与他的妻子通奸;领主主动拔剑杀害他;附庸委身于领主,领主却未能提供保护义务;等等。① 文字虽然粗陋,内容却明确而具体。4 个多世纪后即 13 世纪后半期,法兰西王国颁布的《圣路易斯法令》重申上述规定并指出,如果领主拒绝执行法庭判决,那么附庸将免于义务,并可继续持有他的封地。②

很明显,附庸对领主的约束并非一纸空文。倘若一方没有履约,另一方可以解除关系,即"撤回忠诚"(diffidatio)。"撤回忠诚"是从 11 世纪开始西方封建关系法律特性的关键之一。③ 人们普遍接受这样的理念,领主不能为所欲为,效忠是有条件的。许多表面看来似乎只是偶然的起义,包括针对国王的起义,其实是基于一条具有广泛社会共识的原则,即人们拥有合法自卫权。附庸离弃恶劣领主的权利,是欧洲著名"抵抗权"的最初表达,被认为是个人基本权利的起点。自卫权规则没有终结暴力,然而它却突破了单一的暴力抗争模式,出现了政治谈判和法庭博弈,从而有利于避免"零和游戏"的社会灾难,有利于社会良性积累和制度更新。英国大宪章是典型例证。1215 年英国大宪章是贵族抵抗王权的斗争,最终导致第一次等级会议召开,它所开创的政治协商范例影响英国乃至欧洲数百年。

自卫权规则旨在约束统治者的权力,正是在这个意义上布洛赫说,西欧封建主义的独创性在于,它强调一种能够约束统治者的契约观念,因此,欧洲封建主义虽然压迫穷人,但它确实给我们的文明留下了我们现在依然渴望拥有的某种东西。④ 进入近代后,这一西方文明元规则依然被保留下来,并且不断得到重申。美国 1776 年的《独立宣言》,对抵抗权均有明文确认和

---

① David Herlihy, ed., *The History of Feudalism: Selected Documents*, London: Macmillan, 1970, p. 87.
② R. W. Carlyle and A. J. Carlyle, *A History of Medieval Political Theory in the West*, Vol. 3, p. 62.
③ 哈罗德·J. 伯尔曼:《法律与革命:西方法律传统的形成》第 1 卷,第 301-302 页。
④ Marc Bloch, *Feudal Society: Social Classes and Political Organization*, Vol. II, p. 452.

经典表述,其后,法国以《人权宣言》、欧洲其他重要国家以宪法性文件形式,反复强调人民的这一重要权利。

(五) 生命权利(rights to life)

生命权之不可剥夺是近代启蒙学者的重要议题,然而生命权命题同样产生于中世纪。方济各会"使徒贫困"问题,一方面产生财产权利的讨论,另一方面也引发了生命权话题。方济各会士是虔诚的基督徒,自成立以来,一直受到历届教皇的鼓励,例如,教皇英诺森四世和尼古拉斯三世等都同情方济各会士放弃所有法定财产权利,同时支持他们继续获得维持生命的必需品。[①] 他们同声相应,显然都在为生命权利观背书。进入14世纪,教会法学家更加明确指出,人们可以放弃实在法权利,但不可放弃源自上帝的自然权利,这是人人皆应享有的权利,所以方济各会士有权利消费生活必需品,不管是否属于他所有。[②] 奥卡姆为方济各会合法性辩护,正是从自然权利的高度阐释生命源于自然和上帝,不可剥夺,从而成功驳斥了教皇约翰二十二世。奥卡姆的胜利也从一个方面证明生命权观念在当时已经具有较广泛的社会共识。

生命权观念进入中世纪民众实际生活,通常表现在对贫困人口的帮扶和救济。关于穷人捡拾麦穗权利一事,中世纪一位神学家安托里诺表达了这样的理念,他说:"滴水观世界……当你收割你土地上的庄稼时,不要齐根割断;不要采集留在地上的麦穗,也不要拾起掉在你葡萄园地上的葡萄串,而把它们留给那些穷人和陌生的外来人。"[③]庄稼收割之后,贫苦小农被允许进入他人条田捡拾庄稼的权利,被记载在许多中世纪村庄的习惯法中:那些年幼的、年老的以及那些体弱多病又没有工作能力的人,在秋收时节,当地里的所有庄稼被运走后,他们可以去捡拾。[④] 而有劳动能力的人,即便一天仅赚取一两个便士,也不能去捡拾庄稼。类似的村规相当普遍,在各地庄

[①] Brian Tierney, *The Idea of Natural Rights: Studies on Natural Rights, Natural Law, and Church Law, 1150-1625*, pp. 94-95.

[②] Brian Tierney, *The Idea of Natural Rights: Studies on Natural Rights, Natural Law, and Church Law, 1150-1625*, pp. 121-122.

[③] Bede Jarrett, *Social Theories of the Middle Ages 1200-1500*, Westminster: The Newman Book Shop, 1942, p. 127.

[④] W. O. Ault, "Some Early Village By-laws," *The English Historical Review*, Vol. 45, No. 178 (Apr. 1930), pp. 214-217.

园被不断重申,一些地区延续至近代。法官古尔德认为,穷人拾穗权是习俗,也源自《圣经》的影响,后来进入实定法权利。古尔德在另一处则明确指出"拾穗权是一项维持生存的权利",并引用希尔、布莱克斯通以及吉尔伯特等大法官的观点加以佐证。①

生命权观念,以及生命权衍生的穷人权利,为社会捐献和社会救济提供了最广泛的思想基础,后者又与基督教的财产观密切相关。基督教财产观具有双重性,一方面承认私人财产权利,另一方面认为这样的财产权利是相对的、有时效性的,世人匆匆皆"过客",上帝才是一切财产的终极所有者。因此,人们的财富占有不应该过于悬殊,《圣经》中的"禧年"②,表明基督教均贫富的思想。出于这样的理念,基督教对待穷人有一种特殊的礼遇。无论多么边缘化的人,在上帝的眼中,没有什么根本区别,甚至,可以原谅因贫穷而犯下的过错。他劝诫富者捐赠穷人,提倡财物的分享,那样才是"完全人"。基督教对物质生活"轻看"和"知足"的心态,深刻地影响欧洲社会如何对待穷人,激励了人们帮助穷人的义务感。捐赠不仅是慈善,更是做人的义务。12世纪《格拉提安教令集》就有多篇文章为穷人权利声张,法学家休格西奥(Huguccio)宣称,根据自然法,我们除保留必需之物外,余裕的部分应由需要的人分享,以帮助他人度过饥荒,维持生命。14世纪的奥卡姆写道,"忽略这种普遍的权利(common rights),是一种罪过"③。

我们可以发现,主体权利观念内涵丰富,它主张财产权,同时并非单向度地、僵硬地强调物主权益。当17世纪约翰·洛克写下"慈善救济使每个人都有权利获得别人的物品以解燃眉之需"④的时候,其生命权规则在欧洲已经走过了若干世纪。1601年,欧洲出台了现代历史上第一部"济贫法"以救济贫困和失业劳动者,它不是教会也不是其他民间组织的慈善行为,而是政府颁布的法律文件。生命权元规则已外化为政府职能和政策。近代以来

---

① Henry Blackstone, *Reports of Cases Argued and Determined in the Court of Common Pleas and Exchequer Chamber, from Easter Term 28th George III. 1788, to Trinity Term 31st George III. 1791*, Vol. I, London: A. Strahan and W. Woodfall, 1791, pp. 53-55. 参见陈立军:《惯例权利与私有产权的博弈——近代早期英国拾穗权之争》,《经济社会史评论》2018年第2期。
② 每50年应该有一个"禧年",这一年,人们可以无条件地收回典卖过的产业。
③ Kenneth Pennington, "The History of Right in Western Thought," p. 248.
④ Kenneth Pennington, "The History of Right in Western Thought," p. 245.

普遍、系统的社会福利制度得到极大发展,没有广泛和深入的社会共识是不可想象的。而它肇始于中世纪,其基本规则也确立于中世纪,托尼认为,它使穷人不只在道德上,更是在法律上获得维持生存的权利,这是行将就木的中世纪向现代国家馈赠最后的也是最重要的遗产。①

此外,生命权也是穷人革命的温床。在生命权利元规则之下,13世纪教会法学家们还提出在必要时穷人有偷窃或抢劫粮食的"权利",其时学者奥斯蒂恩西斯(Hostiensis)评论道,在实施这种行动时如此理直气壮,一个苦于饥饿的人似乎只是在使用他的权利而不是谋划一次偷窃。② 他们同时反对穷人的过度索取,更不能让索取对象无法生活下去,否则就叫"暴力掠夺"。③ 在极端饥寒交迫的情况下,蒙难者采取非常手段获得特殊物品,如"面包"或其他可以果腹的东西,或者"几块用来生火取暖的木头",是可以原谅的。④ 也就是说穷人权利有一定的限度,仅限于维持生命的必要索取。可是如何分辨"必要索取"与"暴力掠夺",在实践上很难界定。另一个悖论是,穷人的权利主张在现实生活中未必行得通,因为他们往往与法庭法律发生冲突。穷人为生存可以抢劫,这是自然权利使然;但按照实定法他们就是犯罪,要受到法庭制裁。中世纪法学家似乎给予自然权利更神圣的地位,他们认为,在法官眼里抢劫者是一个盗贼,可能被绞死,但在上帝眼里他仍然可以被原谅。也就是说,他们的主体权利是无法废除的权利、绝对的权利,即使法律上禁止,主体权利本身仍然不可剥夺。⑤ 自然权利观念及其内含的平等观是如此坚韧!欧洲是资本主义的策源地,殊不知它也是社会主义的故乡,发源于近代欧洲的空想社会主义思想,其核心就是平等。不难看出,主体权利观对西方文明的影响既深远又复杂。

---

① R. H. Tawny, *The Agrarian Problem in the Sixteenth Century*, New York: Harper & Row, 1967, p. 266.
② Kenneth Pennington, "The History of Right in Western Thought," p. 245.
③ Kenneth Pennington, "The History of Right in Western Thought," p. 244.
④ 若兹·库贝洛:《流浪的历史》,曹丹红译,广西师范大学出版社,2005,第30页。
⑤ Bede Jarrett, *Social Theories of the Middle Ages 1200-1500*, p. 123.

四、余论

本文并未详尽无遗地列出西方文明的所有元规则,也不意味着这些元规则总是存在并总是通行于西方社会。实际上,一些元规则所涵盖的基本权利最初只在有限的人群范围内和有限的程度上实行,尽管享有这些基本权利的人群的范围在不断扩大,中世纪甚至整个西方历史都可以看作这个进程的一部分。中世纪有农奴制,大部分农民丧失了一定的人身自由,那是领主对佃农的奴役。还有国王对臣民的奴役,宗教信徒对其他宗教信徒的奴役,男人对女人的奴役,无论其范围大小、程度轻重,作为曾经长期存在于西方历史上的现象,无疑是消极、阴暗的。作为平等对立面的形形色色的特权,贯穿于西方历史,曾经严重阻碍社会的进步。进入近代,还有殖民者对殖民地人民的残忍和奴役等,这些事实都铭刻在西方文明历史上。显然,西方文明元规则没有使西方变成一片净土。

此外,这些元规则本身也有内在的深刻矛盾,使西方至今不能摆脱自身世界不断冒出的挑战。例如,第二次世界大战结束后不久,时任德国历史学家学会主席格哈德·里特尔出版了《欧洲与德国问题》一书,认为普通德国人也是纳粹主义的受害者,他把德国的"极权主义"归结于法国大革命中出现的"乌合之众",是法国大革命以来群氓政治病变的结果。[①] 里特尔无意否定法国革命,而是追踪群氓政治病变的历史轨迹,反思"多数人暴政"。后者显然是西方"同意"元规则的副产品。尽管中世纪的法学家早已发出警告,可是,单个人权利或少数人权利受到多数派胁迫乃至剥夺的情况时有发生。"文明"与"野蛮"往往一步之遥,如何辨别"好民主"和"坏民主",在实践上总是难以界定。多数人民主与个人权利的关系,还有平等与自由的关系等,在西方的理论与实践中长期得不到妥善解决,反而随着民粹主义和民族主义的泛滥而更加复杂化。美国学者斯皮瓦格尔说,政治自由的概念,对于个人的基本价值的确认,建基于逻辑体系和分析思考之上的一种理性观念,这些被许多历史学家视作西方文明的独有特点。当然,西方也见证了对于自

[①] Gerhard Ritter, *Europa und die deutsche Frage*, Muenchen: Müncherf Verlag, 1948, pp. 194-195. 转引自张倩红:《战后德国史学界对纳粹大屠杀罪行的反思》,《世界历史》2014 年第 4 期。

由、个人主义和理性的可怕的否定。种族主义、奴役制度、暴力、世界大战、极权主义政权——这些同样构成了西方文明的复杂故事的一部分。①

又如,依照"生命权"元规则,政府建立健全社会福利制度,全民温饱无虞,因道德层面的自然权利向实定法权利迈进而广受褒奖,另一方面,经济动力弱化、高福利制度导致的"欧洲病"②等问题又随之产生。至于西方文明其他元规则如财产权、程序权和自卫权等,也出现不少新情况、新问题,它们的积极作用同样不是无条件的。即使"天赋人权"旗帜下的主体权利,也不是推之百世而不悖的信条。历史证明,过度放纵的社会和过度压抑的社会,同样是有害的。

(原载于《历史研究》2020 年第 3 期)

---

① Jackson J. Spielvogel, *Western Civilization: A Brief History*, Vol. I, Belmont: Wadsworth Publishing Co., 1999, Introduction.
② "欧洲病",指西方国家由于过度发达的社会福利而患上的一种社会病,其结果是经济主体缺乏积极性、低增长、低效率、高成本,缺乏活力。

"封建主义"概念辨析

侯建新

"封建""封建主义"等词语在当今中国可谓俯拾地芥:将秦代至清代两千多年的传统社会称为封建社会,将帝王称为封建帝王,制度当然也是封建制度。"封建"话语不仅流行于学界,而且深入坊间,迷信是封建迷信,包办婚姻是封建婚姻,个人崇拜是封建遗毒等。显然,封建成为落后、腐朽的代名词,是中国传统社会迟迟不能与现代社会接轨的重要原因。另一方面,在欧洲,"封建社会"是前资本主义社会,事实上西欧"封建社会"只经过几百年就进入近代文明,所以西方学者至今仍在回顾和反思他们中世纪的价值,反思中世纪与近代文明千丝万缕的联系。①

问题是,封建主义概念的本质是什么,有没有一个可以涵括中西的封建主义?看来,"封建"二字虽然"耳熟",却难以"能详",尤其难以从世界历史的角度把这个问题说清楚。它不仅关乎中外历史、理论问题,而且涉及中西译文、学术史等,不胜繁复。然而,不论要深入认识西欧与中国的过去,还是要进行中西历史比较,该问题都是不可回避的。此外,从基础教育和对外交流角度讲,也需要将"封建"概念明晰化和规范化。总之,事关我国的人文社会科学建设,事关国民基础教育,兹事体大,循名责实,正本清源,义不容辞。

---

① 年鉴学派第三代学者勒高夫所写的《中古文明》是一部关于西欧中世纪的全面、系统的综合之作,作者在英文版序言中指出,该书的主旨在于说明:中世纪是一个充满暴力,生活条件严酷的世界,同时也是特别具有创造力,奠定西方文明发展基础的时代。(Le Goff, J., *Medieval Civilization 400 –1500*, Oxford, 1988)

先从中国方面说起。

一、"封建主义"概念在中国之由来

中国古代即出现"封建"字眼,实为"封土建制""封邦建国"的简称。大规模"封建"的事实发生在西周建国初年。灭掉"大邑商"后,地处西陲的周族如何统治这幅员广阔的土地,于是分封制度应运而生。分封的用意,是让王族的亲戚子弟率领族人到各地建立武装据点,以此为依托控制各个地区,从而形成拱卫宗周的态势。分封的各武装据点被称为"国",国主要由王族控制,同时也有少数异姓,多是原有方国部落的归顺者或受表彰者,如异姓者姜太公封齐,以表彰其"勤劳武王"。受封诸侯在封国有世袭统治权。周天子是各封国诸侯的"大宗",作为"小宗"的诸侯国必须服从命令,定期朝贡,提供兵役。

显然,先秦的"封建"有两重要义:其一,在形式上建立武装据点,解决幅员辽阔的国土(即家族)安全问题,防卫目标主要是异姓种族;其二,封国的原则是血缘关系,目的在于维护王族一姓的统治。司马迁称其为"褒亲亲,序骨肉,尊先祖"①,所谓"亲亲建国"。

封建制度在春秋战国之际逐步瓦解,秦统一后,全面推行郡县制,并取而代之。实际上,终先秦之世,"封建"一词很少使用;倒是秦汉以后,有郡县制作为对立物,"封建"的特点才突显出来,该词出现的频率也增加了。二者孰优孰劣的争论,从秦汉以来迄未停止,分封制也迟迟未绝迹,只是渐行渐远,不再占据主流。"封建"概念也发生了一些变化,魏晋以降,封爵而不治民的制度也沿用"封建"之名。宋元时代,李昉等辑《太平御览》设"封建部"五卷。继之,马端临写《文献通考》设"封建考"十八卷,一方面把"封建"从西周追溯到黄帝时代,另一方面又把秦汉至唐宋封爵而不治民(或曰"封"而不"建")的制度也囊括其中。后者可称为"转义的封建"。

总之,无论西周的封建还是后来转义的封建,一直到清末,人们对"封建"一词的理解没有多少变化,如果说有所变化,那就是后来的主要着眼点

---

① 《史记·三王世家》,中华书局,1959,第 2114 页。

在于中央与地方的权力分配。清末民初甚至关于联邦制还是联省自治的辩论,仍然在体制的含义上使用"封建"一词。① 可是无论如何,此时中国的"封建"与欧洲"封建主义"无关,国人多数还不知西欧"庄园制""领主附庸关系"为何物。

所以,最初的汉学家从不将中文"封建"译为 feudalism。例如,19 世纪英国汉学家李雅各(James Legge, 1815—1897)翻译了不少中国古典经书,遇有"封建"字眼,从不译为 feudalism,如《左传》中"故封建亲戚,以藩屏周"译为:raised the relatives of the royal House to the rule of States, that they might act as fences and screens to Zhou(大意是:让王族的亲戚去统治诸侯国,以此作为周的屏障)。又如《诗·商颂·殷武》中"命于下国,封建厥福",《左传》中"莫如兄弟,故封建之",以及"封建亲戚""封建兄弟"等都作了类似的译文处理。② 李雅各等都是从本义上译介中文"封建"一词,即抓住王族血缘亲属建立诸侯国的本质。显然,依西人的眼光,中国西周的"封邦建国"与西欧中世纪普遍推行庄园制基础上的 feudalism 不是一回事,没有将二者对译不无道理。

中国学者最初也没有将二者简单地对译。严复(1854—1921)首次将 feudalism 译为中文。1901 年,严复的重要译著《原富》(亚当·斯密著,现名《国民财富的性质和原因的研究》)问世,在这部译著中,feudalism 译为"拂特之制"。大概严复发现西欧的 feudalism 对中国历史而言是陌生的,没有一个适当的中国词语与之相应,于是取音译。严复在按语中明确说明自己对"拂特之制"的理解:"顾分土因而分民,于是乎有拂特之俗。……一国之地,分几拂特,分各有主,齐民受理其中而耕其地,则于主人有应尽之职役,而莫大于出甲兵,应调发之一事。用拂特之制,民往往知有主而不必知有王。故地大民众者,王力不足以御临之也。"可见严复对西欧庄园制有一定

---

① 例如,李大钊 1916 年在论及省制问题时,就上溯至封建与郡县论,"古无集权、分权之语也。有之,则内重外轻云者,足当集权之义;外重内轻云者,足当分权之义焉。于是右集权者,则讴歌郡县;右分权者,则想望封建。求之往籍,封建与郡县之论战,盖至今而犹未有以决也"。李大钊:《省制与宪法》(1916 年),载《李大钊文集》(1),人民出版社,1999,第 214—230 页。

② "莫如兄弟,故封建之"译为 it still said that none were equal to brothers, and advanced them to the rule of States;"封建亲戚"译为 to raise the relatives of the royal House to the rule of States;"封建兄弟"译为 to advance brothers to the rule of States。(林志纯:《封建主义问题》,《世界历史》1991 年第 6 期)

的观察深度,以至认为西欧拂特制(feudalism)与中国古典"封建"不同,所以说出"其建国本始之事如此,非必有锡土胙茅之事如中国也"。① 1903年6月,严复译穆勒的《群己权界论》(On Liberty),对书中的feudalism仍取"拂特"之音译。

问题出在严复不久后发表的另一部译著《社会通诠》上。严复是带着急迫的心情来翻译这本书的,爱德华·甄克思的《社会通诠》(E. Jenks, A History of Politics)原书出版于1900年,而严复翻译并将其出版是1904年。② 在这部书里,他第一次将feudalism译为"拂特封建制",或"封建制"③,从而将西欧的feudalism与中国的传统社会完全对应起来,后者不仅包括先秦时代,也包括秦代至清代。不仅是译文的改变,受西方思潮和话语的冲击,严复的思想也在激烈地震荡。从该译著的序言中可知,严复这位天演论的信奉者,深受甄克思社会演进图式的影响。甄克思提出人类社会进化三阶段:图腾社会、宗法社会和国家社会。在甄克思看来,这是人类社会由低级到高级发展的普遍过程,也是每一个民族都必须经历的进化序列,如同天有四季,人有童年、少年、壮年一样。"封建于社会天演为何阶级"(即"阶段"——引者注)?严复自问自答道:"拂特封建制"乃为宗法社会与近代社会的过渡阶段。④ 显然,甄克思将feudalism看作是西欧的,也是世界的,其他民族都要经历的。这本是说西欧feudalism有普遍性,可是一旦严复将其译为"封建",中文"封建"一词也有了普遍性,语义学上的奇妙力量由此可见一斑。

事实上,严复全盘接受了甄克思关于社会发展有机体的观念,他在译文中加入大段的按语赞赏有加,并依此联系和划分中国历史,他说,"由唐虞以讫于周,中间二千余年,皆封建之时代",是典型的宗法社会,其后,"乃由秦以至于今,又二千余岁矣"。如何看待这一段历史,严复踌躇不已,由于陷入甄克思的进化图式中不能自拔,只得认定"秦以至于今"也为"封建时代"。

---

① 亚当·斯密:《原富》上册,严复译,商务印书馆,1981,第335-336页。
② 1904年由商务印书馆出版。
③ 另据周振鹤考证,以"封建"对译feudal是从日本接受来的。外国人所编的汉英辞典直到1916年才把feudal译作封建,feudalism译作封建制度。参见周振鹤:《19、20世纪之际中日欧语言接触研究:以"历史""经济""封建"三译语的形成为说》,《传统文化与现代化》1996年第6期。
④ 甄克思:《社会通诠》,严复译,商务印书馆,1981,第75页。

这样一来,中西封建社会长短差异之巨,即使按甄克思的观点也令人费解。中国的"封建社会","盖四千数百载而有余也",而起于中国唐宋间英法诸国的封建时代不过千年,"何进之锐耶"?严复百思不得其解,虽以"乃事变之迁流,在彼则始迟而终骤,在此则始骤而终迟,固知天演之事,以万期为须臾"自慰,可仍然难以掩饰其深深的迷惑:"然二者相差之致,又不能为无因之果","而又不能不为吾群今日之利害,亦已明矣"(中西今日不同的利弊后果太明显了)!译述之际,不知多少次"掷管太息","绕室疾走"!① 严复先生渴求新知,却又不能自圆其说的痛苦状态,跃然纸上!

严复的痛苦,乃似是而非的痛苦,更确切说,是削足适履的痛苦!遗憾的是,严复的痛苦很少被后人知晓,而他利用舶来的社会演进图式分解中国历史,并以"封建"对译 feudalism 的做法却被其后的中国学者普遍接受。20世纪初叶,严复的这种思想倾向并非孤立。例如,早在 1899 年,梁启超就提出中国与欧洲的国体都依次经历了家族时代、酋长时代和封建时代,从中明显透出了甄克思式的社会演进图式。这样的观念对于打破中国传统的历史循环论有进步意义,倘若变成一个万能模式,用以解释各国历史包括中国历史时,势必破绽百出。梁氏推断说,中国西周和希腊的国体相同点最多,都是封建时代与贵族政治、列国分立,云云。② 今天看来这样的判断颇为牵强,可见一旦陷入流行而又僵化的社会演进图式,即使梁启超那样的智慧都要大打折扣。

又例如,20 世纪初,夏曾佑撰写《最新中学中国历史教科书》认为,人类总是由渔猎社会进入游牧社会,再由游牧社会进入耕稼社会。进入耕稼社会以后,又普遍实行宗法制、封建之制:"天下万国,其进化之级,莫不由此。"夏曾佑的这一表述,与甄克思"图腾—宗法—封建—近代国家"的社会进化图式如出一辙,可见那时中国学界受其影响之深。

为了进一步说明当时社会思潮及历史背景,我们有必要暂时离开主题,简要回顾一下西方社会进化论的内涵与影响。

当达尔文穿行于太平洋的岛屿观察自然界的物种变化时,他大概根本没有想到几十年后的社会学家运用他的自然界理论来认识人类社会的发展

---

① 甄克思:《社会通诠》,"译者序"第 X 页。
② 梁启超:《论中国与欧洲国体异同》,《清议报》的第 17 册(6 月 8 日)和第 26 册(9 月 5 日)。

进程，这就是赫胥黎和斯宾塞所提倡的社会达尔文主义理论。就历史观而言，社会达尔文主义强调历史发展的必然性及历史发展的单线性。几乎与此同时，人类学进化论出现。人类学进化论有两种：一种是古典进化论，另一种是新进化论。

古典进化论或称"单线进化论"（Lineal evolutionism）、"直线进化论"等，兴起于19世纪中后期。德国人类学家巴斯蒂安（Adolf Bastian）的《历史上的人》，最早提出进化论基本理论和基本概念，随后，泰勒、摩尔根、弗雷泽等人的著作相继问世，并形成了进化学派。虽然他们所论述的范围和内容各不相同，但都认为文化是由低而高、由简而繁的进化过程，并认为世界上各民族都沿着同一条路线直线发展，每一个民族都经历过相同的阶段。例如，泰勒在《原始文化》一书中把欧洲各民族文化放在顶端，把澳大利亚土著民族的文化放在最下端，再把世界各民族文化依其高低和繁简安排在两个极端之间。摩尔根的《古代社会》把人类社会和文化发展分为蒙昧、野蛮、文明三个阶段，每一个阶段又分为低、中、高三个子阶段。19世纪60年代至90年代末古典进化理论在西方学界占主导地位，其后受到越来越多的质疑和批评，当20世纪初叶传入中国时，在西方已是强弩之末，以后逐渐被新进化论代替。后者的重要主张之一是多线进化论（multilineal evolution）。这是后话了。

如果对当时占统治地位的社会思潮有所了解和体悟的话，我们对严复等人就多了几分理解与宽容。国人初次接触西方思潮，不善识别或食洋不化总是难免的。在社会进化图式不可颠覆的大背景下，严复将 feudalism 与"封建"对译，相当于将西欧中世纪与中国传统社会等同划一，对后者的认识与描述，仅是借用中文"封建"一词的外壳，实际在相当大程度上将中国的历史纳入西方的模式，按照西欧的逻辑进行演绎，并且标榜为人类社会的普遍性。显然，20世纪初叶以来，"封建"一词在中国文字和口语上空前高频率地出现，不是中国传统话语的简单延续，而是另有一番缘由与内容，确切说，"封建"已经不是先秦"封邦建国"的简称，也不是后来"封爵而不治民"转义的封建制，而是随西语 feudalism 而来的、带有普遍意义的、人类进入近代国家前必须经历的一个社会形态或社会发展阶段，从而为以后五种生产方式说的流行打下伏笔。

如果严复当时还有几分踌躇和迟疑的话,严复的后人们在这个问题上几乎不假思索,认为每个民族,当然包括中国在内,经历西欧那样的"封建社会"天经地义,毋庸置疑。从 20 世纪 30 年代中国社会史论战,到 50—70 年代中国历史社会形态划分的讨论,关于"封建社会",不是有无问题,而是存在于中国历史上的哪个时代,什么时候形成,什么时候崩溃?也有不同的声音,如胡适的《中国哲学史大纲》①,郑振铎的《插图本中国文学史》②,蒋伯潜、蒋祖怡的《经与经学》③,张荫麟的《中国史纲》,侯外庐的《中国思想通史》等,仍然坚持"封建"是中国西周时代的特定概念,不能混同于西欧的 feudalism,也不足以概括秦汉以后的中国社会。陈寅恪的文集,未发现他在任何地方把秦始皇"废封建、立郡县"以后的中国社会称作"封建社会"。张荫麟的《中国史纲》是 40 年代初刊印的高中历史教材,其中"周代的封建社会"一章,把西周"封建社会的要素"④说得一清二楚,旋即作结道:

> 从这散漫的封建的帝国到汉以后统一的郡县的帝国,……是我国社会史的中心问题之一。……照这界说,周代的社会无疑地是封建社会。而且在中国史里只有周代的社会可以说是封建的社会。⑤

---

① 胡适于 1918 年作《中国哲学史大纲》,认为中国哲学的"怀胎时代"是公元前 8 世纪到公元前 6 世纪,论及这一时代的时势,则屡屡出现"封建"一词:"那时诸侯互相侵略,灭国破家不计其数。古代封建制度的种种社会阶级都渐渐的消灭了。""古代封建制度的社会,最重阶级。"言及孔子哲学之大旨"正名"时如是说:"孔子眼见那纷争无主的现象,回想那封建制度最盛时代,井井有条的阶级社会,真有去古日远的感慨。"(胡适:《中国哲学史大纲》,东方出版社,1996)

② 20 世纪 30 年代初郑振铎所著《插图本中国文学史》,论秦统一天下前的统一,"不过分封藩王,羁縻各地的少数民族而已。他们仍然保持其封建的制度,不甚受命于中央。到了秦统一之后,方才将根深蒂固的分散的地方王国的制度打得粉碎,改天下为郡县"。(郑振铎:《插图本中国文学史》,北京出版社,1999,第 83 页)

③ 蒋伯潜、蒋祖怡于 1942 年父子合著"国文自学辅导丛书",意在向国人介绍传统文化中经典之作的源流嬗变。丛书的《经与经学》一册中有言:"秦始皇统一中国,废封建,改郡县,这是我国政治制度上一次极重大、极剧烈的改革,周朝以前行之数千年的封建制度被根本铲除了。……确是我国划时代的政治变动,虽然古代的封建制度至战国时已呈崩溃之象,可是政治上、社会上重大的改革,往往不为安于旧习的人们所赞成。"又说:"封建制度的崩溃,开始于春秋中叶而完成于秦,西汉初年和郡县夹杂存在的诸国,不过是封建制度的回光返照,故如昙花一现而即灭。这原是大势所趋,无可避免的。"(蒋伯潜、蒋祖怡:《经与经学》,上海书店,1997,第 17 页)

④ 张荫麟云:"严格地说封建的社会的要素是这样:在一个王室的属下,有宝塔式的几级封君,每一个封君,虽然对于上级称臣,事实上是一个区域的世袭的统治者而兼地主;在这社会里,凡统治者皆是地主,凡地主皆是统治者,同时各级统治者属下的一切农民非农奴即佃客,他们不能私有或转卖所耕的土地。"(张荫麟:《中国史纲》,上海古籍出版社,1999,第 24-25 页)

⑤ 张荫麟:《中国史纲》,上海古籍出版社,1999,第 24-25 页。

钱穆在1940年出版的《国史大纲》中也不同意中国自秦以来的社会是"封建社会",他说:

> 以政制言,中国自秦以下,即为中央统一之局,其下郡、县相递辖,更无世袭之封君,此不足以言"封建"。既无特殊之贵族阶级,是亦不足以言"封建"。……土地既非采邑,即难以"封建"相拟。……中国以往社会,亦尽可非封建,非工商,而自成一格。何以必削足适履,谓人类历史演变,万逃不出西方学者此等分类之外?①

侯外庐写于40年代的《中国思想通史》说得更尖锐,他说两者相混(指先秦封建制与秦汉以后的制度相混——引者注),是"语乱天下"。② 不过,他们的意见不占据主流,而且声音越来越微弱。

至此,问题可归结为:在前近代人类社会是否存在一个统一的发展图式,是否可以用一个概念表述所有民族和国家的社会性质与特征?进一步而言,以往译为"封建制度"的西欧的 Feudal System 是否可以涵盖中国?我们拟采用历史方法来解决和回答问题,因此首先还要接受历史事实的检验。

二、西欧中世纪的历史分析

布洛赫作为年鉴学派的奠基人享有世界性的盛名,是广受人们信赖的历史学家。其名著《封建社会》③(*Feudal Society*),是研究西欧封建制的一部综合性巨著,于1939—1940年以法文版形式问世,20年后英文版问世,著名经济史学家波斯坦在"序"中称赞它是论述西欧 feudalism 的"国际水准的著作"。再20年后,该书英文版第9次重印,另一位著名史学家布朗在序言中,仍然热情洋溢地肯定这部书的历史功绩,称之为西欧中世纪社会研究的奠基之作。眼下中文版也问世了④,距离原著发表已有60余年,可见该著不可磨灭的学术价值。

---

① 钱穆:《国史大纲》,商务印书馆,1994,"引论"第21-22页。
② 侯外庐:《中国思想通史》第二卷上册,生活·读书·新知三联书店,1950,第374页。
③ M. Bloch, *Feudal Society*, London, 1961.
④ 马克·布洛赫:《封建社会》(上、下卷),张绪山等译,商务印书馆,2004。

研究西欧"封建制"①的著作汗牛充栋,匆匆浏览各家,不如认真分析一部权威著作,而布洛赫的 *Feudal Society* 本身是集各家之大成的公认权威。他在该著的最后一章"作为一种社会类型的封建制"中,专门一节分析"欧洲封建制的基本特征",虽然篇幅不长,却是全书的精华,可作为我们探讨西欧封建制的主要参考点,如若适当参照和比较中国的情况一并讨论,可更加明了西欧封建制的本质及其与中国之差别。

欧洲 feudalism 的基本特征归纳起来有如下几方面:

●非血缘的、非强有力的国家权力支配的社会。布洛赫在描述封建制基本特征时,第一句话就是,要知道西欧封建制是什么,"最简易的方法是从什么不是封建制社会说起"。其一,它不同于建立在血族关系基础之上的社会。虽然它留有血缘关系的印记,例如其个人从属关系仍保留着原始亲兵制中准家族(quasi-family)成分,但该社会并不只是依赖血缘关系。布洛赫颇为肯定地指出,"更确切地说,严格意义上的封建关系纽带正是在血族关系不能发挥有效作用的时候才发展起来的"。② 西欧的封君封臣制度是弱者对强者的投靠,从形式上看,这种关系的结成是自愿的。一个自由人有选择主人的权利,这是诸多日耳曼法典都有明确规定的。封臣义务的核心是服军役,军役不能无限期延长,一般规定是一年 40 天。军役期间,封臣要自备马匹、武器、盔甲和粮饷。较大的封臣还要带上他下面的封臣,所带骑士数量视受封土地大小而定。平时则要提供帮助,例如,封君被人俘虏了,封臣要帮助缴纳赎金;封君巡游封臣的辖地,封臣有义务款待。当然,这些负担在协议中早有规定,包括一年款待封君的次数,一次停留的时间长度。有的甚至规定封君随从人员和马匹的数量,以至伙食的标准。封君对封臣也有义务,一是提供保护,二是提供生计即封土。这里有互惠关系,有人身依附关系,却几乎没有血缘关系。

其二,推行封建制的国家不是一个统一的、强有力的国家。布洛赫说:"尽管凌驾于众多小权力之上的公共权力的观念仍持续存在,但封建主义是与国家的极度衰弱,特别是与国家保护能力的衰弱同时发生的。"随着蛮族

---

① 在本文没有得出最后结论之前,仍按通常的对译即西文"feudalism"为中文"封建主义"。
② 马克·布洛赫:《封建社会》(下卷),第 700 页。

入侵和蛮族国家的建立,公元 1000 年前后西欧社会兴起以地方权力为中心的历史现象,具体表现为公共权力的崩溃和领主专权的形成,被称为"封建革命",从而带来了所谓"封建无政府状态"。实际上,无数大小领主在行使政治权力,在各自的领地上,他们是公法和私法的统一执行者。它产生于混乱无序的年代,是无序中的有序,欧洲变得更稳定了,并逐渐产生了一种新的文明。布洛赫认为,如果没有日耳曼入侵的大变动,欧洲的封建制将是不可思议的。"日耳曼人的入侵将两个处于不同发展阶段的社会强行结合在一起,打断了它们原有的进程,使许多极为原始的思想模式和社会习惯显现出来。封建制在最后的蛮族入侵的氛围中最终发展起来。"①封建主义就其政治组织形式和内容而言,权力显然是分散的,如严复所言,"用拂特之制,民往往知有主而不必知有王"②。

●庄园制。正因为没有一个高度整合的行政、司法体系,也没有一支常备军,所以国王不是高高在上的专制君主,他与诸侯是封君与封臣的关系,以互惠的忠诚纽带联结在一起。国王的经济来源实际上全部来自他作为领主的个人庄园,他也只生活在他的庄园里,所谓"国王靠自己生活"。他只要求封臣们在发生战事时及时地全副武装地赶到自己的身边。真正严整的社会秩序只存在于领地内部,而对于一个个领地或庄园的主人——尚武的贵族及骑士来说,既没有一个外在的强大力量来控制和管理他们,他们之间也没有多少经济上的往来。

采邑制度既是经济制度,也是政治制度,从这个意义上布洛赫相当肯定地说,"封建主义即庄园制度,这种认识可追溯到很久以前"③。他和其他史学家都认为:feudalism 一词是由通俗拉丁语"feodum"(采邑)演化而来的,feudalism 这个新词从本意上讲仅仅适用于采邑制及其相关的事物,而与其他东西无关。因此,"当法国大革命时期的人们宣布目的是消灭封建主义时,他们首先想要攻击的便是庄园制度"④。以采邑为中介,形成领主与附庸的军事关系,领主向附庸提供采邑,附庸为领主出征;在庄园内部,领主向

---

① 马克·布洛赫:《封建社会》(下卷),第 700 页。
② 甄克思:《社会通诠》,第 336 页。
③ 马克·布洛赫:《封建社会》(下卷),第 699 页。
④ 马克·布洛赫:《封建社会》(下卷),第 699 页。

他的佃户提供份地，同时享用后者的劳役或货币报酬。庄园制是封建制的基础。

中国西周的封建制，是地处西陲的周王族为了统治幅员辽阔的土地而采取的政治举措。王族的亲戚子弟率领族人到各地建立武装的据点，其首要目标是解决周氏家族的安全问题。中央与地方的关系完全按照血缘关系的原则确定，享有"大宗"权威的周天子在上，各诸侯国即"小宗"掌控的"封地"显然达不到西欧庄园那样的独立性。西欧庄园制，按照领主附庸关系而建立，解决他们因罗马帝国灭亡后共同面临的安全问题，而不是某一血族的安全问题，所以不以血缘关系为唯一的维系，或者基本不依靠血缘关系。西欧庄园在自己的领地中享有独立的行政、司法与经济特权，王室官吏不得干预领地，甚至国王本人未经允许都不得随意进入。西周的"封邦建国"与西欧庄园制貌似而神离，似是而实非，二者难以简单地认同。

如果西周封建制表面还有几分相似的话，秦代以后的社会制度连这一点也不存在了。秦始皇"废封建置郡县"后，凸现以皇权为核心的专制制度，其后二千年基本不变，一直是中国政治制度的主导模式。虽然西汉有七国之反，晋有八王之乱，唐有藩镇割据，明有燕王之变，但都为时不长，不构成列国之形。而且，它面对的既不是先秦时代的"封国"，更不是西欧那样的庄园，因此，皇权没有与其抗衡的教会、贵族，更没有"第三等级"。皇权俯视下的苍生，除辅佐他的王公大臣士大夫外，几乎全部都是国家编户制度下的小农，即"编户齐民"。齐民，无差别之意，这里主要指政治等级上的无差别。小农对土地拥有低度的或有限的所有权，而中央王朝拥有最高和最后的所有权，明显的标志就是朝廷向每一个编户民征收田租和赋役，"有田则有租，有身则有庸"。

在中国漫长的中古时代，皇权对土地的最高所有权和对民众的广泛支配权，是西欧封建制从未拥有过的。秦始皇在琅琊刻石挥笔写下"六合之内，皇帝之土""人迹所至，无不臣者"（《史记·秦始皇本纪》），显然是"普天之下，莫非王土；率土之滨，莫非王臣"这一古老原则在新制度下的进一步彰显。

●尚武的武士等级是统治阶级。布洛赫说，"即使极为粗略的比较研究也将表明，封建社会最显著的特点之一，是首领等级与职业武士等级事实上的一致性"①,或者说体面风光的武装职业等级是领主阶级,也是统治阶级。布洛赫列举了两个反证,来说明不具备这样的特征就不是封建制度。一是斯堪的纳维亚或西班牙西北部诸王国,一是拜占庭帝国。由于没有武士等级,所以只有形式极不完善的附庸制和庄园,或者既没有附庸制也没有庄园。在拜占庭帝国,8世纪的反贵族运动之后,继续保留了罗马时期统一的行政管理传统,为获得一支中央政府直接支配的强大军队,又创造出了为国家提供军事义务的佃领地。但与西欧采邑不同的是,它们只是农民采邑,确切说是规模不等的农民份地。此后,帝国政府最关注的事情是保护这些"士兵的财产"及一般的小持有地不受豪强的侵蚀。然而,11世纪晚期经常出现的情况是,陷于债务的农民难以保持其独立性,同时帝国受到内部纷争的干扰,不再能够对自由农民提供有效的保护。这样,没有武士等级的拜占庭帝国最终丧失了采邑制以及与之相联系的军事和财政资源。

中国始终不存在职业武士,也没有首领等级与武士等级的一致性。春秋及其以前的社会确有尚武精神,上至各国国王,下至一般氏族子弟,都以从军为荣。当兵不是下贱的事,而是社会上层阶级的荣誉。春秋时期虽已有平民当兵,但兵源的主体仍是贵族。所以一直到春秋时期,军队还是贵族的军队,仍为传统贵族的侠义精神所支配。战国初期文化起了相当大的变化,由《史记》中可得知,经过一百年间(公元前470—前370年)的剧烈震荡,"革命的结果是,国君都成了专制统一的绝对君主,旧的贵族失去春秋时代仍然残留的一些封建权利"②。文武两兼的教育制度无形破裂,文武分离开始出现。

到秦代,兵源的素质与从军的热情都大大下降。又因为边疆防戍规模空前增大,于是征发"亡人"(流民)戍边,这是后代只有流民当兵、兵匪不分局面的滥觞。汉武帝时,维护京师的兵力选自关西六郡的良家子弟,其余则良莠不齐,或是招募的胡越降人,或是强制屯田的徒民,尚有招募而至的匈奴兵。他们大半都是民间的流浪分子,甚至是外族浪人,很容易遭到一般清白自守的良民的轻视。雷海宗推断说,"'好铁不打钉,好汉不当兵'的成语

---

① 马克·布洛赫:《封建社会》(下卷),第701页。
② 雷海宗:《中国文化与中国的兵》,商务印书馆,2001,第7页。

不知起于何时,但这种鄙视军人的心理一定是由汉时开始发生的"①。

秦汉以后的兵制没有很大变化,只有隋唐承袭北朝外族的制度,百余年间曾实行半征兵的府兵制,不过,无论如何也从未实行过与领主附庸制度相联系的骑士等级制度,也没有以从军为荣的贵族等级。在西欧,享有佩剑权利是贵族的象征。法国大革命以前,有着古老血统的贵族为了与公职贵族相区别,仍称自己为"佩剑贵族"。即使在为国捐躯已完全不再是某个等级垄断行为的今天,这种感情仍然存在。在洋洋百万字的两卷本中,布洛赫几乎没有提及中国,然而此处却联系了中国社会,大概他发现这种差异太明显了,他说:从军"对于职业武士的作用是一种精神上的优越性——这种态度对其他的社会如中国社会,是非常陌生的"②。

●领主附庸关系中的原始契约因素。在西欧封建制社会,独特的人际关系纽带是从属者与附近首领的联系。这种关系纽带从一个阶层到另一个阶层,像许多无限扩展开来的链条,将势力最小者与势力最大者联系起来。领主得到人,委身者得到土地,所以土地受到重视。诺曼领主拒绝诺曼公爵提供的珠宝、武器和马匹等礼物,他说:我们需要土地。因为有了土地,才能供养更多的骑士。在体面风光的武士等级中,依附关系最初曾经表现为一种契约形式,这种契约是两个面对面的活生生的人之间自由签订的。"由于行了臣服礼而封臣对封君有多少忠诚,则同样封君对封臣也有多少忠诚",布洛赫指出:"附庸的臣服是一种名副其实的契约,而且是双向契约。如果领主不履行诺言,他便丧失其享有的权利。因为国王的主要臣民同时也是他的附庸,这种观念不可避免地移植到政治领域时,它将产生深远的影响。"

人们普遍承认,附庸拥有离弃恶劣领主的权利。在这种情况下,许多表面看来似乎只是偶然性的起义,其实基于一条传统深厚的原则:"一个人在他的国王逆法律而行时,可以抗拒国王和法官,甚至可以参与发动对他的战争……他并不由此而违背其效忠义务。"这就是《萨克森法鉴》中的话③。这一著名的"反抗权"的萌芽,在公元843年《斯特拉斯堡誓言》及秃头查理与其附庸签订的协定中已经出现,13和14世纪又重现于整个西欧世界的大

---

① 雷海宗:《中国文化与中国的兵》,第24—28页。
② 马克·布洛赫:《封建社会》(下卷),第712页。
③ 马克·布洛赫:《封建社会》(下卷),第713页。

量文件中。这些文件包括:1215 年《英国大宪章》,1222 年《匈牙利黄金诏书》《耶路撒冷王国条令》《勃兰登堡贵族特权法》,1287 年《阿拉冈统一法案》《布拉邦特的科登勃格宪章》,1341 年《多菲内法规》,1356 年《朗格多克公社宣言》。布洛赫继而强调说,在这里,"西欧封建主义获得了它的最原始的特征之一"①。

领主与附庸关系中的契约观念,同样不可避免地进入教权与王权的关系。伯尔曼所著《法律与革命》一书,是一部着重研究西方法律传统形成因素的力作,书中所谓"教皇革命",即 11 世纪末至 13 世纪末这二百年间教皇与王权争夺主教授职权的斗争,以及所引发的教会与世俗两方面的一系列重大变革,伯尔曼认为是西方法律传统与政治制度的基础。教皇革命后,教权与俗权谁也没有吃掉谁,而是达成一种妥协,出现教权与俗权的并立,教权法律体系与俗权法律体系之间的合作与竞争等,他认为这是非西方社会所不具备的或不能同时具备的。而这也正是西欧封建制的基本特征之一。除王权与贵族、王权与教会外,王权与"第三等级"之间、领主与佃户之间,包括与农奴佃户之间也存在着相互的权利与义务关系,即所谓原始契约关系的因素。

中国传统社会不存在西欧那样的原始契约关系因素。中国的皇权与官僚士大夫之间,不存在西欧王权与贵族那种契约性的等级关系。官僚的权力出自君主,权力可以给予,也可以收回。因此官僚只对君主负责,按君主的旨意办事。官吏有权力,但在帝王面前却缺乏最基本的个人权利,既没有独立的权利,也谈不到维护自己的权利并与皇权抗衡。说到底,中国君主与官僚之间的关系是主与奴的关系,官僚是专制君主的统治工具,一个附属物,归结为中国一条传统的伦理原则,就是"君为臣纲"。"纳谏"好像含有限制君权的因素,而在实际中离开君主的主导就无法运转,因为劝谏最终依赖于君主的德行,否则徒唤奈何,或者自己去死,所谓"死谏"。纳谏属君道,实质是皇帝专制权力的延伸,而不是官僚自己独立的并受到保护的某种权利与选择。另一方面,中国也缺乏具有一定的独立性并与王权抗衡的宗教及教会组织。中国民众精神生活中影响最大的是儒学,而儒家学说并非

---

① 马克·布洛赫:《封建社会》(下卷),第 702 页。

是官僚皇帝制的对立物,恰恰相反,儒学与皇权是相伴相生的。儒家的信徒被称为儒生,是科举选官的基本对象,即官僚队伍的后备军。二者不仅一致,还可说是一体的。此外,中国"编户齐民"与中央王朝之间也没有西欧领主附庸关系中的契约因素,当农民个人利益受到来自上面侵害的时候,几乎没有多少抵抗和自卫的手段。显然,与西欧的 feudalism 相距甚远。

关于西欧封建制度这些基本特征,西方大部分作者都表明了相似或相近的见解。

比利时学者甘肖弗(F. L. Ganshof)认为,feudalism 主要有两种意义,一是指社会形态,其明显的特征是:以个人的依附关系为中心组成社会,国家政治权力分散;占据社会高位的军事等级;不动产即土地不断被分割等。第二个意义是它的特定的领主附庸关系,即封臣对领主的服从与服役,同时领主对封臣提供保护和土地,而土地采取封地(fief)的形式。[1]

美国学者海斯(C. Hayes)等认为,feudalism 是在一个重大危险时期为相互保障而产生的一种社会。它的最基本的方式是一个强有力的人与许多弱者结成一种关系,共同持有和耕作一大片土地,共同保护他们的生命和财产。feudalism 具有保护和服役两种主要特点,弱者为强者服役,强者保护弱者。[2] 显然,海斯等也是强调 feudalism 中相互的权利与义务关系,即契约因素。

西方权威词典《简明不列颠百科全书》和《韦伯斯特国际大辞典》对"feudalism"词条均有较为详细的释义。《简明不列颠百科全书》强调领主与附庸之间"私人的"和"自愿的"联系,从而接受可以世袭的领地;另一方面是庄园制,在庄园内领主对农奴享有警察、司法、财政等权利。与此同

---

[1] F. L. Ganshof, *feudalism*, London: Longman Group Ltd, 1964, "introduction".
[2] 海斯、穆恩、韦兰:《世界史》上册,生活·读书·新知三联书店,1975。

时,国王权力衰落,诸侯林立。臣民与领主的关系是社会的主要关系等。①《韦伯斯特国际大辞典》(第三版)也以不同的表述指出feudalism类似的基本特征:领主与封臣的关系;采邑制;领主在领地内独立行使政府职能等。②

1950年,普林斯顿大学召开了一次有关"feudalism"的专题学术讨论会,编者在会后出版的论文集中指出,"feudalism"主要是一种政治统治方式(a method of government),这种统治方式的特点在于:它的基本关系不是统治者与臣民,也不是国家与公民,而是领主与封臣的关系。它是封建制中的核心因素。虽然"feudalism"一词源于"feudum"(封地、采邑),因此与土地所有权有着重要联系,但不应因此将土地关系误解为"feudalism"的中心。③

历史以及历史研究表明,西欧"feudalism"的基本特征——国家统治权力的分散,庄园制度和武士等级制,领主附庸制及其包含着的原始契约因素等几个方面——是西欧社会历史的产物,不具有普遍性,对中国传统社会尤其秦代至清代社会而言,恰好是陌生的,难以用同一个概念涵盖之。

下面我们再看看马克思、恩格斯等相关作家是如何认识这一问题的。

---

① 原文是这样的:"一种以土地占有权和人身关系为基础的关于权利和义务的社会制度。在这种制度中,封臣以领地的形式从领主手中获得土地。封臣要为领主尽一定的义务,并且必须向领主效忠。在更广泛的意义上,feudalism一词指'封建社会',这是特别盛行于闭锁的农业经济中的一种文明形式。在这样的社会里,那些完成官方任务的人,由于同他们的领主有私人的和自愿的联系,接受以领地形式给予的报酬,这些领地可以世袭。Feudalism的另外一个方面是采邑制或庄园制,在这种制度中,领主对农奴享有广泛的警察、司法、财政和其他权利。……Feudalism本身在9世纪期间有很大发展。国王的权力衰落了,各地的政权实际上成为独立的了,并开始建立起他们自己的地区性的小国家;他们彼此征战不休。从12世纪起,Feudalism受到各种敌对势力的攻击。拥有拿薪俸的官员和雇佣军队的中央集权国家建立了起来。臣民与君主的关系代替了封臣与领主的关系。城镇由于经济发展甚至建立了自己的民兵,能够在很大程度上形成它自己关于社会的概念。这与贵族的概念是不同的。作为贵族阶层物质生存的采邑制度在12、13世纪经历了一场深刻的经济危机。尽管Feudalism到14世纪末已经不再是一种政治的和社会的力量,但它仍然在欧洲社会中留下了自己的烙印。它对现代形式的立宪政府的形成产生了极大影响。"(《简明不列颠百科全书》第三册,中国大百科全书出版社,1985,第132页,参照该书1984年的英文版。)

② 原文是这样的:1. A. Feudalism从9世纪到大约15世纪,在欧洲繁荣过的一种政治制度。它建立在领主与封臣的关系之上,所有的土地都是以采邑的形式持有的(如国王的采邑),作为主要的附属情况,有佃农在军事和法庭方面的服役、监护权和没收权。B. Feudalism赖以建立的原则、关系和习惯。可比较commendation, feud, liege, lord, precarium, vassal。2. 大领主或世袭的拂特领主从土地征入岁收,同时在他们的领地内行使政府的任何一种社会权力。3. 少数人为了自身利益实行的控制:社会的、政治的或经济的寡头统治。(John Critchley, *Feudalism*, London: George Allen & Unwin Ltd, 1978, p. 11.)

③ Rushton Coulborn (ed.), *Feudalism in History*, Princeton, New Jersey: Princeton University Press, 1956, pp. 3-7.

三、马克思、布洛赫等作家的理论分析

本来是两种不同的物品,为什么贴上一个标签并且装进同一个箩筐?这是中西历史的双重误读,也是某种历史认识的误区使然。关于西欧feudalism,前面以布洛赫的提示为主要线索对其做了历史的分析,下面我们追寻马克思等相关作家的论述,尝试做一点理论方面的澄清。

前已提及,当20世纪初"封建"一词在中国空前高频率地出现时,已经不是中国传统话语的简单延续,既不是西周"封邦建国"的简称,也不是秦汉以来"分封"与"郡县"孰优孰劣论辩中的"封建",随着西语feudalism与"封建"对译,"封建"已成为同一的、中西概莫能外的社会发展阶段。它是"五种生产方式说"的重要组成部分。

"五种生产方式说"曾在我国的历史教学和研究领域占有绝对的统治地位,近20年来虽然受到越来越多的诘问,不过在许多情况下仍然莫衷一是。焦点似乎还是在马克思等作家关于该问题论述的解释上。坚持者认为,"五种生产方式说"是马克思关于人类社会发展史的经典解释,不容改变;反对者则认为这不是马克思的本意而是斯大林所为。笔者以为,实事求是的解释是,马克思关于前近代社会发展认识存在着两种思想倾向。

长期以来,国内教科书一直把马克思的历史发展观解释为五种生产方式或五种社会形态的发展图式,其直接来源是苏联理论界。斯大林在《论辩证唯物主义和历史唯物主义》中指出:"历史上有五种基本类型的生产关系:原始公社制的,奴隶制占有制的,封建制的,资本主义的,社会主义的。"①从此,五种生产方式的单线发展图式,被苏东国家等解释为关于世界历史演进的规律。例如,苏联人编写的教科书写道:"所有的民族都经历基本相同的道路……社会的发展是按各种既定的规律,由一种社会经济形态向另一种社会经济形态依次更替的。"②在这样的思维框架下,既然所有国家或地区都要经历这样几种社会形态,中国当然也不例外,其中包括势必经历一个封建社会,在这里,feudalism已经不是对西欧的历史性描述,而是一

---

① 《斯大林选集》,人民出版社,1962,第199页。
② 转引自罗荣渠:《现代化新论》,北京大学出版社,1993,第53页。

个抽象的、普遍的概念。

关于西欧的"封建制度"是否有世界性的普遍意义,早在启蒙运动时期就有过争议。在孟德斯鸠看来,西欧"封建法律"建立是一种独特的现象,是"世界上曾经发生过一次,大概永远不会再发生的事件"。但伏尔泰却把西欧封建主义认作普遍存在的古老的社会形态。伏尔泰的观点已包含人类社会单线发展那样的概念,对后世的影响更大些。

圣西门(1760—1825)深受维科、孔多塞影响,是一位典型的阶段进化论者。他认为,人类社会是一个有规律地从低级向高级发展的过程,发展过程分为五个阶段:开化初期,古希腊罗马的奴隶制社会,中世纪神学和封建制度,封建制度解体的过渡时期,未来的"实业制度"。

傅立叶(1772—1830)也把人类历史划分为若干阶段,只是更加复杂:1. 原始时期;2. 蒙昧制度;3. 宗法制度;4. 野蛮制度(彼时之中国、日本、印度都属于野蛮时期,没有进入文明时期);5. 文明制度(文明制度又分为四个阶段,即童年时期如希腊罗马的奴隶制,社会成长时期如奴隶解放和"封建主义",衰落时期,文明制度凋谢时期);6. 保障制度;7. 协作制度;8. 和谐制度。①

黑格尔也有类似的历史阶段划分。到 19 世纪中叶,达尔文发表《物种起源》,更是直接影响和推进了 18 世纪以来关于不同民族都在同一轨道上演进的观点,形成古典进化论。胚胎学、地质学、生物学、考古学、文化人类学、历史哲学等各个不同领域都提出了相应的概念。

成长于 19 世纪上半叶的马克思、恩格斯显然受到古典进化论的影响,他们早年共同发表《德意志意识形态》一书,在谈到分工发展的各个不同阶段时,依次提到了原始的、古代的、封建的和现代资产阶级几种社会形式。②后来,马克思在《〈政治经济学批判〉序言》中,论及生产力生产关系、上层建筑经济基础的矛盾运动推动社会发展,又提到"大体说来"社会经济形态演进的几个时代:亚细亚的、古代的、封建的(feudal)和现代资产阶级的。③ 恩

---

① 参见《傅立叶选集》第一卷,第 72-73 页,第 77 页;第三卷,第 138-172 页,第 284 页,商务印书馆,1982。
② 《马克思恩格斯选集》第 1 卷,人民出版社,1972,第 83 页。
③ 《马克思恩格斯选集》第 2 卷,第 26-32 页。

格斯在《家庭、私有制和国家的起源》一书中阐述的东西方两半球的技术发展过程,也具有相似的思想倾向。当然,他们从未把几种社会形式视为历史研究的公式,更没有奉为每个民族一般发展道路的哲学图式。《德意志意识形态》一书中写道:"这些抽象本身离开了现实的历史就没有任何价值。……这些抽象与哲学不同,他们绝不提供可以适用于各个历史时代的药方或公式。"①可惜,斯大林教条化的处理,恰恰将其变为"修剪"历史的"药方"。

另一方面,人们同样难以否认或磨灭马克思、恩格斯的多线历史发展观,这在他们大部分作品尤其晚年成熟的作品中有相当明确的表述。如果说马克思在《〈政治经济学批判〉序言》中采用的是政治经济学的方法,注重宏观逻辑演绎,那么进入历史研究领域或采用历史分析方法时,马克思关于社会形态的种种概念,包括 feudalism 在内,都给予了严格的空间和时间的限定。

实际上,在马克思笔下,feudalism 一词几乎未见用于西欧之外。马克思在《马·柯瓦列夫斯基〈公社土地占有制〉一书摘要》中,批评了俄国学者柯瓦列夫斯基将西欧意义上的封建主义套用于印度。马克思指出,印度存在君主集权制,阻碍了印度社会演化为西欧式的封建制,所以印度不存在 feudalism。② 对英国学者约翰·菲尔的批评就更严厉了,"菲尔这头蠢驴把村社结构叫作封建结构"!马克思显然不同意菲尔将孟加拉和锡兰社会与西欧社会混为一谈。③ 同样,马克思也反对用 feudalism 概括奥斯曼土耳其和波斯的社会形态。④

马克思、恩格斯在 1853 年的通信第一次讨论了东方问题,马克思指出,"东方(指土耳其、波斯、印度斯坦)一切现象的基础是不存在土地私有制。这甚至是了解东方天国(指中国——引者注)的一把真正的钥匙"。他庆幸自己所在的西方与东方不同:"欧洲的君主国不是土地的唯一所有者,对此

---

① 《马克思恩格斯选集》第 1 卷,第 31 页。
② 《马克思恩格斯全集》第 34 卷,人民出版社,1972,第 385 页。
③ 《约翰·菲尔爵士〈印度和锡兰的雅利安人村社〉(1880 年版)一书摘要》,载《马克思古代社会史笔记》,人民出版社,1996,第 385 页。
④ 佩里·安德森:《绝对主义国家的系谱》,刘北成、龚晓庄译,上海人民出版社,2001,第 494 页。

我们应该多么高兴和感到多么幸运！……亚洲的国王们被盲目的情欲所驱使，亟欲获得比神法和自然法所保障的权力更大的绝对权力。他们攫取一切，最终却丧失一切。……如果在我们这里也存在同样的政体，那么哪里还有王公、主教、贵族、富裕的市民、兴旺的商人和机灵的手工业者？到哪里找巴黎、里昂、图卢兹、鲁昂、伦敦等等这样的城市？哪里还看得见星罗棋布的小城镇和小村庄，……无论臣民还是君主从哪里获得丰富的收入？"①显然，他把包括中国在内的东方传统社会与西欧传统社会看作有相当大差异的两类社会形式。

几年后，当马克思撰写《经济学手稿》时，东方社会被明确地概括为"亚细亚生产方式"，并与西方等其他的社会形式相对应。在《经济学手稿》"资本主义生产以前的各种形式"一节中，马克思将前资本主义生产主要分为三种形式，除"亚细亚"的所有制形式外，还有"古代的""日耳曼的"所有制形式。② 众所周知，"亚细亚的"指东方，"古代的"（classical）指希腊、罗马，而"日耳曼的"主要指中世纪的西欧。当然，还有许多未能涵盖在内，如斯拉夫式的（东欧及俄罗斯）、日本式的等。很明显，在马克思的历史视野中，这些前资本主义的生产方式是并列的，是人类不同民族和地区曾经存在的不同的社会形式，它们之间根本不存在依次演进的"逻辑公式"，也不存在一个产生一个的历史必然性。

马克思关于"亚细亚的""古代的""日耳曼的"的诸种说法，明确表达了各种所有制形式的差异，否定了那种抹杀差异、人为地归并于单线图式的做法。他发现这几种生产方式是不一样的，不过还未来得及对其本质特征做出更确切的概括，所以姑且以地区的、时代的、民族的徽志命名。这一点是确切无疑的，即按照马克思的这一基本思路，feudalism 仅是前资本主义诸种形式中的一种，而且只属于西欧。同理，按此思路，也不存在西欧是封建社会，其他是亚封建社会、准封建社会，或者说唯有西欧才是正常的，其他是不正常、发育不良的那种西欧中心主义的观念。为什么会产生不同的所有制形式呢？马克思、恩格斯的回答是，原始社会晚期"农业公社的历史道路"

---

① 佩里·安德森：《绝对主义国家的系谱》，刘北成、龚晓庄译，上海人民出版社，2001，第474页，注28。

② 《马克思恩格斯全集》第46卷上，人民出版社，1979，第470-497页。

的不同使然。由于原始村社残余相当惊人的坚韧性和持久性，所以它们对各自不同的文明社会有着深刻而长远的影响。事实也正是这样，在世界资本主义市场形成之前，不同社会模式的发生和发展基本是封闭的、分散的，它们之间的交往和影响是偶然的、有限的，所以社会形式的独特性就格外突出。所以，日耳曼人的 feudalism 不能说明中国的皇权专制制度，正如后者不能涵盖前者一样。

毋庸讳言，纵观马克思、恩格斯平生著述，不难发现他们存在着两种思想倾向。如果不过于苛责前贤的话，一个思想家在其不断探讨的一生中存在着不同的思想倾向是不足为奇的，完全正常的。问题在于——也是我们需要特别指出的是，马克思晚年成熟作品中表达的辩证的多线历史发展观，长期以来被人们忽视了，这是不应该的，也是不公平的。斯大林及《联共（布）党史》声称每个民族都必然经历五种生产方式的图式说，显然不能涵盖马克思、恩格斯的全部思想，实际仅仅是抓住了他们一方面的思想倾向，并且一味地将其教条化、简单化。马克思的《经济学手稿》（包含明确表述马克思多线发展观的《资本主义生产以前的各种形式》一文），1939 年在莫斯科首次出版，可是却被《联共（布）党史》"忽视"了，正如英国马克思主义学者 E. 霍布斯保姆所言，这样的"忽视是特别令人吃惊的"。① 霍布斯保姆指出，按照马克思的观点，"明确地说，原始公社制度的发展，有三条或四条线路，各自代表一种在它内部已经存在或隐含于其中的社会劳动分工形式，他们是：东方形式、古代形式、日耳曼形式和斯拉夫形式，后者的提法有些晦涩，以后就没有进一步讨论，不过它与东方形式有密切关系。……在1857—1858 年之际，这种讨论是相当先进的"②。霍布斯保姆所说的"相当先进"正是指对古典进化论的突破，一种辩证的、非单线的社会发展观。

资本主义生产以前的几种主要社会形式之间存在着巨大差异。其实，即使大体相同类型的内部也存在差别：古典类型的希腊与罗马不同，亚细亚社会也不是一模一样，例如中国与印度就大不相同，更遑论东西方明显不同的社会发展形式。所以，马克思从来没有把东西方社会的发展模式与道路混为一谈。在《资本论》中，马克思分析了西欧从中世纪走向资本主义的历

---

① 郝镇华编《外国学者论亚细亚生产方式》上册，中国社会科学出版社，1981，第 2 页。
② 郝镇华编《外国学者论亚细亚生产方式》上册，第 9-10 页。

史进程,随后他郑重声明:"我明确地把这一运动的'历史必然性'限于西欧各国",并且反对把西欧的历史发展进程"变成一般发展道路的历史哲学理论",否则,"这样做,会给我过多的荣誉,同时也会给我过多的侮辱"。① 马克思的这一郑重声明应当也适用于前资本主义各种社会形式的分析,包括对西欧与东方的分析。

关于西欧的"封建制度"是否也在世界其他地区发生的讨论从未停止过。进入 20 世纪,不少人将西欧封建主义具有普遍性的观点归于布洛赫,并产生较大影响,其实这样的认识也是不确切的。

布洛赫在他两卷本的巨著《封建社会》中,几乎完全都在谈论西欧的 feudalism,仅用 10 页篇幅探讨了西欧 feudalism 的普遍性问题。在总结了西欧封建主义的基本特征后指出,"具有这些特点的社会结构,必定带有一个时代和一种环境的印记",是否可能像母系氏族或父系氏族社会那样,封建社会也是人类社会历史发展的一个阶段呢? 不错,布洛赫提出了这样的假设,不过他并没有沿着这样的假设,简单地给定结论,而是求诸实证。布洛赫不愧为伟大的历史学家,他认为可以提出任何假设,而结论则要在一个一个具体的案例分析之后才可得出。可是,"这里所涉及的比较研究工作显然超出了一个人所具有的能力范围",所以西欧之外他只涉足日本案例分析。

日本 11 世纪以后政治权力的分割、职业武士等级的兴起、庄园的出现等,似与西欧 feudalism 有一定相似性,其实也不尽然,其中"模拟血缘关系"和"誓约体系"的因素明显不同于西欧。布洛赫随之指出,"日本的附庸制是比欧洲附庸制程度高得多的从属行为,其契约性质则少得多",而且不容许附庸建立"符合自己利益的、对庄园上的人有着广泛权力的真正的庄园"。"建立起来的庄园极少,且极其分散,……不是西欧真正庄园化地区的庄园"。很明显,布洛赫关于西欧封建制具有普遍性的观点仍然是一个假设而已,最多及于日本;即使对于日本也颇有保留。他进一步总结说:"日本的附庸从属关系在更大程度上是单方面的,且天皇的神圣权力处于各附庸誓约体系之外;就这方面来说,从一个在许多方面都颇类似于西欧封建主义的体制中,并没有出现类似情况,这也绝非偶然。"②

---

① 《马克思恩格斯全集》第 19 卷,第 130 页。
② 马克·布洛赫:《封建社会》(下卷),第 714 页。

值得注意的是,布洛赫的最后一章"欧洲封建主义的延存"对西欧 feudalism 作了相当精彩的点评,将其不仅看作一个历史过程,也视为一份对近代社会的宝贵遗产,其中特别强调了武士观念与契约观念。他说,在西欧,附庸的臣服是一种真正的契约,而且是双向契约。而这种"契约"观念一旦移植到更大范围的政治领域,就不可避免地限制了王权。按照这种观念,当国王违背约定时,附庸有权利反抗,甚至可以兵戎相向。9 世纪即已萌动的这一著名的"反抗权",13 和 14 世纪又重现于整个西欧世界的大量文件中。布洛赫的全书封笔之语意味深长,虽与前面的观点不无相违之处,但还是忍不住说了出来,一语破的。他说:"西欧封建主义的独创性在于,它强调一种可以约束统治者的契约观念,因此,欧洲封建主义虽然压迫穷人,但它确实给我们的西欧文明留下了我们现在依然渴望拥有的某种东西。"此语一出,布洛赫其实也就明确地否定了西欧 feudalism 普遍性。

布洛赫认为西欧的 feudalism 最终不能涵盖日本,更不能涵盖中国,他实际上认为西欧 feudalism 只属于西欧。前述马克思按照生产方式将前资本主义社会分为三四种形式,其中西欧日耳曼人的社会仅是一种,与亚细亚的、斯拉夫的等并列,讲的是同样的道理。应该说,人类社会历史是非线性发展与线性发展的统一,个性与共性的统一。至此,不可避免地涉及人类历史发展的普遍性问题,此需专文另论,这里不予展开。

四、循名责实,规范学术概念

那么,回到本文主题,对历史学上的"封建"文本该如何处理呢?笔者以为,如果接受以上认识,关于"封建"一词可以考虑如下两种方案,一是一步到位的方案,二是逐渐解决的方案:

其一,循名责实,各归其位。西周的"封邦建国"制和秦汉以后的"郡县制",同属于中国传统社会,是传统社会中两个不同的发展阶段。众所周知,一如我们前面一系列分析所表明的那样,先秦"封建制"与其后的"郡县制"不同,而且,它们与西欧中世纪的 feudalism 更不相同。按其自身历史面目而言,一个简单而彻底避免混乱的办法,是各归其位,名副其实。

A. 先秦方面:真正实行过"封邦建国"的先秦时代应恢复"封建社会"

的称谓,而无须称"奴隶社会"和其他什么称谓。先秦的"封建"仅发生于先秦,这种以血缘关系为纽带建立起来的"封建亲戚"制度,在西欧从未发生过,与西欧的中世纪制度基本无关,所以遇有"封建"或"封建制"字眼,不应译为英文的 feudal 或 feudalism,而应像早期汉学家李雅各那样将其本义表述出来。倘若必须直译西文时也可以音译,"封建制"即为"fengjian"(汉语拼音)。

B. 秦代至清代:秦汉以后"废封建置郡县",不应再称封建社会,至于哪一种称谓更确切,学界须深入探讨逐渐达成共识。王亚南早在20世纪40年代就把该时期称为"专制官僚社会"或"官僚社会"。① 冯天瑜则用"宗法-专制社会""东方专制社会"代之。② 韦伯称之为"家产官僚制"③。费正清和巴林顿·摩尔都对中国社会使用自西语 feudal 而来的"封建"称谓提出质疑,费正清说"这个西方术语(指 feudal——引者注)用于中国,价值很少"④。摩尔则说:"无论如何,使用'封建主义'(指 feudalism——引者注)并没有使用'官僚主义'来得更贴切。"⑤刘泽华提出"王权主义"概念。⑥ 笔者曾称之为"宗法性官僚君主制"⑦,当下认为"皇权专制主义"更为贴切。

C. 西欧方面:西欧的 feudal 原本来自通俗拉丁语"采邑"(feodum),直译似为"采邑制度"或"采邑社会",译为"封建"容易与先秦"封建制"混淆,不妥。应当寻求一个更合适的对译词,也可退回一百年前严复曾经使用的音译("拂特制")。

这样的 A、B、C,不仅从内容上,而且从称谓上把三个概念区分开,各居其位,自然就防止了混乱。否则的话,不知道究竟说的是哪一个封建,就像一锅粥。试想,依照澄清后的概念研究和讲解中国历史和西方历史,是何等

---

① 见王亚南:《中国官僚政治研究》,中国社会科学出版社,1981。
② 冯天瑜说,这些概念不一定准确,但较之滥用"封建",心里踏实几分。见张艳国主编《史学家自述——我的史学观》,武汉出版社,1994,第45-47页。
③ 家产官僚制由 patrimonial bureaucracy 直译而来,参见何怀宏:《世袭社会及其解体:中国历史上的春秋时代》,生活·读书·新知三联书店,1996,第67页。另参见金耀基:《从传统到现代》,中国人民大学出版社,1999。
④ 费正清:《美国与中国》,商务印书馆,1987,第26-27页。
⑤ 巴林顿·摩尔:《民主和专制的社会起源》,拓夫、张东东等译,华夏出版社,1987,第129-130页。
⑥ "王权主义"概念见刘泽华:《中国的王权主义》,上海人民出版社,2000。
⑦ 见侯建新:《社会转型时期的西欧与中国》,济南出版社,2001,第七章。

的清爽!

其二,淡化"封建"概念,暂且放弃以它来定性社会形式的努力,以时段称谓代替之,尤其是中国历史学。这主要考虑到近百年尤其近半个世纪以来"封建"一词频密出现,无论是各类著述、官方文件,还是外来语的译文,满目皆是,误读甚广。如"封建专制",事实上,封建的就不是专制的,封建是对专制权力的一种分散和控制;又如"封建迷信",迷信从来就有,永远会有,与封建没有必然关系,怎能将今天的迷信称封建迷信呢?如费正清所言,在中国,"'封建'成了骂人的字眼,可是它缺乏明确的意义"①。法国学者谢和耐也批评说:"人们如此滥用了'封建'一词,以至于它失掉了任何意义。"②

所以,不如远离庸俗化的误读:从严肃的历史学家、专业历史学教师和学者做起,严守学术标准,暂且避免使用"封建"一词,而用"古代社会""中古社会"等时段称谓来代替。其实不少学者已经付诸实践,例如,白寿彝先生主编的《中国通史》,把从秦代到清代的这一长时段称为"中古时代"。目前称谓极不统一,相比而言,似乎用"中古时期"或"中古社会"较为合适些,既可衔接先秦时期的上古社会,也可与西欧"中世纪"或"中古社会"相对应。不仅中国和欧洲,世界其他地区大多也可以采用这样的世界历史分期:上古、中古、近现代、当代等。当然,不管该方案还是第一个方案,都是不成熟的,姑且抛砖引玉,供大家讨论,无论如何,问题总要解决。

其实,以 feudalism 一词来概括西欧中世纪也未必准确,许多西方学者对此早存异议,并且有意将该称谓弃而不用。布罗代尔强调指出,"对于 feudalism 这个经常使用的词,我与马克·布洛赫和吕西安·费弗尔一样感到本能的厌恶。他们和我都认为,由通俗拉丁语'feodum'(采邑)演化而来的这个新词仅仅适用于采邑制及其附属物,而与其他东西无关。把十一至十五世纪之间的整个欧洲社会置于'feudalism'之下,正如把十六到二十世纪之间的整个欧洲社会置于'资本主义'之下一样不合逻辑"。他认为西欧中世纪多元社会至少由教会、城邦等五种不同的小社会组成,相互并存,相互掺和,带有一定的整体性,而 feudalism 只是其中的一种成分,难以概括社

---

① 费正清:《伟大的中国革命》(1800-1985 年),刘尊棋译,世界知识出版社,2000,第 264 页。
② 谢和耐:《中国社会史》,耿昇译,江苏人民出版社,1995,第 50 页。

会整体。① 因此西方早有一些作者关于西欧历史的描述避免使用该词,例如广为学界称道的萨瑟恩《中世纪的形成》②一书,就完全没有出现"feudalism"字眼。可见,避免使用定性分析概念而用时段称谓替代,在西方早有先例。

　　本文的结论希望有助于说明两点:一是西欧的 feudalism 不能涵盖中国的传统社会;二是中文"封建"与西文"feudal"等对应属误译。历史的真相是:中国先秦"封诸侯,建同姓"制度是中文"封建制"的本义;秦汉以后是"皇权专制制度";西欧则是"feudalism"。它们本是三个不同的概念,谁也不能替代谁,谁也不能涵盖谁。就西欧和中国而言,它们属于前近代时期不同的社会形式,不应该贴上同一个标签。循名责实清源,势必免去中西历史的双重误读,有利于学术概念的规范,有利于基础教学和学术交流,也有利于中西历史及其发展前途的认识。

（原载于《中国社会科学》2005 年第 6 期）

---

① 费尔南·布罗代尔:《15 至 18 世纪的物质文明、经济和资本主义》,顾良、施康强译,生活·新知三联书店,1993,第 506-507 页。
② W. Southern, *The Making of the Middle Ages*, First published in 1953, Pimlico edition in